W0054847

Paul Fraisse

Psychologie der Zeit

Konditionierung   Wahrnehmung   Kontrolle
Zeitschätzung   Zeitbegriff

NÖ LANDESBIBLIOTHEK
Ausgeschiedenes Exemplar

Ernst Reinhardt Verlag München Basel

Titel der französischen Originalausgabe:
Psychologie du temps
© by Presses Universitaires de France, Paris 1957

Aus dem Französischen von
Dipl.-Psych. Petra Hasenkamp, Hamburg

CIP-Kurztitelaufnahme der Deutschen Bibliothek

Fraisse, Paul:
Psychologie der Zeit : Konditionierung, Wahr-
nehmung, Kontrolle, Zeitschätzung, Zeitbegriff /
Paul Fraisse. [Aus d. Franz. von Petra
Hasenkamp]. – München ; Basel : E. Reinhardt,
1985.
   Einheitssacht.: Psychologie du temps <dt.>
ISBN 3–497–01084–7

© by Ernst Reinhardt, GmbH & Co, Verlag, München 1985.
Alle Rechte vorbehalten. Ohne schriftliche Genehmigung der Ernst Reinhardt, GmbH &
Co, München, ist es nicht gestattet, dieses Buch, ganz oder auszugsweise in irgendeiner
Form zu vervielfältigen, zu speichern oder in andere Sprachen zu übersetzen.
Gesamtherstellung: Friedrich Pustet, Regensburg
Printed in Germany

Inhalt

Einleitung

Der Mensch lebt im Wechsel. Bevor er erkennt, daß er sich selbst verändert, ist er der Beobachter eines universellen Wechsels. Nächte folgen den Tagen, schönes Wetter folgt auf schlechtes Wetter, der Winter folgt dem Sommer. Tiere werden geboren und sterben, nichts kann den Lauf des Flusses und die Erosion des Gesteins aufhalten. Alles ist in Veränderung begriffen, auch der Mensch. Sein biologisches, psychologisches und soziales Leben ist steter Wechsel.

Im Gegensatz zu anderen Lebewesen weiß der Mensch, daß er in der Veränderung lebt. Durch das Gedächtnis kann er sie nachvollziehen und dabei Regeln entdecken, um zukünftige Folgen abzusehen. So lernt er sehr früh, das Werden zu nutzen, anstatt es zu erleiden.

Das Erlebnis der Sukzessionen, von denen einige periodisch sind und andere nicht, der regelmäßigen und unregelmäßigen Veränderungen, der dazwischenliegenden Wiederholungen und relativen Beständigkeiten, erklärt zweifellos das Entstehen der Zeitidee. Vielleicht erklärt es das Wort selbst; denn das uns geläufige Wort *Zeit* wird sprachlich auch *so* angewandt, um Momente der Veränderung anzuzeigen: *alles zu seiner Zeit, unzeitgemäß sein* oder *zu jeder Zeit*. In der französischen Sprache bezeichnet *temps* sogar das Wetter oder aufeinanderfolgende Witterungsverhältnisse (le temps qu'il fait). Wie das lateinische Wort *tempus* bedeutet letzteres sowohl das aktuelle Wetter als auch die ablaufende Zeit. Andererseits zeigt es den Vorrang der Tag-Nacht-Rhythmen in unserer Erfahrung an, was vermutlich auf den sanskritischen Ursprung des Wortes Zeit hinweist und *erhellen, erleuchten* bedeuten soll. Andere auf die *Zeit* bezogene Ausdrücke besitzen ebenfalls diese Doppelbedeutung: der Tag (jour) bezeichnet im Gegensatz zur Nacht in poetischem Wortsinn auch Klarheit und Helligkeit *(Regnaud 1885)*. Von Beginn an war also die konkrete an die abstrakte Bedeutung gebunden, und diese Verbindung besteht noch heute.

Im Laufe der Zeit haben sich die Anstrengungen der Menschen auf die Bewältigung der grundlegenden Lebensumstände konzentriert. Periodische Veränderungen, wie Tage, Monate, Jahreszeiten, stellen sowohl ein Mittel als auch einen natürlichen Rahmen dar, der es erlaubt, alle weiteren Veränderungen zeitlich festzulegen und zu messen. Seit Jahrtausenden ist die Wissenschaft bemüht, diese periodisch wiederkehrenden Veränderungen zu erforschen und sie untereinander abzustimmen, was immer noch nicht als abgeschlossen angesehen werden kann, da wir unsere Zeitmeßgeräte ständig perfektionieren und die Reform des Kalenders den Bestimmungen der Vereinten Nationen unterliegt. Die 12. Allgemeine Konferenz für Maße und Gewichte, 1964, räumte ein, daß die Maßeinheit *sec* künftig nicht mehr auf die Sternbewegungen, sondern auf intra-atomare Phänomene gegründet sein müsse. Die Präzision wäre zehn- bis hundertmal höher.

Die Angst der Menschen vor ihrer eigenen, unabwendbar im Tode endenden Zukunft war Anlaß für Wissenschaftler und Ethiker, sich eingehend mit der Frage nach der Bedeutung der Veränderung in bezug auf den einzelnen Menschen, die Völker und die Welt zu beschäftigen. Schließlich haben Philosophen, ausgehend von einer Zeitidee, die immer abstrakter wurde, deren Natur untersucht. Zeitgeschichte vermischt sich so mit menschlicher Geistesgeschichte.

Wie ist man im abendländischen Denken an dieses Problem herangegangen? Man weiß, daß sich die Philosophie weder mit dem Ursprung noch mit der Natur der Zeitidee beschäftigt hat, sondern vielmehr mit der ihr entsprechenden Realität. Worin besteht die Beziehung zwischen der Zeit und ihren Erscheinungen in der Bewegung? Ist sie ewig oder nicht? Existiert sie außerhalb des Geistes, der das Vorher und Nachher vereint? Alle diese Fragen sind noch nicht erschöpft. Sie werden, wie die ethischen Fragen, in jeder Epoche neu gestellt. Der platonische Gedanke erfaßte die Zeit als bewegliches Abbild der Ewigkeit, das sich in einer von zyklischer Wiederkehr der Veränderungen beherrschten Welt entfaltet. Das jüdisch/christliche Denken wurde geprägt durch die Offenbarung einer von ihrer Zeit geschaffenen Welt als Hintergrund für die Geschichte des Sündenfalls und der Erlösung. Dieses Denken vollendet sich in einer Eschatologie und – im Himmelreich – kehrt die Zeit zur Ewigkeit zurück. Die Neuzeit hat das unbegrenzte Alter ihrer Geschichte entdeckt: die Gesetze der Evolution (welche die Erfolge technischen Fortschritts suggerieren, um sie auf die menschliche Gesellschaft zu übertragen) haben eine Art Immanenz der Zeitidee erzeugt. In diesem Rahmen wird zukünftiger Fortschritt durch das Engagement der Menschheit realisiert werden.

Das durch die Reflexion von *Descartes* eröffnete kritische Zeitalter der Philosophie hat den Menschen Fragen anderer Art gestellt. Woher haben wir diese Zeitidee, und worin bestehen ihre Beziehungen zu unseren unmittelbaren Erfahrungen? Dieses epistemologische Problem wird zu rein psychologischen Fragestellungen führen. Das heißt nicht, daß die Menschen, insbesondere die Philosophen und Ethiker, sich nicht immer schon psychologische Fragen gestellt hätten. Ihre Werke sind davon voll anschaulicher Beweise: ein Historiker würde sofort erkennen, daß ihre philosophischen Konzeptionen mit ihrer Art, die Zeit zu leben, zusammenhängen.

Aber sobald sich die Reflexion auf den Ursprung und die Bedeutung der *Idee* der Zeit zentriert, treten die Perspektiven von der Betrachtung über Gott und die Welt zurück und nehmen eine Wendung hin zum Menschen, insbesondere zu den seinen Geist beherrschenden Gesetzen.

Alle Philosophen – selbst *Kant* –, die den Ursprung unserer Zeit untersucht haben, waren sich darin einig, daß sie aus der Veränderung entstanden ist. Schon *Aristoteles* hatte angemerkt, „daß es die Zeit ohne Veränderung nicht gäbe" (Physique, IV, 149). Aber um welche Veränderungen handelt es sich? Die Antwort auf diese Frage ist mit der Konzeption sowie mit dem jeweiligen Philosophen, der die Idee hervorbringt, verknüpft.

Die Theorie von *Condillac* (1798; Aufl. von 1928, 85) repräsentiert einen universellen Empirismus. Seine Statue „hätte nie mehr als nur einen Augenblick gekannt, wenn der erste duftende Körper eine Stunde, einen Tag oder länger gleichmäßig auf sie gewirkt hätte . . . Nur eine Aufeinanderfolge von Gerüchen, übertragen durch das Organ oder wiederbelebt durch das Gedächtnis, könnte ihr also irgendeine Idee von der Dauer vermitteln"; (zit. nach *Sivadjian*, Le Temps 1938). *Hume* (1912, 52) hatte den gleichen Gedanken: „Wenn jemand fest schläft oder mit einem Gedanken intensiv beschäftigt ist, so hat er kein Bewußtsein von der Zeit . . . Wo wir keine aufeinanderfolgenden Perzeptionen haben, haben wir kein Bild einer Zeit, obgleich eine wirkliche Folge in den Gegenständen stattfinden mag . . . Wir können schließen, daß die Zeit im Geist weder für sich allein, noch als Bestimmung gleichförmiger, unveränderlicher Gegenstände auftritt, sondern stets nur als eine wahrnehmbare Folge unveränderlicher Gegenstände von uns vorgefunden wird" (*D. Hume:* Treatise of human nature. Oxford: Selby-Brigge 1965).

Im Gegensatz dazu meint *Descartes* den Ursprung unserer Zeitidee, die er nicht vom Begriff Dauer unterscheidet, in unserer inneren Erfahrung zu finden. „. . . Wenn ich erkenne, daß ich jetzt existiere, und mich entsinne, früher eine zeitlang existiert zu haben, wenn ich mannigfaltige Gedanken habe, deren Anzahl ich kenne, – dann gewinne ich die Idee der Dauer und der Zahl, die ich sodann auf beliebige andere Dinge übertragen kann" (Troisième Méditation, Oevres, I, 66). Desgleichen sagt *Locke* (1822, 3 u. 7): „Weil wir denken und der Reihe nach verschiedene Ideen erhalten, wissen wir, daß wir existieren, und deshalb nennen wir unser Dasein oder den Fortgang unseres Daseins nach dem Maße der Folge der Ideen in unserer Seele die *Dauer* von uns oder von einem anderen Dinge, was mit unserem Denken gleichzeitig da ist." „. . . selbst wenn alles ruht, und man keine Bewegung bemerkt, so wird man doch . . . bemerken, wie die verschiedenen Ideen der eigenen Gedanken eine nach der anderen in der Seele auftreten, und man wird deshalb hier eine zeitliche Folge auch ohne Bewegung wahrnehmen" (*J. Locke:* An Essay concerning Human Understanding. London: J. W. Yolton 1967).

Im Hinblick auf diese, aus dem Eigenleben des Gedankens hervorgegangene Konzeption haben sich die Empiriker gefragt, wie diese Idee der Zeit auf die äußere Welt zu übertragen sei. *Hume* stellt das Problem folgendermaßen dar: „Die Ideen repräsentieren immer die Gegenstände oder Eindrücke, aus denen sie stammen, sie können nie andere Objekte repräsentieren oder auf andere angewandt werden, es sei denn, vermöge einer Fiktion" (*Locke 1822, 54–55*). *Condillac* (1798, V, 149) spöttelt: „Sie wenden Ihre eigene Dauer auf alles an, was sich außerhalb von Ihnen befindet, und Sie stellen sich dadurch für jeden Augenblick ein der Dauer all dessen, was existiert, gemeinsames und vergleichbares Maß vor. Ist das also nicht eine Abstraktion, die Sie vornehmen?" Ein rein empirischer Standpunkt wie derjenige von *Condillac* oder *Hume* führt wiederum zu einem extremen Relativismus, wobei die Idee nichts anderes als das Doppel unserer sinnlichen Erfahrung ist.

Bekanntlich hat *Kant* vor der Notwendigkeit, eine einzige, auf wissenschaftlichen Grundsätzen beruhende Zeit zu finden, behauptet, daß es nur eine reine Form der sinnlichen Anschauung geben kann. Ihm zufolge könne die Einheit der Zeit nicht aus der Mannigfaltigkeit der Empfindungen hervorgehen, sondern allein aus der vernunftmäßigen Verbindung dieser Mannigfaltigkeit. Die Kritik von *Kant* ist gültig entgegen allen Versuchen, eine absolute Zeit der äußeren Welt oder des Ich zu erhalten. Aber es wäre sicherlich falsch, anzunehmen, *Kant* hielte die Idee des Zeitkonzeptes für angeboren, und zwar insofern, als der Begriff „nicht aus irgendeiner Empfindung der Dinge (weil die Empfindung den Inhalt und nicht die Form des menschlichen Bewußtseins darstellt) erworben wird, sondern aus der Tätigkeit des Geistes selbst, ähnlich dem ewigen, die Empfindungen ordnenden Gesetz" (*Kant*, Dissertation 1770, zit. von *Sivadjian, 1938, 164.* I. Kant: Ges. Werke, Bd. 3. Wiesbaden: Insel 1958).

Angeboren ist hingegen die Fähigkeit, sich die vielfältigen Empfindungen in Form zeitlicher Beziehungen vorzustellen. Der Zeitbegriff ist ideal, weil er nicht von der Erfahrung abstrahiert, sondern allein durch die Aktivität des Subjekts hervorgebracht wird. Dieses ist zumindest die von *Havet*, dem letzten Ausleger *Kant*s, vertretene Auffassung. *Havet* hat sich kaum, und das war auch nicht seine Absicht, zu der Entstehung unseres Zeitbegriffes geäußert.

Es war *Kant*s Verdienst, zu zeigen, daß unsere Zeitidee kein Abbild der Dinge ist, sondern eine Form, sie zu betrachten. Auch für die Psychologie hat er Vorarbeit geleistet, da er sie von der Suche nach der Realität an sich ablenkt und auffordert, den Ursprung der Zeitidee in der Tätigkeit des denkenden und die mannigfaltigen Veränderungen vereinenden Geistes selbst zu sehen. Die *Kritik* hat dagegen spätere Reflexionen indirekt beeinflußt (*I. Kant:* Kritik der reinen Vernunft. Hamburg 1956). Da *Kant* der Zeit eine Art Sinnlichkeit verleiht, hat er das Problem verlagert. Nach ihm beschäftigen sich Philosophen und Psychologen weniger mit der Zeitidee, sondern hauptsächlich mit dem Bewußtsein, das wir von der Zeit haben.

In der nachkantischen Ära glitt das Problem allmählich von der epistemologischen auf die psychologische Ebene ab. Es ging nicht mehr darum, unter welchen Bedingungen sich die Wissenschaft auf unseren Zeitbegriff stützen kann, vielmehr darum, die erfahrungsmäßige Genese unseres Zeitbegriffs zu erforschen, oder allgemeiner, um die Bewußtwerdung zweier grundlegender Aspekte dieses Begriffs: die Sukzession und die Dauer. Auch dieser Gedanke ist in der Kantischen und vor allem in der deutschen Philosophie verankert. Gewisse Autoren verwechseln häufig den metaphysischen Apriorismus *Kant*s mit der angeborenen Idee (l'innéisme) und sammeln Argumente gegen die Hypothese, nach der die Zeit eine Anschauung a priori ist. Doch selbst ihnen ist ein Punkt klar: Die Sukzession von Empfindungen oder Gedanken ist nicht hinreichend, die Idee der Sukzession zu erzeugen; diese kann nur aus dem Erfassen einer Relation entstehen. Seit dem 19. Jahrhundert hat man diese Relation unter den verschiedenen Vorstellungen gesucht, die wir uns von der Wirklichkeit bilden können: Neben der sinnlichen Wahrnehmung, die uns allein nicht mehrere Elemente der Sukzession liefern kann, weil sie im Augenblick verharrt, haben wir in der Tat nur Bilder dank des Gedächtnisses. Aufgrund von Assoziationsgesetzen reproduzieren diese Bilder die Folge von erlebten Ereignissen, und wir können, um sie miteinander zu verbinden, bewußt Beziehungen herstellen zwischen dem Vorher und dem Nachher. Die Tatsache, daß sowohl das Gedächtnis als auch die Assoziation ständig hinterfragt werden, zeigt sehr deutlich, daß das Problem zu dieser Zeit mehr und mehr aus psychologischer Sicht betrachtet worden ist. Nichols stellte 1890 in einer Zusammenfassung der zeitgenössischen Standpunkte zur „Psychologie der Zeit" mit Verwunderung fest, daß *Kant* in der *Transzendentalen Ästhetik* nicht einmal andeutungsweise auf die Gedächtnisprozesse eingegangen ist. Gerade deshalb war *Kant* kein Psychologe.

Die Beziehungen zwischen Vorstellung und Empfindung oder zwischen mehreren Vorstellungen werden selbstverständlich auf unterschiedliche Art und Weise von den Theoretikern jener Epoche betrachtet. Herbart zufolge stellt sich das Problem z. B. folgendermaßen dar: Wenn sich nach einer

Reihe von Darbietungen a, b, c, d, e das Glied a dem Bewußtsein wiederholt präsentiert, so evoziert es auch die folgenden Glieder b, c, d, e, die mit a assoziiert waren. Es gibt also eine Darbietung der Sukzession, d. h. einen Wechsel aufgrund eines *Entwicklungsprozesses*. Doch wenn sich e nochmals präsentiert, ruft dieses durch einen *Verlaufsprozeß* zuerst d, dann c, dann b etc. ins Gedächtnis zurück, wobei jedes Glied umso undeutlicher erscheint, je weiter es vom ersten entfernt ist. In einer solchen Reihenbildung (sériation) präsentieren sich die einzelnen Glieder nicht mit derselben Deutlichkeit. Jeder der Prozesse gestattet also eine simultane Darbietung der beiden Schlußelemente der Reihe, und aus der Kombination beider Prozesse ergibt sich eine vollständige Wahrnehmung der Zeit (nach *Nichols 1890*).

Für *Spencer* ist die Zeit nur denkbar durch die Herstellung einer Beziehung zwischen den Bewußtseinszuständen. Die Entstehung des Zeitbewußtseins ist in dem Bewußtsein der Differenz zwischen den Positionen der aufeinanderfolgenden Impressionen bezüglich der Impression, die ich gegenwärtig erhalte, begründet; eine Differenz, die schon dadurch entsteht, daß ich mir bewußt bin, daß diese Impressionen nicht alle gleichzeitig existieren. Die Wahrnehmung dieser Beziehungen zwischen den Positionen ist jedoch nur der für die Konstruktion der Zeitidee dienliche Grundstoff. Und schließlich ist genau das die Idee von zusammenhängenden Positionen, jedoch dissoziiert von jeder einzelnen Position.

Nach *Wundt* ist die einfache Wiederholung eines Tones hinreichend, um alle Elemente der Zeitwahrnehmung hervorzubringen. Sobald der zweite Ton erfolgt, bewirkt er gewissermaßen die Wiederholung des ersten, dessen Bild noch präsent ist. Der zweite Ton löst also die Evokation des ersten aus und somit den Beginn, die Wahrnehmung des zweiten – das Ende und die Persistenz des Bildes – das heißt die Länge des Intervalls. Folglich führt eine Reihe von Bewußtseinszuständen zu einer zeitlichen Beziehung, da es unter ihnen immer eine große Anzahl von Repräsentationen gibt. Die Zeit hat ihren Ursprung in dieser Sukzession und zugleich in der relativen Simultaneität psychischer Vorgänge.

Auch *Guyau* ist ein Vertreter dieser Denkrichtung, nur ist seine Konzeption dynamischer. Er untersucht, welches die Elemente der Zeiterfahrung sind, wobei er zweierlei unterscheidet: das Flußbett der Zeit, geformt durch die Folge unserer Repräsentationen, die dahin tendieren, mit zunehmender Entfernung immer undeutlicher zu werden, und den Lauf der Zeit, das heißt die in unsere Repräsentationen durch Wunsch und Anstrengung eingebrachte Perspektive. Das Zeitbewußtsein entsteht aus der Assoziation verschiedener Bilder von unterschiedlicher Stärke und inneren, affektiv verbundenen Erlebnisbestandteilen.

Der gemeinsame Gedanke *aller* Autoren dieser Epoche ist, daß sie, ausgehend von der Analyse unserer Bewußtseinszustände, unsere Zeitidee zu erklären versuchen. Selbst *Bergson* (1920, 95), dessen Gedanken eher metaphysischer als psychologischer Art sind, findet, so paradox es erscheinen mag, keinen grundsätzlich anderen Zugang zur Zeiterfahrung: Auch er bezieht sich auf die innere Erfahrung. Doch anstatt in ihr die Vielfalt aufzudecken, sieht er hier die intuitive Einheit der homogenen Dauer des Ich, wo sich Gefühlszustände ganz durchdringen und uns nur sukzessiv erscheinen, weil unsere sukzessiven Empfindungen „etwas von der reziproken Exteriorität, die ihre Ursachen objektiv charakterisiert, beibehalten".

Jener in der Analyse psychologische, in der Zielrichtung aber philosophische Gedankengang ist noch immer aktuell und kann vielleicht als grundsätzliche Wesensart des menschlichen Geistes betrachtet werden. Diese Auffassung wird vor allem von der Phänomenologie repräsentiert, die, ausgehend von der inneren Erfahrung, mittels einer transzendentalen Reduktion alles, was invariant und somit das Wesen bedeutet, herausanalysiert.

Zu Recht beschäftigen sich die Phänomenologen insbesondere mit der Analyse der Zeit. *Husserl* (1928), *Heidegger* (1927), *Merleau-Ponty* (1945; oder 1966: Phänomenologie der Wahrnehmung. Berlin; de Gruyter) und *Berger* (1950) berufen sich darauf, daß die Zeit kein Ding ist, also nicht existiert, und auch keine Gegebenheit, weder ein Inhalt noch ein Behältnis. Ihr wesentliches Merkmal sei, wie sie meinen, die Zeitlichkeit des Bewußtseins, welche uns unsere ganzheitliche Erfahrung, nämlich die der Gegenwart, offenbart; denn diese existiert nicht ohne ihre zeitlichen Horizonte, weil sie die Gegenwart eines Seins im Werden ist. Das Bewußtsein entfaltet die Zeit, die somit wie eine Dimension des Seins erscheint.

Mitte des 19. Jahrhunderts werden wir eines völlig neuen Zugangs des Zeitproblems gewahr: Die Genauigkeit der menschlichen Zeitwahrnehmung wird empirisch erforscht. Unter dem Einfluß der Psychophysik, deren Methoden Fechner einführte, wurde die psychologische Analyse der Zeit ins Labor verlegt. Die ersten Experimentalisten stellten sich die Fragen der klassischen Psychophysik: Läßt sich das Webersche Gesetz auf die Zeit anwenden? Gibt es bei der Zeitwahrnehmung konstante Fehler? Wie beeinflußt der Inhalt zeitlicher Intervalle die wahrgenommene Dauer? etc. In Deutschland vervielfachen sich die Experimente *(Mach 1865; Vierordt 1868; Kollert 1883; Mehner 1885; Estel 1885; Glass 1887; Ejner 1889; Münsterberg 1889; Meumann 1893–1896; Schumann 1898).*

Zu Beginn fand die Untersuchung auf zwei verschiedenen Ebenen statt.

Einerseits haben die Psychologen experimentell zu bestimmen versucht, was das Subjekt wahrnimmt, wobei alles erforscht wurde, was es tut (z. B. Reproduktion) oder was es sagt (Vergleich). Auf der anderen Seite versuchten sie wie die Philosophen ihrer Zeit, die Grundlagen des Zeitbewußtseins mittels introspektiver Aufzeichnung zu erfassen. Das Neue daran war, daß die Experimentalisten sich nicht mehr mit ihren eigenen persönlichen Beobachtungen zufriedengegeben haben, sondern sich zumeist auf ihre unter Assistenten oder Mitarbeitern ausgewählten „Versuchspersonen" bezogen.

Diese beiden Ansätze verzweigen sich allmählich. Die rein introspektiven Arbeiten mit dem Ziel, ursprüngliche Inhalte und unmittelbare Erfahrungen zu erhalten, verloren sich in Spitzfindigkeiten. Obwohl die Introspektion dank der Würzburger Schule systematisiert werden sollte, haben deren Anhänger erkannt, daß gerade durch die Introspektion das Wesentliche der Wahrnehmung verlorengeht. Dagegen haben sich die auf reinen Experimenten basierenden Ergebnisse als immer kohärenter und fruchtbarer erwiesen. Auch gaben sich die Psychologen nicht mehr mit der Untersuchung der Zeitwahrnehmung von Erwachsenen zufrieden, sondern erweiterten ihre Forschung auf Tiere, Kinder und Geisteskranke. Wenn diese Fälle auch gestatteten, die Wahrnehmung mittels Konditionierungstechniken oder sogar an verbalen Reaktionen zu untersuchen, so schlossen sie doch die Wiedererinnerung einer bewußten Erfahrung durch die Versuchsperson aus. Es drängt sich immer deutlicher ein Gesichtspunkt auf, der schon in den ersten Experimenten implizit war: Der Gegenstand der Forschung muß der Mensch und seine Handlung in Situationen sein, in denen er sich befindet.

Trotz der Simplizität der ersten Behaviouristen hat sich im ersten Viertel des 20. Jahrhunderts die gesamte Psychologie in eine Wissenschaft des menschlichen Verhaltens verwandelt. Im Hinblick auf die Zeit haben der Vortrag von *Henri Piéron* auf dem internationalen Psychologenkongreß in Oxford 1923 und das Seminar von *Pierre Janet* am Collège de France 1927–1928 mit dem Thema *Die Entwicklung des Gedächtnisses und des Zeitbegriffs* die Richtung der neuen Psychologie bestimmt. *Piéron* beschäftigte sich ausschließlich mit der Untersuchung psychophysiologischer Probleme der Zeitwahrnehmung. Hierfür war es jedoch notwendig, eine allgemeine Methode heranzuziehen: Diese Probleme müssen „auf der objektiven Grundlage der Analyse menschlichen Verhaltens gegenüber der Zeit" untersucht werden (1923, 1). Diese Richtung war nicht nur für die Untersuchung der Wahrnehmungsprobleme fruchtbar, sondern auch für die unserer ureigensten Einstellungen, was *Piéron* selber in einem späteren Vortrag, den er vor der Association française pour l'Avancement des Sciences hielt, dargelegt hat.

P. Janet hat die Perspektiven der Zeitforschung mit einer ihm eigenen Originalität erweitert. In seiner ersten Vorlesung wies er darauf hin, daß die Psychologie etwas Besseres zu tun habe, als sich auf das Studium des Denkens zu konzentrieren: Sie muß von der Handlung ausgehen. Die einzig relevante Frage sei „Welches sind unsere Handlungen bezüglich der Zeit?" Für ihn ist der erste auf die Zeit bezogene Akt die Anstrengung, wobei, ebenso wie beim Warten, das Gefühl der Dauer entsteht. Dieses Gefühl ist kein Handlungsimpuls, sondern eine flexible, aus der Notwendigkeit, sich unwiderruflichen Veränderungen anzupassen, entstandene Regulierung der Handlung. Wenn wir also eine Person antreffen, die uns älter erscheint als beim letzten Mal, werden wir gewahr, daß die Zeit zwischen den beiden Zusammenkünften vergangen ist. Der Begriff von einer universellen und homogenen Zeit, in der alle Veränderungen lokalisiert werden, ist ihrerseits das Ergebnis eines sozialen Verhaltenstypus. Sie stellt den notwendigen Rahmen dar, der zwischen allen individuellen Dauern, die ursprünglich heterogen waren, eine Gleichförmigkeit schafft.

Wir wollen hier nicht im einzelnen auf Janets Theorie eingehen, sondern lediglich auf die Originalität seiner Zielrichtung hinweisen. Das psychologische Problem besteht nicht mehr darin, zu wissen, was die Zeit oder das Wesen unserer Zeitidee ist, und nicht einmal darin, die Genese einer bestimmten Anschauung oder einer Gedankenkonstruktion zu erfassen, vielmehr gilt es, zu verstehen, wie der Mensch auf die Situation reagiert, die sich ihm stellt, wenn er in der Veränderung lebt. Die unmißverständlichen Gegebenheiten des Bewußtseins finden in einer solchen Situation ihre reale Bedeutung. Sie sind nämlich kein bloßes Abbild der Realität, sondern „eine Gesamtheit von Zeichen, Formeln und nützlichen Interpretationen" (*Wallon 1930, 326*), die sich während der Handlung selbst entwickeln und, wenn sie uns bewußt werden, wiederum als Steuerung unserer Aktivität dienen.

Unsere eigene Arbeit geht ebenfalls in diese Richtung. Wir wollen die unterschiedlichen Arten, auf die sich der Mensch an die zeitlichen Bedingungen seines Lebens anpaßt, untersuchen und dieses Verhalten „zeitlich organisiertes Verhalten" nennen.

Die zeitlichen Bedingungen sind grundsätzlich alle darauf zurückzuführen, daß wir in einer sich ständig verändernden physikalischen, technischen und sozialen Umwelt leben. Wir sind den Veränderungen nicht nur ausgesetzt, sondern schaffen sie uns auch, denn unsere eigene Aktivität ist nichts anderes als eine Abfolge von Veränderungen.

Es scheint so, daß alle Veränderungen, ohne ihre endgültige Bedeutung im voraus beurteilen zu wollen, entweder kontinuierlich oder diskontinuierlich, periodisch oder nichtperiodisch sind und zwei Merkmale aufweisen. Dort, wo Veränderung stattfindet, tritt auch *Sukzession* der Phasen innerhalb des Prozesses oder verschiedener Begleitprozesse auf. Andererseits impliziert Sukzession die Existenz von Intervallen zwischen den aufeinanderfolgenden Momenten. Diese Intervalle sind mehr oder weniger lang; wir sagen, daß sie mehr oder weniger lange andauern hinsichtlich dessen, was von ihnen relativ unveränderlich bleibt. Wir sprechen gleichsam von der Dauer des Tages, um die sich zwischen Morgen- und Abenddämmerung erstreckende Helligkeit anzugeben.

Sukzessive Phasen und Intervalle sind sicherlich abhängig von dem Gegenstand der Veränderung und demjenigen Aspekt, dem man besondere Beachtung widmet. Der Tag ist ein Intervall zwischen zwei Nächten, doch während des Tages können wir wieder Veränderungen als Sukzessionen und Intervalle erkennen. Wichtig ist nur, anzumerken, daß diese doppelte Eigenschaft manifest ist, gleich welcher Art das beobachtete Phänomen und der Standpunkt, von dem aus man es betrachtet, auch sein mag.

Wir reagieren auf diese zeitlichen Bedingungen sehr unterschiedlich. Es können drei Hauptgruppen von Reaktionen, die jeweils drei Anpassungsebenen entsprechen, unterschieden werden: (1) die Konditionierung auf Veränderungen, (2) die Wahrnehmung von Veränderungen und (3) die Kontrolle über Veränderungen.

Wir werden in diesem Buch unsere Reaktionen auf unsere eigenen, lang anhaltenden Veränderungen, d. h. innerhalb verschiedener Lebensalter, unberücksichtigt lassen. In einer solchen Untersuchung würden sich Probleme ganz anderer Art stellen. Es gibt ja eine Psychologie der Kindheit, der Adoleszenz, der Reife und des Alters, welche die jeweils genauesten Reaktionen jeden Alters im Hinblick auf die jeweilige Veränderung abhandelt. Wir dagegen werden systematisch untersuchen, wie wir uns in jedem Lebensalter den Veränderungen unserer Umgebung anpassen.

1. Die Konditionierung auf die Zeit

Das ursprüngliche Anpassungsniveau ist biologischer Art und Mensch und Tier gemeinsam. Wenn die Veränderungen, denen wir ausgesetzt sind, eine gewisse Regelmäßigkeit besitzen, bewirken sie infolge von Konditionierung synchrone Veränderungen des Organismus.

Wenn die Veränderungen periodisch sind, wobei für den Menschen die bedeutendste von ihnen der Tag-Nacht-Rhythmus ist, dann erzeugen sie in unserem Organismus Aktivitäten mit demselben Rhythmus. Die Regulierung dieses Rhythmus ist anfangs exogen, wird dann aber allmählich endogen, bis er schließlich relativ unabhängig ist von der Umgebung. Diese Entsprechung hat den Effekt, daß unser Leben mit den wichtigsten Veränderungen der Umwelt in Einklang gebracht wird. Darüber hinaus bilden die periodisch gewordenen Modifikationen unseres Organismus eine physiologische Uhr, die sowohl der Mensch wie auch das Tier zur zeitlichen Orientierung verwendet, insbesondere, wenn ihm die Anhaltspunkte fehlen, die normalerweise durch die Veränderungen seiner Umgebung geliefert werden.

Diese physiologischen Zusammenhänge erscheinen ebenfalls als verzögerte Konditionierung, mit deren Hilfe sich Tiere an ein regelmäßiges Intervall zwischen zwei oder mehreren Veränderungen anpassen. Gleichermaßen beweist die instrumentelle Konditionierung, daß das Tier in der Lage ist, auf ein Intervall zu reagieren.

Auch beim Menschen spielt diese Registrierung der Dauer auf dem biologischen Reaktionsniveau eine Rolle, doch meistens bleibt dieses hinter den bewußten Schätzungen der Dauer verborgen.

2. Die Wahrnehmung der Zeit

Innerhalb zeitlicher Grenzen, die ohne Zweifel sehr eng, doch von großer praktischer Bedeutung sind, nehmen wir Veränderungen wahr. Eine solche Wahrnehmung ist gekennzeichnet durch eine Integration sukzessiver Stimulationen, die es ermöglicht, letztere in relativer Gleichzeitigkeit wahrzunehmen: Hierfür sind Rhythmen oder einzelne gesprochene Sätze ein gutes Beispiel. Diese Simultaneität bestimmt die psychologische Gegenwart, innerhalb derer wir die grundlegenden Eigenschaften der Veränderungen wahrnehmen: die Reihenfolge der Stimuli und das Intervall zwischen ihnen.

Unter welchen Bedingungen ist innerhalb der psychologischen Gegenwart der Übergang möglich von der Wahrnehmung der Augenblicklichkeit zu der des Dauernden und von der Simultaneität zur Sukzession?

Worin bestehen die Modalitäten unserer Wahrnehmung der Dauer? Diese sind nur genau zu bestimmen, wenn man die wahrgenommene Dauer bezüglich dessen, was sich verändert, und die Struktur des Integrationsprozesses der Sukzession untersucht.

3. Die Kontrolle über die Zeit

Die Wahrnehmung erlaubt uns nur, Veränderungen im Moment ihres Auftretens zu erfassen. Der Mensch überwindet diese Einschränkung durch die Fähigkeit, sich jene Veränderungen vorzustellen. Somit kann er sich auf sie einstellen, sie miteinander in Beziehung setzen und gewissermaßen zu seinem eigenen Vorteil nutzen.

Dank des Gedächtnisses können wir die Reihenfolge der erlebten Veränderungen wiederherstellen und zukünftige Veränderungen antizipieren. Der Mensch erwirbt somit eine Vergangenheit und eine Zukunft, d. h. einen zeitlichen Horizont, hinsichtlich dessen seine gegenwärtige Handlung ihre ganze Sinnhaftigkeit herleitet.

Die eigentliche Dauer wird uns durch unsere Zeitgefühle bewußt, die im wesentlichen auf das Gefühl eines Hindernisses zurückzuführen sind: dem Zeitabstand zwischen dem, was wir tun und in naher Zukunft tun möchten. Diese Dauer können wir aber auch direkt nach der Anzahl der von uns bemerkten Veränderungen schätzen.

Die Bildung eines zeitlichen Horizontes und die Schätzung der Dauer implizieren nicht das In-Beziehung-Setzen aller Gegebenheiten bezüglich der Reihenfolge und der Dauer, da sie noch ganz auf die Anschauung beschränkt sind. Diese Beziehung wird erst auf einem höheren Niveau mittels gedanklicher Operationen, die den Ursprung unseres Zeitbegriffs bilden, den abstrakten Rahmen aller Veränderungen, realisiert. Wir können sodann die Zeit messen, sie rekonstruieren und das Werden nutzen, ohne an ihre merklichen Qualitäten, insbesondere an die Irreversibilität der erlebten Reihenfolge, gebunden zu sein.

Wenn wir hier schon unsere Klassifikation des zeitlich organisierten Verhaltens darlegten, nähmen wir den Inhalt aller folgenden Kapitel vorweg. Andererseits wird die Zielsetzung unserer Arbeit klarer werden, wenn wir unsere Klassifikation denen am häufigsten vorgenommenen gegenüberstellen.

Wir wollen zunächst alle die von unterschiedlichen Zeitkategorien ausgehenden Klassifikationen wie die physikalische, die biologische, psychologische und soziale Zeit etc., unberücksichtigt lassen; denn diese beschreiben die unterschiedlichen Veränderungsserien und haben keine psychologische Basis.

Seitdem sich Psychologen mit dem Zeitproblem beschäftigt haben, war ein grundlegender Unterschied erkennbar zwischen einer sinnlichen Erfahrung der Dauer, welche einem „Zeitsinn" zugeschrieben wurde, und der rationalen Idee der Zeit. Diese Unterscheidung ist von *Bergson* aufgenommen und weiterentwickelt worden, was zu dem Gegensatz der erlebten und der gedachten Dauer geführt hat. Ungeachtet der metaphysischen Implikationen, findet man ihn in vielen Schattierungen psychologischer Abhandlungen und insbesondere in den Arbeiten über Geisteskrankheiten wieder *(Straus, Minkowski, Ehrenwald)*.

Die von einer derartigen Unterscheidung ausgehenden Klassifikationen sind an eine Psychologie gebunden, die lediglich die Gegebenheiten des Bewußtseins erforscht. Denn sie stellen unsere vermeintlichen Betrachtungsweisen der Zeit einander gegenüber. Somit sind sie im Rahmen einer Verhaltenspsychologie, die bekanntlich unsere Bewußtseinszustände als Teil unserer Handlungen betrachtet – was gelegentlich nicht unwichtig ist – völlig unzulänglich. Ohne Zweifel werden die Analysen, die die Unterscheidung zwischen erlebter und gedachter Zeit vorgeben, für unsere Arbeit nützlich sein. Der Blickwinkel aber, aus dem wir sie betrachten werden, u. zw. die Anpassung an Veränderungen, wird ihnen eine andere Bedeutung verleihen.

Zudem trägt die sich nur auf Bewußtseinszustände beschränkende Unterscheidung unseren Anpassungen biologischer Art und den damit zusammenhängenden Konsequenzen auf der psychologischen Ebene nicht Rechnung. Diese Anpassungen, die schon von den Psychophysiologen *Pavlov* und *Piéron* untersucht worden sind, treten wiederum in der von *Kleist* (1934), einem deutschen Neuropsychiater, vorgenommenen Klassifikation auf. *Kleist* beruft sich auf verschiedene Nervenzentren, die pathologische Störungen bezüglich der Zeit zur Folge haben. Er unterscheidet (1) die Registrierung der Zeit als Basis der zeitlichen Orientierung in Abhängigkeit von Zellkernen und vegetativen Zentren des Hypothalamus, (2) die an die Aktivität der vorderen Hirnzentren gebundene Beurteilung der Länge der Zeit und (3) das mit den kortikalen Zentren verbundene Erfassen zeitlicher Strukturen.

Diese Klassifikation ist sehr interessant und deckt sich in mehreren Punkten mit der unserigen. Sie hat dennoch den Nachteil, abgesehen davon, daß die Bedeutung der vorderen Hirnzentren für die Beurteilung der Dauer noch nicht bewiesen worden ist, das in beschränktem Maße von der Aktivität des zerebralen Kortex abhängige Verhalten, wie die Wahrnehmung zeitlicher Strukturen, nicht hinreichend zu differenzieren und die zeitliche, nicht genau lokalisierbare Repräsentation herauszuarbeiten.

Unser Ansatz ist funktionaler. Unser Ziel ist es, zwischen den Prozessen der Anpassung an Veränderungen zu differenzieren, wobei wir uns auf die wissenschaftlich fundierten Erkenntnisse der Physiologie, Pathologie, der

Entwicklungspsychologie, ja sogar auf die Analyse psychologischer Funktionen berufen. Obwohl uns die verschiedenen Disziplinen von Nutzen waren, sind wir der verhaltenspsychologischen Methode treu geblieben; anhand der obengenannten Disziplinen haben wir zu bestimmen versucht, was der Mensch *tut*, um die Zeit zu kennen, sie zu nutzen und sich selbst in dem ihn umgebenden universellen Wechsel zu situieren.

Erster Teil: Die Konditionierung auf die Zeit

Veränderungen der Umwelt rufen nicht nur unmittelbare Reaktionen auf jede ihrer Phasen hervor. Die Reihenfolge und die Periodizität dieser Veränderungen induzieren in den Organismen auch Sequenzen physiologischer Veränderungen und Verhaltensmodifikationen, die denselben zeitlichen Charakter aufweisen. Diese Sequenzen sind derart, daß eine erste erfolgte Veränderung ausreicht für die Reproduktion aller folgenden mit derselben Reihenfolge und denselben zeitlichen Intervallen. Die Zeit interveniert in diesem Fall wie ein konditionierter Stimulus.

Unter dem Einfluß periodischer Veränderungen wird der Organismus so zu einer Art physiologischer Uhr, die für das Tier wie für den Menschen Anhaltspunkte für die zeitliche Orientierung liefert.

Die Fähigkeit des Organismus, regelmäßige Sequenzen zu reproduzieren, die der Aktivität unterliegen oder von ihr hervorgebracht werden, ermöglicht dem Tier und dem Menschen die Schätzung der Dauer, wie es in der verzögerten oder operanten Konditionierung der Fall ist.

Die Konditionierung auf die Zeit erklärt, wie das Tier sich durch zeitlich organisiertes Verhalten den Veränderungen anpaßt. Der Mensch verwendet für die zeitliche Orientierung und die Schätzung der Dauer ebenfalls diese biologischen Mechanismen; sie sind aber in komplexere Verhaltensweisen integriert, in die sich das symbolhafte Wissen der Veränderung einschaltet.

Erstes Kapitel: Anpassungen an periodische Veränderungen

Die Mehrzahl der Veränderungen in der Natur sind periodischer Art, und diese Periodizität steht meistens in Verbindung mit der Bewegung der Sternensysteme. Der Hintergrund des Lebens ist gekennzeichnet durch die Gezeiten, den Tag-Nacht-Rhythmus, den Mondumlauf, die Jahreszeiten. Selbst bei den lebenden Organismen gibt es zahlreiche periodische Phänomene wie: Pulsfrequenz, Atemrhythmus, Rhythmen des Verdauungsapparates, des Schlafes, Menstruationszyklen, jahreszeitlich bedingte Rhythmen des vegetativen Lebens, der sexuellen Aktivität, der Migration etc.

Einige periodische Phänomene des organischen Lebens sind endogen und ohne Bezug zum Wechsel der Natur. Das betrifft die Rhythmen der Hirnwellen, der Herzschläge und sogar die der Atmung. Andere organische Veränderungen besitzen wiederum eine mit einem natürlichen Phänomen koinzidierende Periode, deren direkte Beziehung zwischen Ursache und Wirkung aber noch nicht festgestellt werden konnte: der Menstruationszyklus der Frau kommt beispielsweise genauso oft vor wie der Mondumlauf. Es ist aber nicht ausgeschlossen, daß wir das uns zusammenhängend Erscheinende dem Einfluß eines Agens, der noch nicht entdeckt worden ist, oder der Beständigkeit eines im Laufe der Evolution zufällig aufgetretenen Effektes verdanken.

Schließlich werden einige periodische Aktivitäten der Lebewesen insbesondere durch die von den Rhythmen des Kosmos gesteuerten periodischen Variationen, denen diese Lebewesen ausgesetzt sind, wie den Variationen des Lichteinfalls, der Temperatur, der Feuchtigkeit etc., hervorgerufen. Daher sind viele Tiere tagsüber aktiv und schlafen nachts. Einige zeigen das umgekehrte Verhalten. Die ganze Natur folgt dem Zyklus der Jahreszeiten in Verbindung mit dem jeweiligen Stand der Erde zur Sonne. Die wichtigste Tatsache ist, daß diese kosmischen Rhythmen nicht nur reaktive Aktivitäten steuern, sondern in vielen Fällen eine richtige, sich gewissermaßen in den Organismus einfügende Periodizität erzeugen. Diese Periodizität kann die Veränderungen der Umwelt in dem Maße antizipieren, daß die induzierten Rhythmen noch eine bestimmte Zeit anhalten, wenn die Wirkung eines induzierenden Agens ausbleibt. So wird die exogene Periodizität durch Induktion zu einer endogenen.

Zum Verständnis dieses Phänomens seien zwei gut erforschte Beispiele aus der Tierpsychologie entlehnt.

Die kleinen Strudelwürmer *Convoluta* formen bei Ebbe dunkelgrüne Häufchen auf die feuchten Sandstrände, und sobald das Wasser aufzulaufen beginnt, graben sie sich ein. Diese wechselweise positiven und negativen geotropischen und mit dem Rhythmus der Gezeiten synchronen Reaktionen kommen bei jungen, im Aquarium aufgewachsenen Tieren nicht vor *(Martin 1900)*. Wenn hingegen Würmer für eine bestimmte Zeit dem Einfluß der Gezeiten ausgesetzt sind und dann ins Aquarium gelegt werden, graben sie sich in den ersten Tagen wieder ein und kommen aus dem Sand hervor, als ob sie noch dem Spiel der Gezeiten ausgesetzt seien (*Gamble* und *Keeble 1905*). Das Glühwürmchen (flügelloses Weibchen der *Lampyris Noctiluca*) leuchtet nur nachts, um die Männchen anzulocken. Selbst wenn man es in völlige Dunkelheit setzt, leuchtet es weiterhin vier bis fünf Tage lang nur nachts. Allmählich verschwindet in dieser neuen Situation der Wechsel und das Tier leuchtet konstant am Tag und in der Nacht, jedoch mit schwächerer Intensität *(Piéron 1925)*.

Diese periodischen Aktivitäten sind jedoch nicht einfach reflexive Reaktionen auf die mit den Gezeiten und dem Tag-Nacht-Rhythmus verbundenen Stimuli, da sie beim Fehlen der direkten Ursache noch einige Zeit anhalten. Sie sind aber auch nicht von endogenem Ursprung, da sie ja allmählich verschwinden, sobald diese Organismen keinen periodischen Veränderungen mehr ausgesetzt sind. Die *Rhythmische Persistenz*, ein Ausdruck von *H. Piéron* (1910), stellt sich somit als ein Ergebnis der Erfahrung und als eine Anpassung an Veränderungen durch Antizipation dar*. Es handelt sich hier wohl um ein zeitlich organisiertes Verhalten in dem Sinn, wie wir diesen Terminus in der Einführung definiert haben, da es eine Modalität der Anpassung an den Wechsel ist. Diese Tatsachen werden übrigens von den Autoren oft durch Zuhilfenahme eines gewissen „Zeitsinns" interpretiert.

Bevor wir alle Konsequenzen dieser rhythmischen Persistenz entwickeln, sollten wir uns fragen, ob diese Phänomene nicht nur Kuriositäten für die Naturwissenschaftler sind. Doch ihre Wichtigkeit ist nicht nur bei den Tieren, sondern auch beim Menschen offensichtlich, und hierfür werden wir eine Erklärung suchen.

---

* Dieses Kapitel ist besonders H. Piéron zu verdanken, der sein ganzes Interesse diesen Phänomenen gewidmet hat (s. *Piéron 1910, 1937, 1945*).

I. Die Vielfalt periodischer Anpassungen

Periodische Veränderungen kommen schon im Pflanzenreich vor. Zahlreiche Blumen entfalten sich zu einer bestimmten Tageszeit. *Linné* hatte, von dieser Beobachtung ausgehend, „Blumenuhren" gepflanzt, die die Stunden durch verschiedene Blumen anzeigen. Die Zaunwinde öffnet sich beispielsweise gegen 3 Uhr, die weiße Seerose um 7 Uhr, die Ringelblume um 9 Uhr, die Nachtkerze um 18 Uhr etc. (*Bonnier* nach *Piéron 1910, 51*).

Die Blätter der Hülsengewächse haben eine Tages- und eine Nachtstellung. Dieser seit langer Zeit untersuchte Wechsel ist erblich. Wenn man z. B. eine Bohnenpflanze unter konstanten Umweltbedingungen hält, insbesondere bei gleichbleibendem Licht, besteht dieser Wechsel fort. *Bünning* (1935) zeigte noch genauer, daß, wenn der vorherrschende Rhythmus 12–12 war, dennoch bestimmte Variationen einen 23-Stunden-Rhythmus und andere einen 26-Stunden-Rhythmus hatten, wobei die eigentliche Periode einer Variation konstant und erblich war. Von unserem Standpunkt aus ist aber die Tatsache interessant, daß nur der aktuelle Wechsel endogen zu sein scheint, während die eigentliche Synchronisation mit Tag und Nacht durch die circadianen Rhythmen selbst induziert wird. Hält man die Pflanze nachts unter künstlicher Beleuchtung und tagsüber in Dunkelheit, so ist der Rhythmus der Blattbewegungen tatsächlich invers. Beim Wechsel von Licht und Dunkelheit kann man jedoch auch Rhythmen von 6 h (3–3), von 12 h (6–6) und sogar von 36 h (18–18) erreichen (*Pfeffer 1915*, nach *Piéron 1937*). Wird die Pflanze in konstantes Licht zurückgestellt, verschwinden diese erworbenen Rhythmen, und die Periodik von 24 h (12–12) manifestiert sich aufs neue.

Die Experimente von *Darwin* und *Peitz* (zit. nach *Piéron 1937, 1910*) haben allgemeiner die Möglichkeit aufgezeigt, durch den periodischen Einfluß des Lichtes und der Schwerkraft bei Pflanzen anhaltende Rhythmen zu induzieren.

Bei den Tieren sind die Ergebnisse sehr umfassend und noch eindrucksvoller. Es gibt kaum eine Spezies, bei der man jahreszeitlich bedingte Rhythmen, Tag-Nacht-Rhythmen und allgemeine circadiane Rhythmen mit der Periode von 24 h nicht hätte finden können (*Halberg 1960*).

Sind diese Rhythmen nun endogen oder exogen? Es stellen sich viele Fragen. Die Rhythmen bestehen nach dem Fehlen von periodischer exogener Stimulation meistens fort. Sind uns jedoch alle diese Stimuli bekannt? In den meisten Fällen denkt man an das Licht und an die Temperatur; wir sind aber auch sensibel für die Schwerkraft und vielleicht für magnetische oder elektrostatische Kräfte. Oder existieren diese Rhythmen schon bei der

Geburt? Entwickeln sie sich während der Reifung oder werden sie durch die Erfahrung hervorgebracht? Heutzutage meinen viele Autoren, daß zahlreiche Rhythmen endogen sind, die dem Einfluß eines „Zeitgebers" innerhalb bestimmter zeitlicher Grenzen unterliegen. In gewissen Fällen scheinen die induzierten Rhythmen gänzlich von der Rhythmik der Lebensbedingungen hervorgerufen zu werden. Zum größten Teil haben diese Bedingungen aber nur die Funktion, einen notwendigen Wechsel von Schlaf-/Wachperioden, von Aktivität und Ruhe zeitlich zu regulieren, da sich ihm kein Organismus ohne zu sterben entziehen kann. Die Tag-Nacht-Rhythmen sind im wesentlichen gekennzeichnet durch die Synchronisation dieses Wechsels mit der regelmäßigen Abfolge von Tag und Nacht. Diese Induktion beginnt mit der Geburt des Tieres. Daher zeigt das Kükenembryo keine rhythmische Aktivität, und selbst ein in konstantem Licht gehaltenes junges Huhn hat keinen regelmäßigen Aktivitätszyklus im Hinblick auf den Tag-Nacht-Rhythmus. Wenn es dagegen dem Wechsel von Licht und Dunkelheit ausgesetzt wird, folgt sein Verhalten diesem Rhythmus (*Hiebel* und *Kayser 1949*). Doch ist die Periodik seines Verhaltens nicht beliebig. Zahlreiche Experimente haben gezeigt, daß es einfacher war, die unter künstlichen Bedingungen aufgewachsenen Tiere einem 24-Stunden-Rhythmus anzupassen als einem anderen Rhythmus, und einige Autoren, wie z. B. *Kayser* (1952) meinen, daß es eine angeborene Disposition für einen 24-Stunden-Rhythmus gäbe. Dies könnte auch durch die Tatsache bestätigt werden, daß es einfacher ist, den Tag-Nacht-Rhythmus der Temperatur einer Taube *(Kayser 1952)* oder den Aktivitätsrhythmus einer weißen Ratte (*Hunt* und *Schlosberg 1939 b*) umzukehren, als die Periode zu verändern. In einigen Fällen hat es sich jedoch als möglich erwiesen, Rhythmen mit etwas längeren Perioden zu erzielen. Bei weißen Ratten konnte man nämlich Wachperioden von 16 h, gefolgt von Schlafperioden mit derselben Dauer, herstellen (*Hunt* und *Schlosberg 1939 b*).

Trotz des außergewöhnlichen Lernens dieser Art entgeht aber sicherlich kein Tier dem dominierenden Tag-Nacht-Rhythmus, ausgenommen vielleicht die Tiefseefische: Es wurden bei ihnen in Intervallen von weit über 24 h aufeinanderfolgende Schlafphasen beobachtet *(Piéron 1912)*. Täglich verändern sich übrigens nur die Aktivität und die Körpertemperatur. Zahlreiche physiologische Aktivitäten besitzen eine circadiane Rhythmik, deren Phasen nicht immer denen des Tag-Nacht-Rhythmus entsprechen.

Diese Beispiele zeigen, wie die Periodik äußerer Veränderungen Aktivitätsphasen zeitlich modifizieren kann, was naturgemäß einer biologischen Notwendigkeit entspricht. Neben diesen allgemeinen Aktivitätsrhythmen sind insbesondere bei Insekten Aktivitäten festzustellen, die sich immer zu derselben Zeit wiederholen und gänzlich das Ergebnis einer erworbenen Erfahrung sind. Wenn Bienen an demselben Ort und zu derselben Zeit an mehreren aufeinanderfolgenden Tagen Nahrung finden, kommen sie an allen darauffolgenden Tagen zu derselben Zeit zurück. Dieses Verhalten besteht mehrere Tage, nachdem ihnen die Nahrung entzogen wurde, fort. Die Dressur kann zu verschiedenen Tageszeiten gleichzeitig stattfinden *(Beling 1929)*. Sie kann selbst dann erzielt werden, wenn man die Nahrung an zwei verschiedene Orte in einem Intervall von mehreren Stunden stellt *(Wahl 1932)**. Diesen Zeitsinn kann man auch bei anderen Tierarten finden. Fische begeben sich jeden Tag rechtzeitig an den Ort, wo sie gefüttert werden *(Braunschmid 1930)*, und Vögel zeigen kurz vor ihrer Fressenszeit eine Aktivitätszunahme *(Stein 1951)*.

Die Auslösung der Aktivität erfolgt in allen diesen Beispielen zu demselben Zeitpunkt oder zu denselben Zeitpunkten des Tag-Nacht-Rhythmus, und es ist nicht von vornherein ausgeschlossen, daß dabei Außenreize eine Rolle spielen können. Es ist erwiesen, daß letztere im normalen Leben zwar notwendig, dennoch aber nicht wesentlich sind. Bienen sind z. B. dressiert worden, alle 21 h zur Nahrungssuche zu kommen, und in diesem Fall sind überhaupt keine Außenreize verwandt worden *(Beling 1929)*. Entscheidender noch ist das Experiment von *Renner* (1955). Er richtete Bienen in einem Experimentalraum in Paris darauf ab, zu einer bestimmten Tageszeit zur Nahrungssuche zu kommen. Dann wurden sie zwischen zwei Futterzeiten im Flugzeug von Paris nach New York transportiert. Nachdem man die Bienen in einen identischen Experimentalraum gesetzt und ihnen die Nahrung entzogen hatte, kamen sie ungeachtet des Zeitunterschiedes zwischen Paris und New York in den darauffolgenden Tagen zu derselben Uhrzeit zur Nahrungssuche wie in Paris. Das umgekehrte Experiment von New York nach Paris ergab das gleiche Resultat. Dieses beweist, daß Bienen eine innere, von äußeren Bedingungen unabhängige Orientierung besitzen.

Diese Orientierung muß durch periodische, im Organismus vom Tag-Nacht-Rhythmus induzierte Veränderungen entstanden sein. Der Versuch nämlich, Tiere auf eine Zeitperiode von über 24 h zu dressieren, scheiterte *(Stein 1951)*, weil sie vermutlich keinen inneren und keinen äußeren Anhaltspunkt mehr finden konnten. Die Existenz einer inneren Uhr ist auch

---

* *Grabensberger* (1933) meinte die gleichen Ergebnisse bei Ameisen gefunden zu haben. *Reichle* hat jedoch 1943 gezeigt, daß die Aktivität der Ameisen bei der Nahrungssuche direkt mit den klimatischen Bedingungen zusammenhing. *Dobrzanski* (1956) hat die Experimente von *Grabensberger* systematisch wiederholt und nachgewiesen, daß nach mehrwöchiger Darbietung der Nahrung zu derselben Zeit und an demselben Ort die Ameisendichte zur Zeit der Dressur ebenso hoch war wie zu jeder anderen Tageszeit.

durch die Untersuchungen über den „Sonnenkompaß" der Arthropoden und Vögel aufgezeigt worden, über die *Medioni* (1956) eine kritische Übersicht verfaßt hat. Zahlreiche Experimente haben gezeigt, daß Insekten, Crustaceen und Vögel imstande waren, sich in eine vorgegebene Himmelsrichtung zu bewegen, wobei sie sich nur nach dem Sonnenstand orientiert haben. Zur Konstanthaltung dieses Verhaltens ist es natürlich notwendig, daß das Tier die Tageszeit berücksichtigt, um den jeweiligen Sonnenstand zu korrigieren. Wenn Bienen z. B. dressiert worden waren, am Nachmittag im Osten Nahrung zu suchen, dann flogen sie am darauffolgenden Tag wieder in diese östliche Richtung, selbst wenn man in der Nacht ihren Bienenstock in eine völlig andere Landschaft transportiert und das Abflugloch anders ausgerichtet hatte (*v. Frisch* und *Lindauer 1954*). Ein Star kann ebenfalls dressiert werden, zu jeder Tageszeit seine Nahrung an östlich gelegenen Futterstellen zu suchen.

Diese Regulierung mittels einer physiologischen Uhr ist besonders manifest, wenn man eine Diskrepanz zwischen deren Auswirkungen und dem Sonnenstand herstellt. Wenn der Käfig eines Stars, der dressiert worden ist, sich östlich nach dem Tageslicht zu orientieren, in einen dunklen, unterirdischen Raum in die Mitte eines runden, weißen Leinenzeltes gestellt wird, welches das Licht eines elektrischen Projektors zerstreut, um eine künstliche Sonne zu simulieren, dann orientiert sich das Tier zur gewohnten experimentellen Zeit östlich, und seine Richtung bildet denselben Winkel zur künstlichen wie zur natürlichen Sonne. Wiederholte man das Experiment einige Stunden später und der Projektor blieb in derselben Position, so machte das Tier einen Fehler in westlicher Richtung: Es nahm eine Korrektur nach dem Sonnenstand vor, als ob dieser sich wirklich verändert hätte. Da aber die Position der künstlichen Sonne die gleiche geblieben war, so war seine Reaktion falsch *(Kramer 1952)*. Umgekehrt kann man die Existenz der inneren Uhr beweisen, indem man sie verstellt. Nachdem man Stare dressiert hatte, sich ungeachtet der Tageszeit nach einer Himmelsrichtung zu orientieren, wurden sie dem kontinuierlichen Einfluß eines künstlichen Tages, der sich folgendermaßen darstellt, ausgesetzt: Es wird ein Wechsel von Licht und Dunkelheit glaubwürdig als Tag-Nacht-Rhythmus wiedergegeben, aber mit einer Diskrepanz von 6 h hinsichtlich des Sonnenlichtes. Setzt man die Stare des Orientierungsexperimentes nach einigen Tagen dem Tageslicht aus, so stellt man fest, daß sie um 15 Uhr beispielsweise in eine Richtung fliegen, als sei es 9 Uhr morgens. Ihr Fehler resultiert offenbar aus der Verschiebung ihrer inneren Uhr, die sich dem neuen Rhythmus angepaßt hatte *(K. Hoffmann 1954)*.

Das Funktionieren dieser physiologischen Uhren bedeutet, daß der Organismus sich an regelmäßige Veränderungen anpassen kann. Unter künstlichen Bedingungen durchgeführte Experimente demonstrieren, daß diese Fähigkeit sehr verbreitet ist und daß ein Tier ungeachtet der Veränderungen in der natürlichen Umwelt – vorausgesetzt, sie sind geringer als 24 h, auf Perioden konditioniert werden kann. Diese Beweisführung ist insbesondere das Werk von *Pavlov* und dessen Schülern gewesen (*Pavlov* 1929; oder 1953: Vorlesungen über die Arbeit der Großhirnhemisphäre. Berlin: Akademieverlag; 1953: Zwanzigjährige Erfahrungen mit dem objektiven Studium der höheren Nerventätigkeit (des Verhaltens) der Tiere. Berlin: Akademieverlag; *Dmitriev* und *Kochigina 1959*). Schon 1907 hatte *Zelennji* einem Hund alle 10 min eine Kombination von einem Ton und Nahrung vorgegeben und dabei entdeckt, daß nach einer bestimmten Anzahl von Wiederholungen der konditionierte Nahrungsreflex regelmäßig am Ende des Intervalls von 10 min auftrat. 1912 untersuchte *Feokritov* die genauen Gesetze dieses Phänomens, auf die wir noch zurückkommen werden (S. 41–42). Das Phänomen ist aber nicht auf den Nahrungsreflex begrenzt. *Beritov* (1912, nach *Dmitriev* und *Kochigina 1959*) hat gezeigt, daß auch motorische Abwehrreflexe konditioniert werden können. Gibt man z. B. einem Hund alle 5 min 40 mal auf die Vorderpfote einen Elektroschock, so kann man feststellen, daß er offenbar schon eine Minute vor dem nächsten Stimulus aufschreckt, den Kopf bewegt und die Pfote hochhebt. Dieser Reflex läßt sich jedoch nicht auf einmal herstellen. Die Reaktionen sind zu Beginn zwischen zwei Stimuli über das ganze Intervall verstreut, und nach und nach beginnen sie sich am Intervallende zu verdichten. *Bykov* und seine Mitarbeiter (nach *Dmitriev* und *Kochigina 1959*) zeigten schließlich 1936, daß die Veränderungen des Metabolismus (wie Reaktionen auf Temperaturschwankungen) auf die Zeit konditioniert werden konnten. Alle diese Reaktionen sind vergleichbar mit denjenigen der Bienen von *Beling*. Periodische Veränderungen induzieren einen Rhythmus des Verhaltens. Es ist sogar möglich, Tiere auf eine komplexe Periodik zu dressieren. Werden Tauben nach folgendem zeitlichen Schema gefüttert: 15 sec Nahrung, 30 sec Pause; 15 sec Nahrung, 90 sec Pause; und dieser Zyklus wird mehrere Male an mehreren aufeinanderfolgenden Tagen wiederholt, so stellt man – mittels aktographischer Registrierung – fest, daß das Tier während der Pausen ruhig bleibt, gegen Ende der Pausen sich aber beginnt zu bewegen und somit den Beginn der Nahrung antizipiert. Wird die Nahrung diskontinuierlich dargeboten, verhält die Taube sich mehrere Zyklen lang genauso *(Popov 1950)*.

Der Mensch ist im Hinblick auf Anpassungen an die kosmische Periodik im

Verhältnis weniger erforscht worden als Tiere und Pflanzen. Es ist sicherlich schwieriger, mit Menschen zu experimentieren und sie völlig künstlichen Bedingungen auszusetzen. Zudem sind die Arten ihrer Anpassung sehr unterschiedlich, worauf wir an gegebenem Ort noch direkt hinweisen werden: Sie können sich verstärken oder aber sich ausgleichen bis die wesentlichen Tatsachen verwischt sind.

Die alltägliche Beobachtung enthüllt uns dennoch die Wichtigkeit der Tag-Nacht-Rhythmen in unserem Leben. Der größte Teil der Menschheit schläft nachts und arbeitet tagsüber. Hier bildet der Rhythmus des Lichtes noch eine organische Notwendigkeit, da der Mensch nach der Aktivität ohne Schlaf nicht auskommt, selbst wenn er – in außergewöhnlichen Fällen – den Zeitraum dieses Wechsels sehr weit ausdehnen kann. Die Anpassungen bleiben in diesem allgemeinen Rahmen individuell. Viele Leute wachen mehr oder weniger genau zu einer bestimmten Uhrzeit auf, und auch eine nebensächliche oder wichtige Abweichung von ihrer Schlafenszeit ändert nichts daran. Die Zeit des Aufwachens ist dann nicht festgelegt durch die Länge des Schlafes, sondern durch die Gewohnheit. Seitdem Flugreisen einen schnellen Wechsel von einem Land in ein anderes, getrennt durch verschiedene Zeitzonen, ermöglicht haben, konnten viele Reisende feststellen, daß ihr Schlaf noch einige Tage nach einer solchen Reise gestört war: Reisten sie beispielsweise von Frankreich nach Amerika (wo die Sonne 4 bis 5 h später aufgeht), dann neigten sie zu Beginn ihres Aufenthaltes dazu, viel zu früh aufzuwachen.

Man weiß schon lange, daß der Puls, der Blutdruck und vor allem die Körpertemperatur beim Menschen und bei zahlreichen Tieren Veränderungen des Tag-Nacht-Rhythmus anzeigen. Der Temperaturunterschied beträgt beim Menschen zwischen dem Minimum in der Nacht und dem Maximum am Nachmittag ungefähr 1° C. Die Physiologen nahmen schon 1875 an, daß dieser Rhythmus der Aktivitäts- und Ruhephasen durch den Wechsel des Lichtes und der Dunkelheit hervorgerufen wird. Sie glaubten daher, daß eine Umkehrung des täglichen Wachens in nächtliches Wachen möglich sei. Die Ergebnisse dieses Experimentes blieben jedoch sehr kontrovers, bis *Toulouse* und *Piéron 1907* die Inversion der Temperatur bei Krankenschwestern, die von einem Tages- zu einem Nachtdienst überwechselten, festgestellt haben. Diese Inversion fand allmählich statt und war erst nach 30 bis 40 Tagen vollständig erreicht. In den ersten Wochen senkte sich die normalerweise morgens und am Spätnachmittag ansteigende Temperatur graduell, bis sie schließlich immer schneller abfiel.

Passagiere auf einer langen Seereise konnten eine progressive Veränderung ihres Temperaturrhythmus bemerken. *Osborne* (1907), der von Melbourne nach England reiste, stellte z. B. nach sechs Wochen auf See fest, daß seine Temperatur noch jeden Tag gegen 18 Uhr ihr Maximum erreichte; bei seiner Ankunft in England entsprach dies 4 Uhr morgens in Melbourne. Die Inversion war vollständig erreicht.

„Die Möglichkeit der Inversion beweist, daß der Rhythmus abhängig ist von den Lebensbedingungen, der physikalischen und geistigen Aktivität, und seinen Höhepunkt normalerweise in einem von kosmischen Bedingungen, d. h. vom Sonnenlicht, festgelegten Moment erreicht; es gibt jedoch Modifikationen sozialen Ursprungs, die zur Folge haben, daß das Maximum in den Städten erheblich später erreicht wird als auf dem Lande. Man kann also nicht von einer fundamentalen Periodizität sprechen." „Andererseits zeigen die Schwierigkeit und die Langsamkeit der Inversion, daß der Rhythmus wahrscheinlich erworben wurde und dahin tendiert, in seiner Periodik fortzubestehen, da er einer neuen Periodik derart entgegenwirkt, daß in jedem Moment ein Ausgleich geschaffen wird zwischen der vergangenen Tätigkeit, der schwächer werdenden Erinnerung und der aktuellen Tätigkeit, die zunehmend stärker wird" *(Piéron 1910, 89–90)*. Diese Gesetze werden in den Untersuchungen mit Nachtarbeitern bestätigt. Diejenigen, die ihre Arbeitszeit jede Woche wechseln, haben eine unregelmäßige Temperatur. Frauen, die wie die Nachtschwestern nur nachts arbeiten, schlafen in den ersten Nächten ihres Jahresurlaubs schlecht. Das zeigt, daß sie eine bestimmte Zeit benötigen, um sich an einen anderen Schlaf-/ Wachrhythmus zu gewöhnen. Schließlich findet man bei Nachtarbeitern, deren physiologische Rhythmen stets infolge der Arbeitsbedingungen verändert werden, als indirekte Konsequenz der Anpassung an periodische Veränderungen die meisten Krankheiten, verbunden mit neuro-vegetativen Störungen (Neurosen, Angstzustände, Atmungsbeschwerden, Verdauungsstörungen) (Nach *Kleitmann 1939, Neulat 1950, Hadengue 1962*).

Die dem Experiment von *Toulouse* und *Piéron* vorausgegangenen Kontroversen werden nicht merklich verringert, da die Ergebnisse zuweilen widersprüchlich sind. Bei bestimmten Individuen scheint diese Inversion nicht vorzukommen *(Regelsberger 1940)*, während sie beim Tier immer möglich ist. Vielleicht könnte ein interner Faktor psychischer Art diese Ausnahmen erklären. Es scheint tatsächlich so zu sein, daß die Beeinflußbarkeit durch äußere Reize größer wird, wenn sich das psychische Leben abschwächt. Bei einem microcephalo-acromegalischen Oligophrenen war es z. B. möglich, eine doppelte Inversion seiner Tagestemperatur zu erzielen, indem man ihn von 6 bis 12 Uhr und von 18 bis 24 Uhr dem Licht und von 0 bis 6 Uhr und von 12 bis 18 Uhr der Dunkelheit aussetzte. Seine Temperatur ist von 0 bis 6 Uhr gefallen, von 6 bis 12 Uhr gestiegen, von 12 bis 18 Uhr aufs neue gesunken und von 18 bis 24 Uhr wieder gestiegen. Nachdem man das Experiment einen Monat lang durchgeführt hatte, waren große Unregelmäßigkeiten und das Wiederauftreten der einfachen Inversion, nämlich ein fundamentalerer Rhythmus von 12-12 festzustellen (*Burckard* und *Kayser 1947*).

Es ist nicht nur die Inversion der Temperatur möglich, sondern bei einigen Personen auch ein neuer Rhythmus der Temperaturkurve mit Perioden, die sich ein wenig von denen des Tag-Nacht-Rhythmus unterscheiden. *Kleitman* ließ beispielsweise einen seiner Mitarbeiter eine 8-Tage-Woche erleben (15 h Wachen und 6 h Schlaf), dann eine 7-Tage Woche (17 h Wachen und 7 h Schlaf) und schließlich eine 6-Tage-Woche (19 h Wachen und 9 h Schlaf). In allen drei Fällen folgte die Temperaturkurve dem Aktivitätsrhythmus. Man muß aber auch anmerken, daß es *Kleitman* (1939) nicht gelungen ist, das Experiment an sich selber zu wiederholen.

An die Aktivitätsphasen ist nicht nur der Temperaturrhythmus gebunden, sondern auch derjenige zahlreicher physiologischer Funktionen: der Blutzuckerspiegel, der Kalzium- und Proteinspiegel, die Anzahl der Lymphozyten, die Nierensekretion und Glykogenspeicherung und die biliäre Funktion der Leber *(Kayser 1952)*. So partizipiert der gesamte menschliche Organismus sowohl bewußt als auch unbewußt am Tag-Nacht-Rhythmus. Dieser Rhythmus schließt ohne Zweifel die mittels der Produktionsmethode erhaltenen Tagesabweichungen der Schätzung der Dauer aus. Die Aktivitätsperioden entsprechen der Produktion von längeren Dauern. Die Abweichungen sind bei denjenigen invers, die tagsüber oder nachts aktiv sind *(Thor 1962)*.

Die Entwicklung des Kindes beweist am deutlichsten, daß diese Rhythmen erworben worden sind. Beim Fötus und beim Neugeborenen beobachtet man keinerlei Tag-Nacht-Rhythmus, weder in der Aktivität noch in den physiologischen Funktionen. Der Schlaf des Neugeborenen ist mehrphasisch; die Schlafperioden sind sehr zahlreich und ohne Präferenz für die Nacht oder den Tag. Im Laufe der Entwicklung werden die Schlafperioden immer weniger und länger. Die mit der Folge von Tag und Nacht verbundenen sozialen Gewohnheiten spielen jedoch eine entscheidende Rolle für die Festigung dieser Schlaf-/Wachperioden. Nach der ersten Lebenswoche ist der nächtliche Schlaf schon wichtiger als der tägliche (*Gesell 1953, 153–168*; oder 1943: The embryology of behavior. New York: Harper). Der Temperaturrhythmus entsteht langsamer und ist erst im Laufe des zweiten Jahres gut differenziert (*Kleitman, Titelbaum* und *Hoffmann 1937*). Der grundlegende Faktor dieser Induktionen scheint die Entstehung eines periodischen Aktivitätsrhythmus zu sein und nicht der direkte Einfluß eines Agens wie

Licht oder Dunkelheit. Die gleichen Rhythmen sind nämlich auch bei Blindgeborenen zu beobachten *(Remler 1949)*.

Die Anpassung an eine Periodik wird auch beim Zyklus der Mahlzeiten sichtbar. In Europa zumindest sind Kinder von Geburt an gewöhnt an Mahlzeiten im Zeitraum von 3 h, wobei eine Mahlzeit im Laufe der Nacht ausgelassen wird. Die meisten gesunden Kinder gewöhnen sich sehr schnell, schon in einem Monat nach ihrer Geburt, an diesen komplexen Rhythmus. *Marquis* (1941) untersuchte diese Gewöhnung experimentell und fand sehr interessante Ergebnisse. Drei Gruppen von Kindern wurden nach ihrer Geburt in besondere Betten gelegt, in denen man aktographisch die Quantität ihrer Aktivität aufzeichnen konnte. Die Kinder der ersten Gruppe wurden nach ihrem natürlichen Rhythmus gefüttert, d. h. jedesmal, wenn sie vor Hunger schrien. Dieser natürliche Rhythmus beträgt durchschnittlich 3 h 2 min. Die Kinder der anderen Gruppe wurden regelmäßig alle 3 h gefüttert und die der dritten Gruppe alle 4 h. In den letzten beiden Gruppen verlief die Aktivitätskurve der Kinder in den ersten acht Tagen regelmäßig. Nach dem Essen nahm die Aktivität ab, sie erreichte ein Minimum und begann wieder eine Stunde vor der nächsten Mahlzeit anzusteigen. Die Aktivität der an den 4-Stunden-Rhythmus gewöhnten Kinder stieg aber stärker an als bei denen der Gruppe mit dem 3-Stunden-Rhythmus. Das ist normal, da anscheinend der natürliche Rhythmus des Nahrungsbedürfnisses nur ein wenig über 3 h, sicherlich aber unter 4 h liegt. In der Gruppe jenes 4-Stunden-Rhythmus wurde nämlich festgestellt, daß die Aktivität immer später einsetzte; am sechsten Tag begann sie erst nach 3 h 30 min. Die Gruppe mit dem 3-Stunden-Rhythmus wurde am neunten Tag dann in einem 4-Stunden-Rhythmus gefüttert. Zwischen der dritten und vierten Stunde jedes Zyklus wurden die Kinder sehr aktiv, weit mehr als die, die von Beginn an im 4-Stunden-Rhythmus gefüttert worden waren. Dieses Phänomen zeigt sehr deutlich, daß sie sich schon einem 3-Stunden-Rhythmus angepaßt hatten. Die frühe Anpassung an einen 3-Stunden-, ebenso wie an einen 4-Stunden-Rhythmus wirft die Frage nach den ihm unterliegenden Mechanismen auf, worauf wir später noch zurückkommen werden. Man weiß, daß bei Neugeborenen Integrationen auf dem kortikalen Niveau nicht möglich sind, weil die kortikalen Zellenfasern noch keine Markscheide aus Myelin besitzen und das Netz ihrer Querverbindungen noch nicht entwickelt ist. *Marquis* meint, daß ein infrakortikales Zentrum diese sehr einfache Anpassung regelt.

Die bisher betrachteten Periodizitäten stehen überwiegend in Verbindung mit den wichtigsten biologischen Aktivitäten des Organismus: Schlafen, Wachen, Essen. In allen diesen Fällen wird ein durch organische

Bedürfnisse entstandener, notwendiger Wechsel synchronisiert mit periodischen Veränderungen der Außenwelt. Es ist aber beim Menschen wie beim Tier und der Pflanze möglich, Rhythmen unabhängig vom organischen Wechsel zu induzieren. Gibt man einer Person einen leichten Elektroschock, so stellt man eine reflexive Reaktion, den sog. psychogalvanischen Reflex, fest, der unter dem Einfluß eines Impulses des sympathischen Nervensystems eine Verminderung des Hautwiderstandes verursacht. Dieser Elektroschock wird alle 8 sec in einer bestimmten Zeit wiederholt. Werden die Schocks unterbrochen, zeigen sich bei einigen Individuen noch eine oder mehrere Reaktionen in einem Intervall von 8 sec. Dies beweist, daß ein Rhythmus von neuro-vegetativen Reaktionen induziert worden ist (*Fraisse* und *Jampolsky 1952*).

In Wirklichkeit sind die Tatsachen komplexer. Die wiederholten Elektroschocks verursachen eine doppelte Serie psychogalvanischer Reaktionen: Reflexive Reaktionen auf den Schock selbst und dem Schock vorausgehende Reaktionen, die wir als Angstreaktionen interpretiert haben. Werden die Schocks unterbrochen, so ist eine Induktion beider Reaktionsarten festzustellen. Reflexive Reaktionen sind besser zu erkennen bei Personen, die weniger Angstreaktionen zeigen.

Alle diese typischen, von uns ausgewählten Beispiele zeigen ganz deutlich, daß die Induktion periodischer Veränderungen auf physiologischem Reaktions- oder Aktivitätsniveau ein sehr allgemeines Gesetz für alle Organismen darstellt. Die Rhythmen der Umwelt bestimmen Rhythmen, die zuerst exogen sind, dann aber vollständig endogen werden, da das Verhalten das Auftreten des Reizes antizipiert und dieser Rhythmus noch einige Zeit anhält, nachdem dessen auslösende Ursache ausgeblieben war.

Um dieses Phänomen besser verstehen zu können, müssen wir nun dessen Mechanismen betrachten.

II. Die Gesetze periodischer Anpassungen

Um die Induktion der Rhythmizität durch periodische Veränderungen verstehen zu können, müssen wir uns auf die Rhythmik zurückbesinnen, die anscheinend charakteristisch ist für das Funktionieren des Nervensystems. Diese Eigenschaft breitet sich zweifellos vor allem bei weniger differenzierten Organismen auf andere Bereiche aus. Da unsere Absicht jedoch ist, menschliches Verhalten zu verstehen, können wir diesen Aspekt des Phänomens übergehen. Es gibt drei schnelle endogene Rhythmen, die sehr eindrucksvoll sind: den des Herzens, der Atmung und der elektrischen Aktivität des Gehirns. In allen drei Fällen ist bewiesen worden, daß diese

Rhythmen keine periodischen Reaktionen auf periodische Stimuli sind; denn die einzige Funktion der auf sie wirkenden Stimulationen ist die Beschleunigung oder Verlangsamung einer Erregung in den Nervenzentren*.

Es wurden ebenfalls nervliche Bereiche gefunden, die keine spontane Rhythmik aufweisen, aber dennoch, wenn sie kontinuierlich erregt werden, rhythmisch reagieren. Dies trifft auf Reflexzentren, sensible und motorische Fasern zu (*Fessard 1931* und *1936*). Sowohl die Zentren als auch die einzelnen Fasern weisen immer eine ihnen eigene Reaktionsperiode auf, wobei der Reaktionsrhythmus nur innerhalb bestimmter Grenzen dem Rhythmus oder einfach der Intensität der Stimulation entspricht.

Ein gutes Beispiel hierfür ist der *Kratzreflex* des Hundes. Wie *Sherrington* gezeigt hat, kann eine einfache Stimulation eine Reihe periodischer Bewegungen auslösen, die sich nicht mit der sukzessiven Stimulation erklären läßt, da dieser Reflex sogar vorkommt, wenn die entsprechenden afferenten Bahnen der Muskeln getrennt werden. Daraus muß man schließen, daß der Bewegungsrhythmus, dessen Frequenz unabhängig ist von der Art der Stimulation, durch die wiederholte Aktivität eines Zentrums erklärt werden kann (*Sherrington*, The integrative action of the nervous system, 1906, 45 und 71–122).

Was uns vor allem für das Verständnis von Anpassungsphänomenen interessiert, ist die Tendenz dieser nervlichen Rhythmen, sich untereinander zu synchronisieren. Die Periodik eines Teiles spielt sehr häufig die Rolle eines Schrittmachers für weitere Erregungen. *Fessard* (1936) hat dieses Phänomen in den Hauptnervenleitungen aufgezeigt. Es ist bekannt, daß die Sinuskurve des Herzens als Schrittmacher für eine Vielzahl anderer Zentren, die alle ihre eigene Periodik haben, fungiert. In den höheren Zentren sind die enzephalographisch aufgezeichneten, periodischen Zerebralwellen das Ergebnis einer weitreichenden Synchronisation der elektrischen Aktivität der Nervenzellen. Es ist sehr wahrscheinlich anzunehmen, daß die Regelmäßigkeit der Erregungen eines Organs oder eines Zentrums in den häufigsten Fällen durch die Konditionierung einer großen Anzahl elementarer Erregungen verursacht wird (*Bethe 1940*). Wichtiger noch ist die Tatsache, daß bestimmte periodische Aktivitäten mit Stimuli synchronisiert werden können, die selbst periodisch sind. Seit den schon häufig verifizier-

---

* Die Nervenzentren der Atmung scheinen tatsächlich ihre eigene Periode zu besitzen, die lediglich durch die Unterschiede des Blutgehaltes an Kohlensäure „kontrolliert" wird. *Adrian* und *Buytendijk* (1931) haben z. B. darauf hingewiesen, daß in den Atmungszentren von Fischen selbst dann Aktivitätsveränderungen festzustellen waren, wenn diese Zentren vor jeglichem Einfluß auf die Blutoxidation abgeschirmt waren.

ten Untersuchungen von *Adrian* (1934) ist bekannt, daß der Alpha-Rhythmus der zerebralen Wellen mittels intermittierenden Lichtes bis zu einem gewissen Maße reguliert werden kann.

Häufig tritt auch bei pendelartigen Bewegungen Synchronisation auf. Die Bewegungen verdanken ihre Regelmäßigkeit dem Phänomen der sukzessiven Induktion. Die Erregung des Beugers führt zur Hemmung des Streckers und so fort. Diese Aufeinanderfolge hat ihr eigenes „Tempo", wie es in zahlreichen eindrucksvollen Untersuchungen über das spontane „Tempo" beim Kauen, Gehen oder bei der Aufrechterhaltung des Körpers gezeigt werden konnte. Das Bemerkenswerte ist, daß diese pendelartigen Bewegungen durch rhythmische Stimuli ausgelöst werden können. Diese Induktion läßt sich bei einem 9monatigen Kind aufzeigen, ähnlich einem Verhalten, das einer Militärformation ermöglicht, im Gleichschritt zu marschieren, obwohl die individuellen „Tempi" zwischen den Soldaten sehr unterschiedlich sind.

Alle diese Fakten beziehen sich auf relativ schnelle Rhythmen, und per Analogie werden auch diejenigen induzierten Verhaltensweisen verständlich, deren Periode länger ist. Sie manifestieren nämlich zwei Fähigkeiten des Nervensystems: Einmal besitzen die jeweiligen Bereiche, insbesondere die Nervenzentren, entweder eine rhythmische Spontanaktivität, oder aber sie reagieren spontan rhythmisch auf die Stimuli, was die Tatsache erklärt, daß die Induktionen in hoher Frequenz und sehr einfach herstellbar sind. Zum anderen hat sowohl die spontane wie die induzierte rhythmische Aktivität eines Zentrums ihre eigene Frequenz, die nur innerhalb bestimmter Grenzen durch intervenierende Regulationen, Stimulationen und Synchronisationen modifizierbar ist. Bei den Tag-Nacht-Rhythmen haben wir deutlich gesehen, daß diese, obgleich induziert durch den Wechsel von Tag und Nacht, einem Frequenzoptimum der Organismen entsprechen; denn es ist schwierig, Rhythmen dieses Typs mit längeren Perioden zu erzielen. Die Auswirkungen der Temperatur ermöglichen uns hingegen, zwischen diesen unterschiedlichen Rhythmen zu differenzieren. Die Temperatur hat den Effekt, die Geschwindigkeit chemischer Reaktionen zu erhöhen. Das Exponentialgesetz bezüglich der Reaktionsgeschwindigkeit bei absoluter Temperatur wurde 1884 von *Van't Hoff* formuliert; ihm folgend war *Arrhenius* der erste, der zeigte, daß die biologischen Prozesse demselben Gesetz gehorchen (*Sivadjian 1938, 349*). Der Logarithmus der Reaktionsfrequenz ist umgekehrt proportional zur absoluten Temperatur nach der Formel:

$$\log f = c - (\mu/2.3\ RT)$$

(f ist die Frequenz oder Geschwindigkeit der Reaktion, R ist die Konstante für die entsprechenden Gase und T ist die absolute Temperatur).

Für jeden Reaktionstyp gibt es eine Konstante μ, genannt „Charakteristik der Temperatur" oder „thermischer Zuwachs", was die aktivierende Energie des Prozesses in Kalorien pro Molekular-Gramm kennzeichnet *(Hoagland 1936 d)*.

Seit den Untersuchungen von Marey *(Sivadjian 1938, 346)* ist bekannt, daß die Refraktärphase der Zentren und Nerven von der Temperatur abhängt; es wurde ebenfalls gezeigt, daß auch die endogenen Rhythmen des Organismus dem Arrhenius-Gesetz folgen. Der Herzschlag wird durch eine Erhöhung der Körpertemperatur beschleunigt. Die Konstante μ hat beim Menschen dann einen Annäherungswert von 29 000. Auf die gleiche Art und Weise wird die Atmung modifiziert, wobei der Wert mit der jeweiligen Spezies variiert. Unter denselben Bedingungen beschleunigt sich auch der Alpha-Rhythmus, wobei μ 8000 bei normalen Menschen beträgt und höher ist bei Patienten mit progressiver Paralyse *(Hoagland 1936 a, b, c, d)*. Die Frequenz der rhythmischen Entladung der Nerven folgt demselben Gesetz: *Fessard* errechnete für die Nerven der Crustaceen eine Konstante μ = 14 900 (1936, 135). Tag-Nacht-Rhythmen sind hingegen unabhängig von der Temperatur. Die periodischen Bewegungen des Bohnenblattes weisen diese Unabhängigkeit zwar nicht auf, anders ist dagegen das Verhalten der Bienen. Werden sie dressiert, zu einer bestimmten Uhrzeit zur Nahrungssuche zu kommen, erscheinen sie frühzeitig, wenn die Temperatur steigt und zu spät, wenn sie sinkt *(Wahl 1932)*. Dagegen haben Eidechsen (*Marx* und *Kayser 1949*), Tauben (*Stein 1951)* und alle Wirbeltiere, einschließlich des Menschen, temperaturunabhängige Tag-Nacht-Rhythmen. Die Temperatur scheint auf die von ihr abhängigen metabolischen Prozesse einzuwirken. Die uns interessierenden circadianen Rhythmen sind dadurch nicht betroffen.

Lange bevor alle diese Untersuchungen durchgeführt wurden, schloß *Piéron* (1923) nicht aus, daß unsere Schätzung der Dauer von physiologischen Prozessen abhängt. Er schrieb: „. . . und wenn z. B. die Geschwindigkeit organischer Prozesse sich durch Temperaturunterschiede verändert, so wird sich die mentale Zeit im Verhältnis ausdehnen oder zusammenziehen." Diese Hypothese veranlaßte *François* (1927, 1928), seine bekannten Experimente durchzuführen. Wird von einer Versuchsperson verlangt, nach einem subjektiven Rhythmus dreimal pro Sekunde auf den Tisch zu pochen, wobei die Körpertemperatur durch Diathermie erhöht wird, so ist eine Beschleunigung des gepochten Rhythmus festzustellen, dessen sich die Person aber nicht unmittelbar bewußt ist. Das Ergebnis wurde auch erlangt, wenn man sie bat, statt zu pochen, einmal pro Sekunde zu zählen. *Hoagland* (1933) fand die gleichen Resultate bei Personen, deren Temperatur infolge einer Krankheit erhöht war. Nach seiner Berechnung bestätigten sich diese Ergebnisse wie diejenigen von *François* nach dem Arrhenius-Gesetz, wobei die Konstante μ hier einen Wert von 24 000 hatte. Diese Ergebnisse sind von *Kleber, Lhamon* und *Goldstone* (1963) bestätigt worden, wobei sie ihre Personen, deren Körpertemperatur durch feuchte Luft erhöht worden war, die Dauer einer Sekunde schätzen ließen. Dieses Phänomen läßt sich jedoch nicht auf alle Zeitschätzungen verallgemeinern. Die Schätzung in Zeiteinheiten beispielsweise oder die Produktion von Dauern in Höhe von „einigen Minuten" scheinen unabhängig zu sein von der Körpertemperatur, wenn man diese durch einen Aufenthalt von mehreren Stunden in einem überheizten Raum variiert (*Bell* und *Provins 1963*). Jene Schätzungen seien für dieselben Autoren ebenfalls unabhängig von der Pulsfrequenz. *Hawkes, Joy* und *Evans* (1962) fanden hingegen eine negative Korrelation zwischen der durch Drogen beeinflußten Herzfrequenz (und der Geschwindigkeit der Atmung) und der Produktion von kurzen Dauern (von 0,5 bis 4 sec). Zwischen diesen Variablen und der Reproduktion von Dauern ergab sich jedoch keine Korrelation, was auch *Schäfer* und *Gilliland* (1938) festgestellt hatten. Das Phänomen ist also beim Menschen ganz besonders komplex. Die Ursache des Temperaturanstiegs, die Aufgabenart, der Modus der Zeitschätzung und selbst die Reaktion der Versuchsperson auf diese Bedingungen spielen hierbei eine Rolle.

Die Experimente von *François* und *Hoagland* dürften völlig verschieden von den vorangegangenen sein, in denen eine Beschleunigung biologischer Rhythmen mit dem Anstieg der Temperatur festgestellt wurde. In jenen Experimenten werden nämlich die willentlichen Bewegungsrhythmen untersucht, und um die Dauer einer Sekunde als Bezug herzustellen, bezieht man sich indessen nicht auf eine präzise Kenntnis, sondern auf eine Norm, die der individuellen Erfahrung jeder einzelnen Versuchsperson entspricht. Der Bewegungsrhythmus hat eine vom Willen gesteuerte Periodik, während die entsprechende Norm von Prozessen determiniert wird, die außerhalb dieser Kontrolle liegen. Wie die Biene, die frühzeitig erscheint, wenn es wärmer wird, pocht der Mensch mit ansteigender Temperatur einen schnelleren Rhythmus, ohne sich der Beschleunigung bewußt zu werden. Das Experiment von *Siffre* (1963) veranschaulicht besonders gut diesen doppelten Einfluß der Temperatur. Siffre hat 58 Tage in einer Gletscherhöhle, 130 m unter der Erde, bei einer Temperatur nahe 0° C gelebt. Es war vollkommen dunkel, es gab keinen Aufstieg und keine Verbindung zur Außenwelt. Unter Abwesenheit jeglicher Reize hatte sein Tag-Nacht-Rhythmus (57 mal Wachen und 57 mal Schlaf) weiterhin einen nahezu durchschnittlichen Rhythmus von 24 h 6 min.

Er mußte nun aber jeden Tag mit einer Geschwindigkeit von einer Zahl pro sec bis 120 zählen. Die gesamte Dauer dieser rhythmischen Tätigkeit betrug zu Beginn des Experimentes 142 und verlängerte sich dann allmählich nach 30 Tagen auf 215. Diese Verlangsamung interpretieren wir als einen Effekt der sinkenden Temperatur, eine analoge, aber entgegengesetzte Wirkung gegenüber dem, was *François* aufgezeigt hat.

Neben der Wirkung der Temperatur muß auch der pharmakodynamische Einfluß bestimmter Substanzen betrachtet werden. *Grabensberger* (1934) zeigte, daß auf einen 24-Stunden-Rhythmus dressierte Bienen und Wespen frühzeitig am nächsten Tag erschienen, wenn sie mit den Zellaustausch beschleunigendem Thyreoglobulin behandelt worden waren, während sie nach der Behandlung mit Chinin zu spät eintrafen. *Sterzinger* (1935) fand seinerseits heraus, daß das spontane Tempo nach der Verabreichung von Chinin verlangsamt und nach Thyroxin beschleunigt war. Dies weist auf ein Bindeglied zwischen induzierten Rhythmen (beim Tier) und spontanen Rhythmen (beim Menschen) hin.

Welches sind nun aber die Mechanismen der Regulierung? Wir sind noch nicht einmal imstande, selbst die angeborenen Rhythmen zu erklären. Warum besitzen bestimmte Zentren eine periodische Spontanaktivität, und warum reagieren die Nervenfasern periodisch auf Reize? Wie *Fessard* schon angemerkt hatte, muß unterschieden werden zwischen dem einem Nerv Periodik ermöglichenden Prozeß der *Aktivierung* und dem sie auslösenden Prozeß der *Erregung*. Beide Prozesse werden durch unterschiedliche Bedingungen begünstigt. Die Fähigkeit zum Automatismus kann nicht allein mit der in den Nervenzentren und Nervenfasern auftretenden Refraktärphase, die auf jede Aktivitätsperiode folgt, erklärt werden. Die Dauer der Refraktärphase entspricht nämlich nicht immer der aktuellen Periode des Rhythmus, da sie länger anhält als es für eine einfache physiologische Wiederherstellung nötig ist. Daher schlug *Fessard* vor, die Existenz der *Selbsterregung* vorauszusetzen (1936, 144–154).

Pavlov erklärte sich zyklische Induktionen mit der Intervention sukzessiver Erregungs- und Hemmungsmechanismen, die durch Konditionierungsprozesse gesteuert werden. Er nimmt nicht an, daß für die induzierten Rhythmen andere Faktoren bestimmend sind als für die klassische Konditionierung, obwohl er einräumt, daß diese Erklärung noch zu ungenau ist. Die Zeit, sagt er, sei ein konditionierter Stimulus. Offenbar ist das Problem aber nicht so einfach. Abgesehen von zyklischen Phänomenen der Außenwelt, manifestiert sich die Zeit durch eine Reihe von organischen, periodischen Veränderungen. Hieraus zieht *Pavlov* die Schlußfolgerung: „Die Tatsache, daß sich jeder Zustand des in Frage kommenden Organs auf die zerebralen Hemisphären auswirken kann, könnte als Basis dienen für die Unterscheidung zwischen einem Zeitpunkt und einem anderen." Mit anderen Worten, da die Organe den jeweiligen Zeitpunkten entsprechende unterschiedliche Informationen aussenden, werden einige von ihnen, sofern sie mit einem neutralen Stimulus (z. B. Nahrung) assoziiert sind, zu konditionierten Stimuli, d. h. ihre Wiederholung wird eine Erregung schaffen, während die übrigen, nicht bekräftigten zu konditionierten Hemmungen werden.

In dem Experiment von *Feokritov* (S. 41–42) wurde ein Hund jede halbe Stunde gefüttert. Diese Fütterung „produziert eine bestimmte Aktivität, und der Hund verspürt eine Reihe bestimmter, aufeinanderfolgender Modifikationen. Alle diese Modifikationen erreichen die zerebralen Hemisphären, wo sie als Impulse aufgenommen und in einem bestimmten Moment in eine konditionierte Erregung umgewandelt werden" (*Pavlov 1929, 43*).

*Pavlov*s System liegen zwei Aspekte zugrunde. Einmal wechseln sich während einer Anpassung an periodische Veränderungen Erregungs- und Hemmungsphasen in dem entsprechenden Zentrum einander ab. Zum anderen werden diese aufeinanderfolgenden Phasen durch periodische Aktivitäten der Organe gesteuert, deren Informationen im Gehirn unterschiedliche, den jeweiligen Stimuli, mit denen sie während des Trainings selbst assoziiert waren, entsprechende Bedeutungen annehmen. Wenn dieses auch die Erklärung ist für den ersten spontanen Speichelfluß eines Hundes, der in Abständen von 30 min etwas zu fressen bekam, so ist sie dennoch unzulänglich für alle die Fälle, in denen die rhythmische Induktion beim Fehlen jeglicher Bekräftigung noch einige Zyklen lang fortbesteht. Oder aber man setzt das voraus, was eigentlich erklärt werden müßte, nämlich die Tatsache, daß periodische Stimulationen periodische Veränderungen auslösen, was sich mehrere Zyklen lang ohne jegliche Bekräftigung wiederholen kann. Die Körpertemperatur oder irgendeine neuro-vegetative Aktivität kann also durchaus die Basis eines konditionierten Stimulus sein, doch muß zunächst geklärt werden, welcher Mechanismus diese organischen Rhythmen induziert und wie diese sich aufrechterhalten. Von dem Moment ihres Auftretens an können diese Mechanismen natürlich selbst als Basis dienen für weitere zeitliche Konditionierungen, die dann zweiter Natur wären.

Die Beschreibung in den Begriffen der Erregung und Hemmung hat eine haltbare experimentelle Grundlage. Wir wollen die wichtigsten Ergebnisse darstellen. *Feokritov* (1912) beobachtete in seinen Untersuchungen über die Zeit als konditionierte Hemmung das gleiche Phänomen wie es *Pavlov* beschrieb: „Man kann ein Tier jede halbe Stunde füttern und zugleich irgendeinen anderen Stimulus hinzufügen, d. h. jede halbe Stunde läßt man der Fütterung irgendeinen anderen Stimulus vorausgehen. So entsteht eine konditionierte Erregung, die sich durch den beliebigen Stimulus und durch die Zeit, also alle 30 min, konstituiert. Gibt man den Stimulus schon nach 5 oder 8 min vor, zeigt sich keinerlei Reaktion. Wird er später vorgegeben, zeigt sich nur eine sehr schwache Reaktion. Nach 20 min wird die Reaktion stärker, und nach 30 min ist die Wirkung vollständig. Wenn dieser Stimulus nicht nach jeder halben Stunde bekräftigt wird, schwächt sich seine Wirkung sogar in der 29. min ab und löst erst in der 30. min eine vollständige Reaktion aus" (*Pavlov 1929, 42*). Der Hemmungsprozeß ist manifest, und zwar ist der hinzugefügte Stimulus nur in dem Moment wirksam, wo der Kortex unter dem Einfluß des Zeitfaktors eine neue Erregungsphase beginnt. Die Arbeit von *Koupalov* (1935), ein weiterer Schüler von *Pavlov*, ist noch aufschlußreicher. Er schuf einen doppelten konditionierten Reflex auf die mechanische Reizung der Haut. An einem Punkt ist der Reflex positiv (Speichelfluß) und an einem anderen negativ. Den beiden Erregungspunkten wird wechselweise alle 7 min ein Stimulus hinzugefügt. Wenn man nach einer positiven Stimulation 14 min (anstatt 7 min) nach der vorausgegangenen eine negative Stimulation vorgibt, so produziert diese einen ebenso starken Speichelfluß wie die positive Stimulation. Gibt man umgekehrt 14 min nach einem negativen Stimulus einen positiven vor, ist er weniger wirksam, als er es nach 7 min gewesen wäre. Wenn er unter denselben Bedingungen nach 21 min vorgegeben wird, ist er wieder ebenso wirksam wie nach 7 min. Diese Ergebnisse sind leicht erklärbar, wenn man berücksichtigt, daß sich im Gehirn alle 7 min Erregungs- und Hemmungsphasen abwechseln. Unabhängig davon, ob der positive Stimulus 7 oder 21 min nach dem negativen Stimulus erfolgt, seine Wirkung ist positiv und von derselben Stärke, weil er mit einer kortikalen Erregungsphase koinzidiert. Erfolgt jedoch ein negativer Stimulus in dieser Phase, hat er nur eine gewisse Wirksamkeit (ungefähr die Hälfte). Und umgekehrt haben positive Stimuli während der kortikalen Hemmungsphasen eine wesentlich geringere Wirkung. Die Russische Schule hat auch gezeigt, daß eine die Hemmungsprozesse beschleunigende Brominjektion die Herstellung der Reaktionen auf die Zeit ebenfalls begünstigt (*Deriabin 1916, Bolotina 1953, Kochigina*, zit. von *Dmitriev* und *Kochigina 1959*). Ferner ist die Herstellung der zeitlichen Konditionierung und deren Widerstände gegenüber Störungen von außen abhängig von der Beschaffenheit des Nervensystems des Hundes. Mit Tieren, bei denen Hemmungsprozesse vorherrschten, wurden bessere Ergebnisse erzielt als mit erregten Tieren.

Ähnliche Gesetzmäßigkeiten wurden von einigen amerikanischen Autoren festgestellt, die in operationaleren Begriffen argumentierten. Werden Ratten beispielsweise alle 12 sec Elektroschocks verabreicht, springen sie bei jedem Schock mit einer meßbaren Stärke hoch. Wird dieses Training

II. Die Gesetze periodischer Anpassungen 43

einige Zeit fortgesetzt und dem Tier alle 3, 6, 9, 12, 15, 18, 21 oder 24 sec ein Schock verabreicht (zufällige Zeitspanne), so stellt man fest, daß die Sprunghöhe der Ratte bei einem 12-Sekunden-Intervall ihr Maximum erreicht und bei längeren und kürzeren Intervallen abnimmt. *J. S. Brown* (1939), der das Experiment durchführte, interpretiert dies nach dem Gesetz des Bekräftigungsgradienten von *Hull* (1932).

Versucht man, dieses Gesetz in psychologischen Begriffen zu formulieren, so kann man sagen, daß die Erregung schwächer (oder die Hemmung stärker) ist, wenn man den Schock bevor oder nachdem er „erwartet" wird vorgibt. Dasselbe ist bei den Ergebnissen von *Rosenbaum* (1951), der die instrumentelle Konditionierung anwandte, zu beobachten (S. 60). Die Ratten wurden trainiert, einen Hebel zu betätigen, sobald er in einer Skinnerbox sichtbar war. Dieser Hebel wurde ihnen zuerst alle 60 sec gezeigt und dann, als sie trainiert waren, in längeren oder kürzeren Intervallen. Die Reaktionsstärke war die Verzögerung, die zwischen dem Moment, da der Hebel für das Tier sichtbar wurde, und dem, als es ihn betätigte, gemessen wurde. Diese Verzögerung war minimal (ungefähr eine Sekunde), wenn der Hebel 60 sec nach der vorangegangenen Reaktion erschien. Bei längeren und kürzeren Intervallen wurde sie zunehmend stärker und erreichte ungefähr 5 sec, wenn das Intervall zwischen zwei Darbietungen nicht mehr als 15 sec betrug.

Diese Tatsachen weisen alle in dieselbe Richtung. Die Dauer wird so registriert, daß die Reaktion im Hinblick auf das vorangegangene Training in dem Moment am stärksten ist, in dem sie „erwartet" wird. Ist das Intervall länger oder kürzer, schwächt sich die Reaktionsstärke vermutlich infolge des Hemmungsprozesses allmählich ab.

Dies führt uns aber wieder zum Hauptproblem zurück: wie wird der Wechsel von Erregungs- und Hemmungsperioden zeitlich reguliert? *Koupalov* wie auch *Frolov* meinten, *Pavlov* folgend, den Wechsel mit externalen und internalen Stimuli, die an diesen Prozeß gebunden sind, zu erklären. Wir haben jedoch schon gezeigt, daß diese Erklärung anzuzweifeln ist und möchten noch hinzufügen, daß sie für theoretische Begründungen nicht notwendig ist, da man festgestellt hat, daß das Nervensystem die Tendenz hat, rhythmisch, selbst auf nicht-periodische Stimuli, zu reagieren. *Popov*, der dieses Problem sorgfältig untersucht hat, meint, daß man eine spezifische Fähigkeit des Nervensystems voraussetzen müsse für „die Wiederherstellung von Aktivationen in der gleichen Abfolge wie sie ursprünglich durch entsprechende Stimuli ausgelöst wurden". Er nannte diese Fähigkeit *Zyklochronismus (Popov 1950 b, 17)*. Dieses lag nach ähnlichen Beobachtungen, wie wir sie beschrieben haben, nahe, da er in seinen Experimenten feststellte, daß nicht nur periodische, sondern in einigen Fällen rein stereotype Reaktionen auftraten. Er beobachtete diese Stereotypie während der Aktivität von Tauben, die in regelmäßigen Intervallen gefüttert wurden (S. 30). Er fand sie ebenfalls in den elektro-enzephalographischen Aufzeichnungen eines Hasen, der periodisch einen Lichtstrahl ins Auge erhielt, und zwar wurden die Potentialänderungen im Striatum periodisch und verlängerten sich mehr oder weniger gleichmäßig, nachdem der Stimulus ausgeblieben war *(Popov 1950 b, 15)*. *Popov* zufolge, der in diesem Punkt mit *Fessard* übereinstimmt, muß berücksichtigt werden, daß die Reaktion des Nervensystems auf einen Stimulus nicht ein-, sondern mehrphasisch ist. Einer Erregungsphase folgt eine Hemmungsphase, auf die wiederum weitere mehr oder weniger komplexe Erregungs- und Hemmungsphasen folgen können *(Popov 1950 b, 18 u. 62–62)*.

Diese induzierten Rhythmen sind schließlich das Ergebnis eines Konditionierungsprozesses, in dem das Zeitintervall zwischen zwei periodischen Stimuli als konditionierter Stimulus fungiert, so daß trotz des Fehlens eines der periodischen Stimuli dennoch eine Reaktion auftritt. Wie im Falle der Konditionierung erfordert dieser Vorgang eine Wiederholung, da er bei Nichtbekräftigung allmählich gelöscht wird.

Selbst wenn der Zyklochronismus als eine wesentliche Fähigkeit der Nervenzentren erscheint, kann man sich dennoch fragen, ob er in allen oder nur in einigen Zentren vorkommt. Auch diese Frage bleibt unbeantwortet und kann nur indirekt behandelt werden. Wenn es, wie *Popov* meinte, richtig ist, daß jede Konditionierung, zumindest bei den höheren Wirbeltieren, auf dem kontikalen Niveau stattfindet, so scheint sich diese Rhythmik ebenfalls in den kortikalen Zentren einzustellen. *Deriabin* zeigte, daß nach Entfernung der sensorischen Kortexregion die Konditionierungen auf die Zeit jedesmal bestehen blieben, wenn die Region dem mit der Nahrung assoziierten Stimulus entsprach (taktiler oder auditiver Bereich).

Es ist jedoch wahrscheinlich, daß der Kortex für die Herstellung von Konditionierungen notwendig ist, obwohl der Beweis für die Konditionierung auf die Zeit noch nicht erbracht wurde. Andererseits bezeugen gewisse Tatsachen, daß die Periodizität des induzierten Rhythmus von subkortikalen Zentren gesteuert werden kann. *Kayser* (1952) hat gezeigt, daß Tauben, deren zerebrale Hemisphären entfernt worden waren, noch dem erworbenen Temperaturrhythmus von Tag und Nacht gefolgt sind. Die Regulierung des Schlafes hängt von einem nahe dem Infundibulum und der Basis des dritten Ventrikels gelegenen Zentrum im Hypothalamus ab. Ein Hund zeigt nach Zerstörung dieser Region noch den normalen Wechsel von Wachen und Schlaf (*Lebedinskaja* und *Rosenthal*, zit. von *Fulton 1947, 509*). Es ist auch denkbar, daß nicht allein die vegetativen, sondern auch die Rhythmen der motorischen Aktivitäten durch die Basalganglien reguliert werden, weil diese die automatischen Bewegungsabläufe steuern.

Heute ist allgemein anerkannt, daß der Hypothalamus für die Regulation organischer Zyklen vorherrschend ist, woraus *Kleist* (1934) und später *Klines* und *Meszaros* (1942–1943) folgerten, daß die zeitlichen Integrationen periodischer Reaktionen ebenfalls auf diesem Niveau stattfinden. Diese Hypothese wird von den Phänomenen der zeitlichen Desorientierung, die wir im Korsakov-Syndrom aufzeigen werden (S. 165), bekräftigt.

III. Die zeitliche Orientierung

Die Tatsachen der rhythmischen Induktion oder die Entstehung der mit regelmäßig wiederkehrenden Veränderungen der Umwelt synchronen, organischen Periodizitäten bilden Anpassungsformen auf zeitliche Konditionierungen des Lebens. Ihre allgemeine biologische Bedeutung ist evident. Die rhythmische Induktion ermöglicht es den Lebewesen, reflexive in antizipierende Reaktionen umzuwandeln. Aus diesem Grunde kann die *Convoluta* sich in den Sand eingraben, bevor sie von der Flut erfaßt wird, und die Seerose *(Actiniaria)* kann sich vor der Ebbe schließen und das Wasser speichern, um eine Austrocknung zu vermeiden, an der sie sonst sterben würden *(Piéron 1910, 74)*. Die Biene, die eine Nektarquelle gefunden hat, kann diese am nächsten Tag leichter wiederfinden und sich dann sogar dem Zeitpunkt der Nektarsekretion anpassen, die bei jeder Blume zu einer bestimmten Zeit stattfindet. Wird Bienen zu verschiedenen Tageszeiten Wasser mit unterschiedlicher Zuckerkonzentration dargeboten, dann kommen sie nach einigen Tagen in großer Anzahl zu dem Zeitpunkt wieder, wo das Wasser die stärkste Zuckerkonzentration enthält *(Wahl 1933)*.

Die notwendige Anpassung des Organismus an periodische Veränderungen, denen er ausgesetzt ist, insbesondere dem Tag-Nacht-Wechsel, erweist sich dank dieser internalen Regulation als äußerst ökonomisch. Der Gegenbeweis hierfür ist durch die Müdigkeit erbracht, die dann auftritt, wenn sich der Organismus einem neuen, ungewohnten Aktivitätsrhythmus anpassen muß. Wir haben schon darauf hingewiesen, daß Reisende während eines Fluges von Paris nach New York oder umgekehrt infolge des noch anhaltenden alten Rhythmus in den darauffolgenden Tagen Schwierigkeiten haben, sich dem neuen Schlafrhythmus anzupassen. Die vollständige Inversion des Aktivitätsrhythmus hat eine derartige Müdigkeit zur Folge, daß die Wissenschaftler, die den Einfluß der Müdigkeit auf den Tag-Nacht-Rhythmus der

Temperatur anfangs an sich selber untersucht haben*, nach einigen Tagen ihre Bemühungen aufgaben *(Piéron 1910, 88)*. Mediziner und Soziologen haben oft darauf hingewiesen, welche Schwierigkeiten zahlreiche Arbeiter bei Veränderungen ihres Arbeitsrhythmus haben, insbesondere beim Wechsel von einer Tages- zu einer Nachtschicht *(Neulat 1950)*.

Die Existenz der durch die periodischen Variationen der Umwelt induzierten organischen Rhythmen haben für den Menschen sehr wichtige psychologische Konsequenzen; sie liefern ihm eine innere Uhr.

Wozu dient überhaupt eine Uhr? Einmal um jeden Augenblick im Verhältnis zum Ablauf der Tage und Nächte festzulegen; wissenschaftlicher ausgedrückt, um die jeweilige Stellung der Erde zur Sonne im Laufe des Tag-Nacht-Rhythmus zu bestimmen. Die Natur dient uns als Uhr, wenn wir beispielsweise die Uhrzeit von der Position der Sonne oder dem Schlagschatten herleiten (Sonnenuhr). Der Mensch hat sich auch selber verschiedene Uhren konstruiert, die periodische Bewegungen anzeigen: Der kleine Uhrzeiger macht auf dem Zifferblatt in 12 h eine Umdrehung. Die Stellung des Zeigers zeigt dann ebenso wie die der Sonne die Stunde bzw. einen Teilabschnitt des Tages an. Der Mensch verwendet diese Hilfsmittel systematisch, um seine Arbeit und Freizeit zu organisieren und vor allem seine Tätigkeit mit der seiner Mitmenschen zu koordinieren.

Dennoch hat der Mensch, unabhängig von jenen äußeren Anhaltspunkten, eine Art Zeitsinn, der besonders manifest wird, wenn keine wie oben genannten Zeichen zur Verfügung stehen. Der Mensch verhält sich dann, wie wenn er imstande wäre, organische Informationen so zu interpretieren, als sei deren Bedeutung, gebunden an die periodischen Modifikationen des Körpers, direkt auf die Informationen der Uhr bezogen. *W. James* zitiert den Fall einer an Oligophrenie Erkrankten, die die Uhrzeit nicht lesen konnte, aber dennoch jeden Tag genau zu derselben Stunde ihr Essen verlangte *(W. James 1891, 623)*. Die „zeitlich desorientierten" Patienten sind nur im Hinblick auf die herkömmliche kalendarische Zeit desorientiert, die das Jahr in Monate aufteilt und die Jahreszahlen von einem Zeitpunkt an datiert, der unabhängig ist von dem subjektiven Zeitmaß. Wie wir zeigen konnten, sind diese Menschen nicht hinsichtlich der stündlichen Tageszei-

---

* Diese Beobachtungen am Menschen können direkt mit dem Verhalten eines Orang-Utans verglichen werden. In Java, wo er gefangen wurde, stellte man fest, daß er regelmäßig von 6 Uhr abends bis 6 Uhr morgens schlief. Als er mit dem Schiff nach Deutschland gebracht wurde, war zu beobachten, daß er weiterhin zu der Tageszeit wie in Java schlief und wachte; auf der Höhe des Kaps der Guten Hoffnung schlief er somit von 2 Uhr nachmittags bis 2 Uhr morgens *(Groos 1896)*.

ten desorientiert. Gewiß sind diese eine willkürliche Aufteilung des siderischen Tages, doch werden sie bei einem regelmäßigen Krankenhausaufenthalt durch wiederkehrende Vorkommnisse als Symbole verstärkt: die Zeit der Körperpflege, der Visiten, der Mahlzeiten, des Lichterlöschens, des Schichtwechsels der Krankenschwestern etc. Nach welchen Zeichen soll sich der Patient orientieren, wenn nicht nach den fundamentalen organischen Rhythmen der Nahrungsaufnahme, des Schlafes oder allgemeiner des Metabolismus? Die Patienten, die man als zeitlich desorientiert betrachtet, sind immer imstande, die Uhrzeit innerhalb einer Stunde anzugeben – ausgenommen im Fall der akuten Demenz, wo selbst die Frage nach der Uhrzeit ohne Bedeutung bleibt; und der Genauigkeitsgrad der Zeitangabe ist nicht niedriger als derjenige normaler Menschen *(Fraisse 1952 b)*. Diese Verhaltensweisen sind ausschließlich im Krankenhausmilieu beobachtet worden und werfen sicherlich noch zahlreiche Fragen auf, doch einige von uns kürzlich durchgeführten Untersuchungen bestätigen die Fähigkeit des Menschen, sich in gewissem Ausmaße mittels einer inneren Uhr unabhängig von äußeren Anhaltspunkten in der Zeit zu orientieren. Dies geschieht durch die Schätzung der Zeit des Aufwachens, das heißt zu einer Zeit, wo die Anzahl der äußeren verfügbaren Reize sehr gering ist.

1. Das Experiment von Mac Leod und Roff (1935)

Für die Untersuchung der Genauigkeit unserer zeitlichen Orientierung ohne Zuhilfenahme von Reizen der natürlichen und sozialen Umgebung, haben sich die beiden Autoren nacheinander in einem schalldichten, klimatisierten und durch künstliches Licht gleichmäßig beleuchteten Raum eingeschlossen. Es stand ihnen immer eine Mahlzeit, ein Bett und eine Toilette zur Verfügung. Sie notierten ihre Beobachtungen und hatten sonst nichts zu tun, als von Zeit zu Zeit, wenn sie wach waren, telefonisch die von ihnen vermutete Zeit anzugeben. Der erste Proband blieb 86 h in diesem Raum, das sind fast vier Tage. Nach dieser Zeit betrug sein Schätzungsfehler nur 40 min; es gab allerdings Momente, wo sein Fehler 4–5 h betrug. Der zweite blieb 48 h eingeschlossen, und sein Fehler betrug nach dieser Zeit 26 min, wobei sein maximaler Fehler 2 h war. Wie kommt diese relative Genauigkeit zustande? Wenn wir den experimentellen Vorgang genauer untersuchen – insbesondere den des ersten Probanden, der die längste Zeit im Raum eingeschlossen war –, dann ist festzustellen, daß der Ausgangspunkt für die zeitliche Orientierung (und der vorübergehenden Desorientierung) seine Schätzung der Zeit des Aufwachens war. Er begann das Experiment abends und legte sich gegen Mitternacht schlafen, doch erwachte er schon morgens um 4 Uhr 43 in dem Glauben, es sei 9 Uhr. Wie es in dieser ungewohnten Situation zu erwarten war, schlief er schlecht, und zu diesem Zeitpunkt machte er auch seinen größten Schätzungsfehler. Nachdem er als Ausgleich nachmittags geschlafen hatte, und dennoch wieder früh schlafen ging, wachte er am folgenden Morgen um 10 Uhr 50 auf und schätzte die Zeit auf 10 Uhr morgens. Nach der dritten Nacht wachte er um 11 Uhr 28 auf und schätzte die Zeit auf 9 Uhr. Zwei Tatsachen sind auffallend: (1) Trotz der künstlichen Lebensbedingungen schlief und erwachte die Person zu beinahe normaler Uhrzeit. (2) Wenn er ruhig geschlafen hatte, war die Zeitschätzung des Aufwachens nahezu korrekt. Aus diesen Gründen war seine Orientierung während des Tages, begünstigt durch die Rhythmen des Nahrungsbedürfnisses, gefestigt worden.

Dieses bedeutende Experiment ist von *Vernon* und *McGill* (1963) mit 33 Personen wiederholt worden, mit einem erheblichen Unterschied: Die Personen lebten, anstatt im Licht, in konstanter Dunkelheit, sie trugen Handschuhe und wurden gebeten, keine Geräusche zu verursachen; sie waren somit den Bedingungen der sensorischen Deprivation ausgesetzt.

Nach einem ersten Durchgang konnten 27 Personen, sofern sie es wünschten, das Experiment fortsetzen; sie mußten dann den Tag und die Uhrzeit angeben. Nach einem Aufenthalt von durchschnittlich 54 h 25 min betrug die Zeitüberschätzung der 27 Personen im Durchschnitt 4 h 25 min. In einem zweiten Durchgang sollten 6 Personen jedesmal, wenn eine Stunde vergangen war, durch ein Signal angeben, wieviele Stunden sie meinten geschlafen zu haben. Nach einer Isolation von 96 h machten 3 Personen immer beträchtlichere Fehler, insgesamt zwischen 28–40 h, während drei andere geringere Fehler machten, zwischen 8 und 0 h. Die Personen haben sich nach den von Hungergefühlen ausgelösten Reizen und nach ihrem Bartwuchs orientiert. Die relativ große Unterschätzung der Zeit erklären sich die Autoren damit, daß die in der Dunkelheit lebenden Personen länger als gewöhnlich schliefen und dennoch die Dauer ihres Schlafes nach ihren früheren Gewohnheiten schätzten.

Das Experiment ist auch mit einer Gruppe von 28 Personen wiederholt worden, die 12 Tage lang zusammen in einem experimentalen Luftschutzbunker leben mußten (*Thor* und *Crawford 1964*). Sie verfügten über wenig Komfort und dürftige Essensrationen. Der Bunker war völlig isoliert von der Außenwelt, und die Personen durften nicht hinausgehen. Auf ein Signal des Versuchsleiters hin schätzten sie einmal morgens und einmal abends die Uhrzeit. Der Lebensrhythmus dieser Gruppe wurde während der Dauer des Experiments aufrechterhalten. Die morgentlichen Schätzungsfehler betrugen durchschnittlich 40 min und die abendlichen 112 min. Was die Autoren nicht berücksichtigt haben, ist, daß das Gruppenleben die individuellen, mit dem Alter und dem IQ variierenden Zeitschätzungen begünstigt haben könnte.

Wir wollen hier als Gegenbeweis nicht auf das schon erwähnte Experiment von *Siffre* (1963) zurückgreifen. *Siffre* hat weniger versucht, sich in der Zeit zu orientieren, sondern vielmehr die Zeitintervalle, einschließlich des Schlafes zu schätzen. Er gelangte zu groben Schätzungsfehlern, wobei er seine nach dem Kalender 33 Tage zählende Isolation auf 58 Tage überschätzte. Wir werden die Bedeutung dieses Fehlers auf S. 224–225 interpretieren. Es sei hier nur angemerkt, daß *Siffre* nur einen Schätzungsfehler von einem Tag anstatt von 58 Tagen gemacht hätte, wenn er für die Orientierung die Zeiten seines Aufwachens genommen hätte. Andererseits darf man aufgrund des Experiments von *Mac Leod* und *Roff* nicht annehmen, daß der Mensch sich unendlich lange im Hinblick auf den Rhythmus seiner organischen Bedürfnisse orientieren könne; denn beim Fehlen äußerer Impulse verändert sich dieser Rhythmus. Der circadiane Rhythmus von *Siffre* betrug genau 24 h 6 min, was nach zwei Monaten eine Verschiebung von etwa 24 h ergibt. Die gleichen Werte fand auch *Mills* (1964) in einem Experiment, das 105 Tage andauerte.

Der Schlafrhythmus stellt offenbar für die Versuchspersonen eine Art Uhr dar. Es ist bekannt, daß man Müdigkeitsempfindungen hat, die als Hinweis dienen, wenn die Schlafenszeit näherrückt, und daß man morgens zu einer bestimmten Uhrzeit aufwacht. Dies wurde auch bei Tieren beobachtet. Sie wachten sogar zu ihrer gewohnten Zeit auf, wenn man sie von jedem Geräusch und jeder Lichtquelle fernhielt. Kanarienvögel wachen beispielsweise unter welchen Bedingungen auch immer zu derselben Uhrzeit auf *(Szymanski 1916)*. Das oben genannte Experiment zeigt jedoch, daß die Schätzung mit der Zeit des Aufwachens variieren kann. Andere, spezifische Experimente, die wir nun untersuchen werden, haben dies bewiesen.

2. Die Zeitschätzung des Aufwachens

Die Schätzung der Uhrzeit ist – wenn man unter normalen Bedingungen gut geschlafen hat und morgens aufwacht – kein gutes Beispiel, um den Einfluß von inneren Reizen aufzuzeigen, da dann viele vertraute Signale auftreten wie das Tageslicht und Umweltgeräusche, die die Funktion einer Uhr besitzen. Doch weckt uns in der Nacht ein ungewöhnliches Geräusch oder ein Alptraum, dann haben wir spontan eine Vorstellung davon, wie spät es

ist. Um darüber genauere Angaben zu machen, haben *L. D. Boring* und
E. G. Boring (1917) freiwillige Versuchspersonen systematisch zwischen
Mitternacht und 5 Uhr morgens geweckt und sie nach der Uhrzeit gefragt.
Der durchschnittliche Schätzungsfehler von 50 min zeigte eine realistische
Zeitorientierung. Ihren eigenen Angaben zufolge haben die Personen
innere Empfindungen zu interpretieren versucht: Stärke des Hungerge-
fühls, Schlaftiefe im Moment des Aufwachens, Empfindungen im Magen,
Harndrang etc. Es ist auch denkbar, daß es unbewußte Reize sind, die jeman-
den, der plötzlich aufwacht, denken lassen: „Es muß 3 Uhr morgens sein."

3. Das spontane Terminerwachen

Viele Menschen behaupten, daß sie imstande seien, zu einer bestimmten
Uhrzeit, die sie sich am Abend zuvor gesetzt haben, aufzuwachen. Ist diese
Behauptung unbegründet, und sofern diese Fähigkeit existiert, wie läßt sie
sich erklären?

Ernst zu nehmende Untersuchungen bestätigen das Vorhandensein dieser Fähigkeit und erklären sie mit der Existenz einer physiologischen Uhr.
Zunächst ist sicher, daß nicht alle Menschen die Fähigkeit zum Terminerwachen besitzen. *Clauser* (1954) hat eine große Umfrage zu diesem Problem
durchgeführt. Von 1080 befragten Personen erklärten 19%, daß sie nicht
imstande seien, willentlich aufzuwachen, 29% bezweifelten diese Fähigkeit
und 52% haben gelegentlich dieses Phänomen an sich beobachtet. Von
diesen 52% konnten sich nur 15% absolut auf diese Fähigkeit verlassen,
20% konnten es im allgemeinen und 59% nur von Zeit zu Zeit. Insgesamt ist
diese Fähigkeit anscheinend normal verteilt mit zwei Extremgruppen: 18%
der Befragungspersonen, die sich mehr oder weniger sicher sind, aufwachen
zu können, und 19%, die dazu absolut nicht imstande sind. Diese individuellen Unterschiede wurden von *Omwake* und *Loranz* (1933) an zwei Gruppen
untersucht und bestätigt. Eine Gruppe bestand aus 10 Studentinnen, die
meinten, zum Terminerwachen imstande zu sein, und die andere aus
10 Studentinnen, die das Gegenteil behaupteten. Diese Mädchen mußten
nun aber im Laufe von 14 Nächten zu verschiedenen Uhrzeiten zwischen
0 Uhr 30 und 6 Uhr 15 aufwachen: In der ersten Gruppe gelang es ihnen in
49% der Fälle mit einem geringen Fehler von 30 min. In der zweiten Gruppe
gelang es nur 5%. Folglich sind individuelle Unterschiede zu verzeichnen.
Im allgemeinen gibt es mehr Informationen über die Personen. denen es am
besten gelingt, automatisch aufzuwachen. *W. W. Hall* (1927) hat an sich
selber 109 Versuche durchgeführt. In 18% der Versuche ist er genau zu dem

vorgesehenen Zeitpunkt aufgewacht, in 53% mit einem geringen Fehler von 15 min, in 75% betrug der Fehler 30 min und in 81% der Versuche unter 54 min. *Brush* (1930) erzielte denselben Genauigkeitsgrad. Von 50 an sich selber durchgeführten Versuchen betrug sein durchschnittlicher Fehler 10 min 6 sec mit einem Sigma von 10 min. *Vaschide* (1911) fand bei 33 Personen einen durchschnittlichen Fehler von 21 min und *Frobenius* (1927) stellte nach insgesamt 250 Nächten bei 5 Personen fest, daß in 96% der Fälle der Fehler unter 40 min lag.

Diese Ergebnisse sind untereinander sehr ähnlich und bezeugen eine beträchtliche Genauigkeit. Einige Untersuchungen haben jedoch gezeigt, daß das Terminerwachen leichter und genauer war, wenn der gesetzte Termin des Aufwachens näher an der gewohnten Uhrzeit des spontanen Aufwachens lag. *Vaschide* wählte 17 Personen aus die gewöhnlich gegen 8 Uhr morgens aufwachten und führte mit jeder von ihnen 19 Versuche durch. Er fand den durchschnittlichen Fehler von 28 min bei einem Terminerwachen um 3 Uhr, von 23 min um 5 Uhr und von nur 17 min um 6 Uhr morgens. 257 Nächte lang führte er das Experiment an sich selber durch und stellte fest, daß sein Fehler beim Aufwachen um 1 Uhr morgens durchschnittlich 25 min betrug und nur 6 min 50 sec, wenn er um 8 Uhr morgens aufwachte. Ebenso erhielten *Omwake* und *Loranz* bei den Personen, die behaupteten, zum Terminerwachen fähig zu sein, in 36% der Fälle erfolgreiche Ergebnisse, wenn sie vor 2 Uhr 30 aufwachen sollten (mit einem maximalen Fehler von 30 min), und in 70% der Fälle erfolgreiche Ergebnisse, wenn sie nach 4 Uhr 30 aufwachen sollten.

Wie können diese wichtigen Ergebnisse interpretiert werden? Die einfachste Erklärung ist, daß diese Personen äußere Reize zu Hilfe nehmen: den Hahnenschrei, das Geräusch eines Zuges oder einer Fabriksirene, den ersten Autobus etc. Die Vpu von *Vaschide* gaben zu, das versucht zu haben, aber sie sagten auch, daß diese Anhaltspunkte unzureichend waren. *Frobenius* führte eine spezielle Untersuchung dieses Problems durch und fand heraus, daß die Ergebnisse seiner, in einem völlig lärmisolierten Raum schlafenden Personen genauso präzise waren, wie wenn sie eine Uhr mit Stundenschlag in ihrem Schlafraum gehabt hätten. Es war sogar ein ebenso hoher Genauigkeitsgrad des Aufwachens feststellbar, wenn sich im Zimmer ohne ihr Wissen eine falsch gestellte Uhr befand.

Unter welchen Bedingungen man aufwacht, zeigt übrigens, daß es nicht immer möglich ist, äußere Reize anzuwenden. Dies würde bedeuten, daß man gewissermaßen von einem wiedererkennbaren und lokalisierbaren Signal geweckt wird. Die Vielfalt der gewählten Uhrzeiten in den verschiedenen Untersuchungen würden jedoch dieses Zusammentreffen erschwe-

ren. Welche Geräusche kommen um 2 oder 3 Uhr morgens vor? Abgesehen
von außergewöhnlichen Fällen wäre dies schwer zu sagen. Die Autoren
haben ferner bemerkt, daß das automatische Aufwachen oft in einer
plötzlich, abrupten, übergangslosen, einer Erschütterung ähnlichen Art
und Weise geschieht. Mitunter erinnerten sich einige Personen nicht einmal
mehr an den Termin des Aufwachens, den sie sich gesetzt hatten. Die
Zuhilfenahme äußerer Reize ist für alle die Fälle des spontanen Terminerwachens als Erklärung unzureichend.

Wenn die Reize nicht external sind, ist anzunehmen, daß sie internal sind.
Die durch circadiane Aktivitätsrhythmen induzierten organischen Zyklen,
von denen wir einige Beispiele aufgeführt haben, lassen keinen Zweifel an
der Existenz einer physiologischen Uhr. Aber wie kann man sie *lesen*? Das
sich in diesen Begriffen stellende Problem weist uns vor allem auf die Natur
des Schlafes hin: Kann während des Schlafes die Aufmerksamkeit selektiv
auf bestimmte Signale gerichtet werden? Wir wissen, daß die Antwort
positiv ist. Eine Mutter nimmt das Wimmern ihres Kindes wahr, während
die Nachbarn es nicht hören. Der Nachtwächter wird von Knackgeräuschen
geweckt, die er nicht bemerkte, wenn er nicht im Dienst wäre. Der Schlaf
unterdrückt nicht völlig die Funktion der Vigilanz, denn die psychoanalytische Theorie hat die funktionale Bedeutung von Träumen aufgezeigt. Es
wurde genau beobachtet, daß Personen, die zu einer bestimmten Uhrzeit
aufwachen müssen, nicht so gut schlafen wie gewöhnlich (größere Unruhe,
häufiges Aufwachen, höhere Pulsfrequenz). Sie verhalten sich, wie wenn sie
etwas beschäftigte, was direkte Auswirkungen auf die Träume hat. Sie
machen sich Sorgen wegen der Uhrzeit, da sie nicht zu spät aufwachen
dürfen, und häufig wachen sie dann infolge eines Traumes auf *(Bond 1929)*.
Die Träume beweisen also, daß man während des Schlafes weiterhin die
Uhrzeit „überwacht". Verdrängte Wünsche können ebenso wie das
Bewußtsein den Zeitpunkt des Aufwachens bestimmen. *Odier* (1946)
beschrieb den Fall eines Mannes, der genau zu dem von ihm gesetzten
Zeitpunkt aufwachen konnte. Eines Tages wachte er jedoch früher auf. Die
Analyse der Situation zeigte, daß er zu der Uhrzeit aufgewacht war, zu der
er mit einer Freundin, mit der er eine heimliche Affäre hatte, gemeinsam
hätte verreisen wollen. Der Wunsch ist zwar verdrängt worden, hat aber
trotz allem das Aufwachen zu der entsprechenden Uhrzeit hervorgerufen.

Der Begriff des spontanen Terminerwachens bedeutet nicht irgendein
dunkles Ahnen der Uhrzeit, sondern ganz einfach die richtige Interpretation organischer Signale. Dies ist eine erworbene Fähigkeit, zu der Kinder
sehr viel weniger imstande sind als Erwachsene *(Clauser 1954)*, und sie
erklärt auch, warum das spontane Aufwachen um so schwieriger ist, je

weiter der festgesetzte Zeitpunkt von der gewohnten Zeit des Aufwachens entfernt ist. Die am weitesten von dem normalen Zeitpunkt des Aufwachens entfernten Signale sind weniger bekannt und schwerer zu interpretieren, als diejenigen, die man durch häufiges Aufwachen gelernt hat, zeitlich festzulegen. Zudem ist die Vigilanz im Tiefschlaf herabgesetzt und schwerer zu interpretieren.

Man könnte einwenden, daß diese Signale, denen wir eine wichtige Bedeutung zugesprochen haben, sehr schwach sein müssen, da sie uns beim Aufwachen nicht bewußt sind. Die Untersuchungen der Träume haben uns jedoch genau gezeigt, daß wir während des Schlafes für nicht wahrnehmbare, organische Stimuli empfänglich sind. Das erklärt insbesondere die Tatsache, daß warnende Träume vor bestimmten Krankheiten auftreten können, deren Symptome erst später ins Bewußtsein übergehen (*Piéron* und *Vaschide 1901*).

Die beobachteten individuellen Unterschiede können die Gültigkeit dieser Schlußfolgerung nicht widerlegen. Sie zeigen, daß die Beziehung zwischen der Vigilanz und den sensorischen Reizen nicht bei allen Individuen gleich ist. Es müßte möglich sein, die typologischen Eigenschaften derjenigen Personen, die diese Fähigkeit besitzen, genau zu bestimmen. Dies würde umgekehrt die Mechanismen der zeitlichen Orientierung mittels organischer Reize erklären. *Clauser* (1954) war der einzige, der diese Analyse gewagt hat; er führte sie aber im Rahmen der noch umstritteneren Klassifikation von *Jaensch* durch. Nach ihm gehören die meisten Individuen mit der Fähigkeit zum Terminerwachen zu dem „desintegrierten" Typus mit der Neigung zum Doppel-Ich und zur Spaltung des Bewußtseins.

Zusammenfassend wollen wir festhalten, daß die Organismen zahlreiche periodische Aktivitäten aufweisen, die oftmals das Ergebnis einer Anpassung sind. Sehr viele Variationen des physiologischen Lebens verlaufen synchron mit äußeren Veränderungen, und die Individuen lernen die Wiederholung günstiger Verhaltensweisen, um die periodische Wiederkehr der entsprechenden Situationen zu antizipieren.

Diese Anpassung an zyklische Veränderungen hat eine wichtige biologische, aber auch psychologische Bedeutung. Die durch kosmische Rhythmen ausgehende Induktion organischer Rhythmen bietet vor allem ein doppeltes System von untereinander koordinierten Signalen. Das direkte Funktionieren einer physiologischen Uhr bleibt uns verborgen, da uns entweder überwiegend Anhaltspunkte von den natürlichen oder aber von den menschengefertigten Uhren geliefert werden. Ist die Entsprechung dieser beiden Informationstypen jedoch einmal hergestellt, so können organische Signale, deren zeitliche Bedeutung an ihnen allein erkennbar wäre, inter-

pretiert werden. Auf diese Weise lassen sich wahrscheinlich viele Phänomene, die einem sogenannten *Zeitsinn* zugeschrieben worden waren, erklären, wie z. B. das intuitive Wissen der Uhrzeit oder bestimmte Arten der
zeitlichen Orientierung, Fälle also, die weniger auf äußere Hinweisreize,
sondern vielmehr auf ursprünglich physiologische Signale zurückzuführen
sind. Von diesem Standpunkt aus ist das Terminerwachen des Menschen
nicht mysteriöser als das Verhalten des Tieres, zu regelmäßigen Uhrzeiten
unmittelbar zu erwachen, selbst wenn äußere Stimuli, die das Verhalten
vielleicht einmal ausgelöst haben könnten, fehlen.

Diese Anpassungen sind Konditionierungen im klassischen Sinne, da die
Stimuli zuerst wirkungslos waren und später dann zu Signalen für das
Verhalten werden. Jene Konditionierungen haben jedoch folgende Eigen-
tümlichkeit: Der unkonditionierte Stimulus externalen Ursprungs erzeugt
gewissermaßen durch Induktion einen assoziierten internalen Stimulus.
Und diese Induktion bestimmt infolge der Synchronisation zwischen der
externalen und internalen Serie von Veränderungen die zeitliche Lokalisation der konditionierten Stimuli. In diesem Sinne gibt es wahrlich Konditionierung auf die Zeit.

Zweites Kapitel: Die Konditionierung auf die Dauer

Periodische Veränderungen sind besonders einfache Erscheinungen des universellen Wechsels, wobei Sukzession und Dauer noch in elementarer Form auftreten. Die Sukzessionsphasen sind meistens Wiederholungen von Tag und Nacht, von Ebbe und Flut etc. Die Intervalle zwischen den einzelnen Phasen sind mehr oder weniger gleich lang, oder zumindest bleibt die Dauer eines ganzen Zyklus konstant. Was geschieht nun, wenn Menschen oder Tiere sich einem Wechsel anpassen müssen, der nicht so ganz ursprünglich ist?

I. Die verzögerte Konditionierung

Wir wissen, daß Menschen die Fähigkeit besitzen, Sukzession und Dauer zu erfassen und sich diese vorzustellen. Selbst Tiere sind mit mehr als nur einem System von Tropismen oder einfachen Reflexen ausgestattet, da sie sonst lediglich auf gegenwärtige Stimuli reagieren könnten. Doch ihr Verhalten trägt in jedem Augenblick dem Vorangegangenen und dem Nachfolgenden, d. h. der Sukzession der Ereignisse, Rechnung. Das manifestiert sich schon in den konditionierten Reflexen. Ein Stimulus wird zu einem Signal für einen anderen Stimulus, welcher eine angeborene oder erworbene Reaktion auslösen kann. Ist die Konditionierung hergestellt, dann wird sogar nur dieses Signal die Reaktion hervorrufen, selbst wenn aus irgend einem Grunde die eigentliche Stimulation ausbleibt. Auf diese Weise findet eine Art Lernen statt, das im wesentlichen verbunden ist mit der Sukzession zweier Stimuli. *Pavlov* (1929, 29) hat immer besonders auf die Tatsache hingewiesen, daß eine Konditionierung nur möglich sei, wenn der konditionierte Stimulus dem neutralen Stimulus vorangeht, das heißt nach einer Sukzession der Stimuli. Folgt jedoch der konditionierte Stimulus auf den neutralen Stimulus, dann sei die sogenannte rückwirkende Konditionierung nicht möglich. Diese These ist bestritten worden, doch die dafür herangezogene Tatsachen können wohl mit einer ungenauen Stimuluskontrolle erklärt werden *(Woodworth 1949, I, 164–165)*. Die einfachste Form der Anpassung an die Sukzession von Veränderungen zeigt sich schon in einer sehr schwachen Konditionierung. Ein Kind hört auf zu schreien, wenn es die Flasche sieht. Es antizipiert das folgende Ereignis ebenso wie ein mehrere Monate älteres Kind, das beim Anziehen mithilft, indem es der Mutter nacheinander die Arme und Beine entgegenstreckt.

Hier ist nicht nur die Sukzession wichtig, das Intervall zwischen den Stimuli ist ebenfalls von Bedeutung. Zunächst hat das Intervall eine optimale Dauer. *Pavlov* machte keine genauen Angaben, aber er wies darauf hin, daß die Konditionierung sich normal herstellt, wenn der konditionierte dem neutralen Stimulus einige Bruchteile einer Sekunde oder einige Sekunden vorausgeht. Genau innerhalb dieser Grenze ist die *Wahrnehmung* der Sukzession möglich. In diesem Zeitraum aber ist die Konditionierung, d. h. die endgültige Herstellung einer Verbindung zwischen den Stimuli, am einfachsten zu erreichen, wenn sie in einem Intervall von ungefähr einer halben oder dreiviertel Sekunde aufeinanderfolgen. In Kapitel V werden wir sehen, daß diese Dauer dem sog. Indifferenzintervall entspricht, in dem die Sukzessionswahrnehmung am leichtesten ist: Die beiden Stimuli sind voneinander entfernt, ohne jedoch zeitlich getrennt zu erscheinen. Dieses optimale Intervall findet man ebenfalls in einigen Konditionierungen, die die unterschiedlichsten Reaktionen hervorbringen: Rückzug der Hand (*Wolfle 1932, Spooner* und *Kellogg 1947*), Lidschlußreflex *(Kimble 1947, McAllister 1953)* und sogar den psychogalvanischen Reflex, obwohl es sich hierbei um einen neuro-vegetativen Reaktionstypus handelt (*White* und *Schlosberg 1952*). Wir werden im zweiten Teil noch genau darauf zurückkommen, daß die Anpassung an die Sukzession erleichtert wird durch die Wahrnehmung der letzteren.

Konditionierung ist auch noch möglich, obgleich schwieriger, wenn ein wahrnehmbares Intervall die beiden Stimuli trennt. Darüber hinaus wird selbst dann die konditionierte Reaktion ausgelöst, wenn der neutrale Stimulus nach einem Intervall, das ebenso lang ist wie die Dauer, die sich während des Konditionierungsprozesses zwischen dem konditionierten und dem neutralen Stimulus erstreckt, ausbleibt. In diesem Fall gibt es einen doppelt konditionierten Stimulus: den signalisierenden Stimulus und die Dauer zwischen den beiden Stimuli. Diese Konditionierung nennt man *verzögert*. Hier wird also nicht mehr nur eine Anpassung an die Sukzession realisiert, sondern durch eine Art Schätzung auch eine Anpassung an die nicht nur auf periodische Veränderungen beschränkte Dauer. Die Zeit wird in Verbindung mit konditionierten Stimuli mittels verzögerter Konditionierung zu einem determinierenden Faktor des Verhaltens. Diese Ergebnisse wurden in *Pavlov*s Labor zwischen 1907 und 1911 herausgefunden (*Dmitriev* und *Kochigina 1959*).

Die verzögerte Konditionierung stellt sich auf zwei verschiedene Arten dar. Der konditionierte Stimulus kann sehr lang anhalten, wobei der neutrale Stimulus erst am Ende interveniert; in diesem Fall spricht man von *aufgeschobener* Konditionierung. Der konditionierte Stimulus kann aber auch sehr kurz sein und in einem mehr oder weniger langen Intervall dem neutralen Stimulus vorausgehen; man spricht dann von Spurenreflex, um zu unterstreichen, daß die konditionierte Reaktion nicht durch einen wahrgenommenen Stimulus ausgelöst wird, sondern durch dessen Gedächtnisspur *(Pavlov 1929, 40)*.

Die Gesetzmäßigkeiten dieser Phänomene sind in beiden Fällen sehr ähnlich, doch ist die aufgeschobene Konditionierung einfacher zu erzielen als der Spurenreflex. *Pavlov* (1929, 86) meint: „Bei kontinuierlicher Erregung entwickelt sich die Verzögerung schneller."

Mowrer und *Lamoreaux* (1942), die unter speziellen Bedingungen arbeiteten, stellten dieses ebenso bei Ratten fest, und *Rodnick* (1937 a) fand dasselbe Ergebnis bei Menschen für die Konditionierung eines psychogalvanischen Reflexes.

Diese Gesetzmäßigkeit ist auch in der instrumentellen Konditionierung von Vermeidungsverhalten wiederzufinden *(Kamin 1961, Black 1963)*. Man hat noch keine Erklärung dafür, aber wir neigen dazu, es mit den von uns gefundenen Ergebnissen beim Lernen der Zeitschätzung von Kleinkindern zu vergleichen *(Fraisse 1948 a)*.

„Gefüllte" Zeitintervalle sind realistischer als „leere" Zeitintervalle, und sie werden viel genauer geschätzt, als wenn die physikalische Dauer des Stimulus ein zusätzliches Signal neben anderen Stimuli darstellt, die die „internalen" Prozesse hervorbringen. Wesentlich ist, daß der konditionierten Reaktion nach der Konditionierung eine Latenzphase vorausgeht, deren Dauer dem Zeitintervall entspricht, das sich zwischen dem Beginn des konditionierten Stimulus und dem neutralen Stimulus erstreckt.

Es ist sogar möglich, bei ein und demselben Tier einen doppelten verzögerten Konditionierungsreflex auf nur einen Stimulus herzustellen. Es reicht schon, wenn die kurze verzögerte Reaktion (15 sec) in einem Raum konditioniert wird und die lange verzögerte Reaktion (50 sec) in einem zweiten Raum. Bei Hunden ist diese doppelte Konditionierung jedoch schwer zu erzielen und kann neurotische Zustände auslösen. Ein solches Experiment zeigt aber die Komplexität der mit diesem Prozeß zusammenhängenden Anpassungen *(Chu Tsi-Tsiao 1959)*.

Die Ergebnisse sollen nun in der Arbeit eines Schülers von *Pavlov* zusammengefaßt dargestellt werden: Der konditionierte Stimulus war ein Pfeifton und der unkonditionierte Stimulus eine in 3-Minuten-Intervallen für die Speichelsekretion dargebotene Säure. Zählt man die Tropfen der Speichelsekretion des Hundes jede halbe Minute, so findet man nach Beendigung des Konditionierungsprozesses folgende Ergebnisse *(Pavlov 1929, 84)*:

Uhrzeit der Experimente	Anzahl der Speicheltropfen
3 h 13	0 0 2 2 4 4
3 h 15	0 0 4 3 6 6
3 h 40	0 0 2 2 3 6

Dieses Beispiel zeigt, daß die Reaktion nicht unmittelbar, sondern *verzögert* auf den konditionierten Stimulus folgt.

Die Verzögerung ist hier nicht identisch mit dem Intervall zwischen dem konditionierten und dem neutralen Stimulus, oder genauer gesagt, beginnt die Reaktion schon vor dem Intervallende. Das bedeutet nicht, daß die „Schätzung" der Dauer ungenau ist. Die Verzögerung wird in einer Konditionierung dieser Art nämlich allmählich hergestellt, und *Pavlov* wies insbesondere auf die Tatsache hin, daß die Konditionierung sehr langsam vorgenommen werden muß und nicht bei allen Tieren erreicht werden kann. Die Speichelreaktion ist auch ein *hinweisendes* Signal für den Akt des Fressens, und daher ist es normal, daß sie die Darbietung des neutralen Stimulus antizipiert *(Guillaume 1947, 33)*. Das kann noch genauer gezeigt werden, wenn der konditionierte Reflex eine Abwehrreaktion ist. *Rodnick* (1937a) fand nämlich heraus, daß die Verzögerung eines psychogalvanischen Reflexes, der ausgelöst wurde durch einen einem Lichtreiz vorangehenden Schock, nach dem Training 5,7 sec betrug, wobei der Lichtreiz 20 sec vor dem Schock erfolgte (aufgeschobene Konditionierung). Die Verzögerung beträgt nur 4,1 sec nach einem sehr langen Training des konditionierten *Spurenreflexes*, und zwar wenn ein kurzes Lichtsignal 20 sec vor dem Schock erfolgt. Diese Zahlen sind selbstverständlich nur Verhältniswerte. *Switzer* (1934) fand in einem ähnlichen Experiment wie dem von *Rodnick* für die aufgeschobene Konditionierung, daß die Verzögerung von 5 sec auf 10 sec anstieg, wenn ein Schock 16 sec nach einem Lichtreiz erfolgt war. Der mit dem Abwehrverhalten einer Versuchsperson oder der mit „gelernten" Reaktionen verbundene Reflex erfolgt ohne Zweifel nicht unmittelbar auf den Lichtreiz, sondern findet lange vor dem Schock statt.

Erhielte man noch dieselben Ergebnisse, wenn man Reflexe mit einer anderen biologischen Funktion untersuchte? Diese Frage ist schwer zu beantworten, weil die meisten Reflexe Abwehrcharakter besitzen oder eng verbunden sind mit Hinweissignalen für eine Handlung. Bei einer längeren Trainingszeit zeigen die Experimente jedoch, daß sich die Reaktionsverzögerung ein wenig verlängert. Diese Verlängerung ist allerdings sehr gering, da sie sich wieder verkürzt, sobald die Trainingsdurchgänge 24 h unterbrochen werden.

Dennoch konnte in einem Fall gezeigt werden, daß die Reaktionsverzögerung quasi gleich dem Intervall zwischen dem neutralen und dem konditionierten Stimulus war, obwohl es sich hier um eine physiologische und keine Verhaltensreaktion gehandelt hat. *Jasper* und *Shagass* (1941) gelang es z. B., die verzögerte Konditionierung für das Verschwinden des zerebralen Alpha-Rhythmus herzustellen, wobei der neutrale Stimulus ein Lichtreiz war und der konditionierte Stimulus ein Ton, der dem Lichtreiz 9,4 sec vorausging. Als die Konditionierung stabil war, wurde die Verzögerung sechsmal bei 10 Personen gemessen und ein Mittelwert von 8,2 sec errechnet mit Extremwerten von 7,2 und 9,2 sec bei einem Sigma von 0,7 sec. Auch hier ist die Verzögerung ein wenig kürzer als das Intervall zwischen dem konditionierten und dem neutralen Stimulus, doch ist sie sehr stabil und verhältnismäßig genau. Wir müssen hier anmerken, daß bei den Personen diese biologische Schätzung der physiologischen Reaktionsverzögerung wesentlich präziser und weniger variabel war als die bewußte und willentliche Schätzung der selben Personen. Und zwar sollten sie durch Betätigung eines Hebels den Moment abschätzen, wo ihrer Meinung nach der neutrale Stimulus bezüglich des konditionierten Stimulus erfolgen muß. Ihre Schätzungen variierten zwischen 6 und 15,2 sec mit einem Sigma von 2,5 sec. Es ergab sich allerdings keine Korrelation zwischen der physiologischen Verzögerung und der bewußten Schätzung, was beweist, daß beide Prozesse voneinander unabhängig sind.

Die verzögerte Konditionierung zeigt also, daß Individuen bei der Anpassung an ihre Umwelt der Dauer unabhängig von ihrem Willen Rechnung tragen. Nach dem Experiment von *Jasper* und *Shagass* zu urteilen, scheint es so, daß die physiologische Registrierung sehr genau ist und daß es noch weitere psychologische Faktoren gibt, die häufig die Antizipation der Reaktion auslösen.

II. Die Schätzung der Dauer in der instrumentellen Konditionierung

Es gibt einen Unterschied zwischen der klassischen und der instrumentellen Konditionierung (*Hilgard* und *Marquis 1940*). In der letzteren wird dem Tier kein neutraler Stimulus vorgegeben, statt dessen muß es lernen, eine bestimmte Reaktion zur Schmerzvermeidung oder zur Erlangung von Befriedigung hervorzubringen. In diesem Fall ist für den Konditionierungsprozeß Wiederholung notwendig, so daß beim Herumprobieren von Verhaltensweisen die richtige Reaktion gefunden werden kann und sich durch Bekräftigung festigt. Mit den Techniken der instrumentellen Konditionierung kann man auch zeigen, daß Tiere die Dauer berücksichtigen. Vor allem sind diese Methoden ein Mittel für die Bestimmung der sogenannten anthropomorphen Genauigkeit der Zeitschätzung durch das Tier. Zur Untersuchung dieser Konditionierungen sind zahlreiche Techniken angewandt worden.

In einem Labyrinth wählt eine Ratte zwischen zwei möglichen Wegen den kürzeren. Wenn sie beispielsweise in dem Experiment von *Sams* und *Tolman* (1925) die Wahl hat zwischen zwei Einsperrungen von unterschiedlicher Dauer, so wählt sie auch hier die kürzere Einsperrungszeit. Nachdem man die Ratten in das Labyrinth gesetzt hatte, konnten sie wählen zwischen zwei völlig identischen Laufdurchgängen. Jedesmal, wenn sie die Gänge durchlaufen hatten, wurden sie, bevor sie ihre Nahrung erreichen konnten, 1 min in eine Kammer gesetzt und 6 min in eine andere Kammer. Langsam lernten die Ratten, diejenige Kammer zu wählen, in der sie nur 1 min eingesperrt waren, wobei es sich nicht um einen räumlichen Vorzug handelte, da sie auch ihre Wahl änderten, wenn man die Einsperrungsdauer in den beiden Kammern vertauscht hatte. Mit dieser Methode konnte die Fähigkeit der Tiere, zwei Zeitintervalle voneinander zu unterscheiden, bewiesen werden.

Woodrow (1928 b) wandte eine ähnliche Methode zur Untersuchung der zeitlichen Diskriminationsfähigkeit von Affen an. Die Affen bekamen erst dann Nahrung, wenn sie gelernt hatten, die längere von zwei zufällig sukzessiv vorgegebenen leeren Zeitintervallen zu wählen. Er fand heraus, daß die Affen sogar 1,5 sec von 2,25 sec unterscheiden konnten. Jene Intervalle, die innerhalb der Grenzen wahrnehmbarer Dauern liegen, gehören jedoch zu einem anderen Verhaltenstypus (siehe zweiter Teil); wir erwähnen sie hier nur des Interesses halber.

A. C. Anderson (1932) wandte diese Methode systematisch an, wobei Ratten die Wahl hatten zwischen vier Einsperrungsdauern. Nachdem sie in mehr als drei Monaten 500 mal die Gänge durchlaufen hatten, liefen sie in 72% der Fälle durch den Gang mit der Einsperrungsdauer von 1 min, in 19% durch den mit 2 min, in 6% durch den mit 3 min und in 3% der Fälle durch den Gang mit 4 min Einsperrungsdauer. Das Lernen ist hier ganz offensichtlich. Derselbe Autor wandte die gleiche Methode an, jedoch mit nur zwei Versuchsdurchgängen, und stellte fest, daß die Ratten empfindlicher waren für die relativen Unterschiede zwischen den Zeitintervallen als für deren absolute Unterschiede, was zeigt, daß das Webersche Gesetz für die Zeitdiskrimination von Tieren gültig ist.

Wir haben nach Andersons Ergebnissen folgende Tabelle aufgestellt:

Verhältnis zwischen den Dauern					1/4	1/3	1/2	1/1,5
Wahl der kürzesten Einsperrung (in %)					96	84	76	65
Unterschiede zwischen den Dauern	4 min	3 min	2 min	1 min	30 sec	20 sec	10 sec	
Wahl der kürzesten Einsperrung (in %)	82	96	77	79	71	80	74	

Diese Werte sind nur Annäherungswerte, da die Rattengruppen nicht miteinander verglichen werden konnten. Sie zeigen jedoch, daß der Prozentsatz der Erfolge regelmäßig abnimmt, und zwar in dem Maße, wie das Verhältnis zwischen den Dauern geringer wird. Für die großen Verhältniswerte gibt es hingegen keine Gesetzmäßigkeit, selbst wenn man berücksichtigt, daß die großen Verhältniswerte immer den großen Unterschieden entsprechen.

Handelt es sich hier dennoch um eine Zeitdiskrimination? *Hull* (1943) meinte, daß man diese Ergebnisse nicht eindeutig interpretieren könne. Und zwar stellt die Dauer der Einsperrung einmal eine Art differenzierendes Signal dar, zum anderen wählt das Tier den Weg zur kürzeren Einsperrung vielleicht einfach nur aus dem Grunde, weil in diesem Fall die Wahl schneller belohnt wird. Letzteres könnte natürlich entscheidend sein; denn je schneller die Belohnung auf die Wahl folgt, desto schneller wird diese gefestigt. *Cowles* und *Finan* (1941) haben zu Recht eine andere Methode vorgeschlagen, um den direkten Beweis für die Zeitdiskrimination zu erhalten, wobei die Dauer der Einsperrung der Wahl vorausging und nicht umgekehrt.

Mori versuchte mit einer weiteren, aber weniger validen Methode die Gültigkeit von *Hulls* Einwand zu überprüfen. Er variierte den Ort der Einsperrungskammern so, daß die Tiere weiter oder näher am Ziel waren, er fand jedoch keinen Einfluß dieser Variable auf das Verhalten der Ratten. Zudem versah er jeden Seitenarm des Labyrinths mit zwei Kammern statt nur mit einer. Auf der einen Seite war die Ratte 1 min. und dann 7 min. eingesperrt und auf der anderen Seite 7 min und dann 1 min. Die Ratten waren offenbar nicht imstande, einen Unterschied zwischen diesen beiden Situationen wahrzunehmen.

Zu Beginn setzte man das Tier in den allgemeinen Gang eines Y-Labyrinthes. Dann mußte es entweder den linken oder den rechten Seitenarm wählen, je nachdem, ob die Einsperrungsdauer lang oder kurz war, wobei nur eine Wahl belohnt wurde. Unter diesen Bedingungen ist die Zeit der einzige Faktor für die Diskrimination. Und hier konnte, da das Training möglich war, noch einmal bewiesen werden, daß das Tier zur zeitlichen Diskrimination fähig ist.

Dennoch schien der Beweis schwieriger gewesen zu sein, als in den Experimenten von *Sams* und *Tolman*. In den Experimenten von *Cowles* und *Finan* lernten in 600 Versuchsdurchgängen 6 von 9 Ratten mit einer Erfolgssicherheit von 70%, 10 sec von 30 sec zu unterscheiden. *Heron* (1949) baute ein Experiment nach demselben Prinzip auf und fand sehr große Unterschiede zwischen den Tieren. Von 11 Ratten unterschieden nur 3 zwischen 5 sec und 45 sec, 4 Ratten gelang es, 5 sec von 25 sec zu unterscheiden, 3 weiteren, 5 sec von 20 sec und nur 1 Ratte, 5 sec von 10 sec zu unterscheiden. *Yagi* (1962) stellte ebenfalls fest, daß die Ratten in 120 bis 400 Versuchsdurchgängen lernen konnten, 10 sec von 50 sec zu unterscheiden.

Diese Diskriminationsmethoden zeigen zwar sehr deutlich, daß Tiere fähig sind, Zeitintervalle voneinander zu unterscheiden und sich der Dauer anzupassen, sie sind aber nicht zur schnellen und guten Bestimmung der Genauigkeit geeignet, mit der die Tiere die Dauer schätzen. *Ruch* (1931) schlug eine andere Methode vor. Er setzte ein Tier auf ein Gitter. Um die Nahrung zu erreichen, mußte es über ein zweites Gitter B und durch eine Tür C laufen. Anfangs war B elektrisch geladen und C verriegelt: Wenn das Tier nach B kam, konnte es nur zurück nach A. Nach einer gewissen Zeit war B aber nicht mehr elektrisch geladen, und C war zwar nicht mehr verriegelt, blieb aber geschlossen. Um über B und durch C zu gelangen, mußte das Tier genau diesen Moment wählen, weil es einen Elektroschock erhalten hätte, wenn es bei A geblieben wäre. Zur Lösung dieses Problems mußte es also eine kürzere Zeitspanne schätzen als die zwischen dem Experimentanfang und dem Zeitpunkt, als das Gitter A elektrisch geladen war, jedoch eine längere Zeitspanne als die, während der B elektrisch geladen war. Die oberen und unteren Grenzen dieser Zeitspannen bestimmen eine Periode der Sicherheit, die der Versuchsleiter um einen Mittelwert herum variieren kann. Das Training verläuft sehr schnell und verkürzt langsam die Periode der Erfolgssicherheit. Wenn die Differenz zwischen dem Fehler im ersten Versuchsdurchgang und dem Mittelpunkt der Sicherheitsperiode errechnet wird, erreicht die Ratte einen Fehler von 13%; dieser Wert ist der durch die Methode der mittleren Fehler ermittelte Schwellenwert. Er ist sehr niedrig: beim Menschen beträgt der Schwellenwert für etwa dieselbe Dauer (in diesem Fall 438 sec) ungefähr 20 bis 30%. *Buytendijk* (1935) wandte eine ähnliche Methode wie die von *Ruch* an und stellte fest, daß ebenso wie in der klassischen Konditionierung die antizipierten Reaktionen zahlreicher waren als die verzögerten Reaktionen. *Blancheteau* (1965) wiederholte diese Experimente und fand dieselben Ergebnisse. Zudem arbeitete er noch heraus, welche Konditionierungsketten das Tier erreicht, wenn es sich dieser komplexen Situation anpaßt.

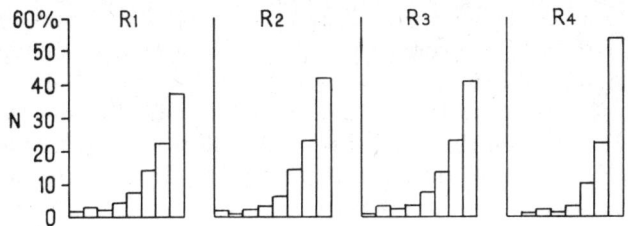

Abb. 1. Die Histogramme zeigen für jede Ratte die durchschnittliche Wiederherstellung der Reaktionen in einem Intervall von 2 min. Jeder Block zeigt in den entsprechenden Abschnitten von 15 sec das Verhältnis der geäußerten Reaktionen (in %) an. N = ohne Medikament. Die 10 letzten Tage der Stabilisierung (*M. Richelle, B. Djahanguiri*, Psychopharmacologia, 1964, 106, 114).

Noch andere Aspekte der zeitlichen Konditionierung lassen sich mit bestimmten Bekräftigungsplänen (*Ferster* und *Skinner 1957*), die in Skinnerboxen verwandt werden, untersuchen. Zwei von ihnen interessieren uns ganz besonders, und zwar zunächst die Pläne mit einem gleichbleibenden Intervall. Die Betätigung eines Hebels (beim Fressen), wird nur verstärkt, sofern sie z. B. nach einem Intervall von mindestens 2 min erfolgt. Nur in dieser Zeitspanne ist der Hebeldruck von Bedeutung. Man beobachtet dann, daß mit fortschreitendem Lernprozeß die Reaktionen am Intervallende allmählich zunehmen. In der ersten Minute gibt es wenig Reaktionen, langsam treten sie häufiger auf, und in den letzten 15 sec steigt die Anzahl rapide an (Abb. 1) (*Richelle 1962, Richelle* und *Djahanguiri 1964*). Die Verhaltensweisen während dieser operanten Konditionierung sind sehr ähnlich denen, die von *Pavlov* und seinen Schülern während der Konditionierung der Speichelsekretion beobachtet wurden. Sie können ebenfalls interpretiert werden als eine Konditionierung auf die Zeit.

Die sog. D. R. L.-Pläne (differential reinforcement of low rate) sind sehr interessant für die Thematik dieses Kapitels. In jenen Plänen interveniert die Verstärkung nur auf eine Reaktion, die auf eine weitere in einem vorgegebenen Intervall von beispielsweise 20 sec folgt. Diese Situation ist nicht vergleichbar mit einer Konditionierung auf die Zeit (Kap. I), da die Periodizität variieren kann, wenn das Tier zu früh oder zu spät reagiert. In welchem Moment das Tier auch reagiert, das Experiment ist immer so aufgebaut, daß nur dann verstärkt wird, wenn die folgende Reaktion *mindestens* 20 sec nach der vorangegangenen stattfindet.

In diesem Fall ist zu beobachten (*Wilson* und *Keller 1953, Sidman 1956*), daß die Reaktionsintervalle sich regelmäßig um eine feststehende Dauer, 20 sec z. B. in dem Experiment von *Sidman*, verteilen (Abb. 1).

Man kann auch noch genauere Konditionierungen auf die Zeit herstellen, indem man nur die in ein vorgegebenes Intervall fallenden Reaktionen bekräftigt: zum Beispiel nach 20 und vor 25 sec. In diesem Fall ist das Training der Ratten sehr einfach zu erzielen, während es schwieriger wird, wenn man die Sicherheitsgrenze herabsetzt. Nach 20 sec ist es jedoch noch in einem Intervall von 1 sec möglich; dies entspricht einem Wert von 5% *(Kelleher, Fry, Cook 1959)*.

Mit sehr unterschiedlichen Methoden kann also bewiesen werden, daß, obwohl beim Tier keine komplexen Prozesse intervenieren (wir werden diese in den folgenden Kapiteln untersuchen), es sich dennoch der Zeit anpaßt, sei es, indem es sich dem Gesetz der Zeit unterwirft, was sehr häufig in der klassischen verzögerten Konditionierung vorkommt, oder daß die Zeit das Verhalten des Tieres wie in der instrumentellen Konditionierung bestimmt.

Diese Lernprozesse sind allerdings langwierig und schwer zu erzielen, wobei die individuellen Unterschiede sehr groß sind *(Pavlov 1929)*. Auch sind sie wenig stabil: Eine Unterbrechung von 24 h während des Trainings einer aufgeschobenen Konditionierung oder eines Spurenreflexes führt zu einer Verkürzung der Verzögerung *(Switzer 1934, Rodnick 1937a)*. Zudem ist die verzögerte Reaktion schwächer als die unmittelbare Reaktion *(Kotake* und *Tagwa 1951)*.

Verzögerte Konditionierungen scheinen auch nur innerhalb relativ enger Grenzen möglich zu sein, obwohl dieser Aspekt noch nicht genau untersucht worden ist. Wenn die Intervalle sehr lang sind, läßt sich keine Verbindung mehr zwischen dem Signal und der Reaktion herstellen, und die Diskrimination der Intervalle ist nicht mehr möglich.

III. Psychophysiologische Interpretationen

Wie sind die Mechanismen dieser zeitlichen Anpassungen beim Tier, dem keine Bewußtseinsprozesse zugeschrieben werden können, zu erklären?

Pavlov (1929, 86) meinte, daß der konditionierte Stimulus zu Beginn eine konditionierte Hemmung erzeuge (passive Phase), worauf eine Erregungsperiode folge (aktive Phase). Bei dieser Darstellung bezog er sich auf die Tierbeobachtung und auf die Tatsache, daß die beobachteten Phänomene im ersten Abschnitt der Verzögerung völlig den Hemmungsprozessen entsprechen. Irgendein Stimulus von mittlerer Stärke ist schon hinreichend für die Auslösung der Speichelsekretion eines Hundes in der ersten Phase, wobei die Hemmung beendet wird. Am Ende einer Erregungsphase hat ein Stimulus von derselben Stärke dagegen eine hemmende Wirkung, so daß die Speichelsekretion sich vermindert. Auch *Hull* (1952) postulierte einen Hemmungsprozeß für die verzögerte Reaktion (*Postulat IX, 25 B*).

Wir wollen ein Beispiel nehmen, in dem ein neutraler Stimulus die Hemmung aufhebt. Der konditionierte Stimulus ist die mechanische Reizung der Haut und der 3 min darauf folgende neutrale Stimulus eine Säure. Die Speichelsekretion wird verzögert (die Experimente fanden von 9 Uhr 50 bis 10 Uhr 30 statt). Wird der konditionierte Stimulus mit dem Geräusch eines Metronoms, das unabhängig ist von der Speichelabsonderung, gekoppelt, dann beginnt die Speichelsekretion sofort (10 Uhr 15). *Pavlov* erstellte folgende Tabelle (1929, 87):

Uhrzeit	Stimulus	Speichelsekretion in Tropfen jede halbe Minute
9 Uhr 50	mechanische Reizung der Haut	0 0 3 7 11 19
10 Uhr 15	Reizung + Metronom	4 7 7 3 5 9
10 Uhr 30	mechanische Reizung der Haut	0 0 0 3 12 14

Es scheint so, daß das Metronom, welches für das Tier keine Signalbedeutung hat, die Hemmung in der ersten Phase aufhebt und in der zweiten wieder herstellt. Dieses ist der charakteristische Effekt eines neutralen Stimulus, der auf den Zustand der Hemmung oder Erregung des Gehirns einwirkt. Die Tatsache, daß alles, was den Hemmungsprozeß stört, die Herstellung einer verzögerten Konditionierung erschwert, war für *Pavlov* ebenfalls ein Beweis dafür, daß die Verzögerung auf eine Hemmung zurückzuführen ist. Dieses kann bei Hunden mit schwachen Hemmungsprozessen beobachtet werden oder sogar bei Hunden, deren Erregungsprozeß verstärkt war, weil sie vor dem Experiment keine Nahrung erhalten hatten. In zahlreichen Experimenten haben *Pavlov* und seine Schüler gezeigt, daß die durch Koffein bedingte Erregung von Hunden die Konditionierung auf die Zeit oder die verzögerte Konditionierung erheblich erschwerte, während die Konditionierung bei ruhigen Hunden, die mit Brom behandelt worden waren, leichter zu erreichen war (nach *Dmitriev* und *Kochigina* 1959)*.

---

* Vergleicht man die verzögerte Konditionierung mit den Verhaltensweisen des Wartens, so kann man wie *Birman* (1953) feststellen, daß Individuen mit starken Hemmungskomponenten das Warten besser ertragen können. Der Hemmungsprozeß ist dagegen schwach, wenn allgemeine emotionale Reaktionen und Anzeichen von Ungeduld auftreten.

Diese Hypothese wurde indirekt auch schon auf andere Weise bestätigt. Die Tatsache, daß beim Menschen die Atmung während der verzögerten Konditionierung des psychogalvanischen Reflexes gehemmt ist, könnte in diesem Sinne interpretiert werden *(Switzer 1934)*, obwohl das Lernen hierfür schon eine hinreichende Erklärung wäre. In Anbetracht der Reaktionszeit als eine Konditionierung, stellten *Leridon* und *Le Ny* (1955) fest, daß eine Person, die gewöhnlich auf einen neutralen Stimulus 5 sec nach einem konditionierten Stimulus (oder Hinweissignal) reagierte, eine signifikant längere Reaktionszeit zeigte, wenn der neutrale Stimulus schon nach 2 sec, d. h. während der Hemmungsphase, erfolgte. Dieses Ergebnis ist besonders erstaunlich im Hinblick auf die Tatsache, daß die Reaktionszeit normalerweise kürzer ist nach einem Intervall von 2 sec zwischen dem Hinweissignal und dem Auslösesignal als nach einem Intervall von 5 sec.

Nach *N. E. Miller* (1944) kann das Vorhandensein der Annäherungs- und Vermeidungsgradienten genauso interpretiert werden. Die Aktivität nimmt umso stärker zu, je näher der erwartete Stimulus heranrückt. Nehmen wir als Beispiel das Experiment von *Rigby* (1954). Der Kopf einer Ratte ist so an einem Apparat befestigt, daß die Annäherungs- und Vermeidungsbewegungen aufgezeichnet werden können. In der Annäherungssituation leuchtet 10 sec vor der Nahrungsdarbietung eine Lampe auf, und in der Vermeidungssituation ertönt 10 sec vor der Verabreichung eines Elektroschocks auf die Hinterbeine ein Ton. Nach dem Training einer verzögerten Konditionierung wird während des 10-Sekunden-Intervalls zu verschiedenen Zeitpunkten die Stärke des Annäherungsverhaltens gemessen, wobei man feststellt, daß sie in den ersten 8 sec leicht und am Ende abrupt ansteigt. Die Stärke des Vermeidungsverhaltens entwickelt sich ebenso.

Man könnte den Hemmungsprozeß außerdem an der Tatsache aufzeigen, daß dieser während der Verzögerung generalisiert wird. In der passiven Phase nämlich hat der konditionierte Stimulus einer anderen Reaktion keine oder eine nur geringe Wirkung (*Koupalov* und *Pavlov 1935*). So zeigte *Rodnick* (1937 b), daß ein auf einen Ton konditionierter Lidschlußreflex weniger stark war, wenn der Ton während der konditionierten Verzögerung eines psychogalvanischen Reflexes erfolgte. *Doehring* u. a. haben beobachtet (1964), daß, wenn die Personen während einer Konditionierung nur durch Münzverstärkung belohnt worden waren, sofern ihre Reaktion 60 sec nach einem Signal erfolgte, sich die elektrischen Hautreaktionen am Ende der Periode von 60 sec vervielfachten und die Frequenz des Herzschlages sowie der Druck in den Fingern anstiegen, was bedeutet, daß während der aktiven Phase eine Hemmungsphase aufgetreten ist.

Aus diesem Grunde ist es sehr wahrscheinlich, daß sich während der verzögerten Konditionierung ein Hemmungsprozeß entwickelt, nur muß man noch den eigentlichen, die Hemmungsdauer regulierenden Mechanismus untersuchen, wobei man dann von der Deskription zur Explikation überginge.

Pavlov hat die verzögerte Konditionierung einfach gleichgesetzt mit der Konditionierung auf Veränderungen bzw. der Konditionierung auf die Zeit, die wir im vorigen Kapitel untersucht haben. Dieses würde bedeuten, daß jede Phase der Verzögerung einem Zustand des Organismus entspräche, so daß während der Verzögerung kortikale Hemmungsprozesse und im Moment der Reaktion kortikale Erregungsprozesse ausgelöst würden. Welcher Art sind nun aber diese aufeinanderfolgenden Zustände des Organismus? Wenn ein Hund alle 30 min gefüttert wird, ist es noch denkbar, daß innerhalb dieser 30 min jeder Augenblick einem bestimmten Zustand des Verdauungsprozesses entspricht, doch kann man es sich nicht mehr vorstellen, wenn nur ein einziger Ton das Signal für die Nahrung ist. Vermutlich entwickelt sich eine Reihe von Reaktionen im Organismus. Für die Konditionierung auf die Zeit müßten jedoch die Regulierungsmechanismen dieser Reaktionen erklärbar sein, sofern deren Aufeinanderfolge nicht bestimmt wird von den Gesetzmäßigkeiten eines biologischen Prozesses wie der Verdauung. Dieses führt uns wieder zurück zu der von *Popov* vorgeschlagenen Hypothese eines Zyklochronismus: Wenn eine Reihe von Erregungen auf das Nervensystem wirkt, kann dieses dieselbe Anzahl in derselben Reihenfolge reproduzieren. Diese Hypothese ließe sich auch auf periodische Veränderungen und auf Wiederholungen gleicher Sequenzen übertragen. Die Gruppe konditionierter Stimulus/neutraler Stimulus, einschließlich dem Intervall zwischen den beiden Stimuli, würde eine Einheit bilden mit der Tendenz, sich genauso zu reproduzieren. Der Schrittmacher zyklochronischen Ursprungs schlösse die Entstehung einer Hemmung nicht aus, doch wäre das nur eine Folgeerscheinung. Es ist auch denkbar, daß das Tier möglicherweise andere Reize aus seiner Umgebung oder aus dem Organismus verwendet.

Im Fall der instrumentellen Konditionierung sind einige Autoren der Meinung, daß dem eingesperrten Tier durch die Quantität seiner Aktivität ein Signal geliefert werden könne. *Cowles* und *Finan* (1941) haben jedoch festgestellt, daß es gar keine typische Aktivität des Tieres während dieser Zeit gab. *Heron* (1949) seinerseits vermutete, daß sich, während das Tier eingesperrt war, eine Spannung entwickelt haben könnte, und infolge dieses Spannungszustandes das Tier dann nach der Freilassung die eine oder andere Lösung gewählt habe. Diese allgemeine Behauptung könnte durch eine Beobachtung von *Buytendijk* (1935) bekräftigt werden. Er setzte einen

Hund in einen ähnlichen Käfig wie den von *Pavlov* und dressierte ihn, alle 90 sec eine Klappe aufzustoßen, hinter der ein Stück Fleisch lag. Die mit einem Druckmesser aufgezeichnete Atmung des Hundes zeigte im Moment des Annäherungsverhaltens einen konstanten Ausschlag der Atmungsamplitude an. Was ist aber hier die Wirkung und was die Ursache?

Die wahrscheinlichste Erklärung wäre die, daß ein spezifischer Nervenprozeß als Schrittmacher dient und dieser Prozeß ausgelöst wird durch wiederholte Erregungssequenzen, die für den Organismus lebensnotwendig sind. Das Zentrum, welches die periodischen Anpassungen sowie die verzögerten Konditionierungen steuert, ist wahrscheinlich subkortikal. Die von einer instrumentellen Konditionierung auf die Zeit ausgehenden Untersuchungen scheinen die aus periodischen Induktionen resultierenden Ergebnisse zu bestätigen (Kap. I, S. 44). *Finan* (1939) stellte nach der Ablation des Stirnhirns von vier Affen fest, daß sie sowohl vor als auch nach der Operation gleichermaßen imstande waren, das folgende zeitliche Problem, wie es auch *Ruch* untersucht hatte (S. 62), zu lösen: 10 sec auf einem Gitter verharren und dann in genau 10 sec über ein weiteres Gitter laufen, um einen Schock auf einem der beiden Gitter zu vermeiden. Sie konnten sogar zwischen einer Einsperrungsdauer von 30 sec und einer anderen von 120 sec unterscheiden.

In demselben Experiment zeigte *Finan*, daß diese Tiere unfähig waren, Aufschubreaktionen hervorzubringen. Eine „Aufschubreaktion" ist eine Reaktion, bei der man eine Verzögerung zwischen dem Signal für die Reaktion und dem Moment der Reaktionsäußerung einführt. Versteckt man z. B. vor einem Affen eine Frucht, so erfolgt eine positive Aufschubreaktion, wenn das Tier diese Frucht nach einer bestimmten Zeit wiederfinden kann. *Jacobsen* (1936) fand besondere Reaktionsschwierigkeiten bei Tieren, deren Stirnhirn entfernt worden war. Vergleicht man hingegen die Erfolgsrate dieser Tiere in einem reinen Zeitexperiment mit deren Fehlerrate bei der Herstellung von Aufschubreaktionen, so zeigt sich, daß die Aufschubreaktionen offenbar keine reine Zeitkomponente aufweisen, obwohl diese häufig mit der verzögerten Konditionierung verglichen worden ist (*Finan 1939, 1942*). Der Fehler geht auf das Gedächtnis zurück und resultiert aus einer zu ungenauen Festlegung des Stimulus (Ort des Objektes). Die Zeit ist hier nicht aufgrund ihrer eigentlichen Dauer von Bedeutung – diese braucht nicht registriert zu werden – sondern weil sie die Möglichkeit schafft, das, was zwischen der Darbietung des Objektes und der Erinnerung liegt, zu vergessen.

Dieses Experiment beweist hier nur, daß die Stirnhirnbereiche für die verzögerte Konditionierung nicht notwendig sind. Da es aber denkbar ist, daß in diesen Regionen die Regulierungen des zeitlich organisierten Verhaltens lokalisiert sind, wäre folglich der fundamentale Schrittmacher subkortikal. Dieses Zentrum, das möglicherweise die Dauer registriert und Hinweissignale für zeitliche Sequenzen liefert, wäre nur im Hinblick auf das Gesamtverhalten des Individuums von Bedeutung. Die eigentlichen

Gesetze der Anpassungsreaktionen, die eine Antizipation der Situation beinhalten, erklärten dann die Tatsache, daß im Fall der verzögerten Konditionierung des psychogalvanischen Reflexes oder des konditionierten Speichelflußreflexes die Verzögerung kürzer ist als das Intervall zwischen dem konditionierten und dem neutralen Stimulus. Angstreaktionen haben vermutlich dieselbe Wirkung.

Diese Verbindung von physiologischen Prozessen und durch den Gefühlszustand oder die Handlungen hervorgebrachten Hinweisreizen erklärt auch die Tatsache, daß Zeitschätzungen in Wirklichkeit um so ungenauer sind, je komplexer sich die Anpassungsbedingungen darstellen. Dieses Paradoxon bedeutet einfach, daß allein der physiologische Basisprozeß einen präzisen Hinweisreiz liefert, was durch die Tatsache bestätigt wird, daß die verzögerte Konditionierung des Alpha-Rhythmus, der unabhängig ist vom Verhalten, die genaueste und regelmäßigste von allen bisher untersuchten Konditionierungen ist.

Zusammenfassend kann man die Frage stellen, welche Rolle diese Konditionierungen auf die Zeit im Leben des Menschen spielen. Wie wir gesehen haben, besitzt das Tier praktisch die Fähigkeit, die Dauer zu schätzen, obwohl es dafür keine symbolischen Anhaltspunkte hat und zu geistigen Operationen außerstande ist. Hat auch der Mensch noch die Möglichkeit, die Dauer auf diesem Niveau zu schätzen?

Es ist nicht erstaunlich, daß diese Fähigkeit nicht mehr direkt erkennbar ist, denn wenn es so wäre, könnte sie nur in Verbindung mit komplexeren Verhaltensweisen, die beim Tier nicht zu beobachten sind, auftreten. Die schon erwähnten Zusammenhänge zwischen der Anpassung an periodische Veränderungen und den Konditionierungen auf die Dauer führen uns dennoch zu der Annahme, daß auch der Mensch die Dauer auf einem biologischen Niveau registriert. Im Fall der zeitlichen Orientierung haben wir deutlich gesehen, daß der Mensch sich sowohl auf die infolge der Anpassung seines Körpers an Veränderungen entstandenen Signale bezieht und zugleich auf äußerst abstrakte Symbole. Desgleichen ist es für die Schätzung der Dauer erforderlich, daß sich Informationen biologischen Ursprungs mit geistigen Konstruktionen verbinden. Aus diesem Grunde bleibt wohl auch die unmittelbare Schätzung der Zeit, deren Genauigkeit oft verblüffend ist, immer ein wenig mysteriös.

Zweiter Teil: Die Wahrnehmung der Zeit

Mitgerissen und beeinflußt von universellen Veränderungen, sind wir dennoch Zeugen dieses Geschehens, da wir es als Veränderung wahrnehmen. Diese Wahrnehmung ist insofern möglich, weil wir mehrere aufeinanderfolgende Veränderungsphasen quasi gleichzeitig erfassen, so daß sie uns als miteinander verbunden erscheinen.

Die wahrgenommene Gegenwart hat demzufolge eine zeitliche Ausdehnung, deren Dauer begrenzt ist durch die Organisation sukzessiver Elemente zu einer Einheit.

Die Wahrnehmungsschwelle der Sukzession – wenn zwei Stimuli scheinbar nicht mehr simultan auftreten – und die Schwelle der Dauer jenseits der Augenblicklichkeit hängen von den Bedingungen der sensorischen Rezeptortätigkeit ab.

Die wahrgenommene Dauer ist nur eine Eigenschaft der Organisation sukzessiver Elemente; ihre Qualität variiert mit der Geschwindigkeit sukzessiver Stimuli, und ihre Quantität ist von der Beschaffenheit der Stimuli abhängig.

Insofern kann man sagen, daß die höheren Wirbeltiere die Zeit unter denselben Bedingungen wahrnehmen wie der Mensch. Diese Anpassungsform scheint also eng verbunden zu sein mit den allgemeinen Funktionen der Rezeptorzentren. Beim Menschen führt die Wahrnehmung jedoch nicht nur zu unmittelbaren Reaktionen, sondern ist auch eine Quelle der Erkenntnis.

Drittes Kapitel: Die psychologische Gegenwart

In einigen Fällen stellen wir fest, daß sich etwas verändert hat, und in einigen Fällen nehmen wir die Veränderung unmittelbar wahr. Eben erst schien die Sonne noch, jetzt ist der Himmel bedeckt. Während ich völlig in meine Arbeit vertieft war, habe ich die Veränderung gar nicht wahrgenommen, aber ich bemerke sie jetzt dank meines Gedächtnisses. Wenn jedoch die Glocke der benachbarten Schule in diesem Moment läutet, höre ich nacheinander den dem Schlagen des Glockenklöppels entsprechenden kurzen Wechsel von Geräusch und Stille. In diesem Fall nehme ich den Wechsel wahr, wie ich soeben den Zug der Wolken hätte beobachten können, die sich vor die Sonne geschoben haben.

Dieses Kapitel ist der allgemeinen Analyse der Eigenschaften und Bedingungen unserer Wahrnehmung von Veränderungen gewidmet. Zur Eingrenzung des Problems muß zunächst genau definiert werden, was unter Wahrnehmungsprozeß zu verstehen ist, so daß der Unterschied zu anderen Anpassungsmodi deutlich wird.

Die psychologische Sprache, die dem praktischen Leben näher ist als die irgendeiner anderen Humanwissenschaft, läßt uns dennoch ständig im Stich. Wahrnehmung bezeichnet in der Alltagssprache jeden Bewußtseinszustand, ob nun sensorisch, affektiv, mnestisch oder geistig. Um nur ein in diesem Kontext geeignetes Beispiel zu nennen, *Guitton* (1941, 19) spricht von der „Wahrnehmung der Zukunft", wobei es sich eindeutig nur um eine Metapher handeln kann. Wahrnehmen – wir verwenden das Verb, da Wahrnehmung den Akt eines Subjekts meint – impliziert im wesentlichen eine Reaktion auf eine *gegenwärtige* Situation. Genauer bedeutet diese Situation in den physiologischen Termini die Existenz einer Erregung der Nervenzentren peripheren Ursprungs, in den Begriffen des Bewußtseins eine unmittelbare Erfahrung und in den Verhaltensbegriffen eine angemessene Reaktion auf die Situation. Auf allen Verhaltensebenen kann nur bei einer unmittelbaren Reaktion auf eine gegenwärtige Situation von Wahrnehmung gesprochen werden. Besser noch ist diese vielleicht zu definieren, indem man sie von dem unterscheidet, was sie nicht ist. Sich erinnern heißt, daß man sich auf der Handlungs- oder Vorstellungsebene einen Stimulus ins Gedächtnis zurückruft, der nicht mehr zur aktuellen Erfahrung gehört. Denken ist das In-Beziehung-Setzen von wahrgenommenen, wiedererinnerten oder vorgestellten Gegebenheiten. In der gesamten psychischen Aktivität ist eine affektive Reaktion die Wirkung eines ebenfalls wahrgenommenen oder vorgestellten Ereignisses. Bevor alle diese Prozesse stattfinden können, muß eine direkte oder unmittelbare Erfahrung vorhanden sein.

Zwischen dem wahrgenommenen Raum als vorgestelltem oder erinnertem und dem gedachten Raum als abstrakte Idee ist keine Verwechslung möglich. *Michotte* spricht in einem anderen Zusammenhang von „Wahrnehmung" der Kausalität, da er in einem Experiment zeigen konnte, daß durch Modifizierung der Wahrnehmungsobjekte im aktuellen Wahrnehmungsfeld ebenfalls die Reaktionen einer Person – in diesem Fall verbal – modifiziert werden konnten. Die Tatsache, daß die Wahrnehmung eine Reaktion auf ein gegenwärtiges Ereignis ist, bedeutet nicht unbedingt, daß sie unabhängig ist von früheren Erfahrungen. Sensorische Informationen werden im Laufe des menschlichen Lebens allmählich durch Konditionierung mit gelernten Bedeutungen belastet. Wenn ein Hund Fleisch sieht, wird er nur Speichel produzieren, wenn er schon einmal Fleisch gefressen hat. Ich sage, daß ich ein Blatt Papier sehe, weil ich seit meiner Kindheit das Wort Papier mit einer ursprünglichen Erfahrung assoziiere. In diesem Sinne ist die Gegenwart mit in der Vergangenheit erworbenen Bedeutungen belastet. Anders verhält es sich jedoch, wenn die Vergangenheit durch einen aktuellen Stimulus gegenwärtig oder wiedererinnert wird. Entscheidend ist, daß der Wahrnehmungscharakter zum größten Teil von der vergangenen Erfahrung des Subjekts abhängt. Wahrnehmung wird jedoch immer verstanden als das Erfassen gegenwärtiger Stimuli ohne eine gedankliche Anstrengung und die explizite Intervention von Erinnerungen.

Hieraus ist unmittelbar ersichtlich, daß die Wahrnehmung von Veränderungen ein Problem aufwirft. Wer von Veränderung oder Wechsel spricht, meint immer auch das Sein und Werden dessen, was ist. Ich kann eine Veränderung feststellen in der Gegenüberstellung meiner Wahrnehmung und meiner Erinnerung, aber ich kann Veränderung auch begreifen, indem ich diese aufeinanderfolgenden Erscheinungswelten miteinander in Beziehung setze. Erfassen wir die Welt aber nur als eine Abfolge von Bildern wie in einem Geschichtenbilderbuch für Kinder? Wir wissen jedoch, daß unsere Wahrnehmungen nicht statisch sind und daß wir eine Welt in steter Umwandlung *wahrnehmen*.

Man muß kontinuierliche von diskontinuierlichen Veränderungen unterscheiden. Kontinuierliche Veränderungen ergeben sich aus der Wahrnehmung einer *Transformation* von Quantität oder Intensität: die Verdunklung des Himmels oder das Abendrot, das lauter werdende Geräusch eines sich nähernden Autos. Eine Veränderung im Raum wird als *Bewegung* wahrgenommen. Diese Art von Veränderung ist durch ihre Geschwindigkeit gekennzeichnet, die, bevor sie eine geeignete Bestimmungsgröße für die

Messung darstellt (Quantität der Veränderung in einer Zeiteinheit), zunächst nur eine perzeptive Gegebenheit ist. Ein 5jähriges Kind ist aufgrund eines noch nicht vorhandenen Geschwindigkeitsbegriffes unfähig zur Geschwindigkeitsmessung, aber es kann schon zwei sich bewegende Gegenstände miteinander vergleichen, unter der Voraussetzung, daß die Situation so eindeutig ist, daß keine mathematische Berechnung erforderlich ist (*Fraisse* und *Vautrey 1952*). Diese Veränderungen sind nur wahrnehmbar, sofern ihre Geschwindigkeit eine bestimmte Schwelle erreicht, wobei nur verschiedenartige, aufeinanderfolgende Zustände ein und desselben Phänomens bemerkt werden, nicht aber die Transformation. Das ist z. B. beim Wachsen der Pflanzen der Fall. Es bedurfte des Films und seiner Möglichkeiten, die Bilder schneller zu projizieren als sie aufgenommen wurden, so daß man das Wachsen eines Stiels oder das Aufblühen einer Blume *wahrnehmen* kann.

Die Wahrnehmung einer kontinuierlichen Transformation liefert uns nur ziemlich ungenaue zeitliche Informationen, da wir nur das Statische genau wahrnehmen. Die *sukzessiven* Zustände oder Positionen dessen, was sich verändert, können wir jedoch antizipieren. Ein Amateurfotograf, der beim Entwickeln des Films einen Probeabzug macht, sieht das Bild mehr oder weniger schnell, und dementsprechend kann er den günstigsten Moment abpassen, um es aus dem Entwickler zu ziehen. Mittels der Geschwindigkeitswahrnehmung ist es möglich, genau den Moment zu antizipieren, in dem ein sich bewegender Gegenstand an einem bestimmten Punkt vorbeikommt. Daher weiß beispielsweise ein Fußgänger, wann er die Straße gefahrlos überqueren kann und ein Jäger, wie er sein Gewehr ausrichten muß, um einen Hasen oder ein Rebhuhn zu treffen.

Diese Transformationen vermitteln uns eine Erfahrung von Dauer und Beständigkeit durch die immer wieder erneute Flüchtigkeit dessen, was sich verändert, wobei wir jedoch keine quantitative Dauer wahrnehmen können. Diese ist immer das Intervall zwischen zwei Erscheinungen oder zwei verschiedenen Zuständen ein und desselben Phänomens*. Ich sehe den Fluß schnell oder langsam fließen, aber diese Flußbewegung vermittelt mir keinerlei Wahrnehmung der Dauer. Aus der Geschwindigkeit kann ohne Zweifel die Dauer hergeleitet werden, aber das Wahrgenommene zeigt

---

* Wahrscheinlich war diese Beobachtung für *Bergsons* Grundgedanken ausschlaggebend, wenn er zwischen qualitativer Dauer, die, wie er meint, die wahre Dauer sei, und quantitativer Dauer unterscheidet. In Essai sur les données immediates de la conscience, 1920, 75 schrieb er: „Die reine Dauer ist die Sukzession unserer Bewußtseinszustände, wenn das Ich sich treiben läßt und darauf verzichtet, eine Trennung herzustellen zwischen dem gegenwärtigen Zustand und den früheren Zuständen." *Bergson* bezieht

keineswegs an, ob das, was schneller verläuft, auch weniger lange andauert (S. 253).

Die Wahrnehmung kontinuierlicher Veränderungen wurde nie in Frage gestellt, die diskontinuierlicher Veränderungen wirft hingegen sehr komplexe Probleme auf. Eine kontinuierliche Veränderung kann nämlich in jedem gegebenen Moment wahrgenommen werden, eine diskontinuierliche Veränderung bedeutet jedoch, daß ich nicht nur den Zustand A und dann den Zustand B, sondern auch den Übergang von A nach B, also die Sukzession, wahrnehme. Sukzession heißt, daß das vorherige Ereignis nicht mehr gegenwärtig ist, wenn ein neues auftritt. So ist zumindest die uns eine *Idee* der Sukzession vermittelnde Analyse beschaffen. Wird Wahrnehmung definiert als das Erfassen der Gegenwart, dann scheint die Wahrnehmung der Sukzession nicht möglich zu sein: Diese aus einer *logischen* Analyse resultierende Konklusion könnte durch einen voreiligen Rückgriff auf die Introspektion bekräftigt werden. Die Würzburger Schule hat uns glücklicherweise davor bewahrt, einen objektiven Fehler zu machen, u. zw. das beobachtete Phänomen mit dem Wissen über den Gegenstand zu verwechseln.

Bergson machte die subtile Beobachtung, daß die Sukzessionswahrnehmung die simultane und nicht sukzessive Wahrnehmung des *Vorher* und *Nachher* impliziert und „daß es kontradiktorisch sei, eine Sukzession anzunehmen, die nur Sukzession ist und dennoch in ein und demselben Moment stattfindet" (1920, 77).

Bergson meinte, daß wir die Sukzession nur deshalb erfassen, weil wir sie in den Raum projizieren und das Ende des ersten Zustandes mit dem Beginn des zweiten zusammentreffen lassen, so daß wir uns einer Simultaneität gewiß sind. Diese *Repräsentation* der Sukzession entspricht tatsächlich einem Verhaltenstypus (s. Kap. VIII), dennoch läßt sich beweisen, daß die Sukzession wahrgenommen wird.

Der Beweis muß im ersten Teil der Analyse phänomenologisch erfolgen, um zu zeigen, daß das Paradoxon der simultanen Wahrnehmung des Vorher und Nachher nur logisch, nicht aber faktisch existiert. Zunächst ist wichtig, daß nicht alle diskontinuierlichen Veränderungen wahrnehmbar sind. Es ist 3 Uhr 15, die Uhr schlägt einmal. Perzeptorisch folgt dieses einmalige

---

sich hier auf eine spezielle Veränderung unserer Bewußtseinszustände und zeigt dabei eine Erfahrung, in der unsere Gedanken und vor allem unsere Gefühle miteinander verschmelzen. Diese Erfahrung ist unabhängig von der Wahrnehmung, da, wenn man die genau ihr entsprechenden Stimuli finden wollte, gerade dadurch der Zustand der Verschmelzung zunichte gemacht würde. Wir werden später noch auf *Bergson* zurückkommen (s. S. 82, 83).

Schlagen nicht auf die vorausgegangenen Uhrschläge, ich weiß aber dank meines Gedächtnisses, daß es auf die drei Stundenschläge 15 min vorher folgt. Schlägt die Uhr dann aber in der nächsten Stunde 4 Uhr, dann nehme ich die Sukzession der vier Stundenschläge wahr: Das bedeutet, daß das erste Schlagen quasi noch gegenwärtig ist, wenn die Uhr das vierte Mal schlägt. Dies ist nicht paradox, sofern es richtig ist – wie wir noch zeigen werden –, daß selbst die Wahrnehmung eines kurzen Stimulus eine bestimmte Dauer besitzt, so daß gewissermaßen eine Brücke geschlagen wird zwischen den physikalisch sukzessiven Stimuli.

Im Fall der Sukzessionswahrnehmung können zwei Situationen auftreten: Wenn die Stimuli zahlreich, schnell und regelmäßig erfolgen, nehmen wir zwar eine Sukzession wahr, wobei die Haupteigenschaft dieser Sukzession jedoch deren Frequenz ist. Ist diese Frequenz hoch, so sind die einzelnen Elemente undeutlich, und wir haben nur den Eindruck einer Intensitätsveränderung ein und desselben Stimulus (taktile Vibration, Lichtflackern oder Knistern). Bei einer niedrigeren Frequenz nehmen wir eine Reihe von getrennten Elementen wahr, wie die schnellen Schläge eines Metronoms. Die Wahrnehmung einer Frequenz ist der der Geschwindigkeit eines kontinuierlichen Wechsels ähnlich, was indirekt zeigt, daß letztere Wahrnehmung bereits die einer Mannigfaltigkeit ist. Ein Fotoapparat mit hoher Bildfolge fixiert nur statische Zustände eines Phänomens. Die Wahrnehmung des Wechsels ist immer vielfältige Apprehension. Frequenz und Geschwindigkeit vermitteln uns die Qualität, nicht aber die Dauer eines Wechsels.

Wenn die Frequenz sehr niedrig ist (2 bis 3 pro sec), und wir achten eine bestimmte Zeit auf die Abfolge der Stimuli, dann erscheint ein neuer Aspekt der Wahrnehmung sukzessiver Elemente. Nehmen wir als Beispiel Töne: Wenn wir eine Reihe von identischen Tönen hören, die in isochronen Intervallen aufeinanderfolgen, dann erscheinen sie uns in Zweier- oder Dreiergruppen; denn perzeptorisch sind sie keine einzelnen Töne mehr, sondern sukzessive Gruppen. Dieses Phänomen, genannt „subjektive Rhythmisierung" (um zu betonen, daß dieses nicht der physikalischen Realität entspricht), ist für die Analyse der Wahrnehmung sukzessiver Elemente am geeignetsten. Die Gruppierung resultiert aus einem globalen und quasi simultanen Erfassen mehrerer Elemente, die eine Wahrnehmungseinheit bilden. Diese Einheit ist nicht nur introspektiv zu beobachten, sondern sie spiegelt sich auch im Verhalten wider. Die Tatsache, daß ein einjähriges Kind sich im Takt der Musik bewegt und ein Schüler das gleiche tut beim Rezitieren eines Alexandriners, zeigt, daß der Vers oder der Takt für sie eine Einheit darstellt. Wenn Bewegungen mit periodisch wiederkehrenden Tönen synchronisiert werden, dann zeigt sich die subjektive Rhythmisierung in den variierenden Bewegungen, die entsprechend der Gruppierungsdauer in gleichen Intervallen wiederkehren (*Fraisse 1956, 20*).

Der Rhythmus ist kein Ausnahmephänomen, sondern ein besonderer Fall, an dem die Einheit sukzessiver Elemente sehr gut erkennbar wird, da sich diese identisch wiederholt. Die Organisation sukzessiver Elemente zu einer perzeptiven Einheit ist jedoch eine derart elementare Eigenschaft unserer Erfahrung, daß wir sie nicht einmal mehr wahrnehmen. Sie ist die Basis für die Wahrnehmung des Rhythmus, der Melodie, ja sogar der Intonation beim Sprechen. Ein Baby lernt mit den Lauten Ma-ma nur einen Sinn zu verknüpfen, weil es sie als Einheit wahrnimmt.

Da die Wahrnehmung sukzessiver Elemente als eine Einheit ein fundamentales Merkmal der Zeitwahrnehmung ist, wollen wir folgende Charakteristika der Wahrnehmung analysieren: (1) die Reihenfolge, (2) das Zeitintervall und (3) die Grenzen, in denen die Wahrnehmung noch möglich ist.

I. Die Wahrnehmung der Reihenfolge

Nehmen wir ein ganz einfaches Beispiel: das Geräusch einer Uhr. Ich nehme ein Tick-tack-Geräusch wahr, dann verschwindet es, und ich höre wieder „tick-tack". Wenn ich das erste „Tick-tack" höre, ist das zweite nicht mehr gegenwärtig, und nur mit Hilfe des Gedächtnisses – ein unmittelbares Gedächtnis – weiß ich, daß dieses „Tick-tack" einem anderen vorausging. Wenn ich ein Tick-tack-Geräusch wahrnehme, dann ist aber „tick" noch nicht Teil meiner Vergangenheit, wenn ich „tack" höre. Und daher nehme ich ohne Hilfe meines Gedächtnisses und ohne auch nur die Vorstellung der Sukzession zu haben, die Reihenfolge von „tick" und „tack" direkt wahr.

Doch ist die Wahrnehmung der Reihenfolge nur möglich, wenn sich die Stimuli untereinander organisieren können, d. h. wenn sie homogen sind. Aufgrund einer Folge von Tönen und Lichtreizen entsteht niemals die Wahrnehmung einer Organisation, die die Stimuli integriert. In diesem Fall gäbe es eine doppelte Folge von Tönen und Lichtreizen. Das geschieht gewöhnlich in einem Choral, in dem jede Stimme ihre eigene Organisation hat. Als Ergänzung werden wir im nächsten Kapitel sehen, daß es schwierig ist, die Sukzession (oder die Simultaneität) zweier heterogener Stimulationen, wie einen Lichtreiz oder einen Ton, wahrzunehmen, da sich diese nicht spontan anordnen.

Es ist wichtig anzumerken, daß die Reihenfolge sukzessiver Elemente *wahrgenommen* wird. Sie resultiert nicht aus einer Organisation, die wir den voneinander unabhängigen Stimuli übertragen, ähnlich dem Aufziehen von Perlen auf einen Faden. In der perzeptiven Organisation (räumlich oder zeitlich) vermag es die geistige Aktivität nicht, der Materie eine Form zu geben, da, auf welchem Gebiet auch immer, die Reihenfolge nach ihren eigenen Gesetzen erfolgt und unbeeinflußbar ist (*Guillaume 1946, 339– 340*). Auch wird die Reihenfolge nicht durch eine Überprüfung der Repräsentation sukzessiver Elemente erfaßt. Wenn es so wäre, dann könnten wir, nachdem wir drei sukzessive Elemente A, B, C wahrgenommen haben, diese auch leicht in die Reihenfolge A C B, C B A oder B A C etc. bringen. Das ist jedoch nicht der Fall. Buchstaben in der Reihenfolge zu reproduzieren, wie sie gehört wurden, ist einfach; dieses spontane Verhalten ist schon bei einem Kleinkind zu beobachten. Die Elemente jedoch in einer anderen Reihenfolge zu reproduzieren, ist weitaus schwieriger, denn dafür benötigt man eine vermittelnde Repräsentation. Die Reihenfolge ist den Stimuli inhärent, und bei einem Rhythmus ist es praktisch unmöglich, ihn in einer anderen Abfolge zu reproduzieren. Die Arbeiten von *Broadbent* (1958) sind für diesen Themenbereich ein wichtiger Beitrag. Wenn visuell drei Ziffern, z. B. 7, 2, 3 und gleichzeitig akustisch drei weitere Ziffern, 9, 4, 5 dargeboten werden, dann kann ein Individuum sie nur so reproduzieren, indem zuerst die visuelle Reihe und dann die auditive wiederholt wird oder umgekehrt. Die visuellen Stimuli haben sich ebenso wie die auditiven Stimuli untereinander organisiert. Dieses Gruppierungsphänomen zeigt sich auch bei der Vorgabe der Stimuli an verschiedenen Körperstellen: Eine Reihe von Stimuli wird an einem Ohr dargeboten und eine weitere Reihe an dem anderen Ohr. Die gleiche Gesetzmäßigkeit tritt auf, wenn man simultan zwei Stimmen auf verschiedenen Frequenzen hört. In allen diesen Fällen findet also die Gruppierung auf der Basis gleichartiger Stimuli statt.

Einige Theoretiker haben das Gedächtnis als Erklärung für die in der gesamten Psychologie der Zeitwahrnehmung fundamental wichtigen Erfahrungen der Reihenfolge herangezogen. Im 19. Jahrhundert fragten sich die Assoziationisten, wie es von der Empfindungsmannigfaltigkeit zu einer Abfolge kommt, so daß Veränderungen erfahren und dann in der Zeit festgelegt werden können. Dasselbe Problem entstand für den Raum. Als Erklärung für die Ausdehnung schlug Lotze die Lokalzeichentheorie vor (Medizinische Psychologie, 1852; nach *Ribot*, La psychologie allemande contemporaine, 1879). Da für die Berührungsempfindung jede Körperstelle und für das räumliche Sehen jeder Punkt auf der Retina bestimmte sensorische Rezeptoren aufweist, haben wir von einem Stimulus Empfindungen unterschiedlicher Intensität, die jeweils das *Lokalzeichen* konstituiert.

Durch Körper- oder Augenbewegungen werden die eigentlichen Lokalzeichen für verschiedene Raumpunkte unterscheidbar. *Lotze* übernahm von *Kant*, daß der Raum eine reine Form der Anschauung ist, also aus einer Organisation dieser Zeichen resultiert. Im Hinblick auf die Zeit haben zahlreiche Autoren herauszufinden versucht, was *Temporalzeichen* sind: Alternierende Empfindungen von Spannung und Entspannung, welche die sukzessiven Empfindungen mit diesem Zeichen versähen, um ihre Reihenfolge zu gewährleisten. Dies versuchten die meisten Autoren mit dem Ausmaß der Empfindungsabschwächung zu beweisen. *Lipps* meinte z. B., wenn Empfindungen entstehen, sich abschwächen und dann ganz verschwinden, entspräche das Ausmaß der Abschwächung von zwei Empfindungen in einem gegebenen Moment ihrer Position in der Zeit. Die Intensitätsunterschiede zwischen den Vorstellungen zeigten die jeweilige Position in der Zeit an (*Lipps*, Grundtatsachen des Seelenlebens, 1883; nach *Bourdon 1907*).

Die umfassendste Theorie ist ohne Zweifel die *Guyaus*. Ursprünglich hatte es weder Koexistenz noch Sukzession gegeben, sondern eine Vielheit von Empfindungen und Vorstellungen; jede verschieden von den anderen. „Darüber hinaus weist selbst die Erinnerung Gradunterschiede der Nähe und Weite auf: Jede im Bewußtsein aufgenommene Veränderung hinterläßt quasi residual eine Reihe von wie in einer Linie angeordneten Bildern, wobei alle entfernten dazu tendieren, zu verblassen und dann zu verschwinden, um den deutlicheren Bildern Platz zu machen" (*Guyau 1902, 25–26*). Er weist auch darauf hin, „daß der Beweis für die Repräsentation des Vorher und Nachher das Spiel der Bilder und ihrer Abschattungen ist und daß wir letztere sehr leicht miteinander verwechseln können" (*Guyau 1902, 26*). Er nennt als Beispiel das Experiment, in dem eine Person die Reihenfolge von zwei an zwei verschiedenen Punkten im Raum aufglühenden Funken verwechselt. Der zuerst gesehene ist für sie der erste. *Guyau* hat aber gerade ein Beispiel gewählt, in dem es infolge der räumlichen Entfernung keine perzeptive Organisation der Stimuli gibt. Nach *Guyau* resultiere die Reihenfolge nur aus einer Art Ablagerung der Erinnerungen. Diese Theorie evozierte entrüstete Einwände: Wie kann man die Tatsache erklären – fragte *Bourdon* (1907) – daß es nach der auditiven Wahrnehmung einer Reihe von Buchstaben weitaus schwieriger ist, sie in umgekehrter Reihenfolge zu wiederholen als in der gehörten? Die Begründung dafür gilt sowohl für die Abschwächung bzw. das Verschwinden als auch für die Repräsentation. Da die letzten Elemente sich erst ganz zuletzt innerhalb der Reihe abschwächen, müßten sie am einfachsten und zuerst reproduziert werden; das Gegenteil ist aber der Fall. Wenn das Intervall jedoch zwischen

zwei Stimuli sehr kurz ist, dann sind die unterschiedlichen Abschwächungs-
grade nicht wahrnehmbar. „Im allgemeinen ist es schwer, zuzugeben, daß
zwischen den Bildern sukzessiver Eindrücke Intensitätsunterschiede bestehen, die bei besonders feiner Differenzierung vergleichbar sind mit den
Unterschieden der Position in der Zeit, welche wir *wahrnehmen können*
(*Bourdon 1907, 474–475 ff.*) (Wir werden uns noch im einzelnen mit dem
Problem des Gedächtnisses der Sukzession, S. 153, befassen).

Unsere Wahrnehmung der Empfindungsreihenfolge kann im wesentlichen auf keinen weiteren Mechanismus mehr reduziert werden. Die Reihenfolge ist mit einer Organisation sukzessiver Elemente gegeben. Eine
Bedingung ist jedoch notwendig: Die Organisation muß *spontan* erfolgen,
und dies geschieht nur, sofern die Stimuli homogen sind und innerhalb
bestimmter zeitlicher Grenzen auftreten. Ist das Intervall zwischen den
Stimuli lang genug – die Dauer werden wir später präzisieren – wenn ein
neuer Stimulus auftritt, gehört der erste nicht mehr der wahrgenommenen
Gegenwart an, und es wird keine Sukzession mehr wahrgenommen: Die
beiden Stimuli sind unterscheidbar und ihre nicht mehr wahrnehmbare
Reihenfolge muß durch das Gedächtnis rekonstruiert werden. In diesem
Fall können Hinweissignale wie das Ausmaß der Abschwächung oder auch
logische Rekonstruktionen intervenieren (s. Kap. VI, VIII).

II. Die Wahrnehmung der Dauer

Bei der Sukzessionswahrnehmung werden eine geordnete Mannigfaltigkeit
und zugleich die die Elemente trennenden Intervalle, d. h. die Dauern,
erfaßt. „Dauer ist eine Art Maßstab für die Sukzession und die Größe des
Intervalls" (*Delacroix 1936, 306*). Diese Dauern bzw. Intervalle können nur
durch eine Analyse der Wahrnehmung voneinander getrennt werden:
Dauer kann nicht unabhängig von dem, was andauert, wahrgenommen
werden, und wahrgenommene Ausdehnung ist immer die eines Objektes.
„Phänomene der Dauer weisen Rhythmen auf, die aber keinesfalls unbedingt eine einheitliche und regelmäßige zeitliche Grundlage haben müssen"
(*Bachelard 1936, 5*). Die Wahrnehmung der Dauer ist mit anderen Worten
die Dauer einer Organisation.

Die bereits durch Introspektion erhaltenen Ergebnisse können auch
objektiv bewiesen werden. Ist die Organisation nicht prägnant, dann ist es
schwierig, Dauer wahrzunehmen. Wenn beispielsweise zwei eng aneinanderliegende Zeitintervalle abgegrenzt sind von zwei Tönen an den Intervall-
enden und einem eingeschobenen Lichtreiz, also die Abfolge Ton-Licht-

Ton bilden, dann können sie nicht mit derselben Genauigkeit verglichen werden wie zwei von drei gleichen Tönen abgegrenzte Intervalle, weil letztere eine perzeptive Einheit bilden. Bei der sukzessiven Abfolge Ton-Licht-Ton ist ein Vergleich nur deshalb möglich, weil wir die heterogene Sequenz einer homogenen Sukzession angleichen, so daß eine Organisation möglich wird, wie z. B. drei Bewegungen der Hand oder drei Phoneme, wobei jedes einem der drei Stimuli entspricht (*Fraisse 1952 a*). Was eine Sukzession kennzeichnet, sind jedoch nicht die Elemente, die Stimuli oder Intervalle, sondern die Struktur ihrer Dauer. Als *von Ehrenfels* die Wichtigkeit der Gestaltqualitäten entdeckte, zeigte auch *Mach*, daß Rhythmen, die aus verschiedenen *Elementen* zusammengesetzt sind, auf Grund der Identität zeitlicher Strukturen ähnlich erscheinen (*Bouvier 1923*).

Der Vergleich zeitlicher Täuschungen mit denen des Raumes beweist ebenfalls, daß die wahrgenommene Dauer – wie beim räumlichen Sehen – abhängig ist von einer Organisation. In der Oppelschen Täuschung erscheint eine in Abschnitte unterteilte gerade Linie länger als eine nicht unterteilte und ebenso ein unterbrochenes Zeitintervall länger als ein leeres Intervall (s. S. 133). Nehmen wir ein weiteres Beispiel: Ein fundamentales Wahrnehmungsgesetz ist, daß sich geringfügige Unterschiede minimieren (Assimilationstendenz) und beträchtlichere Unterschiede vergrößern (Kontrasttendenz). Dieses Gesetz ist bei der Wahrnehmung räumlicher sowie auch zeitlicher Strukturen zu finden (*Fraisse 1938*).

Die Analogie von räumlichen und zeitlichen Strukturen läßt sich noch weiterführen, wenn man letztere mit dem Figur-Hintergrund-Verhältnis vergleicht. Nehmen wir wieder das Tick-tack-Geräusch der Uhr. „Tick" und „tack" sind untereinander organisiert und durch ein Intervall mit einer bestimmten Dauer begrenzt. Zwischen dem „Tack" und „Tick" des nächsten Doppeltones erstreckt sich aber ein weiteres Intervall, das wie eine Lücke von unbestimmter Dauer wahrgenommen wird. Dieses Intervall hat eine dem *Hintergrund* beim räumlichen Sehen analoge Bedeutung, welcher nämlich dadurch gekennzeichnet ist, daß keine Gestalt vorhanden ist. Das Intervall zwischen den beiden Tick-tack-Geräuschen weist ebenfalls keine Gestalt auf, die infolge der Organisation sukzessiver Elemente entsteht und die Dauer darstellt. Diese Analyse kann auf der Verhaltensebene verifiziert werden. Wenn Personen gleichmäßig sich wiederholende, rhythmische Strukturen hören, zeigt sich, daß sie die Intervalle innerhalb der Strukturen zwar genau wiederholen, die Dauer des Intervalls zwischen den rhythmischen Gruppen aber nicht spontan reproduzieren können (*Fraisse 1956, 74*).

In den Experimenten desselben Typs konnte bei motorischer Reproduktion gehörter Strukturen der funktionale Unterschied aufgezeigt werden zwischen den Intervallen innerhalb einer Organisation sukzessiver Elemente und denjenigen, die zwei Organisationen voneinander trennen. Wenn z. B. die Dauer eines Intervalls innerhalb einer rhythmischen Gruppe modifiziert wird, verändert sich auch die Dauer der anderen Intervalle (sowie auch der Charakter des Ganzen). Mit anderen Worten führt die Modifikation eines Teiles zu einer Reorganisation des Gesamten, was charakteristisch ist für die Figur im Raum. Wird hingegen die Intervalldauer zwischen den rhythmischen Gruppen modifiziert, dann verändern sich die Gruppen nicht. Perzeptorisch existiert das Intervall zwischen ihnen praktisch nicht, es ist eine Lücke *(Fraisse 1956, 73)*.

Die Bedeutung dieser Lücken wird häufig verkannt, da wir sie scheinbar mit unserer eigenen Dauer *ausfüllen*, während *Bachelard* gegen *Bergsons* Auffassung zu Recht einwandte, daß es nirgends Kontinuität der Dauer gäbe, sondern nur eine Dialektik der Fülle und Leere, der Handlung und Ruhe *(Bachelard 1936, 3)*. Auf der von uns untersuchten Wahrnehmungsebene sind diese Lücken von großer Bedeutung, denn sie trennen aufeinanderfolgende Einheiten voneinander, die beispielsweise beim Sprechen Sinneinheiten bilden.

Bisher haben wir uns nur mit den Intervallen zwischen sukzessiven Stimuli befaßt. Diese Intervalle nennt man normalerweise leere Dauern oder sogar leere Zeit im Gegensatz zu gefüllten Dauern oder zur gefüllten Zeit*. Alles bisher Gesagte gilt auch für letzteres. Wenn z. B. ein Ton eine gewisse Zeit lang anhält, dann ist dessen Dauer nur *wahrnehmbar*, sofern der Beginn und das Ende als Abgrenzung einer Wahrnehmungseinheit schnell genug aufeinanderfolgen. Die zeitlichen Grenzen dieser Wahrnehmung sind dieselben wie bei leeren Intervallen: 1,5 bis 2 sec. Hält ein Ton länger an, so findet keine organisierte Sukzession statt, und im Grenzfall wird keine Veränderung mehr wahrgenommen. Das Geräusch eines Flusses wird nicht als länger andauernd wahrgenommen als das Tageslicht. Die Dauer ist also nur eine von vielen Eigenschaften der Organisation sukzessiver Elemente, und in diesem Sinne müssen wir auch *Bourdon* (1907) und *Piéron* (1955, 52) interpretieren, die behaupten, daß jede Empfindung zeitlicher Natur sei, was bedeutet, daß jede Empfindung in der Regel Teil einer Sukzession ist.

Es hat vielleicht den Anschein, daß wir mit der von uns beabsichtigten

---

* Diese Terminologie läßt sich nur für die Beschreibung physikalischer Stimuli anwenden. Der Ausdruck „leere" Dauer gibt eigentlich hinsichtlich der Wahrnehmung keinen Sinn, ebensowenig wie der der „leeren" Ausdehnung. Wir werden sie aber weiterhin der sprachlichen Gebräuchlichkeit halber verwenden.

Analyse eine bestimmte Schulmeinung verteidigen wollten, doch ist leicht zu erkennen, daß diejenigen Autoren, deren Standpunkte scheinbar völlig verschieden sind von den unserigen, offenbar von einer Analyse sehr ähnlicher Fakten ausgegangen sind wie auch wir sie untersucht haben, nur haben jene sie anders interpretiert. Es wäre einfach aufzuzeigen, daß die Divergenzen darauf zurückzuführen sind, daß sie in ihre Beobachtungen bereits überholte Theorien mit einfließen ließen, oder aber einfach darauf, daß für sie die psychologische Analyse lediglich ein Ausgangspunkt war.

In gewisser Weise haben alle Autoren die Bedeutung des Rhythmus bzw. einer Organisation für die Wahrnehmung sukzessiver Elemente und für die Interpretation der „Zeitwahrnehmung" erkannt. Nur wandten sie dies nicht auf das zentrale Problem der Wahrnehmung der Dauer an. Bezieht sich die Dauer auf Dinge, auf das Ich; entsteht sie aus mehreren Empfindungen, oder ist die Dauer ein geistiges Konstruktum? *Bergson* unterscheidet zwischen einer materiellen Welt, die durch die Mannigfaltigkeit und Exteriorität charakterisiert ist, und einer geistigen Welt, in der wir reine Dauer erfassen und „in der sich die Sukzession unserer Bewußtseinszustände gestaltet, wenn unser Ich sich treiben läßt und darauf verzichtet, eine Trennung zwischen dem gegenwärtigen Zustand und den früheren Zuständen herzustellen" (*Bergson 1920, 76*). Ungeachtet dieser metaphysischen Ausführungen ist zu erkennen, daß *Bergson* von einer psychologischen Analyse ausging, in der lange vor der Gestalttheorie die Bedeutung der Organisation unserer Empfindungen berücksichtigt worden ist. *Bergson* schreibt, „Sukzession ist ohne Unterscheidung denkbar als ein wechselseitiges Durchdringen, eine Solidarität, eine enge Organisation der Elemente, von denen jedes einzelne repräsentativ ist für das Ganze und nur unterschieden und isoliert wird mit der Absicht, zu abstrahieren" *(Bergson 1920, 77).* Er spricht mehrmals von Rhythmus, der als *Qualität* einer Quantität charakterisiert wird, wobei sich jede Empfindung mit den vorherigen organisiert (1920, 80).

Selbst *Wundt* meinte in einem völlig anderen Zusammenhang, daß Zeitempfindungen mit Rhythmen verbunden seien. Dabei dachte er in erster Linie an den Rhythmus des Gehens, der den vokalen und auditiven Rhythmen entspräche. Er bestritt nicht, daß es eine Merkfähigkeit gibt, mit der wir eine gewisse Anzahl sukzessiver Empfindungen apperzipieren können. Seiner assoziationistischen Theorie folgend, mußte er jedoch die Intervalle zwischen den exterozeptiven Empfindungen durch andere interozeptive Empfindungen ausfüllen. Er nahm an, sie entstünden im Gehör oder aus Spannungs- und Lösungsgefühlen, die jede Empfindung mit Temporalzeichen versähe, nach denen wir sie dann in der Zeit einordnen könnten.

Während *Münsterberg* annahm, daß die Intervalle durch physiologische Empfindungen der Aufmerksamkeit ausgefüllt würden, glaubte *Schumann*, dies geschähe durch ein bestimmtes Maß an Erwartung (nach *Bourdon 1907*). Hier werden offenbar Empfindungen oder Gefühle von den Autoren hypostasiert, nicht aber bewiesen. Wenn wir nur elementare Empfindungen haben, muß es etwas geben, was sie miteinander verbindet: Aufmerksamkeit, Gefühle oder auch Empfindungen kontinuierlicher Art wie die der Spannung bzw. Muskelempfindungen. Denn jene Autoren gehen von der logischen und völlig abstrakten Annahme aus, daß Empfindungen punktuell in einem Moment stattfinden.

Sogar *Mach* wollte mit dem Rhythmus die Existenz eines *Zeitsinns* beweisen. Diesen Ausdruck verwandten die meisten deutschen Autoren im 19. Jahrhundert. In Übereinstimmung mit dem Nachkantianismus meinten einige von ihnen, wie auch *Czermak* (1857, zit. von *Nichols 1890*), daß die Zeit – wie der Raum – Objekt eines allgemeinen Sinnes, verschieden von den anderen fünf Sinnen sei. Andere wiederum verwandten den Ausdruck Zeitsinn wie eine bequeme Formel zur Darstellung unserer Fähigkeit, sich der Zeit anzupassen. Nur *Mach* meinte, daß es wirklich einen den anderen Sinnen analogen Zeitsinn gäbe: Wenn wir in zwei verschiedenen Melodien denselben Rhythmus wiedererkennen, dann haben wir eine Struktur der Dauern unabhängig von deren sensorischem Träger wahrgenommen; und dies ist nur möglich, wenn wir die Dauer selbst wahrnehmen, folglich also einen Zeitsinn haben. *Mach* wußte offenbar, daß es nicht ausreicht, nur von einem Sinnesorgan zu sprechen, ohne die Rezeptoren zu bestimmen. Auf diesem Gebiet brachte er jedoch kaum Neuerungen hervor, und seine Erklärungen unterscheiden sich nicht wesentlich von denen *Wundts* beispielsweise. *Mach* nahm an, daß im Ohr, wie es im Auge der Fall ist, eine Art Akkomodationsmechanismus existiert, der das Organ für den Zeitsinn sei. Dieses Sinnesorgan sei von den Stimuli abhängig und liefere Anhaltspunkte für den zeitlichen Abstand und die Position der Stimuli, analog der visuellen Akkomodation für den Abstand und die Perspektive. Es sei ebenfalls von der Aufmerksamkeit abhängig, deren Tätigkeit Empfindungen der Müdigkeit des Organs erzeuge, Empfindungen also, die die Dauer bestimmen (*Mach 1865*, nach *Bouvier 1923*).

Janet nannte zu Recht *Machs* Ausführungen „philosophische Überlegungen", da es sich hierbei um Deduktionen handelt, die auf keinerlei Tatsachen beruhen. Zudem stellt sich nicht allein nur das Problem eines Rezeptororgans, sondern auch das des spezifischen Stimulus. Wenn man von Empfindungen der Dauer spricht, „setzen wir voraus, daß die Dinge außerhalb von uns existieren, so wie wir sie uns denken" *(Janet 1928, 47).*

Hier geht *Janet* jedoch zu weit. Er hat zwar durchaus recht, wenn er sagt, unsere Gefühle der Dauer seien Reaktionen auf unsere eigentlichen Handlungen. Diese Analyse hindert ihn jedoch daran, zu erkennen, daß gewisse Handlungen direkte Anpassungen an die Zeit sind, wie es auch diejenigen an den Raum gibt. Sukzessive Elemente als Einheit zu erfassen, Bewegungen wie ein Tänzer auf periodische Stimuli abzustimmen, das sind Beispiele für diese Anpassung. Die Wahrnehmung von Veränderungen beschränkt sich nicht nur auf die einer reinen Mannigfaltigkeit. Sie ist eine Organisation, und die daraus resultierende Tätigkeit ist die Basis für unsere Anpassung an Veränderungen. Reaktionen auf die Dauer unserer Handlungen und der Versuch, unsere Zeiterfahrung auf den Begriff zu bringen, erfolgen erst später.

Die Tatsache, daß die Dauer eine Eigenschaft der Organisation sukzessiver Elemente ist, ist daran zu erkennen, wie wichtig die verschiedenen Sinne für die Wahrnehmung von Veränderungen sind. Obwohl wir mit allen unseren Sinnen die Veränderung wahrnehmen können, sind die daraus resultierenden Perzeptionen der Dauer dennoch nicht auch homogen. Ebenso wie der kinetische vom visuellen Raum deutlich unterscheidbar ist, da sie sich jeweils auf eine Organisation unterschiedlicher Reaktionen beziehen, sind auch die Dauer einer visuellen und einer auditiven Empfindung nicht direkt vergleichbar. Man kann sich also durchaus fragen, ob es unter den Rezeptoren ein vorherrschendes Sinnesorgan gibt für die Wahrnehmung von Veränderungen. Wir sollten zunächst anmerken, daß Veränderungen nicht in allen sensorischen Bereichen mit derselben Frequenz wahrgenommen werden: Schon *Herbat* merkte folgendes an (zit. nach *J. Sivadjian 1938, 223*): „Ein Ton hat für uns eine gewisse Dauer, da wir stets erwarten, daß er bald aufhören wird; nicht so einfach ist es hingegen bei einer Farbe, denn wir sind es nicht gewohnt, daß sie sich verändert."
    Zur Annäherung an dieses Problem kann statt von mehr oder weniger schnellen bzw. häufigen Veränderungen der Stimuli auch ausgegangen werden von den sehr verschiedenen Anpassungsformen unserer Sinnesorgane an die Wahrnehmung der Veränderung. Damit letztere auch zum Vorschein kommt, müssen die Erregungen zeitliche Merkmale aufweisen, die den entsprechenden Stimuli sehr ähnlich sind, was bedeuten würde, daß die Rezeptoren eine gewisse Trägheit besitzen. Nehmen wir zunächst den Geruchs- und den Geschmackssinn, die einen hohen Trägheitsgrad aufweisen. Die entsprechenden Empfindungen sind von unbestimmter Dauer, da der Beginn und das Ende der Stimuli nicht genau auszumachen sind. Wenn mehrere Stimuli ziemlich schnell aufeinanderfolgen, dann verschmelzen sie, ohne eine zeitliche Organisation darzustellen, was eine Diskontinuität impliziert. Das führt uns zurück zu diskontinuierlichen Veränderungen. Die Rezeptoren der Retina weisen ebenfalls eine beträchtliche Trägheit auf. Eine visuelle Empfindung braucht eine lange Zeit, um hergestellt zu werden

und eine lange Zeit, um wieder zu verschwinden. Folgt eine Anzahl von Stimuli schnell aufeinander, dann verschmelzen sie (z. B. bei der Projektion eines Kinofilms). Eine etwas niedrigere Frequenz erzeugt das Flimmern, das hieße theoretisch, daß es sowohl auditive wie auch visuelle Rhythmen gibt, obwohl letztere keine nützlichen Funktionen haben, weil eine deutliche Unterscheidung der Stimuli zu schwierig ist *(Fraisse 1948 b)*. Im übrigen sind schnelle visuelle Veränderungen für uns unerträglich. Die Rezeptoren des Gehörs- und Tastsinns weisen hingegen quasi keinerlei Trägheit auf. Jedoch vermittelt uns der Tastsinn lediglich Informationen über Veränderungen, die in Verbindung mit unserem Körper auftreten. Obgleich das Wahrnehmungsfeld begrenzt ist (Vibrationen), konnte der Tastsinn dennoch bei der Unterrichtung von tauben Menschen genutzt werden (Teletaktor).

Das Gehör ist also das Hauptorgan für die Wahrnehmung von Veränderungen. Somit galt für die Autoren, ausgehend von einer mehr oder weniger funktionalen Analyse, das Gehör als „Zeitsinn", entsprechend dem Gesichtssinn für den Raum. „Der Gehörsinn lokalisiert die Stimuli nur sehr vage im Raum, während er sie mit einer erstaunlichen Genauigkeit in der Zeit lokalisiert ... Er ist in erster Linie das Sinnesorgan, mit dem Zeit, Sukzession, Rhythmus und Tempo erfaßt werden" *(Guyau 1902, 74–75)*.

Aufgrund eines vorherrschenden Sinnesorgans findet, wie in der Raumwahrnehmung, zwischen den von den verschiedenen Sinnesorganen ausgesandten Informationen Assimilation statt. Wie man weiß, ist der Gesichtssinn – ausgenommen bei blinden Menschen – für die Raumwahrnehmung am wichtigsten. Wie verhält es sich nun bei der Dauer? *Bourdons* Analyse besagt, daß bei ihm selbst nicht die Empfindungen, sondern die „vokalen Repräsentationen" entscheidend seien und für alle weiteren Dauern eine Art Norm darstellten. Er räumte allerdings ein, daß individuelle Unterschiede bestehen könnten, „das heißt, bei einigen ist vielleicht die Repräsentation der Dauer eher taktiler Natur, während sie bei anderen auditiv oder sogar visuell ist" *(Bourdon 1907, 477)*.

Unter diesem Aspekt ist die Frage schwer zu entscheiden. Doch eines ist zumindest sicher, mit Hilfe der Sprachlaute können verschiedene sukzessive Empfindungen in eine Abfolge gebracht werden. Durch das Erlernen des Sprechens haben wir eine ausgezeichnete Beherrschung über die dafür zuständigen Sprechorgane erworben, so daß wir jede beliebige Stimulusserie mit den von uns nacheinander *produzierten* Lauten begleiten können. Auf diese Art und Weise ist es einfach, die Stimuliabfolge und die Dauer der „leeren" oder „gefüllten" Intervalle zu kontrollieren, selbst wenn sich die Empfindungen nicht spontan organisieren. Wir haben schon gesehen

(S. 80–81), daß Personen bei einem Vergleich von zwei Dauern, die von der sensorischen Abfolge Ton-Licht-Ton abgegrenzt waren, die Tendenz hatten, diese Sequenzen beispielsweise mit einer Folge von vokalen Tönen wie „bum-bum-bum" zu synchronisieren, so daß schließlich wieder eine Einheit hergestellt war.

Die vorherrschende Bedeutung der Lautäußerung sollte uns nicht erstaunen, denn wir verstehen nur das gut, was wir selber schon einmal hervorgebracht haben. Dieses ist insofern wichtig, als die perzeptiven Organisationen in der zeitlichen Reihenfolge nie aufgrund ihres sukzessiven Charakters die Prägnanz von räumlichen Gestalten besitzen, denn letztere können wir ja immer wieder aufs neue betrachten.

III. Die wahrgenommene Gegenwart

Wir nehmen in der Zeit wie im Raum eine Organisation von Stimuli wahr. Die Organisation kann diffus sein und uns lediglich die Wahrnehmung einer unbestimmten Ausdehnung vermitteln, wie wenn wir eine Landschaft betrachteten, ohne dabei einen Gegenstand zu fixieren, oder sie vermittelt uns eine Wahrnehmung von unbestimmter Kontinuität, wenn wir uns – wie *Bergson* es ausdrückt – im Leben treiben lassen und unsere Aufmerksamkeit auf kein spezielles Ereignis richten. Sobald unsere Aufmerksamkeit aber auf etwas gerichtet ist, findet eine Organisation statt, und die Dinge sind unterscheidbar, sukzessive Strukturen werden isoliert und als *Figuren* vor einem Hintergrund abgehoben. Nach den von *Wertheimer* aufgestellten Gesetzen der Raumwahrnehmung und dem für die Zeit geltenden Kontinuitätsgesetz implizieren diese Organisationen Einheitlichkeit und Geschlossenheit der Stimuligesamtheit *(Koffka 1935, 437)*. Die Einheit wird einerseits von der Konfiguration der Stimuli bestimmt, ist aber auch eng gebunden an den einheitlichen Wahrnehmungsakt, der alle sensorischen Gegebenheiten integriert. Wir nehmen nur aus dem Grunde sukzessive Elemente wahr, weil innerhalb bestimmter Grenzen ein „einheitlicher geistiger Akt" möglich ist. Diese einheitliche Wahrnehmung sukzessiver Elemente – das „Tick-tack" der Uhr – bedeutet, daß es eine *wahrgenommene Gegenwart* gibt, die nicht nur den Übergang darstellt von dem, was gerade vorüber ist, zu dem, was noch nicht ist.

Ganz allgemein gesagt, ist Gegenwart das, was mit meiner Aktivität gleichzeitig verläuft. Die mit ihr einhergehenden Veränderungen werden offenbar dadurch bestimmt, von wo aus ich sie betrachte. Die Gegenwart ist sowohl das Zeitalter, in dem ich lebe, als auch das Hier und Jetzt. Ich kann

z. B. die Veränderungen, bezogen auf meine gegenwärtige Situation, will-
kürlich unterteilen und die Vergangenheit ausschließlich von einem gegebenen Moment aus betrachten, so daß ich die vergangenen Jahrhunderte dem
gegenwärtigen Zeitalter gegenüberstelle. In diesem Sinn meinte *P. Janet*,
„die Dauer der Gegenwart ist die Dauer einer Erzählung" *(Janet 1928, 315)*.
Es existiert aber auch eine *wahrgenommene* Gegenwart, die nur für die
Dauer einer einheitlich wahrgenommenen Organisation anhält. Meine
Gegenwart ist ein Tick-tack-Geräusch der Uhr, drei Takte eines Walzerrhythmus, ein Satz, den ich höre, der Schrei eines vorüberfliegenden
Vogels . . . Alles übrige ist schon vergangen oder gehört noch der Zukunft
an. Diese Gegenwart ist geordnet, wobei die Intervalle zwischen den
Elementen, aber auch eine Art Simultaneität, die aus der Einheit des
Wahrnehmungsaktes hervorgeht, die Gegenwart konstituieren. Die wahrgenommene Gegenwart ist also kein Paradoxon und ungeeignet für eine
logische Analyse, die die Zeit in kleinste Atomeinheiten teilt und die
Gegenwart auf ein Übergangsstadium ohne psychologische Realität reduziert. Denn selbst dieses Übergangsstadium erforderte für die Wahrnehmung einen Apprehensionsakt von merklicher Dauer.

Die Psychologen erkannten alle die Existenz dieser Gegenwart und
bezeichneten sie einmal als „scheinbare Gegenwart" *(Clay*, The alternative,
1882, zit. von *James*, The principles of psychology, 1891, I, 609), dann als
„unmittelbare Gegenwart" *(James 1891, I, 608)* oder „psychische Präsenz-
Zeit" *(W. Stern 1897)*, „mentale Gegenwart" *(Piéron 1923, 9)*, schließlich
als „aktuelle Gegenwart" *(Koffka 1935, 433)*. Wir ziehen es vor, sie psychologische oder wahrgenommene Gegenwart zu nennen.

Auch wurden zum Verständnis dieser Gegenwart zahllose Beispiele und
Vergleiche angeführt. *Wundt* zufolge umfaßt unser Blick nur eine
bestimmte Raumausdehnung, die mit unserer Aufmerksamkeitsrichtung
variiert (ich kann auf eine ganze Buchseite sehen oder, wenn mich die
Typographie interessiert, nur einen Buchstaben betrachten, ebenso ermöglicht „das Blickfeld des Bewußtseins" in der Zeit „die Apperzeption einer
Reihe sukzessiver, sensorischer Eindrücke" *(Wundt 1886, II, 240–241)*.
Ausgehend von der Metapher des Bewußtseinsstromes, zog *James* für die
Gegenwart das Bild einer Brücke heran: „Die merkliche Gegenwart schlägt
gewissermaßen eine gewölbte Brücke über die Zeit, von deren höchstem
Punkt wir beliebig auf die Zukunft und auf die Vergangenheit schauen
können. Unsere Zeitwahrnehmung als Einheit besitzt eine Dauer innerhalb
der Grenzen nach vorwärts und rückwärts. Diese Grenzen werden nicht
selbst, sondern in der geschlossenen Dauer wahrgenommen, die sie limitie-
ren. Im Fall der Sukzessionswahrnehmung nehmen wir nicht zuerst ein

Vorher und dann ein Nachher wahr, woraus wir dann die Existenz eines Zeitintervalls zwischen Vor- und Nachher schließen, vielmehr nehmen wir das Zeitintervall als Ganzes mit den darin eingebetteten beiden Grenzen wahr ... Nach nur einigen wenigen Sekunden ist das Bewußtsein der Dauer keine unmittelbare Wahrnehmung mehr, es wird dann zu einer mehr oder weniger symbolischen Konstruktion" *(James 1932, 366*; oder: Psychology briefer course. New York: Holt 1892). *Piéron* nahm das Bild der fließenden Zeit wieder auf: „Es existiert eine *dauernde Gegenwart* ... in der eine sukzessive Mannigfaltigkeit in einem einheitlichen mentalen Prozeß erfaßt wird, welcher im Moment des Auftretens ein bestimmtes Zeitintervall umfaßt, wie wenn es einem gelänge, unter dem fließenden Strahl einer Quelle in der hohlen Hand eine bestimmte Wassermenge zu halten; das Wasser fließt über, doch die Menge ist begrenzt und kann nie zunehmen" *(Piéron 1923, 8).*

Das eigentliche Problem besteht darin, diese Gegenwart richtig zu interpretieren. In den meisten Fällen hat man sie mit einer Persistenz der einzelnen Elemente, die gerade wahrgenommen worden sind, erklärt. *James* formulierte diese These am deutlichsten: „Langsam verschwinden die Dinge aus unserem Bewußtsein. Wenn der gegenwärtige Gedanke ABC-DEFG ist, wird der nächste BCDEFGH und der darauffolgende CDEFGHI sein, der Rest der Vergangenheit verblaßt allmählich, und das Neue der Zukunft gleicht diesen Verlust wieder aus" *(James 1891, I, 606).* Diesen Gedanken nahm er später in seiner „Psychology briefer course" nicht wieder auf. Wir zitieren ihn nur, weil er insbesondere diese Überlegung sehr treffend formuliert. Desgleichen äußerte sich *Wundt*: „Mit jeder neuen Apperzeption ziehen sich die vorausgegangenen Eindrücke allmählich in den dunklen Umkreis des inneren Sehfeldes zurück und verschwinden darin schließlich gänzlich" *(Wundt 1886, 241).*

Obwohl diese Interpretation dem Gedankengang zahlreicher Autoren zugrunde liegt, entspricht sie dennoch nicht den zu beobachtenden Tatsachen. Die Wahrnehmung aperiodischer Veränderungen kann zwar Täuschungen verursachen, die periodischer Veränderungen erlaubt uns jedoch nicht, die Gegenwart mit der Persistenz von mehr oder weniger deutlichen Gedächtnisspuren zu erklären. Wenn ich das Tick-tack-Geräusch der Uhr wahrnehme, so höre ich nicht zuerst „tick-tack", im nächsten Augenblick dann „tack-tick" usf ... Was würde aus einem Walzerrhythmus, wenn ich zuerst einen lauten Taktschlag hörte, gefolgt von zwei leisen, dann zwei leise Taktschläge und wieder einen lauten und schließlich einen ganzen Takt leise-laut-leise! Ähnlich ist es beim Sprechen; meine Gegenwart besteht immer aus einem

ganzen Satz und nicht aus dem Satzende, gefolgt von einem darauffolgenden Satzteil mit fortlaufenden Satzelementen; denn dieses machte den
ganzen Satz unverständlich. Kontrollierte man objektiv den Inhalt der
Gegenwart in einem bestimmten Moment, dann zeigte sich, daß sie nicht
genau aus den letzten gegenwärtigen Elementen besteht. Wenn Personen
eine Reihe von Ziffern vorgelesen wird, dann können sie nur sechs oder
sieben erfassen – wir werden darauf noch zurückkommen –; diese sechs
oder sieben gemerkten Ziffern sind jedoch nicht die zuletzt vorgelesenen.
Der Person sind in dem Moment, in dem die Reihe ganz vorgelesen ist, zwei
oder drei Gruppen von zwei oder drei Ziffern, deren Positionen innerhalb
der Reihe variieren, präsent. Wir meinen, „daß die Person sukzessiv
mehrere Gruppen aufeinanderfolgender Elemente auf eine vergleichbare
Art und Weise wahrnimmt, wie man die Buchstaben eines Textes liest;
dieses erfolgt nicht dadurch, daß die Zeilen überflogen werden, sondern
durch diskontinuierliche, stellenweise anhaltende Augenbewegungen, die
die eigentliche Wahrnehmung ausmachen. Enthält die Reihe nicht mehr
Elemente als man erfassen kann (sechs bis sieben), dann führen diese
Diskontinuitäten auch zu keinen Fehlern, wie es z. B. beim Lesen der Fall
ist. Doch wenn die Reihe zu lang ist, gibt es, wie beim schnellen Lesen,
Lücken in den Gruppen, wobei infolge der Bewegungsgeschwindigkeit
Wörter übersprungen werden" *(Fraisse 1944–45).*

Die Verwechslungen entstehen aus der Tatsache, daß es schwierig ist,
Gedächtnis und Wahrnehmung absolut zu trennen. „Erinnerungen entstehen im Zentrum der Wahrnehmung", schrieb *Delacroix* (1936, 327). In den
psychologischen Termini bezeichnet man diese Phänomene als unmittelbares Gedächtnis oder Apprehensions- bzw. Merkfähigkeit, je nachdem, ob
man die unmittelbare und absolute Reproduktionsfähigkeit oder den Wahrnehmungsaspekt meint.

Das unmittelbare Gedächtnis impliziert jedoch nicht, so wie es beim
Gedächtnis der Fall ist, die Existenz einer Vergangenheit, die sich hinsichtlich einer Gegenwart konstituiert. „Einerseits ist gewiß, daß die verschiedenen Gegenwartsaspekte nicht auf derselben Ebene vorkommen, da uns die
Gegenwart sonst statisch erschiene, andererseits enthält die Gegenwart
kein einziges, deren Natur bestimmendes Element, denn alles übrige ist
reine Erinnerung" *(Delacroix 1936, 313).*

Im Fall der Raumwahrnehmung wird sofort klar, daß das unmittelbare
Gedächtnis identisch ist mit der Merkfähigkeit, da man das Ausmaß der
Wahrnehmung eines Subjektes mit der von ihr unmittelbar nach der Apprehension angegebenen Elementenanzahl überprüfen kann. Dasselbe gilt für
die Wahrnehmung sukzessiver Elemente. Wenn man mehrere Elemente,

nachdem man sie gehört hat, reproduzieren kann, geschieht dies nicht aufgrund der Tätigkeit des Gedächtnisses, sondern dank einer Merkfähigkeit, die mehrere simultane oder sukzessive Elemente umfaßt. Oder aber es wird in dem einen oder anderen Fall dieselbe Elementenanzahl erfaßt, was den eigentlichen Wahrnehmungsaspekt dieser Apprehension bestätigt. Sicherlich spielt das Gedächtnis dabei eine Rolle, jedoch nur indirekt. Wenn ich einen Vortrag höre, nehme ich die vom Redner gesprochenen Sätze auf, wobei ich diese hinsichtlich aller vorausgegangenen Sätze, die ich aber nicht mehr höre und an die ich mich nur noch undeutlich erinnere, interpretiere. Wenn ich Musik höre, nehme ich in jedem Moment eine kurze rhythmische Struktur wahr, die wiederum in ein melodisches Ganzes integriert ist, dem sie ihre gefühlsmäßige Resonanz verdankt.

Wir dürfen die wahrgenommene Gegenwart aufgrund der Tatsache, daß wir mehrere sukzessive Elemente wahrnehmen können, dennoch nicht entsprechend einem unveränderlichen Fassungsvermögen oder einer Standarddauer der Wahrnehmung interpretieren. Das von *Piéron* vorgeschlagene Bild der hohlen Hand, die eine bestimmte Menge Wasser hält, und *James'* Beispiel des konstanten Erfassens derselben Buchstabenanzahl können in diesem Zusammenhang irreführen. Die Dauer der wahrgenommenen Gegenwart sowie auch die Vielfältigkeit ihres Inhaltes ist abhängig von den möglichen Organisationen sukzessiver Elemente zu einer Einheit. In erster Linie wird sie geprägt von unserer Aufmerksamkeitsrichtung. *Wundts* Vergleich findet hier seine volle Bedeutung. Innerhalb des Sehfeldes (maximales Feld) gibt es in Abhängigkeit von dem, was wir wahrnehmen wollen, einen mehr oder weniger ausgedehnten Blickpunkt. Auf einer bedruckten Seite kann es ein Buchstabe, ein Wort oder ein Ausdruck sein. *Bergson* formulierte denselben Gedanken folgendermaßen: „Die Aufmerksamkeit kann sich wie die Strecke zwischen zwei Punkten eines Zirkels verlängern oder verkürzen" (*Bergson 1966, 169*). Nur kann ich diesen Zirkel nicht unendlich weit öffnen. Hierin stimmen wir mit *Bergson* nicht überein, der zu glauben meint, der Umfang meiner Gegenwart sei völlig unabhängig von meinem Willen. Genau sagt er: „Meine augenblickliche Gegenwart ist der Satz, den ich gerade ausspreche." Dann macht er folgende Einschränkung: „Dies ist so, weil ich daran Gefallen finde, das Feld meiner Aufmerksamkeit auf einen Satz zu beschränken." *(Bergson 1966, 169)*

Tatsächlich hat dieses Feld jedoch, das auf eine einzige und quasi momentane Empfindung reduziert werden kann, eine obere Grenze. Das hängt von mehreren Faktoren ab, die wir folgendermaßen zusammenfassen wollen:

(1) dem Zeitintervall zwischen den Stimuli,
(2) der Anzahl der Stimuli und

(3) von deren Organisation.
Diese drei Faktoren sind zwar interdependent, zu ihrer genauen Bestimmung aber müssen wir sie getrennt untersuchen.

1. Das Intervall zwischen den Stimuli

Nehmen wir ein Beispiel, in dem es nur zwei Stimuli gibt. Wenn das Intervall zwischen ihnen zu lang ist, dann ist einer schon vorüber, während der zweite gerade erfolgt. Das wäre der Fall, wenn bei einer Uhr das „Tick" erst nach einigen Minuten auf das „Tack" folgte. Wann ist diese Grenze erreicht? Ein Bestimmungsmittel dafür wäre es, die Folge von Tönen einer rhythmischen Struktur so zu verlangsamen, daß letztere sich auflöst und es statt dessen nur noch eine Sukzession voneinander unabhängiger Töne gibt. Beträgt das Intervall zwischen den Tönen etwa 2 sec, so ist festzustellen, daß der Rhythmus verschwindet *(Fraisse 1956, 13, 41)*. Diese Dauer ist ein Grenzwert für jede Organisation zweier sukzessiver Stimuli. Innerhalb der Grenze hat das Intervall zwischen der Sukzession ein Optimum, das *Wundt* (1886, Teil II, 242) auf 0,3 bis 0,5 sec schätzte. In der Musik läßt sich feststellen, daß die auf der Organisation des melodischen Themas basierende Anzahl der Noten in Intervallen erfolgt, die je nach dem Komponisten oder Musikstück, zwischen 0,15 und 0,90 variieren *(Fraisse 1956, 118)*. Beim lauten Lesen spricht man pro Sekunde 3 bis 6 Laute aus, was also einem Intervall von 0,15 bis 0,35 sec entspricht (s. Kap. V).

2. Die Stimulianzahl

Am Beispiel der Pendelschläge einer Uhr haben wir schon gezeigt, daß man, wenn man 3 oder 4 Uhr schlagen hört, sofort weiß, wie spät es ist, ohne die einzelnen Schläge zu zählen. Die Wahrnehmung des Ganzen oder die genaue Reproduktion von Schlägen kann, ohne diese zu zählen, unmittelbar symbolisch übertragen werden. Kinder, die noch nicht zählen können, reproduzieren fehlerlos eine Reihe von fünf bis sechs Schlägen (*P.* und *R. Fraisse 1937*). Wenn es jedoch Mitternacht schlägt, dann müssen wir zählen: Beim letzten Schlag von insgesamt 12 Stundenschlägen sind uns die ersten nicht mehr gegenwärtig.
  Wie viele Töne können wir nun als zeitliche Einheit wahrnehmen? Wir behandeln hier nur identische Töne, doch werden wir noch sehen, daß auch die Verschiedenartigkeit und die Bedeutung der Elemente berücksichtigt

werden muß. Dieses Problem kann nicht unabhängig von dem Intervall zwischen den Tönen oder, wenn man so will, von der Geschwindigkeit der Sukzession untersucht werden. Die gemerkte Reihe wird nämlich kürzer, sobald die Organisation der Elemente infolge einer Verlängerung des Intervalls schwieriger wird. Wir haben experimentell gezeigt, daß die durchschnittliche Anzahl der behaltenen Töne bei einer unmittelbaren Reproduktion in Form von Klopfen folgendermaßen variiert (Mittelwert von 10 Personen) (*P.* und *R. Fraisse 1937*)*.

Intervall zwischen den Tönen	0,17 sec	0,37 sec	0,63 sec	1,2 sec	1,8 sec
Anzahl der behaltenen Töne	5,7	5,7	5,4	4,0	3,3

Diese Tabelle bestätigt die Tatsache, daß die Intervalle zwischen 0,15 und 0,70 sec für die Wahrnehmung am günstigsten sind. Sie zeigt auch, daß die wahrgenommene Einheit eher von der Elementenanzahl als von der Gesamtdauer der Reihe abhängt. Die gesamte Dauer der behaltenen Reihe, gezählt vom ersten bis zum letzten Ton, beträgt 0,8 sec für das Intervall von 0,17 sec und 4,2 sec für das Intervall von 1,8 sec. Man kann also sagen, daß die Dauer der wahrgenommenen Gegenwart stärker variiert als die Anzahl der wahrgenommenen Elemente, was eindeutig zeigt, daß die Gegenwart nicht einem vom Inhalt unabhängigen Zeitfeld entspricht. Diese Anzahl von 5 bis 6 Elementen, die die Grenze der Fähigkeit zur Sukzessionswahrnehmung kennzeichnet, ergibt sich auch, wenn man Stimuli anderer Art erfaßt. *Pintner* (1915) zeigte zum Beispiel, daß im Kubentest von *Knox* die Standardfähigkeit von Erwachsenen einer Reproduktion von sechs in unsystematischer Reihenfolge ausgeführten Bewegungen entsprach. Erwachsene Personen, die kreisförmig angeordnet aufleuchtende Lampen identifizieren sollten, waren ebenfalls innerhalb der Grenze von 5 Lampen erfolgreich *(Gundlach, Rothschild, Young 1927)*.

Die Anzahl dieser Art von Elementen kennzeichnet übrigens unsere

---

* Die verbale oder motorische Reproduktionsmethode ist zur Bestimmung des Außenmaßes der wahrgenommenen Gegenwart kritisiert worden. Die Reproduktion kann selbstverständlich erst nach der Wahrnehmung, wenn also die wahrzunehmende Gegenwart vorüber ist, erfolgen. In genau derselben Situation sind wir jedoch auch bei der Untersuchung der Raumwahrnehmung. In beiden Fällen wird die Kontrolle dessen, was wahrgenommen wird, an einer durch die Wahrnehmung ausgelösten Reaktion gemessen; und dieses impliziert in der Tat keine mnestische Festigung. Wir haben z. B. gezeigt, daß die Prozesse, denen der aufgeschobene Erinnerungsakt und die nur einige Sekunden andauernde Reproduktion unterliegen, größtenteils voneinander unabhängig sind (*Fraisse* und *Florès 1956*).

allgemeine Wahrnehmungskapazität, da auch visuell 6 bis 7 verschiedene Elemente, z. B. Lichtreize, wahrgenommen werden können (*P.* und *R. Fraisse 1937*). Das hat den Menschen spontan veranlaßt, Tonsignale einzuführen. In der Morsesprache enthält z. B. kein Signal mehr als 5 Elemente, und im Braille-Alphabet verwendet man 1 bis 6 Kombinationspunkte.

Es ist auch bemerkenswert, daß diese Merkfähigkeit offensichtlich einer sehr wichtigen biologischen Fähigkeit entspricht und auf diesem primären Niveau quasi unabhängig ist vom Intelligenzniveau. Es wurde schon darauf hingewiesen, daß Kinder, die noch nicht zählen können, im Alter von 4, 5 und 6 Jahren dieselbe Merkfähigkeit besitzen wie Erwachsene. Das gleiche wurde bei Vögeln entdeckt. Es ist möglich, Tauben, Elstern, Raben und Papageien so zu dressieren, daß sie mehrere Becher mit Nahrung nach der Anzahl der Punkte auf dem Deckel voneinander unterscheiden können. Die Tiere lernen z. B., den Becher mit 5 Punkten auf dem Deckel unter anderen mit 3, 4, 6 oder 7 Punkten auszuwählen. Es versteht sich, daß jeglicher Gestaltungseinfluß der Punkte durch die Variation der Verteilung eliminiert wurde. Das Experiment ist nur erfolgreich, wenn die Punktanzahl des positiven Signals nicht 6 oder 7 überschreitet. Derselbe Erfolg ist bei einer Technik möglich, die die sukzessive Wahrnehmung einer Anzahl von Elementen herbeiführt. Elstern können beispielsweise lernen, die Deckel von einer Reihe von Bechern, die eines oder mehrere Körner enthalten, hochzuheben, bis sie eine bestimmte Anzahl gefunden haben. Das Training ist bis zu 7 Körnern möglich *(Sauter 1952)*. *Arndt* (1939–40) jedoch präsentierte nacheinander auf einer rotierenden Platte die Nahrung und stellte fest, daß die Merkfähigkeit relativ unabhängig war von dem Intervall zwischen den Stimuli und daß diese Intervalle um so kürzer sein mußten, je größer die zu merkende Anzahl war: Dies entspricht genau den bei Kindern und Erwachsenen gefundenen Ergebnissen, wenn man voraussetzt, daß das Zählen ausgeschlossen wird.

3. Die Organisation der Stimuli

Es ist eine bekannte Tatsache, daß weit mehr Elemente im Raum wahrgenommen werden können, wenn sie eine räumliche Gestalt oder eine Bedeutungseinheit bilden. Das gleiche gilt für die Zeit. Wenn identische Töne z. B. in Zweier-, Dreier-, Vierer- oder Fünfergruppen erfolgen, können wir vier oder fünf Tongruppen ohne zu zählen wahrnehmen, d. h. im günstigsten Fall insgesamt 20 bis 25 Töne (*P.* und *R. Fraisse 1937*). *Dietze* (1885) ließ Personen subjektiv Töne gruppieren und fand dabei eine maximale Merkfähigkeit von 24. Dieses Ergebnis kann jedoch nur erzielt werden, wenn die Sukzessionsgeschwindigkeit die Gruppierung nach Wertheimers Gesetz der Nähe begünstigt. Die o. g. Ergebnisse wurden bei einem Intervall von 0,18 sec zwischen den Tönen und 0,36 sec zwischen den Gruppen erzielt. Die maximale Dauer der behaltenen Reihe war also nicht länger als 5 sec.

Geringfügig wird unsere Merkfähigkeit schon dadurch erhöht, daß jedes Element eine bestimmte Bedeutung besitzt. Wir nehmen 7 bis 8 Buchstaben und 7 bis 9 Zahlen, die weder bekannte Wörter noch Zahlen bilden, wahr, wobei es für derartige Stimuli eine genetische Entwicklung der Merkfähigkeit gibt. Ein 3jähriges Kind müßte nach den Normwerten des Terman-Merrill-Tests eine Reihe von 3 Zahlen reproduzieren können, im Alter von 7 Jahren 5 und mit 10 Jahren 6. Mit zunehmendem Alter können die Zahlen besser identifiziert werden, da sie mehr Bedeutung annehmen. Auf diese Weise stellt sich eine bestimmte Verbindung zwischen den Stimuli her, so daß die Wahrnehmung erleichtert wird.

Die Merkfähigkeit wird offenbar ebenfalls begünstigt, wenn das Gesamte infolge der Organisation der Elemente eine Bedeutungseinheit erhält: Somit müßte dem Termann-Merrill-Test zufolge ein Erwachsener noch einen Satz mit 20 bis 25 Silben fehlerlos erfassen und reproduzieren können.

Da unsere Wahrnehmung sukzessiver Elemente abhängig ist von den Möglichkeiten der Organisation, wird alles, was letztere begünstigt – die Einstellung der Person, Gruppierungen aufgrund der Nähe, die Struktur, die Bedeutung – auch den Reichtum dessen erhöhen, was unsere Gegenwart bildet. Wie wir gesehen haben, wird diese Gegenwart jedoch sowohl durch die Intervalle zwischen den Elementen als auch durch deren Anzahl eingegrenzt. Hinsichtlich der von uns genannten Faktoren ist die Gegenwart normalerweise auf die Dauer von ungefähr 5 sec begrenzt. Diese Zeit ist notwendig, um einen Satz mit 20 bis 25 Silben auszusprechen. Selbst die längsten poetischen Verse und der längste Takt in der Musik dauern kaum länger als 5 sec *(Bonaventura 1929, 33–34)*. In besonderen Fällen kann ohne Zweifel eine etwas längere Gegenwart erreicht werden, doch ist unsere Gegenwart meistens nicht länger als 2 bis 3 sec.

Hinsichtlich der dem Erfassen der Mannigfaltigkeit in einem Wahrnehmungsakt zugrundeliegenden physiologischen Mechanismen sind wir auf sehr dürftige Hypothesen angewiesen.

Häufig wird die psychologische Gegenwart mit den Schwankungen der Aufmerksamkeit verglichen (Insbesondere *E. Bonaventura*, Il Problema

psicologico del tempo, 1929). Es sind in der Tat ganz allgemeine Leistungs-
schwankungen festzustellen, denn offenbar können wir ein stabiles Aktivitätsniveau nicht aufrechterhalten. Besonders auffallend ist das in der Wahrnehmung. Ein Stimulus, der genau an der Grenze liegt, wird einige Sekunden lang wahrgenommen, verschwindet dann offenbar und erscheint wieder
aufs neue (Massonsche Scheibe). Bei Inversionsfiguren können mehrere
Formen und Aspekte ein und derselben Figur wahrgenommen werden
(z. B. die Würfelzeichnung mit gleich lang ausgezogenen Kanten). Es
entsteht eine gestaltbedingte Abwandlung des Wahrgenommenen, die mit
einer psychischen Sättigung des Wahrgenommenen und Substitution einer
anderen Figur zu erklären wäre. *Piéron* meint, dies geschähe, „wie wenn
miteinander im Widerstreit stehende, perzeptive Richtungen der Reihe
nach den Sieg davontrügen" *(Piéron 1934, 33)*. Dieses Wechselspiel ist mit
dem wichtigsten Phänomen der Wahrnehmung sukzessiver Elemente direkt
vergleichbar: Nach einer relativ kontinuierlichen Wahrnehmung scheint es
einen Einschnitt zu geben, worauf wieder eine neue Gegenwart beginnt.
Man kann auch die Periodizität dieser Wechsel vergleichen. Bei Wahrnehmungsschwankungen unterschiedlicher Art gibt es extreme, von 5 bis 10 sec
variierende Perioden *(Piéron 1934, 28–33)*. Diese Dauern entsprechen
unter den günstigsten Bedingungen ungefähr denjenigen der wahrgenommenen Gegenwart.

Die Periodizität dieser Aufmerksamkeitsschwankungen hängt zum größten Teil vom Individuum, seinen Einstellungen und Wahrnehmungsbedingungen ab. Die Dauer der wahrgenommenen Gegenwart wird offenbar von
denselben Faktoren beeinflußt. Alle diese Vergleiche erklären hier aber
noch nichts. Man muß beweisen, daß Wahrnehmungsschwankungen und
die Dauer der wahrgenommenen Gegenwart Wirkungen ein und derselben
Ursache sind. Das wäre aber nur möglich, wenn man die Natur dieser
Oszillationen erklären könnte, indem man die ihnen entsprechenden physiologischen Prozesse fände. Wenn dieses gelänge, könnte man davon
ausgehen, daß es Aktivitätszyklen gibt, die die Organisation sukzessiver
Elemente erleichtern.

Einige Autoren haben noch aufschlußreichere Hypothesen aufgestellt.
Piéron zufolge „wäre es denkbar, daß die Ausdehnung dieses Feldes mit der
maximalen Zeit zusammenhängt, die ein kurzer kortikaler Response
anhält, um den wie ein Echo verlaufenden Assoziationsprozeß in Gang zu
setzen, selbst wenn andere Reaktionen stattfinden" *(Piéron 1923, 11)*. Auch
Boring (1936) zog die Möglichkeit einer physiologischen Kontinuität zwischen den Erregungen in Betracht, was allerdings die periodischen Unterbrechungen nicht erklärt. Die Theorie von *Koffka* (1935, 44) ist noch

präziser: Z. B. organisieren sich zwei sukzessive Töne zu einem Tonpaar, weil, wie er meint, „der erregte Bereich und die Spur der vorausgegangenen Erregung in einer dynamischen Wechselbeziehung" stünden. *Koffka* nahm an, daß die sukzessiven Stimuli verschiedene Punkte im Gehirn affizieren und das zeitliche Intervall sich in ein räumliches umwandelt. Zwischen der Erregungsspur des ersten Tones und der entsprechenden zweiten Erregung zeigt sich ein Potentialunterschied, der vermutlich einen Kurzschluß auslöst und die zeitliche Organisation sowie die Abfolge der Töne erklären könnte. Der Unterschied zwischen einer zeitlichen und einer räumlichen Organisation sei im wesentlichen darauf zurückzuführen, daß im Fall der Zeit ein Potentialunterschied der erregten Stellen auftritt, den man bei simultanen Erregungen des Gesichtssinns nicht findet.

Was ist von dieser Hypothese zu halten? Es ist durchaus verständlich, für die perzeptive Organisation eine Organisation auf physiologischer Ebene anzunehmen. Die Gestalttheorie verweist bekanntlich ständig auf Kraftfelder, die mit den neurophysiologischen Tatsachen nicht übereinstimmen. Sicherlich spielen Systeme der Neuronenzwischenverbindungen, wie *Hebb* (1949) es zu zeigen versuchte, eine ähnliche Rolle wie die der Potentialfelder. *Koffkas* These einer räumlichen Projektion sukzessiver Erregungen ist als Erklärung für die zeitlichen Organisationen besonders schwach. Alle seine Schriften zeigen, daß er zwar um die Kohärenz seiner Theorie bemüht war, doch seine eigentliche Begründung für die kortikale Verräumlichung der Sukzession ist weniger überzeugend. Wenn die erste, zwangsläufig eine Spur hinterlassende Erregung an derselben Stelle erfolgt wie die zweite, dann sei, wie er meint, die Spur derart durch die zweite Erregung modifiziert worden, daß sie ihre Eigenheit verlöre; demnach wäre die Wahrnehmung eines Tonpaares unmöglich. Es ist richtig, wenn zwei Stimuli sehr schnell aufeinanderfolgen, gibt es eine fast völlige Verschmelzung der Erregungen und der ihnen entsprechenden Empfindungen. Jedoch das Problem der Organisation sukzessiver Stimulationen stellt sich für zeitliche Intervalle, die nicht miteinander verschmelzen. Wir meinen, daß eher die Beständigkeit des ersten Prozesses, wenn der zweite schon stattfindet, erklärt werden müsse, eine Beständigkeit, die die Organisation zweier sukzessiver Erregungen vermutlich überhaupt erst ermöglicht.

Denn wir nehmen an – die Begründungen dafür werden wir im Kapitel V ausführen – daß die kortikale Erregung innerhalb einer bestimmten Grenze über die für eine Empfindung notwendige Zeit hinaus fortbesteht. Demnach wäre die Organisation der Erregungen an ein und derselben Stelle möglich, ohne daß die Empfindungen ihre Individualität verlieren, wobei wir voraussetzen, daß die Verbindung auf einem Niveau genau innerhalb der Grenze stattfindet und jeder einzelne Stimulus aufgrund unterschiedlicher Assoziationsprozesse identifiziert wird. Diese Hypothese wie diejenige von *Piéron*, *Boring* oder *Koffka* erklären hingegen noch nicht, warum es eine Grenze für die Organisation gibt, oder warum infolge der Anzahl der wahrgenommenen Elemente und deren Intervalle eine Unterbrechung stattfindet. Hierfür sollte man vielleicht einfach die schon erwähnten Aktivitätsschwankungen heranziehen, die sowohl diese Begrenzung wie auch die Oszillation der Wahrnehmungsfelder erklären könnten. Bisher hat jedoch die Neurophysiologie in diesem Punkt noch nicht weiterhelfen können.

Die Pathologie trägt etwas mehr zur Klärung des gesamten Problems der psychologischen Gegenwart bei. Zunächst einmal ist aufschlußreich, daß die einfache Wahrnehmung der Reihenfolge sukzessiver Elemente ein sehr elementares Verhalten ist, welches, selbst wenn zeitliche Desorientierungen auftreten, nur in seltenen Fällen durch neuropsychiatrische Störungen beeinträchtigt wird. Die Patienten können immer angeben, ob ein Ton einem Lichtreiz vorausgeht oder folgt, wenn das Intervall mindestens 1 sec beträgt *(Fraisse 1952 b)*.

In einigen Fällen von Geistesgestörtheit können die Patienten jedoch nicht so lange Tonserien wahrnehmen wie normale Erwachsene. Für ein derartiges Fehlverhalten scheint es aber mehr als nur eine Ursache zu geben, und wenn wir dieses herausarbeiten, wird sich vielleicht unsere Interpretation der psychologischen Gegenwart bestätigen. Einige Störungen sind einfach der Tatsache zuzuschreiben, daß die meisten neurotisch Kranken nicht imstande sind zu einer Aufmerksamkeitsleistung oder „Präsenz", die erforderlich ist, wenn die Organisation sukzessiver Stimuli eine etwas längere Zeit beansprucht. Auf diesen Aspekt weisen alle Autoren hin und interpretieren dies als Absinken der psychischen Spannung *(Janet)*, eine Schwäche des Nervensystems *(Pavlov)* oder als eine Störung der konativen Komponente der Persönlichkeit *(Eysenck)*. In den Fällen von Hirnschädigungen wiederum scheint die Ursache eine spezifische Integrationsstörung sukzessiver Elemente zu sein. Zuweilen ist es gar nicht einfach, die Störungen aufzuzeigen. Es können Schwierigkeiten in der Wahrnehmung von Tonserien bzw. rhythmischer Strukturen sein. *Head* meint, „eine sehr häufige durch Hirnschädigung verursachte Störung ist das Fehlen zeitlicher Bestimmung; es scheint die ganze Zeit ein sich rhythmisch wiederholender Stimulus vorhanden zu sein" (*Head 1920, 754, zit. von Koffka 1935, 438*). *Van Woerkom* betrachtet die Schwierigkeiten, Rhythmen wahrzunehmen, als eine der fundamentalsten Störungen in der Aphasie. Die

Patienten sind z. B. außerstande, eine Jambus- oder Trochäusstruktur zu erfassen (nach *Ombredane 1951, 243–255*). Hiervon ausgehend vermutete *Kleist*, daß die Schwierigkeit, zeitliche Formen wahrzunehmen, eine spezifische Störung konstituiere (1934).

Experimentelle Untersuchungen haben gezeigt, daß bei Hirnverletzten oder in neurologischen Fällen zuweilen eine Schwierigkeit auftritt, die merkliche Bewegung wahrzunehmen. Letzteres stellt, wie wir im nächsten Kapitel noch sehen werden, eine Form der Integration sukzessiver Gegebenheiten dar (*Werner* und *Thuma 1942*). Bei diesen Patienten scheint sich die Wahrnehmung jedes einzelnen Elementes unabhängig von der anderer Elemente zu entwickeln. Unserer Meinung nach könnte diese Unabhängigkeit zum Teil damit erklärt werden, daß der Wahrnehmungsprozeß länger anhält. Wenn die Sukzessionswahrnehmung die Organisation verschiedener Prozesse beinhaltet, dann hemmt oder verhindert jede übertrieben lange Wahrnehmung die zeitliche Integration (Rhythmus, merkliche Bewegung).

Auch hier ist es wieder interessant, diese Fälle mit den Störungen der räumlichen Wahrnehmung zu vergleichen. Alle Arbeiten über die Agnosie bestätigen, daß diese Patienten perzeptive Gegebenheiten nicht integrieren können, was sich in der punktuellen Reproduktion von Formen bzw. deren Verwechslung oder der falschen Reihenfolge der Elemente äußert. Man findet bei diesen Patienten auch häufig Wahrnehmungsstörungen sowohl zeitlicher als auch räumlicher Figuren (*Teuber* und *Bender 1949*). Wenn man die Tatsache berücksichtigt, daß bei der Raumwahrnehmung die Zeitkomponente eine bedeutende Rolle spielt, dann ist diese Koinzidenz leicht verständlich. Eine visuell kurz dargebotene Figur erscheint entweder sehr verschwommen oder nur schemenhaft. Eine gewisse Zeit ist erforderlich, um eine Figur zu betrachten und genau zu explorieren, damit sie in ihrer ganzen Komplexität erscheinen kann.

Die Pathologie zeigt uns also, daß Hirnschädigungen die Organisation sukzessiver Stimuli in zeitliche Formen verhindern können, nur sind diese Störungen noch nicht genau lokalisierbar. Offenbar kann die Wirksamkeit dieser Organisationen schon durch Neurosen beeinträchtigt werden, wenn die Stimuli so komplex sind, daß eine Anstrengung nötig ist, um sie richtig wahrzunehmen.

IV. Zusammenfassung

Wir haben wohl eindeutig gezeigt, daß die Abfolge von Veränderungen, d. h. deren Sukzession, wahrgenommen wird, vorausgesetzt, das Intervall zwischen ihnen ist nicht zu lang. Sie gruppieren sich zu Einheiten, die quasi eine Art statische Synthese des Werdens bilden.

Vergleicht man diese Einheiten oder Gestalten mit denjenigen, die im Raum wahrgenommen werden, so erscheinen sie relativ einfach, was sich leicht erklären läßt, da man in der Zeit nicht rückwärtsgehen kann, um eine Analyse komplexeren Aufbaus zu entwickeln. Deshalb auch sucht die Tonkunst, welche sich in der Zeit entfaltet, die durch die Dauer begrenzten Formen so vielfältig zu gestalten: Die Harmonie wird durch die Melodie, die aufeinander abgestimmten Klangfarben der Instrumente und durch den die gesamte Musik begleitenden Gesang oder Tanz vervollkommnet. So überspielt die Simultaneität der Ereignisse die bloße Faktizität der wahrnehmbaren Sukzessionen.

Dennoch folgt eine perzeptive Ganzheit auf eine weitere perzeptive Ganzheit. Zwischen ihnen gibt es eine kurze Lücke, einen Sprung, den wir gar nicht wahrnehmen; in der Sprache ist dies durch die Interpunktion gekennzeichnet. Die perzeptive Diskontinuität aber bleibt uns aufgrund einer Kontinuität, die uns die affektive Tonalität der Ereignisse und deren Bedeutungseinheit vermittelt, verborgen. Jede wahrgenommene Einheit ist in eine fließende Bewegung integriert, wobei die Beständigkeit unserer Einstellungen und unser Gedächtnis bestimmende Faktoren für diese Kontinuität sind. Die Bedeutungseinheit spielt in der Poesie sowie in der Alltagssprache eine große Rolle. In der Musik bemerkt man die Diskontinuität der Rhythmen kaum, da jeder von ihnen Teil einer musikalischen Bewegung ist und dem Gesamten Einheit verleiht.

Aufgrund der psychologischen Gegenwart sind wir also Herr über die sich ständig verändernde Welt der Stimulationen. Dank derer nehmen wir Ganzheiten wahr, die ihrerseits wieder einzelne Teile sind, mit denen wir das Gesamtbild unseres psychologischen Lebens zusammenfügen.

Viertes Kapitel: Die Zeitschwelle

Die Existenz der psychologischen Gegenwart impliziert die Möglichkeit, mehrere sukzessive Ereignisse relativ gleichzeitig zu erfassen. Anders gesagt, dort, wo die Physik die zeitliche Variable von Veränderungen als kontinuierlich beschreibt, zeigt die Psychologie eine diskontinuierliche Integration mehrerer sukzessiver Ereignisse in perzeptive Folgen. Das ist nicht erstaunlich, denn jede Wahrnehmung ist eine phänomenologische Gegebenheit, deren Eigenschaften und Organisation zwar den jeweiligen Stimulationen entspricht, jedoch kein Abbild der physikalischen Realität ist. Die Wahrnehmungspsychologie stellt psychophysikalische Parallelen her und versucht, diese mit den Mechanismen der Reizaufnahme, der Reizfortleitung und der kortikalen Projektion zu erklären.

Für jede Wahrnehmung stellt sich zunächst die Frage ihrer Schwelle. Unter welchen Bedingungen erscheint die Zeit als perzeptive Gegebenheit? Dieses Problem wollen wir in diesem Kapitel behandeln, und im folgenden werden wir untersuchen, wie die Wahrnehmung der Dauer in Abhängigkeit von der Art der Stimuli variiert.

Es entstehen zwei typische Situationen:

(1) Die wahrgenommene Veränderung ist kontinuierlich, und dementsprechend nehmen wir auch Kontinuität wahr. In diesem Fall, wenn der physikalische Stimulus kurz ist, nehmen wir keine Dauer, sondern Augenblicklichkeit wahr. Wie muß die Dauer eines Stimulus für den Übergang vom Augenblick zum Dauernden beschaffen sein, oder wo liegt die Schwelle des Dauernden?

(2) Die Stimuli sind kurz, und sie wiederholen sich. Dabei entsteht folgendes Problem: welchem metrischen Intervall entspricht die Wahrnehmung einer Sukzession, bzw. in welchem Intervall erscheinen zwei Ereignisse nicht mehr verbunden oder simultan?

Die Augenblicklichkeit und die Simultaneität sind zwei Grenzfälle, in denen es keine Zeitwahrnehmung mehr gibt. Untersucht man umgekehrt, unter welchen Bedingungen sich die Wahrnehmung der Augenblicklichkeit und der Simultaneität einstellt, dann wird die Entstehung der Zeitwahrnehmung erkennbar.

I. Vom Augenblick zum Dauernden

„Empfinden wir also einen Augenblick als Einheit, statt als Vor- und Nachher in der Bewegung oder als Ende des Vorher und Anfang des Nachher, so scheint es, als ob keine Zeit vergangen sei, da keine Bewegung stattgefunden hat." Diese Definition von Aristoteles ist noch immer gültig (Physik, IV, 219). Eine kurze Erregung kann wahrgenommen werden, sie erscheint uns jedoch so, als dauerte sie nicht an. Dieses ist ein Grenzfall, den *Piéron* in Analogie zum Raum einen „Zeitpunkt" nennt (1955, 401).

Alle „nicht-dauernden" Empfindungen sind hinsichtlich der Zeit theoretisch identisch. Tatsächlich aber, wenn man die physikalische Dauer der Stimuli verkürzt, verringert man auch die merkliche Intensität der entsprechenden Empfindungen. Diese Intensität verhält sich nämlich proportional zu der durch die sensorischen Rezeptoren festgelegte Energiemenge bzw. zu dem durch die Erregungsdauer entstandenen Produkt der physikalischen Intensität. Der Intensitätsunterschied schafft somit eine Differenz, die die Verwechslung zweier Empfindungen trotz der Augenblicklichkeit verhindert.

Insgesamt jedoch unterscheiden sich momentane von dauernden Empfindungen, und die Grenze zwischen Augenblick und Dauerndem ist in Abhängigkeit von der Stimulusdauer definierbar. *Durup* und *Fessard* (1930) fanden z. B., daß die Schwelle des Dauernden 0,124 sec für einen Lichtreiz von 1 mcd*/cm^2 beträgt und 0,113 sec für einen Lichtreiz von 100 mcd/cm^2. Dieselben Autoren ermittelten für einen Ton von 500 Hz und mittlerer Intensität variierende Schwellenwerte zwischen 0,01 und 0,05 sec. *Bourdon* (1907) erhielt in derselben Situation Werte zwischen 0,01 und 0,02 sec. Den vorläufig geltenden Experimenten von *Durup* und *Fessard* zufolge gibt es ebenso für taktile Empfindungen, die durch Vibrationsstimuli ausgelöst wurden, Schwellenwerte in der Größenordnung von einigen Bruchteilen einer Hundertstelsekunde. Diese Autoren weisen darauf hin, daß die Grenzen der Augenblickswahrnehmung von der Dauer des gesamten Erregungsprozesses abhängen. Der maximale Wert des Zeitpunktes, gemessen mit der Stimulusdauer, ist nämlich wesentlich größer für den Gesichtssinn als für den Tast- und den Gehörsinn. Wir wissen aber, daß der photochemische Erregungsprozeß der Retinarezeptoren eine größere Trägheit aufweist als die Prozesse der auditiven und taktilen Rezeptoren mechanischen Typs. Hinsichtlich der Wahrnehmung ist die für die Auslösung des Erregungspro-

---

* millicd/cm^2 oder milli Candela pro cm^2

zesses nötige Zeit nicht von Bedeutung. Der Hauptfaktor ist vermutlich die kortikale Erregungsdauer, die den zeitlichen Charakter der Wahrnehmung bestimmt. *Piéron* meint, daß zentrale Prozesse intervenieren und „eine minimale Ausdehnung dieses Punktes von ungefähr einer Hundertstelsekunde verursachen" *(Piéron, 1955, 403)*.

Dieser Zeitpunkt wurde häufig betrachtet als psychologische Einheit oder Zeitatom. Die Frage nach der Existenz einer psychologischen Zeiteinheit haben sich schon viele Autoren gestellt, nur hat dieser Begriff je nach dem Autor unterschiedliche Bedeutungen. *Piéron* (1923, 1945) untersuchte auf psychophysikalischer Ebene z. B. folgendes Problem: Welches ist das einfachste bzw. unteilbare Element der Dauer? Wie wir gesehen haben, variiert die Zeiteinheit mit der Art der Empfindungen. Zahlreiche Autoren verstehen unter der psychologischen Zeiteinheit die minimale Dauer einer einfachen geistigen Operation, wobei *Richet* (1898) als erster feststellte, daß wir nicht mehr als 11 Silben oder Vokale pro Sekunde aussprechen können, was wahrscheinlich beweist, daß die Frequenz zentraler Empfindungen begrenzt ist. In zahlreichen Beispielen versuchte er aufzuzeigen, daß bei vielen psychischen Verhaltensweisen die Grenze ungefähr 1/10 sec beträgt. Dies entspräche einer elementaren nervlichen Schwingung, deren Dauer durch die Refraktärzeit bestimmt ist.

Was hier als psychologische Einheit bezeichnet wird, ist de facto die Mindestdauer des physiologischen Prozesses einer entsprechenden elementaren Aktivität, unabhängig von der merklichen Dauer dieser Aktivität auf der Wahrnehmungsebene. 1956 hat *Stroud* zu zeigen versucht, daß die psychologische Zeit, d. h. die Zeit der psychologischen Aktivität, nur in eine Anzahl endlicher Momente geteilt werden könne, während die physikalische Zeit in unendlich viele Momente zerlegbar sei. Er nimmt die Beweisführung auf eine andere Art als *Richet* wieder auf und versucht in verschiedenen Experimenten, die Dauer eines psychologischen Moments bzw. das Integrationsintervall zu messen, das, wie er meint, ungefähr 1/10 sec andauern soll. *Stroud* erhält denselben Wert, doch läßt er eine Spanne von 50 bis 200 millisec gelten. Nehmen wir zwei seiner Beispiele: Wenn einer Person eine Reihe von sehr kurzen auditiven oder visuellen Stimuli dargeboten wird (die Stimuli dauern 11 millisec mit einer Unterbrechung von 22 millisec, d. h. sie folgen in einem Intervall von 33 millisec aufeinander), dann ist die wahrgenommene Stimulianzahl geringer als die objektive Stimulianzahl. Dieser Vorgang ist mit einer Filmkamera vergleichbar, deren Objektivverschluß sich nur einige Male pro Sekunde öffnet, so daß nur ein Teil dessen, was geschieht, registriert wird (*White* und *Cheatham 1959*). Hört die Person dagegen eine Reihe von Wörtern, und der

Klangfluß wird in einer bestimmten Frequenz elektronisch unterbrochen bzw. von einem Rauschen überdeckt, dann ist festzustellen, daß die Unterbrechungen infolge ihres Rhythmus sehr unterschiedliche Wirkungen haben. Wenn die Folge der Unterbrechungen sehr langsam und die Dauer des Einschnitts gleich der Dauer der Töne ist, werden nur 50% der Wörter wahrgenommen. Ist die Folge sehr schnell, dann ist kein Verlust zu vermerken und der Erfolg beträgt 100%. Innerhalb dieser beiden Extremfälle wird deutlich, daß der Erfolg sich einem Maximum nähert, sobald die Einschnitte 10 pro sec betragen – offenbar ist bei dieser Frequenz quasi keine nützliche Information verlorengegangen (*Miller* und *Licklider 1950*).

In einem anderen Zusammenhang konnte *Stein* (1928) zeigen, daß die Buchstaben eines Wortes simultan gesehen wurden, wenn das Darbietungsintervall zwischen dem ersten und zweiten Buchstaben nicht 100 millisec überschritt, und *Lichtenstein* (1961) fand heraus, daß vier Scheitelpunkte eines Vierecks selbst dann simultan gesehen wurden, wenn sie nacheinander aufleuchteten, vorausgesetzt, daß die Verzögerung zwischen dem ersten und vierten Stimulus nicht 125 millisec überstieg. Innerhalb dieser Grenzen leuchteten die Seiten des Vierecks in regelmäßigen oder unregelmäßigen Intervallen nacheinander auf, ohne das Gesamtphänomen zu verändern.

Für andere Autoren wiederum stellt sich der unauflösliche Augenblick oder Moment als ein Intervall dar, in dem wiederholte Stimuli so genau unterscheidbar sind, daß zwischen ihnen keine Verschmelzung mehr auftritt. *Piéron* zitiert diese Auffassung von den Schülern *Uexkülls* und merkt aber an, daß jene Verschmelzungsfrequenz in erster Linie von den Rezeptoren abhängt und somit ungeeignet ist für die genaue Messung eines zentralen Prozesses (Piéron 1941, 102). Vielleicht könnte sich aber beim Übergang von Empfindungen der Diskontinuität zum Flimmern ein signifikantes Moment zeigen, denn sobald das Intervall zwischen den sukzessiven Stimuli 50 millisec erreicht, findet dieser Übergang bei allen menschlichen Sinnen statt *(Brecher 1937)*.

Das Wesentliche solcher Untersuchungen besteht darin, einen einheitlichen physiologischen Integrationsprozeß für sukzessive Phänomene zu finden; denn die auf diesen Prozessen basierenden Funktionen beinhalten vermutlich schon eine vergleichbare Einheit. Dieses Problem kann aber nicht vollends gelöst werden, ohne die Neurophysiologie der höheren Zentren heranzuziehen. Bei besserer Kenntnis der physiologischen Zeiteinheit wäre es wahrscheinlich einfacher, die Bedingungen zu bestimmen, unter denen wir die Augenblicklichkeit wahrnehmen.

Kann man jedoch noch weiter gehen und von einer psychologischen Zeiteinheit sprechen? Einheit in doppeltem Sinne: Einmal als Qualität dessen, was unteilbar ist; in diesem Sinn kann man vom Moment als Zeiteinheit sprechen; dann als Teil, dessen Vielfaches das Ganze bildet.

Ist es jedoch zulässig, beide Bedeutungen auf die Zeit anzuwenden? Eine solche Idee spiegelt ohne Zweifel *Piérons* Hypothese wider (1945, 36), wenn er von Dauern spricht, die „von der Vielheit der nach Einheit strebenden Momente" gebildet werden, und er sich fragt, ob beim Vergleich von wahrgenommenen Dauern ein Zusammenhang besteht zwischen der psychologischen Zeiteinheit und dem Wert einer Intervallskala.

Gibt es Quanten wahrgenommener Zeit? Beim gegenwärtigen Forschungsstand kann bestätigt werden, daß es einen zentralen Prozeß gibt, der so beschaffen ist, daß es schwer ist, zu unterscheiden, was innerhalb eines zwischen ungefähr 50 und 150 millisec variierenden Momentes noch sukzessiv ist. Der Prozeß ist zwar zentral, hängt aber dennoch auch von der Art der Empfindungen ab (Qualität und Intensität) (*Lichtenstein* u. a. *1963*).

Selbst wenn wir mehr über diesen Aspekt wüßten, dürfte man dennoch nicht sagen, daß die wahrgenommenen Dauern das Vielfache oder sogar Bestandteile dieser Wahrnehmungseinheiten sind.

In den ersten Kapiteln haben wir gezeigt, daß es eine auf der Modalität der Nervenzentren basierende physiologische Uhr geben muß, um rhythmisch auf periodische oder aperiodische Erregungen reagieren zu können. Wenn wir mehr über die Mechanismen dieser Rhythmen und ihre ursprünglichen Frequenzen wüßten, könnten wir das obengenannte Problem vielleicht lösen.

II. Von der Simultaneität zur Sukzession

Die Wahrnehmung der Dauer erfolgt bei einem einzigen Stimulus, sofern er so lange andauert, daß er nicht mehr als Moment erscheint. Zwei kurze Stimuli führen zur Wahrnehmung der Dauer, wenn diese als sukzessiv erscheinen. Die Dauer ist dann das Intervall zwischen den Stimuli. Wird zwischen den beiden Stimuli kein Intervall wahrgenommen, so sind sie sozusagen simultan, denn zwischen ihnen erstreckt sich keine Zeit.

Die Frage ist nun folgende: Unter welchen Bedingungen nehmen wir Simultaneität wahr, und welches sind dementsprechend die Schwellen der Sukzessionswahrnehmung?

1. Simultaneität

Gewöhnlich sagt man, daß zwei Ereignisse simultan sind, wenn sie im selben Moment stattfinden. *Poincaré* hat diese Behauptung jedoch genauer analysiert (La valeur de la science, S. 39–63) und meint, dieses sei gleichbedeutend mit dem Anspruch auf eine unendliche und allgegenwärtige Intelligenz, da der Mensch – der sich auf diesem Gebiet wie irgendein Empfangsgerät verhält – niemals direkt die physikalischen Phänomene, sondern nur die durch diese Phänomene hervorgerufenen Empfindungen zu erkennen vermag. Die Reihenfolge, in der die Phänomene auftreten, bestimmen nicht die Reihenfolge unserer Empfindungen. Der Blitz entsteht durch die elektrische Entladung zwischen den Wolken und verursacht gleichzeitig eine Druckwelle in der Luft; perzeptorisch folgt jedoch der Donner auf den Blitz. Umgekehrt können zwei Blitzschläge als gleichzeitig erscheinen, obwohl der dem Beobachter nähere Blitz zeitlich nach dem vom Beobachter entfernteren Blitz erfolgt ist.

Was wir hier analysieren wollen, ist jedoch die psychologische Simultaneität, entsprechend der Tatsache, daß „die Ereignisse einer einzigen geistigen Gegenwart angehören und zeitlich nicht festgelegt werden können" *(Piéron 1955, 394)*. Dennoch ist es wichtig, die Beziehungen zwischen der merklichen Simultaneität und der eigentlichen Reihenfolge physikalischer Phänomene zu bestimmen, sofern dies noch über die Registrierung durch unsere Sinne hinaus möglich ist.

Die überzeugendste Erklärung für die Diskrepanz zwischen der wahrgenommenen und der physikalischen Reihenfolge von Ereignissen ist die Differenz der Fortleitungsgeschwindigkeit objektiver Schwingungsphänomene, insbesondere die Differenz der Ton- und Lichtgeschwindigkeit. Die genaue Dauer zu bestimmen zwischen Aussendung und Aufnahme ist die Aufgabe der Physiker, was übrigens sehr schwierig ist, wenn es sich, wie die Relativitätstheorie gezeigt hat, um große Entfernungen handelt.

Darüber hinaus müssen als Ursache für diese Diskrepanz die Unterschiede berücksichtigt werden zwischen der Dauer der peripheren Erregungsprozesse und der Fortleitungsgeschwindigkeit der Rezeptororgane bis hin zu den perzeptiven Zentren der kortikalen Bereiche. Hier berühren wir schon einen biologischen Aspekt des Problems. Zwei Erregungen, die simultan auf den Organismus treffen, werden nicht unbedingt auch simultan wahrgenommen. Hierfür gibt es viele Ursachen.

Physiologisch hat zunächst einmal jeder Rezeptortypus seine eigene Latenzzeit. Unter günstigen Bedingungen ist die irreduzible Latenz des Gesichtssinns 0,04 sec länger als die des Gehörsinns *(Piéron 1955, 46)*. Die

Latenz der Rezeptoren variiert jedoch mit der Intensität der Stimulation. Je stärker die Intensität, desto kürzer ist die Latenzzeit. „Der reduzible Anteil der Latenz ist umgekehrt proportional zur Reizintensität und ist bei einer bestimmten Stärke kleiner, gleich groß oder größer als das Gesamte" *(Piéron 1955, 467)*. Hieraus ergibt sich z. B., daß zwei dicht nebeneinander, jedoch mit unterschiedlicher Intensität aufleuchtende kleine Lichtpunkte nicht simultan erscheinen: Der hellere scheint sich in Richtung des schwächer leuchtenden Punktes zu verschieben. Diese merkliche Bewegung wird wahrgenommen, wenn zwei ähnliche Stimuli sehr schnell aufeinander folgen; das Phänomen ist charakteristisch für den Grenzbereich zwischen Simultaneität und Sukzession.

Eine zeitliche Wahrnehmungsdiskrepanz von zwei auf der Rezeptorebene objektiv simultan erfolgenden Stimuli wird neben der Latenzzeit peripherer Organe durch einen weiteren Faktor verursacht, nämlich durch die Fortleitungsverzögerung eines Nervenimpulses von der Peripherie ins Zentrum. Diese Verzögerung ist bedingt durch die Dauer der nervlichen Leitungswege und der der synaptischen Verknüpfungen. *Klemm* (1925) zeigte, daß, wenn zwei Erregungen, eine an der Stirn, die andere am Oberschenkel, simultan wahrgenommen werden sollen, die Stimulation am Oberschenkel der an der Stirn 20 bis 35 millisec vorausgehen muß; eine Zeitspanne, die genau der Dauer entspricht, die für einen Nervenimpuls erforderlich ist, um die unterschiedliche Länge der den Oberschenkel und die Stirn mit dem Gehirn verbindenden Nervenfasern zu durchlaufen. *Halliday* und *Mingay* (1964) wiederholten diese Messungen mit modernen Techniken und fanden mittels evozierter Potentiale, daß die zentrale Reaktionsverzögerung auf eine Stimulation am Fuß im Vergleich zu der auf der Hand 20 millisec betrug. Bei einer Person ergab sich für die Wahrnehmung der Simultaneität von zwei Stimulationen auf den Fuß und auf die Hand eine Diskrepanz von 17 millisec und bei einer anderen Person eine Diskrepanz von 9 millisec.

Diese Ergebnisse beweisen die Gültigkeit der a priori aufgestellten Begründungen. Grundlegend für die Wahrnehmung von Simultaneität ist die Gleichzeitigkeit kortikaler Erregungen.

Auf dieser Ebene intervenieren aber noch andere, spezifisch psychologische Faktoren, insbesondere die Aufmerksamkeitsrichtung; ein Faktor, der vermutlich erklärt, warum Halliday und Mingay zumindest bei einer Person eine Diskrepanz zwischen der erwarteten und der wahrgenommenen Simultaneität gefunden haben. *Titchener* stellte aufgrund seiner Beobachtungen bei *Wundt* und *W. James* fest, daß „der Stimulus, auf den wir vorbereitet sind, weniger Zeit benötigt bis wir uns seiner Wirkung ganz bewußt werden, als der Stimulus, den wir nicht erwarten" *(Titchener 1908, 251)*. Demnach scheint von zwei Stimuli, die unter denselben Bedingungen auf den Organismus treffen, derjenige, auf den die Aufmerksamkeit gerichtet ist, dem anderen vorauszugehen. *Bethe* zeigte z. B., daß wenn hinter einer Reihe von kleinen Fenstern eine Geissler-Röhre befestigt war, das Aufleuchten von demjenigen Fenster auszugehen schien, das gerade fixiert wurde (zit. von *Fröbes 1935*, I, *386*). Auch Piaget fand, daß, wenn Kinder auf zwei gleichzeitig aufleuchtende Lampen schauen (die im Abstand von 1 m symmetrisch auf mittlerer Höhe des Körpers aufgestellt waren), 80% ihrer Fehler der Tatsache zuzuschreiben sind, daß die Kinder glaubten, die Lampe, die sie anschauten, sei vor der anderen aufgeleuchtet *(Piaget 1946 b, 120;* oder: Die Bildung des Zeitbegriffs beim Kinde. Frankfurt/M.: Suhrkamp 1974).

Diese Experimente beweisen aber noch nicht, daß die Aufmerksamkeit die Verzögerung einer Empfindung im Verhältnis zu einer anderen verursacht, weil beim Gesichtssinn die Wahrnehmungsverzögerung eines nicht-fixierten Stimulus durch eine größere Latenzzeit der peripheren Retinarezeptoren ausgelöst werden kann. In einer Untersuchung hierüber schätzte man die Verzögerung einer peripheren Erregung im Vergleich zu der einer fovealen Stimulation bei Lichtadaptation und einem 10 °-Winkel von der Fovea aus, auf 10 millisec und bei einem Winkel von 40 ° auf 20 millisec *(Sweet 1953)*. Dieser Faktor ist aber, selbst wenn er irgendeinen Einfluß hätte, für die Erklärung ähnlicher Resultate nicht hinreichend. *Stone* (1926) führte ein sehr präzises Experiment durch, um den eigentlichen Einfluß der Aufmerksamkeit herauszufinden. Er hat die Grenzen der Dauer des Intervalls zu bestimmen versucht, in dem ein Ton und ein taktiler Stimulus simultan erscheinen, u. zw. wenn die Person ihre Aufmerksamkeit (a) auf den Ton und (b) auf den Berührungsreiz richtet. Er erhielt einen Annäherungswert von 50 millisec, der den eigentlichen Einfluß der Aufmerksamkeit darstellen soll. Auch *Rubin* (1939) erhielt diesen Wert, wobei schon eine einfache Instruktionsveränderung – die offenbar einen Einfluß auf die Person hatte – hinreichend war für die Bestimmung, welcher von zwei, 50 millisec voneinander entfernten Stimuli zuerst wahrgenommen worden war. Eine umfassendere Methode von *Schmidt* und *Kristofferson* (1963) ergab, daß die Zeit der Aufmerksamkeit, in der es möglich ist, von einem Stimulus zu einem anderen überzugehen, ungefähr 65 millisec betrug, wenn das Ende der Darbietungszeit von jeweils zwei Stimuli wie Ton und Lichtreiz verglichen werden sollte.

Der Einfluß der Aufmerksamkeit ist von entscheidender Bedeutung, wenn man sich vergegenwärtigt, daß es unmöglich ist, seine Aufmerksamkeit auf zwei Dinge zugleich zu richten. Da wir nicht imstande sind, zwei simultane Stimulationen zu fixieren, orientieren wir uns an einer der beiden, entweder spontan, weil sie angenehm ist, oder auch willentlich; wobei derjenige Stimulus, auf den die Aufmerksamkeit gerichtet ist, dem anderen vorauszugehen scheint. Die Aufmerksamkeit kann also die Dauer der entsprechenden perzeptiven Prozesse derart modifizieren, daß es jeweils zu einer Beschleunigung und vorübergehenden Hemmung kommt.

Unser Standpunkt findet in den meisten Arbeiten über die Wahrnehmung der Simultaneität Bestätigung. Die eigentliche Wahrnehmung der Simultaneität findet nur statt, wenn die Stimuli so integriert oder vereinheitlicht werden können, daß wir sie mit derselben Aufmerksamkeit als Ganzes erfassen. Ist diese Vereinheitlichung dagegen schwierig, dann ist die Wahrnehmung der Simultaneität nicht mehr stabil.

Diese beiden Aspekte wollen wir nacheinander analysieren. Die Wahrnehmung der Simultaneität ist unproblematisch, wenn zwei oder mehrere Stimuli eine Gestalt mit einer Bedeutungseinheit bilden. Die Quasi-Verschmelzung zweier Noten eines Akkords z. B. ermöglicht die Wahrnehmung einer vollkommenen Simultaneität. Dagegen ist es schwierig, sich für Simultaneität zu entscheiden, wenn es an der Tür klopft und gleichzeitig die Uhr eine halbe Stunde schlägt, da die beiden Geräusche untereinander keine Beziehung haben. Die Einheit resultiert vermutlich aus einer Bedingung außerhalb der Stimuli selbst. Ein kurzer Lichtblitz, der von außen die beiden Seiten in dem oben erwähnten Experiment von *Piaget* beleuchtet, könnte sicherlich als perzeptive Einheit bezeichnet werden, und in diesem Falle würde fraglos jeder zustimmen, daß die Stimuli simultan wahrgenommen worden sind. Einige Experimente von *Piaget* haben übrigens gezeigt, daß die Wahrnehmung der Simultaneität, z. B. beim Anhalten zweier Bewegungsabläufe, bei jüngeren Kindern nur stabil war, wenn die beiden Bewegungen gewissermaßen eine perzeptive Einheit bildeten. „Wenn zwei bewegte Körper sich von dem gleichen Ort entfernen, um mit gleicher Geschwindigkeit zu einem gleichen Punkt zu gelangen, macht die Gleichzeitigkeit der Anfangs- und Endpunkte keine Schwierigkeit" *(Piaget 1946 b, 105)*. Kommen sie gleichzeitig, doch bei verschiedener Geschwindigkeit in verschiedenen Punkten an, dann machen die Kinder Fehler, weil das Anhalten jeder Bewegung zu einer verschiedenen Wahrnehmungseinheit gehört. Ein etwas älteres Kind kann diese Schwierigkeiten überwinden, indem es überlegt und die Anfangs- und Endpunkte mit den Bewegungsgeschwindigkeiten vergleicht.

Eine Methode zur Verifizierung unserer Wahrnehmung der Simultaneität ist es z. B., merklich unverbundene Stimuli in einer einzigen Reaktionseinheit einzuschließen. Wenn man auf einen Ton reagiert durch Klopfen der linken Hand und auf einen Lichtreiz durch Klopfen der rechten Hand, dann ist der Vergleich sicherlich einfacher, da die Synchronisation symmetrischer Bewegungen, die in ein motorisches Pattern integriert sind, mit großer Genauigkeit eingeschätzt wird. Zwei simultane Bewegungen können also sehr präzise ausgeführt werden, weil die Differenz durchschnittlich nicht mehr als einige Bruchteile einer Tausendstelsekunde beträgt. Und selbst wenn es sich dabei um verschiedene asymmetrische Gliedmaßen handelt (z. B. die rechte Hand und der linke Fuß), bedeutet dies nur eine anfängliche Zeitdiskrepanz für das Auslösen der Motorik *(Paillard 1947–1948)*.

Dagegen ist die Beurteilung der Simultaneität von völlig unterschiedlichen Empfindungen sehr schwierig, u. zw. bei Stimulationen, die dasselbe Sinnesorgan involvieren; und noch schwieriger ist es bei heterogenen Stimulationen. Dieses Problem war bekanntlich im 19. Jahrhundert der Anlaß für die ersten experimentalpsychologischen Untersuchungen der persönlichen Gleichung. Astronomen haben festgestellt, daß sie Fehler machten, wenn sie mit der sog. Auge- und Ohr-Methode den Moment des Vorüberganges eines Sterns an einem visuellen Bezugspunkt (das Fadenkreuz des Fernrohres) im Verhältnis zu den Pendelschlägen der Uhr messen wollten. Diese Fehler führen bei jedem Beobachter zu systematischen Fehlern, daher der Name „persönliche Gleichung". Untersuchungen hierüber wurden in dem Komplikationsversuch von *Wundt* weiterentwickelt, wobei die Personen den Stand eines sich um ein Zifferblatt bewegenden Zeigers in dem Moment abschätzen sollten, in dem ein Ton zu hören war. Die Ergebnisse zeigten, daß diese Lokalisation mit einem Fehler bis zu 100 millisec erfolgte, u. zw. wurde der Zeiger meistens in der Position gesehen, die er genau dann erreicht hatte, nachdem der Ton zu hören war *(Wundt 1886, II, 302)*. Ein älteres Kind kann diese Schwierigkeiten überwinden, indem es überlegt und die Anfangs- und Endpunkte mit den Bewegungsgeschwindigkeiten vergleicht. Diesen Fehlerwert fand neben einigen anderen Autoren auch *Michotte* (1912), der ebenfalls zeigte, daß die Richtung dieses Fehlers von den Wahrnehmungsbedingungen abhängt, was den Effekt einer Verschiebung des „Aufmerksamkeitspunktes' hat. *Michotte* wies aber nachdrücklich darauf hin, daß ein Stimulus nur in dem Moment, in dem er erwartet wird, „apperzipiert" wird. Ein solcher Fehler zeigt die Schwierigkeit bei der Beurteilung der Simultaneität zweier Stimuli. In einer Situation, in der ein sich bewegender Stimulus nach der Gradeinteilung des Zifferblattes lokalisiert werden soll, ist die Schwierigkeit der Beurteilung noch größer. Auch *Broadbent* (1958) untersuchte dieses Phänomen experimentell: Die Personen hatten die Aufgabe, während sie einen Satz hörten, einen von ihnen nicht erwarteten Ton genau zu lokalisieren. Diese Lokalisation war für sie sogar dann noch schwierig, wenn sie den Satz schon im voraus kannten.

Das zwar anders aufgebaute Experiment von *Guinzburg* (1928) demonstriert dennoch sehr gut die Schwierigkeit, die bei der Wahrnehmung der Simultaneität erfahren wird und die dabei entstehende Art von Fehlern. Die Aufgabe der Personen bestand darin, zu sagen, ob ein Licht- und ein Tonreiz simultan oder sukzessiv erfolgt waren. Wir müssen hier anmerken, daß zwei von 10 Personen unfähig waren, kohärente Antworten zu geben. Bei objektiver Simultaneität wurden nur 39,2% richtige Antworten erzielt. Die Antwort „gleichzeitig" wurde dann am häufigsten (45%) gegeben, als der Ton- dem Lichtreiz 30 millisec vorausgegangen war. Es wurde noch Simultaneität wahrgenommen (8,3% der Fälle), wenn der Ton 120 millisec vor dem Lichtreiz erfolgte und selbst dann noch, als der Lichtreiz dem Ton in demselben Intervall vorausgegangen war (67% der Fälle). Diese objektive Schwierigkeit, Simultaneität wahrzunehmen, entspricht der Tatsache, daß es bei den heterogenen sensorischen Modalitäten der Stimuli keine eindeutige Empfindung von Simultaneität gibt." Beim Fehlen einer klaren Ordnung wird die Simultaneität aus einer Art Unbestimmtheit gefolgert, so daß ein gewisser Freiraum für das Zufallsspiel der Reihenfolge entsteht" *(Piéron 1945, 394). Guinzburg* ließ in seinem Experiment von den Personen die Fälle angeben, in denen sie ihre Simultaneitätswahrnehmung sicher beurteilen konnten, was einen geringeren Prozentsatz positiver Antworten ergab als bei der Sukzessionswahrnehmung.

Die eigentliche Wahrnehmung der Simultaneität bedeutet somit, daß die Erregungen sich in einem einzigen perzeptiven bzw. reaktiven Pattern organisieren können. Diese Organisation ermöglicht eine stabile Wahrnehmung der Simultaneität sowie auch eine sehr genaue Schwelle für die Sukzessionswahrnehmung. Wenn man also, wie wir schon gesehen haben, vier Punkte aufleuchten läßt, die einen Rhombus formen (entsprechend einem Blickwinkel von 1 ° 5"), bleibt die subjektive Simultaneität bei einem Zyklus von 125 millisec erhalten. Dieser Wert variiert nur geringfügig zwischen den Experimenten *(Lichtenstein 1961).*

Die Notwendigkeit dieser Integration erklärt wahrscheinlich, warum die unter Aphasie leidenden Patienten, und allgemeiner noch, Patienten mit Hirnschädigungen, große Schwierigkeiten haben, in einfachen Situationen, in denen normalerweise ein anderer geistig behinderter Patient keine Fehler macht, einen Ton- und einen Lichtreiz simultan wahrzunehmen *(Fraisse 1952 b).*

2. Die Wahrnehmungsschwelle der Sukzession und der Reihenfolge

In welchem Zeitintervall sind zwei Stimuli nicht mehr verschmolzen oder simultan? *Piéron* schlug vor, das Unterscheidungsvermögen in der Dimension Zeit als zeitliche Schärfe zu bezeichnen, „wie die räumliche Schärfe das Unterscheidungsvermögen in der Raumdimension darstellt" *(Piéron 1945, 394)*. Man muß, wie *Piéron* (1923), immer drei Fälle voneinander unterscheiden:

„(1) zwei Stimuli sind identisch und treffen auf denselben Punkt des Organismus . . .,

(2) zwei Stimuli sind identisch, treffen aber auf unterschiedliche Punkte des Organismus, bzw. sie sind ähnlich, nicht aber identisch . . .,

(3) zwei Stimuli sind sehr unterschiedlich (unterschiedliche Sinnesmodalitäten)."

Im ersten Fall sind die Stimuli, wenn sie sehr schnell aufeinander folgen, infolge der anhaltenden Empfindung miteinander verbunden, und es wird nur noch eine mehr oder weniger lang andauernde Empfindung wahrgenommen.

Ist das Zeitintervall zwischen den Stimuli ein wenig größer, dann nehmen wir noch eine kontinuierliche Stimulation, jedoch mit variierender Intensität wahr. Hier erzeugt eine Reihe von Stimuli dann Phänomene wie das Flimmern für den Gesichtssinn, Geräusche von Rollen und Knistern für den Gehörsinn und das Vibrieren für den Tastsinn. Diese Phänomene treten auf, wenn sich zwischen zwei Erregungen eine Intensitätsverminderung, mindestens auf dem Intervallskalenniveau, herstellt. Tatsächlich nehmen wir in diesem Fall jedoch eher eine Veränderung wahr als eine eindeutige Sukzession. Das Intervall, in dem die Wahrnehmung der Kontinuität in die einer Intensitätsveränderung übergeht, variiert also mit der Art der Rezeptoren. Man wird sich die Geschwindigkeit, bei der wiederholte Stimulationen verschmelzen, ungefähr vorstellen können, wenn mit dem Gehörsinn die Unterbrechung eines Rauschens bei einer Frequenz von 1000 pro sec noch unterscheidbar ist, d. h. bei einem Intervall von 1 millisec *(Miller und Taylor 1948)*. Für den Tastsinn gilt, daß eine Vibration bis über 1000 Stimuli pro Sekunde mit der Spitze des Zeigefingers noch wahrnehmbar ist *(Piéron 1923, 68)*, und mit dem Gesichtssinn kann unter günstigen Bedingungen, z. B. bei einer Frequenz von 60 pro Sekunde in einem Zeitintervall von 16 millisec, noch ein Flimmern festgestellt werden (*Mowbray* und *Gebhard* 1954).

Die Schwelle der Diskontinuität ist eigentlich wesentlich höher und hängt von der Stimulusintensität ab; wir können hier nur Annäherungswerte angeben: für den Gehör- und Tastsinn 10 millisec und für den Gesichtssinn 100 millisec *(Piéron 1923, 396–397)*.

Wenn die Stimuli auf verschiedene Punkte des Organismus treffen, beobachtet man zwischen der Wahrnehmung der Simultaneität und der der Sukzession eine Organisation sukzessiver Erregungen, die komplexe Wahrnehmungen auslöst.

Beim Gesichtssinn erzeugt die schnell aufeinanderfolgende Erregung von zwei Punkten auf der Retina fast immer die Wahrnehmung einer merklichen Bewegung. Wir nehmen nicht die Dualität der Elemente wahr, sondern einen einzigen Stimulus, der sich vom Erscheinungsort des ersten zu dem des zweiten verschiebt. Wenn man das Phänomen kennt, wäre es möglich, aus der Bewegung Sukzession zu folgern, aber de facto wird hier keine Sukzession wahrgenommen. Die zeitlichen Grenzen, innerhalb derer die merkliche Bewegung wahrnehmbar ist, variieren beträchtlich. Nach den Gesetzen von *Korte* stehen sie in Abhängigkeit zur Intensität der Stimuli und deren Abstand. Man kann sogar, wie wir es schon angedeutet haben, eine merkliche Bewegung erzielen bei zwei objektiv simultan erscheinenden Stimuli, die jedoch aufgrund der größeren Verzögerung von weniger intensiven Empfindungen eine unterschiedliche Intensität aufweisen.

Es ist also schwierig, den genauen Wert des Zeitintervalls, in dem Simultaneität in eine merkliche Bewegung übergeht, und die Bewegung in Sukzession, zu bestimmen. Wie wir uns aber erinnern, meinte *Wertheimer*, daß für den Gesichtssinn das Intervalloptimum einer merklichen Bewegung 60 millisec beträgt (im Kino verwandte man eine Frequenz von 18 und später von 24 Bildern pro Sekunde, d. h. Intervalle von 55 und 40 millisec). Erreicht das Intervall 200 millisec, dann verschwindet die Bewegung gänzlich und wird von der Sukzessionswahrnehmung abgelöst. Unter günstigen Bedingungen hat der Übergang von der Simultaneität zur merklichen Bewegung eine sehr niedrige Schwelle. Beispielsweise ist eine merkliche Bewegung wahrnehmbar zwischen zwei angrenzenden Lichtreizen, die in einem Intervall von 5 millisec auf die Fovea treffen *(Sweet, 1953)*. Selbstverständlich ist diese Schwelle unter normalen Bedingungen wesentlich höher. Doch besonders hinzuweisen ist auf die schon erwähnte Tatsache, daß bei Patienten mit zerebralen Schädigungen die Schwelle sogar noch höher liegt. Hirngeschädigte Kinder haben eine Schwelle von mehr als 200 millisec für merkliche Bewegung, während die normaler Kinder desselben Alters nur 75 millisec beträgt. Die Schädigungen tragen dazu bei, Empfindungen zu isolieren und deren Organisation zu verhindern, so daß der Bereich für die merkliche Simultaneität vergrößert und die Schwelle der zeitlichen Schärfe erhöht sind (*Werner* und *Thuma 1942*).

Unterschiedliche Wahrnehmungsarten zwischen Simultaneität und eigentlicher Sukzession gibt es auch hinsichtlich des Tastsinnes. Wenn zwei dicht nebeneinanderliegende Punkte auf dem Unterarm in einem Intervall von weniger als einer Hundertstelsekunde sukzessiv erregt werden (der Abstand zwischen den Punkten liegt unterhalb der Schwelle für eine räumliche Unterscheidung von zwei Berührungsreizen), dann wird nur eine einzige Empfindung an der Oberfläche direkt oberhalb des ersten Erregungspunktes wahrgenommen *(Klemm 1925)*. Bei etwas längeren Intervallen entstehen wie beim räumlichen Sehen merkliche Bewegungen *(Benussi 1917)*. *Piéron* gibt als Unterschiedsschwelle für dicht aneinanderliegende oder symmetrische Erregungspunkte ein Intervall in Höhe von einer Hundertstelsekunde an. Wenn man den Abstand zwischen den Erregungspunkten vergrößert, dann muß auch das Zeitintervall zwischen den Erregungen verlängert werden, damit diese unterscheidbar sind *(Wieland 1960)*.

Beim Gehörsinn sind die Phänomene komplexer. *Hisata* (1934), zitiert von *Piéron* (1955), stellte eine merkliche Bewegung fest zwischen zwei kurzen identischen Tönen, die in einem 20 °-Winkel voneinander entfernt waren und in einem Intervall zwischen 20 und 60 millisec aufeinander folgten. Eine schnelle Abfolge auditiver Erregungen erzeugte eine laterale Wahrnehmung des Tones. Die Schwelle dieser Wahrnehmung ist sehr niedrig: Nach *Aggazzotti* (1911) beträgt sie 0,07 millisec und nach *Hornbostel* und *Wertheimer* (1920) 0,01 millisec.

Diese qualitativen Phänomene überdecken die eigentliche Sukzessionsschwelle. *Hirsh* (1959) meinte, man müsse ganz klar trennen zwischen der Sukzessionsschwelle bzw. der Wahrnehmungsschwelle einer Mannigfaltigkeit und der einer zeitlichen Reihenfolge, was hieße, daß die Stimuli in eine Reihenfolge gebracht werden können. Dies ist aber nur möglich, wenn die Stimuli auf sensorischem Niveau identifiziert und unterschieden werden können (z. B. zwei verschiedene Tonhöhen) oder bei visueller bzw. taktiler Wahrnehmung lokalisierbar sind.

Die an der Untersuchung von *Hirsh* beteiligten Personen waren vorbereitet und über den Untersuchungsgegenstand informiert worden. Hier fand man mit Hilfe der Wahlmethode, daß der Schwellenwert von 20 millisec für die Wahrnehmung der Reihenfolge genau der Wahrnehmungsschwelle für die Abfolge von auditiven Empfindungen (unterschiedliche Tonhöhen bzw. Geräusche; Geräusch- und Tonkombinationen; abwechselnd an dem einen oder dem anderen Ohr erfolgende Töne) sowie von visuellen Empfindun-

gen (horizontal oder vertikal im Blickwinkel von 5 °, 10 ° oder 20 ° voneinander entfernt) und schließlich von taktilen Empfindungen an den Zeigefin-
gern beider Hände entspricht (*Hirsh 1959, Hirs* und *Sherrick 1961*).

Diese Ergebnisse zeigen, daß bei längeren Dauern die Wahrnehmung der
zeitlichen Reihenfolge interveniert und daß zwei auf denselben Rezeptor
treffende Stimulationen, wenn diese lediglich unterschieden werden sollen,
sukzessiv wahrgenommen werden. Des weiteren zeigen die Ergebnisse, daß
mit Hilfe der oben genannten qualitativen Differenzen die genaue Reihenfolge von zwei Empfindungen wahrnehmbar ist, selbst wenn die Differenz
nicht so deutlich ist wie bei einer merklich intervenierenden Bewegung.

Für die Reihenfolge zweier heterogener Empfindungen wie die eines
Tones und eines Lichtreizes, einer taktilen und auditiven bzw. taktilen und
visuellen Empfindung erhielten *Hirsh* und *Sherrick* einen einzigen Wert in
Höhe von 20 millisec, während die Werte anderer Autoren zwischen 50 und
100 millisec schwanken *(Piéron 1955, 396, Tinker 1935)*. Es muß jedoch
auch berücksichtigt werden, daß die meisten Werte schon im 19. Jahrhundert mittels ungenauer Testverfahren und wesentlich einfacheren psycho-
physikalischen Methoden als den heutigen ermittelt worden sind. *Exner*
(1875) fand, daß die Reihenfolge einer visuellen und einer auditiven Stimulation bei einem Intervall von 16 millisec wahrnehmbar war, während die
einer auditiven und einer visuellen Stimulation bei einem Intervall von
60 millisec wahrgenommen wurde. Diese Werte sind überzeugender als
diejenigen von *Hirsh*, jedoch entsprechen sie auch einem höheren Kriterium. Die von *Hirsh* ermittelten Werte müssen unter Berücksichtigung der
Tatsache interpretiert werden, daß die Personen vorbereitet und informiert
waren. Mit unvoreingenommenen Personen erhält man den Schwellenwert
von 60 millisec für die Wahrnehmung der Reihenfolge einer sukzessiven
Abfolge Ton-Licht und 120 millisec als Wahrnehmungsschwelle einer sukzessiven Abfolge Licht-Ton *(Hirsh und Fraisse 1964)*. Auch zeigt sich, daß
die Wahrnehmungsschwelle für die Sukzession heterogener Stimuli nicht
verschieden ist von der einer Reihenfolge.

Die Ergebnisse von *Exner* schließlich sowie diejenigen von *Hirsh* und
Fraisse lassen eine Asymmetrie erkennen, und zwar in dem Sinn, daß die
Wahrnehmungsschwellen in umgekehrter Richtung zu der Reihenfolge der
Stimulationen verlaufen. Dies wäre mit der schon erwähnten Tatsache
(S. 107) zu erklären, daß der Wahrnehmungsprozeß hinsichtlich eines
Stimulus, auf den die Aufmerksamkeit gerichtet ist, schneller verläuft. Die
Mehrzahl der Autoren hat ganz allgemein aufgezeigt, daß Lichtreize die
Aufmerksamkeit normalerweise stärker erregen, was insofern zutrifft, da
die Quelle des Tonreizes nicht so leicht auszumachen ist wie die des Lichtes

(*Bald, Berrien, Price* und *Sprague 1942*). Die Divergenzen zwischen den Ergebnissen sollten nicht überraschen, denn die Modalität jedes Stimulus kann das Untersuchungsergebnis modifizieren, wobei auch individuelle Unterschiede entscheidend sind.

Abschließend wollen wir noch auf einen Spezialfall hinweisen, und zwar auf die Sukzessionswahrnehmung einer motorischen Reaktion (Betätigung eines Hebels) und einer exterozeptiven Empfindung (z. B. Lichtempfindung). Die Wahrnehmungsschwelle der zeitlichen Abfolge hat denselben Wert (50 millisec) wie die zweier exteriozeptiver Stimulationen (*Biel* und *Warrick 1949*).

Die peripheren und zentralen Prozesse sowie physiologische und psychologische Faktoren bestimmen also entscheidend die Schwelle des Dauernden, die der Sukzession und schließlich die Wahrnehmungsschwelle der Reihenfolge. Die erzielten Werte können trotz allem nicht überzeugen, denn sie schwanken unter Berücksichtigung der Extremfälle zwischen 1 und 100 millisec.

Fünftes Kapitel: Die wahrgenommene Dauer

Wir können die Zeit innerhalb der Grenzen der psychologischen Gegenwart wahrnehmen, doch die Modalitäten dieser Wahrnehmung variieren in Qualität und Quantität mit der physikalischen Natur wahrgenommener Veränderungen. Wir nehmen die Dauer nicht unabhängig von dem, was andauert, wahr. Hiervon ausgehend, werden wir in diesem Kapitel die Modalitäten der Zeitwahrnehmung unter verschiedenen Aspekten untersuchen. Der Leser mag vielleicht darüber erstaunt sein, wie wir diese Probleme entwickeln, aber genauso entspricht es dem Stand unseres psychologischen Wissens. Die Wahrnehmung ist eine der einfachsten Verhaltensweisen, sie wurde bis heute eingehender untersucht als komplexeres Verhalten und ist somit für uns verständlicher.

I. Die Qualität der Dauern und das Indifferenzintervall

Zwischen der unteren Grenze, in der wir gerade noch zwei verschiedene Stimuli voneinander unterscheiden können, und der oberen Grenze, wo ein Stimulus schon der Vergangenheit angehört, sobald der nächste erscheint, wird die eigentliche Sukzession und ein immer länger werdendes Intervall zwischen den sukzessiven Stimuli wahrgenommen. Wenn wir es bei dieser Beschreibung bewenden ließen, könnten wir die physikalisch meßbaren Intervalle zwischen dem Stimuli einfach auf die psychologische Ebene transponieren. Wenn jedoch das Intervall zwischen den Stimuli länger wird, erzeugen die aufeinanderfolgenden Stimuli de facto *qualitativ* unterschiedliche Wahrnehmungen.

1. Die Qualität der Dauern

In dem Moment, wo die Stimuli nicht mehr miteinander verschmolzen sind, d. h. sukzessiv und unterschiedlich erscheinen, ist noch kein Intervall zwischen ihnen als Lücke wahrnehmbar. Die Empfindungen erscheinen dann zwar unterschiedlich, aber einander *angrenzend*. Wenn das Intervall ein wenig länger ist, wird eine *Gruppe* von Stimuli wahrgenommen *(Schultze 1908)*. Aus diesem Grunde nehmen wir spontan keine Lücke zwischen ihnen wahr, sondern zwei mehr oder weniger eng verbundene Stimuli. Das Intervall selbst wird nicht wahrgenommen, obwohl es bei gezielter Aufmerksamkeit erkennbar ist. Erreicht die Lücke zwischen den Stimuli ungefähr 0,6 sec, dann nehmen wir, zwar noch undeutlich, aber spontan ein Intervall wahr. Wenn die Lücke zwischen den Stimuli länger als 1 sec andauert, dann herrscht das Intervall als Merkmal vor, so daß eine erhöhte Konzentration erforderlich ist, um die beiden Stimuli, die es eingrenzen und seine Dauer bestimmen, noch als Einheit wahrzunehmen. Erreicht die Lücke schließlich 1,8 bis 2 sec, dann gehören die beiden Stimuli nicht mehr einer einzigen Gegenwart an; es wird kein anhaltendes Intervall mehr wahrgenommen, sondern ein Abstand zwischen einem vergangenen und einem gegenwärtigen Ereignis.

Diese Beschreibung des Intervalls zwischen den Stimuli könnte auch in den Begriffen der Sukzessionsgeschwindigkeit vorgenommen werden. *Vierordt* (1868) fand mittels eines Metronoms, daß die Urteile „schnell" einem Intervall von durchschnittlich 0,42 sec, „neutral" 0,64 sec und „langsam" einem Intervall von 1,07 sec entsprachen.* Dieses Problem kann auch hinsichtlich der Dauer selbst herausgearbeitet werden, anstatt sich immer auf die Intervalle zwischen den Stimuli zu beziehen. *Katz* (1906) unterschied drei Arten von Dauern: kurze zwischen 0,25 und 0,55 sec, mittlere zwischen 0,60 und 0,65 sec und lange Dauern über 0,65 sec. *Benussi* war bei dieser Unterscheidung noch genauer: Sehr kurze Dauern erstrecken sich zwischen 0,09 und 0,23–0,25 sec, kurze Dauern zwischen 0,23–0,25 und 0,58–0,63 sec, indifferente Dauern zwischen 0,58–0,63 und 1,08–1,17 sec, lange Dauern zwischen 1,08—1,17 und 2,07 sec und sehr lange Dauern oberhalb dieser Werte. Wenn wir diese unterschiedlichen Ergebnisse miteinander vergleichen – ohne im einzelnen auf die numerischen Werte, die den qualitativen Urteilen nicht entsprechen können, einzugehen –, dann kann man drei Bereiche unterscheiden:

(1) Die kurzen Intervalle ungefähr unter 0,50 sec. Bei diesen Dauern werden eher die Grenzen als das Intervall selbst wahrgenommen;

(2) die weder kurzen noch langen, also indifferenten Intervalle ungefähr zwischen 0,50 und 1,0 sec. Hier bilden die Grenzen und das Intervall eine Einheit; und

(3) die langen Intervalle ungefähr über 1,0 sec, wobei die Wahrnehmung einer Lücke vorherrscht und eine Konzentration erforderlich ist, um die beiden Grenzen zusammen wahrzunehmen.

---

* Es ist anzumerken, daß die von *Vierordt* ermittelten Werte nur im Verhältnis zu der mittels eines Metronoms erstellten Intervallskala gelten. Auch *Frischeisen-Köhler* (1933 b) verwandte ein Metronom und stellte fest, daß die von den Personen weder als langsam noch als schnell beurteilten *Tempi* einem Intervallbereich zwischen 0,55 und 0,83 sec entsprachen.

Diese Unterscheidung trifft auch für gefüllte Dauern zu, beispielsweise beim Hören eines kontinuierlichen Tones. Der Beginn und die Beendigung des Stimulus entsprechen den Grenzen der leeren Zeit. Die kurzen Intervalle werden so wahrgenommen, wie wenn sich zwischen Beginn und Ende keine Dauer erstreckt hätte; dieses Phänomen tritt am häufigsten auf. Bei längeren Dauern können Beginn und Ende nicht von der Dauer selbst unterschieden werden, während bei langen Zeitintervallen die Wahrnehmung der Dauer über den ersten und letzten Empfindungen dominiert.

Unsere Analysen basieren wie die anderer Autoren auf auditiven Empfindungen. Sie lassen sich ebenfalls auf taktile Empfindungen anwenden, während sie jedoch bei denjenigen Empfindungen, die sich nur langsam entwickeln, jegliche Bedeutung verlieren, was die Unterscheidung zwischen den Empfindungen und der Sukzessionswahrnehmung nicht gerade erleichtert. Für den Geruchssinn z. B. stellt sich gar nicht erst die Frage nach dem Zeitintervall zwischen den einzelnen Empfindungen.

Diese qualitativen Unterschiede sind insofern so wichtig, da es für jede der drei Zeitkategorien verschiedene Wahrnehmungsgesetze gibt. *Höring*, ein Schüler von *Vierordt*, fand schon 1864, daß von den Intervallen zwischen 0,3 und 1,4 sec die kürzeren überschätzt und die längeren unterschätzt wurden: dies führte direkt zu dem Begriff *Indifferenzpunkt* oder *Indifferenzintervall* mit einer entsprechenden Dauer, in der kein systematischer Fehler auftritt. Man spricht von einer Überschätzung der Dauer einer Stimulation, wenn letztere auf die eine oder andere Art (meistens durch Reproduktion) als länger andauernd geschätzt wird als sie objektiv ist. In diesem Fall wird man von einer *absoluten Überschätzung* sprechen.

Von einer Überschätzung der *Dauer einer Stimulation A* im Vergleich zur Dauer einer Stimulation B spricht man, wenn A länger geschätzt wird als B, obwohl beide Dauern physikalisch gleich sind, das bedeutet, daß A gleich lang wie B erscheint, wenn B physikalisch länger ist. Das entspräche einer *relativen Überschätzung*. Es ist nicht möglich, von einer absoluten Überschätzung direkt auf eine relative Überschätzung zu schließen (und umgekehrt), denn im ersten Fall vergleicht man eine perzeptive Reaktion mit einer physikalischen Stimulation, und im zweiten Fall werden zwei Wahrnehmungen miteinander verglichen.

Die in der zweiten Hälfte des 19. Jahrhunderts hauptsächlich in Deutschland durchgeführten Untersuchungen über die Dauer dieses Indifferenzintervalls könnten Skeptizismus hervorrufen. *Woodrow* (1934) wies drauf hin, daß jene Autoren dieses Intervall auf den Bereich zwischen 0,3 und 5,0 sec eingegrenzt haben. Wir werden im nächsten Absatz zeigen, daß dieser Bereich durch verschiedene Faktoren modifizierbar ist, letztlich kann man aber von dem in ernstzunehmenden Untersuchungen übereinstimmend auf ungefähr 0,6–0,8 sec festgelegten Intervall ausgehen. *Wundt* (1886, II, 322) ermittelte den Wert 0,72 sec, und seine Schüler *Kollert, Estel* und *Mehner* erhielten Dauern, die zwischen 0,71 und 0,75 sec variieren (nach *Woodrow 1934*).

Woodrows Angaben (1934) scheinen die genauesten zu sein. Er hat sehr viele Personen getestet, um einen einzigen Intervallwert zu erhalten, und dennoch haben die Personen die kurzen Intervalle immer überschätzt und die langen unterschätzt. Die Berrechnung des Indifferenzintervalls ergab einen Wert zwischen 0,59 und 0,62 sec. In demselben Experiment wurde ein Intervall von 0,3 sec in 6,2% der Fälle überschätzt, während das Intervall von 1,2 sec in 2,1% der Fälle sowie das von 4 sec in 4,6% der Fälle unterschätzt wurden. Wir erhielten eine systematische Abweichung von + 19,6% für ein Intervall von 0,30 sec und − 3,9% für ein Intervall von 1,5 sec *(Fraisse 1948 c)*. In derselben Größenordnung sind das Indifferenzintervall und die systematischen Fehler, wenn die Dauern gefüllt sind *(Stott 1935)*.

Neben jenen systematischen Fehlern ist ebenfalls ein Zusammenhang erkennbar zwischen der mittels einer Reproduktionsmethode ermittelten Variabilität der Schätzungen und der jeweiligen Dauer. Bei allen Personen beträgt die Variabilität durchschnittlich 10,3% für eine Dauer von 0,20 sec (Standardabweichung vom Mittelwert der Reproduktionen). Bei zunehmender Dauer bis zu einem Intervall von 0,6 sec, verringert sich der systematische Fehler (7,8%) und steigt wieder an, wenn die Dauern noch länger sind (10,1% bei 2 sec) *(Woodrow 1930)*.

Später wollen wir den Zusammenhang darstellen zwischen dem Indifferenzintervall und den psychologischen bzw. spezifisch physiologischen Prozessen. Der Wert des Indifferenzintervalls dagegen kann mit den jeweiligen Wahrnehmungsbedingungen variieren. Am stärksten ist dieser Wert modifizierbar durch die Entwicklung einer *Zentraltendenz* bezüglich der in einer gegebenen Situation wahrgenommenen Reihe von Dauern. Es ist bekannt, daß wir uns im Laufe unserer alltäglichen Erfahrung, entsprechend der Zentraltendenz von gelernten Stimuli, absolute Urteile bilden. So sagen wir, der Stuhl ist leicht oder schwer, je nach unserer Erfahrung des mittleren Gewichtes eines Stuhls. Hier tritt ein ökonomisches Gesetz in Kraft, wenn wir einen Stimulus von durchschnittlicher Größe erwarten und dahin tendieren, kleine Unterschiede zu minimieren (Assimilationsgesetz) oder aber, wenn sie sehr groß sind, zu übertreiben (Kontrastgesetz) *(Fraisse 1947)*. Daraus resultiert, wenn wir die Größe einer Reihe von Stimuli einschätzen, daß wir diejenigen, die unter dem Durchschnitt liegen, überschätzen und die, die darüber liegen, unterschätzen. Bei Zeitintervallen wird dieses Gesetz ganz besonders deutlich. *Hollingworth* (1909) nahm an, daß die Variationen der von verschiedenen Autoren erhaltenen Bestimmungswerte des Indifferenzintervalls auf die Reihe der in ihren Experimenten verwandten Dauern zurückzuführen seien. Das konnten wir übrigens experimentell bestätigen, wobei wir bei denselben Personen zwei Stimulireihen verwandten und mittels der Reproduktionsmethode feststellten, daß der Indifferenzpunkt für die Stimuli zwischen 0,2 und 1,5 sec bei 1,14 sec lag und für die Stimuli zwischen 0,3 und 12 sec bei 3,65 sec *(Fraisse 1948 c)*.

Ohne Zweifel muß bei diesem Phänomen der Verankerungseffekt berücksichtigt werden, das heißt der Einfluß eines Bezugswertes auf die Schätzung anderer Stimuli. Wenn die Personen z. B. zuerst Dauern zwischen 0,25 und 1,0 sec auf einer 5-Punkte-Skala (von sehr kurz bis sehr lang) schätzen und dann das gleiche noch einmal tun sollen, nachdem sie vor jeder Schätzung eine Dauer als Bezugswert von etwas länger als 1 sec wahrgenommen haben, dann stellt man fest, daß die Schätzungen der Personen allmählich immer weiter von ihrer subjektiven Skala abweichen, u. zw. beurteilen sie die Dauern als lang und sehr lang wesentlich häufiger als vorher. Dieses Phänomen tritt besonders in Erscheinung bei der längsten, dem Bezugswert am nächsten liegenden Dauer (*Postman* und *Miller 1945*). Hier stellt sich also ein Assimilationseffekt ein, der ebenfalls von *Goldstone* und seinen Mitarbeitern beobachtet worden ist. *Goldstone* konnte mit einer sehr umfassenden Methode das Prinzip zeigen. Man gibt einer Person eine Reihe von Stimuli vor, deren Dauer zwischen 0,1 und 2,0 sec variieren darf. Die Person muß auf einer 2- (oder mehr) Punkte-Skala schätzen, ob jeder Stimulus dieser Reihe länger oder kürzer als 1 sec dauert. Die Sekunde, die hier als Bezugswert dient, ist kein physikalischer Stimulus, sondern eine implizite Schätzung der Person. Sofern sich diese Methode auf ein erworbenes Wissen bezieht, werden wir im Kapitel VII insbesondere *Goldstones* Ergebnisse für die Untersuchungen der Zeitwahrnehmung heranziehen. Die geschätzte Dauer einer Sekunde ist kürzer, wenn die Reihe der Stimuliwerte mit 0,1 sec statt mit 2,0 sec beginnt, und wenn dieser erste Wert oder „Anker" zu Beginn einer geordneten Folge von Stimuli (ansteigend oder fallend) (*Goldstone, Lhamon* und *Boardman 1957*) oder lediglich als erster einer zufälligen Reihenfolge von Stimuli dargeboten wird. Der Effekt ist größer, wenn der „Anker" der Reihe angehört, denn dann wird er geschätzt, wie wenn er losgelöst wäre (*Goldstone 1964*). Der Anker kann ein visueller Stimulus sein, während die übrigen Stimuli auditiv sind (oder umgekehrt). Es ist noch ein Assimilationseffekt festzustellen, wobei man jedoch berücksichtigen muß, daß ein auditiver Stimulus immer als länger andauernd beurteilt wird als ein visueller Stimulus (*Behar* und *Bevan 1961*, *Goldstone 1964*). Der Assimilationseffekt würde sich z. B. in einen Kontrasteffekt umwandeln, wenn die Bezugsdauer sehr viel länger wäre als die zu schätzenden Dauern. Liegt der Bezugswert direkt in der Mitte zwischen den Werten der Dauern, so begünstigt dieser die Bildung einer Zentraltendenz und hat die Bedeutung eines Indifferenzintervalls, u. zw. derart, daß die kürzeren Dauern überschätzt und die längeren Dauern unterschätzt werden *(Philip 1944)*. Selbst die Darbietungsabfolge der Stimuli kann den Eindruck von Kürze und Länge der Intervalle beeinflussen. *Benussi* (1907) fand, daß der Indifferenzpunkt der Urteile (von kurz bis lang oder von lang bis kurz) für eine Intervallreihe von 0,09 bis 2,7 sec sich verschob, und zwar von 0,23 sec bei einer Darbietung der Dauern in fortlaufender Reihenfolge auf 1,17 sec bei rückläufiger Folge, und bei einer Darbietung in zufälliger Reihenfolge lag der Indifferenzpunkt schließlich zwischen 0,58 und 0,72 sec. Die Wahrnehmung der Dauer kann, wie jeder andere Stimulus, auch von der Einstellung des Individuums beeinflußt werden. *Woodrow* fand z. B. für ein Intervall von 0,6 sec eine Unterschätzung um 0,198 sec, wenn er der Person die Instruktion gab, ihre Aufmerksamkeit auf die Grenzen zu richten und diese als Ton-Paar wahrzunehmen, während sich nach der Instruktion, die Aufmerksamkeit auf die Dauer des Intervalls zwischen den Tönen zu richten, eine Unterschätzung um 0,283 sec ergab.

All das könnte bedeuten, daß das Intervall von 0,6–0,8 sec, das sog. Indifferenzintervall, sich nur auf die Reihe wahrnehmbarer Dauern bezieht. In diesem Fall wären die übereinstimmenden Werte der Autoren auf die Tatsache zurückzuführen, daß das Intervall um 0,70 sec der *Zentraltendenz* von Dauern entspricht, die normalerweise zwischen etwa 0,1 und 1,8 sec bei einem einfachen Intervall wahrgenommen werden.

Es steht außer Frage, daß die Existenz einer Zentraltendenz von sehr weitreichender Bedeutung ist, was die Tatsache erklärt, daß der Wert des Indifferenzintervalls in Abhängigkeit von der in einem Experiment dargebotenen Reihe von Dauern variiert. Es scheint jedoch so, daß das Intervall um 0,70 sec einem spezifisch physiologischen Prozeß entspricht, denn es ist in unterschiedlichen Bereichen, wo sich in keiner Weise eine Zentraltendenz in eigentlichem Sinne manifestiert, ebenfalls zu finden.

Wir wollen versuchen, dieses Intervall systematisch zu analysieren, so daß wir vielleicht allgemeinere Hypothesen über die Eigenschaft wahrgenommener Intervalle formulieren können.

2. Das Intervall von 0,70 sec

Nachdem *Wundt* herausgefunden hatte, daß das am genauesten reproduzierte Intervall ungefähr 0,75 sec beträgt, hat er diesen Annäherungswert mit anderen Phänomenen derselben Dauer verglichen. Beispielsweise ist dieser Zeitraum für das Erfassen einer aus 5 bis 6 Ziffern bestehenden Zahl sowie für die Assoziation zwischen zwei Wörtern erforderlich.

Wundt schrieb: „Daraus müssen wir schließen, daß mit einer Geschwindigkeit von etwa einer ¾ sec die Assoziationsprozesse am leichtesten zustande kommen; folglich gleichen wir in der Reproduktion unwillkürlich durch Verkürzung der längeren Intervalle und Verlängerung der kürzeren Intervalle objektive Zeiträume dieser Geschwindigkeit an." Ausgehend von diesem Phänomen stellte er folgende Vermutung an: „Es ist erstaunlich, daß diese Zeit fast mit derjenigen übereinstimmt, die das Bein für seine Oszillation bei schnellen Gehbewegungen benötigt. Es ist nicht unwahrscheinlich, daß sich diese psychische Konstante der durchschnittlichen Reproduktionsdauer und der sichersten Schätzung des Intervalls unter dem Einfluß von Körperbewegungen, die am häufigsten ausgeführt werden, entwickelt und bei uns die Tendenz bestimmt hat, größere Zeiträume zu organisieren und zu rhythmisieren" (*Wundt 1886*, II, *322*).

Guyau nahm diese Idee auf und bestätigte mit einer gewissen Beredsamkeit: „Selbst heute noch gleichen wir unserem Gehrhythmus die Geschwindigkeit unserer Vorstellung an, und, aufgrund einer natürlichen Tendenz, wollen wir das Zeittempo unserem Rhythmus des Denkens und Gehens anpassen" *(Guyau 1902, 94)*.

Wundts Standpunkt wird von einem ganzen Bündel von Fakten bestätigt, die man in sehr unterschiedlichen Untersuchungen erhalten hat. Die Dauer einer ¾sec ist offenbar eine psychische Konstante, die der Gesamtdauer des Wahrnehmungsprozesses entspricht. Hierfür liefert auch die Verhaltenspsychologie Beweise, die ebenfalls mit den psychophysiologischen Fakten übereinstimmen. Wir wollen sie nacheinander untersuchen. Wenn wir z. B. eine Dauer nach einem gegebenen Rhythmus schätzen und diese Dauer durch Verlängerung desselben Rhythmus (ohne Stimuluskontrolle) zu reproduzieren versuchen, dann werden diejenigen Dauern am genauesten und mit geringer Variabilität reproduziert, die der Geschwindigkeit der dazwischenliegenden Intervalle von 0,5 sec entsprechen *(Davis 1962 a, b)*.

Verhaltensmäßig scheint die Wirksamkeit einer Erregung ein Maximum zu erreichen, wenn sie der Reaktion ungefähr 0,75 sec vorausgeht. Wie wir schon gezeigt haben, liegt das Optimum des Intervalls zwischen dem konditionierten und dem absoluten Stimulus zwischen 0,5 und 1,0 sec

(*Wolfle 1930, Bernstein 1934,* und s. Kap. II, S. 56). Besteht die konditionierte Erregung aus einer Kombination zweier Stimuli, dann ist die Konditionierung leichter hergestellt, wenn sie in einem Intervall von etwa 1 sec aufeinanderfolgen *(Czehura 1943)*.

In einem völlig anderen Zusammenhang zeigen Untersuchungen der psychischen Refraktärzeit, daß das Zeitintervall zwischen zwei Signalen mindestens 0,5 sec betragen muß, damit die Reaktion auf jedes einzelne Signal gleich schnell erfolgen kann. Wenn das zweite Signal zu früh auf das erste folgt, dann ist die Reaktion auf das zweite Signal verzögert; *Welford* (1952) interpretiert diese Verzögerung zentralen Ursprungs mit dem zweiten Stimulus, der so lange zurückgehalten wird, bis die Zentren für seine Aufnahme frei sind und die zweite Reaktion hervorbringen. Das Phänomen tritt selbst dann auf, wenn die Person keine Reaktion auf das erste Signal zeigt. Die Zeit der Reaktion auf das zweite Signal ist ein Minimum, sobald das erste Signal etwa 0,6 sec vor dem zweiten erfolgt. Dieses ist sowohl für zwei gleichartige als auch unterschiedliche Signale zutreffend, vorausgesetzt, daß die Intervalldauer zwischen den beiden nacheinander dargebotenen Signalen zufällig variiert wird *(Fraisse 1957, 1958 a)*.

Nehmen wir ein noch einfacheres Beispiel: Personen, die durch Tastendruck einen akustischen Stimulus reproduzieren sollen, zeigen ungefähr 0,7 sec nach der Beendigung des Stimulus die erste Reaktion, wie wenn dieses Intervall ein Optimum der unmittelbaren Sukzession wäre *(Oléron 1952)*. Direkter noch hat man die Dauer des Wahrnehmungsprozesses – oder der Apperzeption, wie *Wundt* sie nannte – durch die Messung des Zeitbedarfs einer Reaktion auf eine Stimulation zu bestimmen versucht. In den Experimenten über die *Reaktionszeit*, in der die motorische Reaktion erfolgen muß, *sobald* ein Stimulus wahrgenommen wird, mißt man nicht direkt die gesamte Dauer des eigentlichen Wahrnehmungsprozesses; denn die Reaktion erfolgt ganz automatisch und wird genau an der Empfindungsschwelle produziert. Aus diesem Grunde gibt es also eine Diskrepanz zwischen dem Moment, in dem ein gegenwärtiger Stimulus wahrgenommen und demjenigen, wo er identifiziert wird. Das wird mit der tachistokopischen Methode besonders deutlich: Ein Intervall wird mühelos wahrgenommen zwischen der Auslösung des zu einer Erregung führenden Systems (Fallbewegung, Öffnung und Exposition des Gegenstandes, Falltachistoskop) und dem Moment der Identifizierung seines Inhaltes. *Wundt* hat dieses Intervall mit der Methode der einfachen Reaktionszeit zu messen versucht, was ihm jedoch mißlang, weil man nicht überprüfen kann, welche Phase des Wahrnehmungsprozesses der Reaktion einer Person entspricht (nach *Woodworth 1949, 415–417*).

Es wäre geeigneter, die Zeitexperimente mit der Wahlmethode durchzuführen, da die Identifizierung des Stimulus schon mit einbezogen ist, nur
kommt in diesem Fall zu der Wahrnehmungszeit noch die Dauer der
Reaktionswahl hinzu. Die in den Wahlreaktionen gemessenen Zeiten variieren natürlich mit den experimentellen Bedingungen. Es ist jedoch interessant festzustellen, daß diese Variation sich zwischen ungefähr 0,3 sec und
0,6–0,7 sec erstreckt, eine Dauer, die erzielt wird, wenn die Unterscheidung
schwierig ist und ganz auf die Wahrnehmungsebene beschränkt bleibt. Das
Experiment von *Lemmon* (1927) demonstriert diesen Fall: Die Person sitzt
vor zwei Tafeln, die sich in Höhe der beiden Hände befinden. Auf jeder
Tafel kann eine bestimmte Anzahl von Lampen aufleuchten, und die Person
muß mit derjenigen Hand reagieren, die sich auf der Seite befindet, wo die
meisten Lampen aufleuchten. Die durchschnittliche Reaktionszeit für die
Unterscheidung zwischen einer und 0 Lampen beträgt 0,29 sec, zwischen
zwei und einer 0,475 sec, zwischen drei und zwei 0,566 sec, zwischen vier
und drei 0,656 sec und zwischen vier und fünf 0,741 sec.

Ungefähr dieselbe Zeit wird für die Identifizierung einfacher Stimuli
benötigt, wobei die Stimuli benannt und deren Anzahl angegeben werden
müssen. *Cattell* (1885) fand, daß ungefähr 0,40 sec für das Lesen von
Buchstaben, einfachen Wörtern oder zweistelligen Zahlen erforderlich
sind. Soll die Person so schnell wie möglich die Punktezahl auf einer
bestimmten Fläche angeben, dann war der Zeitbedarf für einen Punkt
0,42 sec und für fünf Punkte 0,63 sec (s. *Szelinski*, nach *Woodworth 1949,
486*). Bei der Instruktion, so genau wie möglich zu schätzen, bedarf es für
das Zählen von 1–3 Punkten einer Dauer von 0,60 bis 0,70 sec (*Jensen, Reese
und Reese 1950*). Alle diese Experimente zeigen, daß die perzeptive Identifizierung ein Prozeß ist, der für die Auslösung der Reaktion, einschließlich
der dafür nötigen Reaktionszeit, eine Dauer von 0,30 bis 0,60 sec erfordert.
Hier handelt es sich jedoch immer um eine möglichst schnelle Reaktion, was
also dem *Beginn* der perzeptiven Identifizierung entspricht. Wenn nach der
Instruktion keine Reaktionsschnelligkeit verlangt wird, so ist in zahlreichen
Situationen zwischen dem Moment der Erregung und dem der Reaktion ein
Zeitraum von 0,60 bis 0,80 sec festzustellen. Nach *Colegrove* (1898) beträgt
der Zeitbedarf für das Erkennen einfacher Stimuli 0,6 sec; diesen Wert
erhielten auch *Ross* und *Fletcher* (1953) in einem Farbwahrnehmungstest,
wobei sie die Stimuli von denjenigen Personen identifizieren ließen, die eine
normale Farbwahrnehmung hatten.

Allein aus diesen Fakten kann man schon folgern, daß der gesamte
Wahrnehmungsprozeß etwa eine halbe Sekunde andauert. Gewiß, es kann
auch eine Reaktion auf die *Präsenz* einer Stimulation auftreten; dies

entspräche der als einfache Reaktionszeit gemessenen Dauer (0,15 bis 0,20 sec). Auch kann eine Reaktion während der *Identifizierung* erfolgen (die Dauer beträgt 0,30 bis 0,40 sec). Darüber hinaus entsteht vermutlich eine Phase des Prozeßabbaus, wenn eine neue Stimulation genau am Ende dieses Prozesses erfolgt (d. h. nach etwa 0,6 bis 0,7 sec). Und zwar treten dann nicht einfach abwechselnde Wahrnehmungen auf, sondern die zweite scheint unmittelbar, ohne Sprung und ohne die andere teilweise zu überdekken, nach der ersten zu erfolgen. Diese Interpretation ist wohl die wahrscheinlichste. Mittels direkterer Methoden hat man jene Dauer des Wahrnehmungsprozesses zu verifizieren versucht.

Calabresi (1930) wandte eine sehr einfallsreiche Methode an. Insgesamt kann man sich 7 bis 8 Buchstaben merken, ohne auf das Gedächtnis zu rekurrieren. Wird diese Buchstabenanzahl jedoch in sehr kurzer Zeit (10 millisec) dargeboten, dann werden durchschnittlich ungefähr nur 4,1 Buchstaben wahrgenommen. Dieser Wert ist von der Gesamtanzahl der dargebotenen Buchstaben mehr oder weniger unabhängig, das heißt, wenn man nur 4 zeigt, werden fast alle wahrgenommen. Werden also zweimal 4 Buchstaben in einem ausreichend langen Zeitintervall visuell dargeboten, dann nimmt man ungefähr 8 Buchstaben wahr. Was geschähe, wenn zwei Gruppen von jeweils 4 Buchstaben in schneller Abfolge jedesmal 10 millisec an einem Fixationspunkt (mit *Wundts* doppeltem Falltachistoskop) dargeboten werden? *Calabresi* fand, daß die Anzahl der behaltenen Elemente folgendermaßen mit dem Intervall variieren:

sec	Buchstaben
0,05	4,4
0,20	5,5
0,40	5,6
0,70	6,5
1,00	7,2
1,20	7,2

Es ist also ein Intervall von ungefähr 1 sec für eine quasi vollständige Summation der beiden Wahrnehmungsprozesse erforderlich. Bei einem kürzeren Intervall wäre es denkbar, daß die beiden Wahrnehmungsprozesse interferieren, d. h. der erste ist noch nicht beendet, wenn der zweite beginnt. Daraus kann man den Zeitbedarf von einer ¾ bis 1 sec für den gesamten Wahrnehmungsprozeß herleiten. Diesen Vorgang konnten wir verifizieren. Die sogenannte Summation der Informationen ist fast vollständig erreicht, wenn das Intervall zwischen den beiden Prozessen 0,6 sec beträgt (*Fraisse* und *Jakubowicz 1965*, die Ergebnisse sind unveröffentlicht).

Andere Autoren haben, ausgehend von einfacheren Wahrnehmungen, analytischere Methoden verwandt. Sie versuchten, die Dauer der Herstellung und des Abbaus der Empfindung zu messen. Die erhaltenen Meßwerte haben selbstverständlich nur eine Bedeutung für den Tast-, Gehör- und Gesichtssinn; Sinnesbereiche also, für die die Dauer der peripheren Prozesse selbst nicht lang genug ist, um die Bedeutung dieser Berechnungen zu entkräften. Die Prozeßdauer schließt in erster Linie die mit der Stimulusintensität variierende Latenzzeit mit ein. Das irreduzible Minimum der Latenz beträgt für auditive Empfindungen 30 bis 70 millisec und für Lichtempfindungen 70 bis 110 millisec. Dieses sind jedoch die unteren Grenzen. Außerdem mißt die Latenz nur den Zeitbedarf für die Erreichung der absoluten Schwelle. Von diesem Moment an besteht die Entwicklung des Prozesses fort. Die Empfindung wird selbst bei kurzen Stimulationen weiterhin stärker, während die primäre kortikale Erregung assoziative kortikale Reaktionen auslöst, die für das perzeptive Erkennen erforderlich sind (*Piéron 1955, 461*). Die Dauer dieser Phase ist schwer zu messen, sie steigt vermutlich mit der Komplexität der Stimulation an, wobei indirekte Anzeichen auf den ungefähren Wert schließen lassen. Beispielsweise gibt es schon 0,1 bis 0,9 sec nach dem Beginn der sensorischen Stimulation ein Anzeichen für das Verschwinden des *Alpha*-Rhythmus. *Gastaut* (1949) interpretiert diese Dauer als Zeitbedarf für die auf ein Bild, das auf die „Fläche" des Okzipitallappens projiziert wird, gerichtete Aufmerksamkeit. *Hebb* (1949, 71) wiederum schätzte die Dauer der kortikalen Umlaufaktivität, die, wie er meint, die Basis für den Wahrnehmungsprozeß sei, auf ungefähr 0,5 sec.

Auf diese Herstellungsphase der Wahrnehmung folgt eine Abbauphase, bis schließlich die Wahrnehmung verschwindet. *Piéron* (1934 b) schätzte diese Dauer auf 0,15 bis 0,20 sec für Lichtempfindungen, von *Bekesy* (1933) fand für auditive Empfindungen Dauern derselben Größenordnung, während *Buytendijk* und *Meesters* (1942) meinten, daß die Dauer dieser Abbauphase noch länger sei.

Es ist zwar schwierig, die genauen Dauern der verschiedenen Phasen des Wahrnehmungsprozesses zu bestimmen, doch sind die psychophysiologischen Daten eindeutig: Die durchschnittliche Dauer dieses Prozesses muß etwa eine halbe Sekunde betragen.

Es wäre hingegen vorteilhaft, wenn man die Dauer mit direkteren physiologischen Methoden messen könnte. Die Schwierigkeiten sind offenbar groß, doch *Gastauts* Interpretation (1949) bringt uns auf eine neue Idee.

Wenn die kortikalen Aktionspotentiale nach einer Lichtstimulation direkt aufgezeichnet werden, ist beim Menschen wie beim Tier festzustellen, daß diese Stimulation einen sehr komplexen, im Kreis verlaufenden Erregungsvorgang induziert, der *Gastaut* zufolge (1949, 68) 0,5 bis 0,6 sec andauert.

Diese Fakten beweisen, daß eine kurze Stimulation einen Prozeß hervorruft, der sich auf physiologischer, perzeptiver und motorischer Ebene manifestiert. Im Vergleich hierzu können wir versuchen, die phänomenologischen Gegebenheiten, von denen wir ausgegangen waren, zu interpretieren. Es scheint so, daß eine Wahrnehmung übergangslos auf eine weitere folgt, wenn die eine genau am Ende des Wahrnehmungsprozesses der vorausgegangenen stattfindet. Wäre sie vor dessen Beendigung erfolgt, so hätte die Überschneidung des Abbauprozesses der ersten Wahrnehmung mit dem Herstellungsprozeß der zweiten zu einer Wahrnehmung von Kontiguität und Gemeinsamkeit geführt, was charakteristisch ist für das Intervall unterhalb von 0,75 sec. Beginnt dagegen der zweite Prozeß nach Beendigung des ersten, dann entsteht eine Wahrnehmung des Getrenntseins, und die Verbindung der beiden Prozesse ist nur durch eine Anstrengung des Individuums möglich, was vermutlich einen weiteren Assoziationsprozeß auslöst. Diese Anstrengung ist aber nur innerhalb bestimmter Grenzen, entsprechend denen der Zeitwahrnehmung, wirksam.

Wenn sich die Prozesse überschneiden, dann hat die für eine klare Unterscheidung der beiden sukzessiven Stimulationen erforderliche Anstrengung eine Überschätzung dieser Intervalle zur Folge. Sind sie getrennt, dann führt die Anstrengung, zwischen ihnen wieder eine Verbindung herzustellen, zu einer Unterschätzung. Diese primären Bestimmungen werden von weiteren Stimuli, die gleichzeitig auftreten und die Phänomene der Zentraltendenz und der Verankerung hervorbringen, beeinflußt, wobei die Wirkung entweder verstärkt oder vermindert wird.

Diese Deduktionen erklären die von *Wundt* vertretene Hypothese. Das Optimum der Assoziationsdauer entspricht der Tatsache, daß ein Prozeß beendet ist, wenn der nächste beginnt. Der Vergleich mit der Dauer einer Gehbewegung, wobei wir noch den Vergleich mit dem Herzschlag anführen wollen, bedeutet nicht, daß einer dieser Rhythmen alle weiteren steuert, jedenfalls weisen sie nach dem Arrhenius-Gesetz unterschiedliche Konstanten auf (s. Kap. I, S. 37).

Mit großer Wahrscheinlichkeit ist anzunehmen, daß jene Phänomene den optimalsten und ökonomischsten Rhythmen sukzessiver Verbindungen des Nervensystems entsprechen.

II. Wahrgenommene Dauern und physikalische Veränderungen

Wir haben in der Analyse der Sukzessionsbedingungen gezeigt, daß diese die Qualität der Dauern determinieren. Im folgenden werden wir noch die Art der Beziehungen zwischen den wahrgenommenen Dauern und die Dauern physikalischer Veränderungen, die sie hervorgerufen haben, genau untersuchen. Wir wollen folgende Aspekte nacheinander betrachten: (1) Die Wahrnehmung von leeren Dauern, (2) die Wahrnehmung von gefüllten Dauern, (3) gefüllte und leere Dauern, (4) die Dauer kontinuierlicher Veränderungen und (5) die Unterschiedsempfindlichkeit.

Die Ergebnisse, die wir darstellen werden, sind selbstverständlich in Relation zu der jeweils angewandten Methode zu interpretieren. In Kap. VII (S. 211–214) werden wir die für die Zeitschätzung unterschiedlich verwandten Methoden aufführen, denn sie sind vor allem wichtig bei der Schätzung von längeren Dauern.

1. Die Wahrnehmung von leerer Zeit

Die Konzeption der *leeren* Zeit im Gegensatz zur gefüllten Zeit haben wir schon verdeutlicht (Kap. III, S. 82). Die Idee der leeren Zeit war nur vom Standpunkt verschiedener psychologischer Richtungen des 19. Jahrhunderts aus von Bedeutung. Die Zeit war leer, wenn in ihr keine Empfindungen stattfanden. Heute sind sich alle einig, daß die Begriffe *leer* und *gefüllt* nicht die Wahrnehmung beschreiben, sondern die *physikalische* Situation charakterisieren: In diesem Sinne werden wir in Übereinstimmung mit den traditionellen Auffassungen die Begriffe leere und gefüllte Zeit verwenden.

Theoretisch gibt es in zwei Fällen leere Zeit: (a) eine Dauer, die auf vagen und unbestimmten Empfindungen basiert und durch zwei kurze Stimuli (akustisch, visuell oder taktil) begrenzt ist, und (b) die Dauer, die der Beendigung eines definierten Stimulus entspricht (z. B. Unterbrechung eines Tones oder Lichtreizes). Der erste Fall ist eingehender untersucht worden als der zweite, welcher nicht ganz eindeutig ist. Denn diese Beendigung wie die Unterbrechung einer Erregung, die an sich schon durch eine Dauer charakterisiert ist, stellt sich entweder als ein undeutlicher Hintergrund oder aber als Figur vor einem Hintergrund dar, der sich durch die kontinuierliche Erregung konstituiert. Der letztere Fall führt uns sowohl theoretisch wie auch praktisch wieder zurück zur Wahrnehmung einer gefüllten Zeit bzw. zur Kontinuitätswahrnehmung.

Im letzten Teil haben wir bereits die Wahrnehmung von leeren Zeitintervallen analysiert. Wie wir gesehen haben, werden diese Dauern überschätzt, wenn sie weniger als 0,75 sec andauern, und unterschätzt, wenn sie über diesem Wert liegen. Dies impliziert die Existenz eines Indifferenzintervalls, das mit den experimentellen Bedingungen variierbar ist.

Schließlich ist noch der Einfluß der unterschiedlichen Stimulimodalitäten, die die leeren Dauern abgrenzen, zu bestimmen. In Kap. III wurde gezeigt, daß wir keine *reine* Dauer wahrnehmen, sondern die Dauer einer Stimuliorganisation, während es sich hier darum handelt, zu zeigen, daß die Wahrnehmung der Dauer eines Intervalls von der Natur ihrer Grenzen abhängt und davon nicht losgelöst werden kann. Wie wir noch sehen werden, sind die Beziehungen zwischen dem Intervall und den Grenzen sehr komplex. Entweder sind die Grenzen infolge der Assimilationswirkung ganz in die Dauer mit einbezogen oder das Intervall ist durch eine Kontrastwirkung gleichsam isoliert, wobei diese unterschiedlichen Wirkungen davon abhängig sind, ob die Zeitintervalle über oder unter 0,75 sec liegen. Ein weiterer Faktor ist, daß die Organisationsprozesse der Grenzen durch die Modalität der Stimuli oder durch die Einstellung des Wahrnehmenden erleichtert werden. Wenn z. B. in regelmäßigen Intervallen drei aufeinanderfolgende Töne zu hören sind und man sich bemüht, zwei von ihnen als Gruppe und den dritten einzeln wahrzunehmen, so erscheint das Intervall zwischen den gruppierten Tönen kürzer als das andere *(Benussi 1913, 115–117)*.

A. Die sensorische Modalität der Grenzen

Bei physikalisch gleich lang andauernden Stimulationen erscheint das abgegrenzte Intervall um so länger, je länger die entsprechenden sensorischen Prozesse andauern. Normalerweise wird die Gesamtheit Intervall-Grenzen wahrgenommen: Je länger letztere andauern, um so länger erscheint die Gesamtdauer. Sind die Grenzen von taktiler oder auditiver Modalität, dann erscheint die Dauer kürzer als wenn sie visuell sind *(Meumann 1893)*. Hier sehen wir wieder den Unterschied zwischen Empfindungen mit langer und kurzer Empfindungszeit.

B. Die Intensität der Stimuli

Bei kurzen Dauern erscheint das Intervall um so kürzer, je größer die Intensität der Stimuli (akustisch) ist *(Benussi 1913, 335)*; denn die Dauer des

Wahrnehmungsprozesses für den ersten Ton, der um so länger erscheint, je stärker der Stimulus ist, *schluckt* gewissermaßen das darauffolgende Intervall. Dies ist besonders ausgeprägt, wenn anstatt von zwei Tönen eine Stimulireihe in isochronen Intervallen verwandt wird. Je stärker die Stimuli, desto *dichter* erscheinen sie und zugleich die Intervalle auch um so kürzer *(Meumann 1894)*. Bei längeren Dauern tritt das Phänomen nicht mehr so deutlich in Erscheinung, was leicht zu erklären ist, da die Dauer der sensorischen Prozesse in bezug auf das Intervall bedeutungslos wird.

Das Intervall erscheint ebenfalls verkürzt, wenn der erste Stimulus stärker ist als der zweite; dies hat die gleichen Ursachen wie das vorangegangene Phänomen. Ist dagegen der erste Stimulus weniger intensiv als der zweite, dann erscheint das Intervall länger, da sich die Dauer des letzten Prozesses gewissermaßen zu der des Intervalls addiert. Dies gilt allerdings nur für kurze Dauern *(Benussi 1913, 335)*.

Dieser Einfluß der Stimulusintensität muß mit dem der Intensität von Anschlägen bei einem nicht wahrgenommenen, sondern produzierten Intervall verglichen werden. Läßt man ein leeres Intervall durch zwei Anschläge auf einen Morseschlüssel reproduzieren, wobei der Moresetaster konstant läuft, der Widerstand jedoch variiert wird, dann ist festzustellen, daß das produzierte Intervall kürzer ist, wenn der für die Anschläge notwendige Druck größer ist. Dieses Ergebnis deutet an, daß das von stärkeren Anschlägen abgegrenzte Intervall im Vergleich zu dem von weniger starken Anschlägen abgegrenzten Intervall überschätzt wird *(Kuroda 1931)*.

C. Die Tonhöhen

Die durch höhere Töne eingegrenzten Intervalle erscheinen länger als diejenigen, die durch tiefere Töne eingegrenzt sind (*Triplett 1931*; in diesem Experiment variierten die Tonhöhen zwischen 124 und 1024 Hz).

Je größer jedoch die Unterschiede zwischen den Tonhöhen sind, desto länger erscheint die Intervalldauer (*Benussi 1913, Cohen, Hansel* und *Sylvester 1954 b*). Die Konsonanz der Grenztöne kann diesem Effekt allerdings entgegenwirken.

Obwohl dieses Problem trotz seiner Bedeutung für die Musik kaum analysiert worden ist, kann man schon sehen, daß, je größer die Konsonanz ist, die Organisation der Grenztöne vermutlich um so einfacher ist und das Intervall um so kürzer erscheinen wird.

D. Die Dauer der Töne

Wird die Dauer der abgrenzenden Töne verlängert, so ist auch die empfundene Dauer des Intervalls zwischen den Tönen länger. Ist einer der Töne lang und der andere kurz, dann wird das Intervall zwischen ihnen, sobald der lange Ton zuerst erfolgt, überschätzt und unterschätzt, sobald er als zweiter erfolgt. Im ersten Fall ist er in das Intervall kaum integriert,und im zweiten Fall ist das Intervallende mit dem Beginn des Schlußtones koinzident *(Woodrow 1928 a)*.

E. Die Position der leeren Zeit

Ein leeres Zeitintervall kann an sehr unterschiedlichen Stellen des perzeptiven Kontextes auftreten. *Benussi* (1913, 411) untersuchte den Einfluß der Wartezeit auf die Wahrnehmung einer leeren Dauer und erhielt folgende Ergebnisse: Ein Signal, das einer kurzen, leeren Dauer 0,45 sec vorausgeht, hat eine Unterschätzung zur Folge, und wenn es ihr 3,15 sec vorausgeht, erfolgt eine Überschätzung. Diese Zeiten des Wartens haben dagegen keinerlei Einfluß auf lange Zeitstrecken. Mit anderen Worten, eine kurze Wartezeit begünstigt den Eindruck einer kurzen Dauer, und eine lange Wartezeit bewirkt das Gegenteil.

Israeli (1930) erhielt sogar mehrere Ergebnisse: Kurze Wartezeiten zwischen 0,18 und 0,54 sec bewirken eine Überschätzung der darauffolgenden leeren Intervalle (die zwischen 0,35 und 1,09 sec andauern), wobei die Überschätzung um so höher ist, je kürzer die leeren Intervalle sind. Der Unterschied zwischen *Benussis* und *Israelis* Ergebnissen ist wohl auf deren Untersuchungsmethoden zurückzuführen. So konnte *Schumann* (1898) an einer ziemlich schnellen Abfolge von 3 Tönen a-b-c demonstrieren, daß, wenn die Folge b-c kürzer war als a-b, diese noch kürzer erschien als sie objektiv war, u. zw. weil c aufgrund der Dauer von a-b erwartungsgemäß zu früh erfolgt ist. Wenn dagegen b-c länger war als a-b, so erfolgte c zu spät und b-c wurde überschätzt. Diese Ergebnisse erhält man, wenn a-b-c als Gruppe wahrgenommen werden, während das Phänomen nicht mehr auftritt, wenn a als Signal für das Intervall b-c betrachtet wird.

Israelis Ergebnissen (1930) zufolge müßte ein auf ein leeres Intervall folgender Ton überschätzt werden. Dasselbe träfe zu, wie *Benussi* schon gezeigt hat, wenn das leere Intervall am Beginn und am Ende von zwei Stimulationen eingegrenzt wäre: In diesem Fall erreichte die Überschätzung ein Maximum. Man könnte dies als eine Art Transkription der *Müller-Lyerschen* Täuschung auf die Zeitdimension bezeichnen.

2. Die Wahrnehmung von gefüllter Zeit

Das allgemeine Gesetz der Überschätzung von kurzen Dauern und der Unterschätzung langer Dauern gilt ebenfalls für *gefüllte* sowie für *leere* Dauern, obwohl es relativ selten untersucht worden ist *(Edgell 1903, S. F. Anderson 1936)*. Anhand dieses Gesetzes aber können wir die Wirkung von unterschiedlich „ausgefüllten" Intervallen auf deren merkliche Dauer untersuchen.

A. Unterteilte Intervalle

Zwischen *gefüllten* und *leeren* Dauern gibt es einen Bereich, in dem sich das Intervall zwischen zwei Grenzen erstreckt und mit diskontinuierlichen Stimuli ausgefüllt ist. Das Phänomen ist analog zu dem der Punkte im Raum. Es ist bekannt, daß eine unterteilte Strecke kürzer erscheint als eine nicht unterteilte von derselben Länge (*Oppelsche* Täuschung). Gibt es aber diese Täuschung auch hinsichtlich der Zeit?

Insgesamt bestätigen die Untersuchungsergebnisse, daß es sie gibt, nur muß man, wie *Bourdon* (1907), zunächst anmerken, daß ein solches Urteil nicht unproblematisch ist. Zwei unterschiedlich unterteilte Intervalle miteinander zu vergleichen oder ein unterteiltes mit einem leeren bzw. gefüllten Intervall, ist das gleiche, wie wenn man zwei qualitativ verschiedene *Formen* miteinander vergliche. Die meisten Autoren stimmen jedoch darin überein, daß (a) ein unterteiltes Intervall länger erscheint als ein leeres derselben Dauer, (b) dieser Effekt vermindert wird, wenn die gesamte Intervalldauer in demselben Ausmaß zunimmt wie die Anzahl der eingeschobenen Töne und (c) ein häufiger unterteiltes Intervall länger erscheint als ein Intervall mit weniger Unterteilungen (*Hall* und *Jastrow 1886, Wundt 1886*, II, *323, Münsterberg 1889, Israeli 1930*) Alle diese Autoren erzielten die Resultate mit der Vergleichsmethode; *Wirth* (1937) fand mit der Produktionsmethode dieselbe Gesetzmäßigkeit. Seine Personen mußten mittels Anschlägen ein unterteiltes Intervall produzieren, das einem vorgegebenen leeren Intervall gleich war. Dabei war das produzierte Intervall kürzer als das vorgegebene, d. h. das produzierte (und unterteilte) Intervall ist hinsichtlich des leeren, vorgegebenen Intervalls überschätzt worden. Des weiteren erscheint von zwei unterteilten Intervallen das regelmäßig unterteilte länger als das unregelmäßig unterteilte *(Grimm 1934)*.

Die Schwierigkeit des Vergleichs ist darauf zurückzuführen, daß es nicht einfach ist, die Dauer eines unterteilten Intervalls zu beurteilen, wenn man von dem Eindruck der Geschwindigkeit, die bei der Aufeinanderfolge der Elemente entsteht, abstrahieren muß. Gewisse Personen urteilen vielleicht nach der Anzahl der produzierten Töne: Das unterteilte Intervall erscheint ihnen dann länger; während sich andere auf die Schätzung der Sukzessionsgeschwindigkeit beschränken: In diesem Fall würden sie das unterteilte kürzer schätzen. Es scheint so, daß *Benussi* eine Auffassung dieser Art herangezogen hat (1913, 483), als er darauf hinwies, daß die unterteilten Intervalle kürzer erscheinen als die nicht unterteilten, was auch die Untersuchung von *Denner, Wapner* u. a. (1963) bestätigen würde; denn sie fanden, daß die Intervalle länger sind, wenn der Aktivitätsrhythmus (Anschläge der Person) sowohl während der Darbietung der Stimulationen wie auch während der Reproduktion langsamer ist.

Einige Untersuchungen führen jedoch zu umgekehrten Resultaten. Insgesamt kann man aber sagen, daß ein Intervall um so länger erscheint, je öfter es unterteilt ist *(Fraisse 1961)*. Genauere Untersuchungen zeigen, daß dieses Phänomen ebenso wie die *Oppelsche* Täuschung *(Piaget 1961)* ein Maximum besitzt. Bei Intervallen in der Größenordnung von 500 bis 700 millisec *(Fraisse 1965)* zwischen aufeinanderfolgenden Tönen erreicht die Täuschung ein Maximum. Bei kürzeren und längeren Dauern ist sie geringer, jedoch sind beträchtliche individuelle Unterschiede zu verzeichnen. Die Wirkung wäre insbesondere bei der Schätzung durch Kinder und bei zu langen Dauern (5 bis 40 sec) festzustellen. Das unveröffentlichte Ergebnis wurde von *Fumiho Maeda* von der Universität Hiroshima persönlich vorgetragen.

B. Die sensorische Modalität der Stimuli

Auditive und visuelle Stimuli zwischen 1 und 16 sec werden, gleich unter welchen Bedingungen, identisch reproduziert *(Hirsh, Bilger* und *Deatherage 1956)*. Dies bestätigt die Arbeit von *Hawkes, Bailey* und *Warm* (1961), die drei unterschiedliche Methoden verwandten (Reproduktion, Produktion und verbale Schätzung). Sie fanden, daß sowohl auditive und visuelle Stimuli wie auch elektrische Hautreizungen von 0,5 bis 4 sec Dauer und subjektiv vergleichbarer Intensität als gleich beurteilt wurden, wobei die elektrischen Hautreizungen vielleicht etwas länger erschienen.

Behar und *Bevan* (1961) beobachteten dagegen mittels der Schätzungsmethode eines einfachen Stimulus, daß die akustischen Stimuli in etwa 20% der Fälle länger geschätzt wurden als die visuellen Stimuli. Auch *Goldstone* erhielt in mehreren Untersuchungen mittels seiner Schätzungsmethode (siehe S. 121) dieses Ergebnis. Ein visueller Stimulus von 0,84 sec Dauer und ein akustischer Stimulus von 1,17 sec Dauer werden entsprechend dem subjektiven Wert von einer Sekunde als gleich lang beurteilt (*Goldstone* und *Goldfarb 1964 a*). Dieselben Autoren erhielten ein ähnliches Ergebnis, wenn sie visuelle und akustische Stimuli von 1 sec Dauer durch die Personen vergleichen ließen, wobei sie jedesmal eine Schätzungsskala verwandten (*Goldstone* und *Goldfarb 1964 b*).

C. Die Intensität der Stimuli

Ein intensiverer Ton erscheint länger als ein weniger intensiver Ton. Diese Gesetzmäßigkeit tritt in der Physiologie der Empfindungen sowohl bei sehr kurzen Erregungen als auch bei wahrnehmbaren Dauern auf. Eine Verlängerung der Dauer beeinträchtigt jedoch die Wirkung *(Oléron 1952)*. *Hirsh, Bilger* und *Deatherage* (1956) beobachteten ebenfalls dieses Gesetz unter komplexeren Bedingungen. Die Personen mußten visuelle oder akustische Stimuli von 1, 2, 4, 8 und 16 sec Dauer reproduzieren, wobei die Darbietungsbedingungen variierten. Wenn die Stimuli in völliger Dunkelheit dargeboten und reproduziert wurden, war die Wahrnehmung dadurch ebensowenig beeinträchtigt, wie wenn sie in der Helligkeit dargeboten und reproduziert wurden. Doch wenn die Stimuli in völliger Geräuschlosigkeit dargeboten und unter Geräuschen reproduziert wurden, dann waren die Reproduktionen länger, als wenn die Stimuli unter Geräuschen dargeboten und in geräuschloser Umgebung reproduziert wurden. Die Autoren interpretieren diesen Sachverhalt als Beweis für den Zusammenhang zwischen der wahrgenommenen Zeit und dem Niveau der auditiven Stimulation.

Genau diese Gesetzmäßigkeit erklärt vermutlich auch das von *Roelofs* und *Van der Waals* (1946) beobachtete Phänomen, daß die Darbietungsdauer eines Objektes um so länger erscheint, je größer und komplexer dieses ist.

D. Die Tonhöhen

Ein schriller Ton erscheint länger als ein tiefer Ton. Es wurden Untersuchungen durchgeführt über den Vergleich zwischen 128 und 1024 Hz *(Triplett 1931)* und zwischen 1000 und 3000 Hz (*Cohen, Hansel* und *Sylvester 1954 b*).

E. Die übertragene Information

Wie viele verschiedene, in unterschiedlichen Zeitreihen dargebotene Stimuli können noch identifiziert werden? Mit Hilfe der Informationstheorie läßt sich die Kapazität des Übertragungskanals errechnen. *Hawkes* (1961) verwandte z. B. als Maßzahl elektrische Stimuli und fand für die metrischen Dauern zwischen 0,5 und 1,5 sec eine Kapazität von 1,27 Bit und zwischen 1,40 und 1,90 Bit für die metrischen Dauern zwischen 0,05 und 1,5 sec. Es können also in jedem Falle nicht mehr als maximal 3 bis 4 Stimuli identifiziert werden.

3. Leere und gefüllte Zeit

Erscheint eine gefüllte Dauer länger als eine leere Dauer? Wenn die Autoren diese Frage damit bejahen, daß bei physikalischer Gleichheit gefüllte Dauern länger erscheinen als leere, dann beziehen sie sich vor allem auf die klassischen Beispiele von *James* (1891) und *Meumann* (1896). *Meumann* selbst wies aber darauf hin, daß diese Gesetzmäßigkeit nur gilt, wenn beim Vergleich die leere Dauer an zweiter Stelle dargeboten wird. Wir werden noch sehen (S. 212), daß die relative Position in der Zeit für zwei Dauern, die verglichen werden sollen, die Quelle systematischer Fehler ist und die Reliabilität von allen mit dieser Methode erzielten Ergebnisse herabsetzt.

Mittels der Reproduktionsmethode fand *Triplett* (1931), daß einige Personen die leeren und andere die gefüllten Dauern überschätzten. Wir selbst haben festgestellt, daß es keinen signifikanten Unterschied gibt, wenn die Personen leere und gefüllte Intervalle von 0,5 sec und 1 sec reproduzieren, was sowohl für Kinder als auch für Erwachsene gilt *(Fraisse 1948 a)*.

Triplett verwandte zwei Arten von leeren Dauern: die Unterbrechung eines Stimulus und ein von zwei Stimuli abgegrenztes Intervall. Auch hier variierten die Resultate beträchtlich. Einige Personen nahmen z. B. die Unterbrechung des Tonreizes wie die Figur vor einem Hintergrund wahr. *Gavini* (1959) ließ von mehreren Ton- und Intervallsequenzen die Töne (gefüllte Dauern) mit den Intervallen (leere Dauern) vergleichen und beobachtete, daß 6 von 8 Personen die gefüllten Dauern überschätzt haben, u. zw. mit hoher Reliabilität; denn die Untersuchung war für Perioden von 0,5 und 1 sec konzipiert worden. *Goldfarb* und *Goldstone* (1963) fanden unter Zuhilfenahme ihrer Methode des Stimulivergleichs bei der subjektiven Schätzung von 1 sec, daß auch hier auditive Stimuli, also gefüllte

Dauern, länger geschätzt wurden als leere Dauern. Bei visuellen Stimuli waren die Resultate jedoch nicht eindeutig *(Goldstone 1964)*.

Doehring (1961) wiederum fand keinen Unterschied in der Genauigkeit und Variabilität der Reproduktionen von Zeitintervallen (zwischen 0,5 und 8 sec), wenn die Person leere Intervalle (zweimalige Betätigung eines Morseschlüssels) oder gefüllte Intervalle (Betätigung während der gesamten Reproduktion) verwandte.

Bei derartig variierenden Ergebnisssen erübrigt sich eine genaue Analyse gewisser Hypothesen. Es ist viel über die Ursachen der relativen Überschätzung von gefüllten Dauern diskutiert worden. Im allgemeinen nahm man an, daß die Aufmerksamkeit vor allem auf gefüllte Dauern gerichtet sei und diese somit überschätzt würden; dies entspricht einer Hypothese von *Meumann,* die das von *Piaget* direkt angesprochene Zentrierungsphänomen schon vorausnimmt. In jedem Falle handelt es sich also um ein Problem der *Einstellung*, die in Abhängigkeit von der Person, der relativen Position der Stimuli, den Instruktionen und der Schätzungsmethode variieren kann *(Curtis 1916)*.

4. Die Dauer von kontinuierlichen Veränderungen

In allen bisher erwähnten Fällen war die Dauer die eines gleichbleibenden Stimulus oder die eines Intervalls, das von Stimuli derselben Modalität abgegrenzt war. Die wahrzunehmende Dauer kann aber auch die einer Veränderung sein. Hierbei muß man, wie auch *Piéron* meint, zwei Fälle unterscheiden: Einmal gibt es eine Veränderung in der Position des Stimulus, d. h. Bewegung; zum anderen verändert sich der Stimulus in Qualität oder Intensität, z. B. eine sich allmählich verändernde Farbe oder ein intensiver werdender Ton.

Welches sind die Wahrnehmungsgesetze für die Dauer jener Veränderungen?

A. Der Einfluß des Raumes auf die Dauer

Wenn sich zwei Stimuli in einem bestimmten Abstand voneinander im Raum befinden und zeitlich aufeinander folgen, dann wird man beobachten, daß die merkliche Dauer des Zeitintervalls bis zu einem gewissen Grad um so länger wird, je größer der Abstand ist.

Dieser Sachverhalt ist für den visuellen Raum *(Abbe 1936, 1937, Cohen,*

Hansel und *Sylvester 1953*) und für den taktilen Raum *(Suto 1952, 1955)* verifiziert worden.

In den Experimenten verfährt man folgendermaßen: Die Aufgabe der Personen besteht darin, zwei durch drei aufeinanderfolgende Stimuli abgegrenzte Zeitintervalle zu vergleichen. Wenn bei gleich langem Zeitintervall der Abstand zwischen dem zweiten und dem dritten Stimulus größer ist, so erscheint das zweite Intervall länger. Bei einem Abstandsverhältnis von 1 : 10 beobachteten *Cohen, Hansel* und *Sylvester* einen Effekt von 12%. Im Fall einer Reizung auf den Unterarm ist die Wirkung ähnlich *(Suto 1955)*. *Cohen, Hansel* und *Sylvester* nannten diese Wirkung *Kappa*-Effekt im Gegensatz zu einem Angleichungsphänomenon, dem von *Helson* und *King* (1931) untersuchten *Tau*-Effekt. *Benussi* (1917) zufolge haben diese Autoren aufgezeigt, daß der Abstand zwischen zwei aufeinanderfolgenden taktilen Stimulationen abhängig ist von dem Zeitintervall, das sie trennt. Letzteres ist um so länger, je größer der merkliche Abstand erscheint.

Die Interaktion von Raum und Zeit (*Kappa*-Effekt) ist für den Tastsinn, wie es *Suto* (1955) demonstrierte, direkt an die visuelle Wahrnehmung des Raumes gebunden. Er zeigte, daß während des Vergleiches von zwei Zeitintervallen, die durch drei Erregungspunkte auf dem Unterarm abgegrenzt waren, bei geschlossenen Augen visuelle Bilder auftraten. Führt man dieses Experiment mit Blinden durch, die ihr Augenlicht schon in früher Kindheit verloren hatten, dann zeigt sich, daß diese visuellen Bilder bei ihnen nicht auftreten; die Japaner nennen dies S-Effekt. Die Blinden überschätzen die Zeit nicht in Abhängigkeit vom Raum, da sie die Erregungspunkte nicht verräumlichen. *Sudo* (1941) und später *Suto* (1959) zeigten, daß beim Gesichtssinn die Wirkung des Raumes nicht von der physikalischen, sondern von der empfundenen Ausdehnung abhängt. In dem Experiment von *Sudo* beispielsweise erfolgten die drei Stimulationen in der Form des Winkels einer *Müller-Lyerschen* Figur, und diese optische Täuschung hat die merkliche Dauer der beiden Zeitintervalle beeinflußt. Auch *Suto* bestätigte, daß gleichbleibende Abstände die relative Gleichheit der Zeitintervalle zur Folge haben. Der S- oder *Kappa*-Effekt wird darüber hinaus noch durch die Richtungen beeinflußt (*Cohen, Hansel* und *Sylvester 1955*). Der Effekt erreicht bei einem Richtungsverlauf von oben nach unten ein Maximum, umgekehrt von unten nach oben ein Minimum, und in den horizontalen Richtungen ist der Effekt intermediär. Jenen Autoren zufolge könnte der Effekt neben dem Abstand ebenfalls durch die Erfahrung der Bewegungsgeschwindigkeit infolge der räumlichen Richtung verursacht werden: Beschleunigung nach unten, Verlangsamung nach oben und gleichbleibende Geschwindigkeit auf horizontaler Ebene.

B. Die Auswirkung der Geschwindigkeit von Veränderungen

Wie wirkt sich die Geschwindigkeit von Veränderungen auf die Dauer aus? *J. F. Brown* (1931 b) hat in einem sehr einfallsreichen Experiment bewiesen, daß die Zeit um so kürzer erscheint, je höher die Geschwindigkeit ist. Er ließ vor der Person einen Papierstreifen mit einer kleinen Figur darauf vorüberziehen, die sich zwischen zwei seitlich befestigten, den Verlauf der Figur begrenzenden Schirmen bewegte. Die Person hatte die Aufgabe, die Geschwindigkeit der Figur so zu regulieren, daß die Erscheinungsdauer der Figur gleich der eines Zeitintervalls zwischen zwei akustischen oder visuellen Signalen war. Dann erhöhte *Brown* die merkliche Geschwindigkeit der Figur, indem er einfach die Beleuchtung abschwächte. Denn bei gleicher Geschwindigkeit war die empfundene Geschwindigkeit höher, wenn eine entsprechende Seite schwächer beleuchtet worden war *(Brown 1931 a)*. Dabei ergab sich durch die Modifikation der merklichen Dauer auf der phänomenologischen Ebene folgende Gleichung: $t = \frac{s}{v}$. *Cohen* und seine Mitarbeiter (1955) haben *Browns* Ergebnis mit dem *Kappa*-Effekt verglichen und festgestellt, daß die Zeit länger erscheint, wenn der Abstand zwischen zwei Stimulationen vergrößert wird; auch *Brown* erhielt dieses Ergebnis, als er die Geschwindigkeit senkte. In beiden Fällen weisen die Ergebnisse auf das allgemeine Gesetz eines inversen Einflusses des Raumes und der Geschwindigkeit auf die Zeit hin, während *Cohen* dieses als Effekt einer alltäglichen Erfahrung betrachtet.

Es ist jedoch evident, daß die perzeptiven Schätzungen der Dauer in den soeben erwähnten Experimenten weder Konstruktionen und schon gar keine Deduktionen sind. *Koffka* (1935, 296) sagte ganz richtig, die Erfahrung der Zeit hängt von allen Faktoren des Wahrnehmungsfeldes ab. Zwischen Raum und Zeit gibt es eine lineare und reziproke Interaktion (*Kappa*- und *Tau*-Effekt). Sie beeinflussen sich gegenseitig etwa so, wie die Winkel der *Müller-Lyerschen* Figur die merkliche Länge der von ihnen abgegrenzten Linie beeinflussen.

Es ist in jeder Hinsicht sehr schwierig, den maßgebenden Einfluß des Abstandes und der Geschwindigkeit auf die Wahrnehmung der Dauer zu untersuchen.

Kinder meinen z. B., daß das, was schneller ist, auch länger andauert (*Piaget 1946 a*; oder The child's conception of movement and speed. New York: Basic Books 1970, *Fraisse* und *Vautrey 1952*). Häufig aber machen Erwachsene denselben Fehler *(Piaget 1961, Fraisse 1962)*. Es ist in der Tat sehr schwierig, genau herauszufinden, was dem Einfluß der Geschwindigkeit zuzurechnen ist. In *Piagets* Experimenten bedeutet schneller gleich mehr wahrgenommene Ereignisse (Gegenstände, die sich auf einem Faden fortbewegen), und in den Untersuchungen von *Fraisse* entspricht schneller sowohl einer längeren durchlaufenen Strecke wie auch einer kürzeren Durchgangsdauer von aufeinanderfolgenden bewegten Gegenständen (bei Dauern von 5 und 10 sec).

Das Problem kann offenbar nicht so einfach abgehandelt werden wie es in den von *Brown* durchgeführten Experimenten der Fall ist. *Bonnet* (1965) ließ z. B. gleich lange Dauern schätzen, wobei jedoch die bewegten Objekte dreimal längere Wegstrecken bei dreimal niedrigerer Geschwindigkeit zurücklegen (und reziprok). Diese Variablen haben aber keinerlei Auswirkung, denn es findet eine Art Ausgleich statt. In einer zweiten Untersuchung fand er bei kürzeren Dauern (2 sec und 0,8 sec) die Tendenz der Personen, eher die längere Dauer wahrzunehmen, das heißt ein Objekt, das mit geringer Geschwindigkeit eine kurze Wegstrecke zurücklegt, als diejenige, bei der ein Objekt mit hoher Geschwindigkeit eine lange Wegstrecke zurücklegt.

Das Problem ist noch weitgehend ungelöst.

Es gibt ebenfalls einen Zusammenhang zwischen der Dauer und der Geschwindigkeit bei Qualitäts- oder Intensitätsveränderungen. Die merkliche Dauer eines Tones von zunehmender Intensität ist um so kürzer, je stärker sich die Geschwindigkeit erhöht (*Fraisse* und *Oléron 1950*). Wenn zwei Intervalle durch ansteigende Tonhöhen abgegrenzt sind, dann ist offenbar auch der Höhenunterschied um so geringer, je kürzer das Intervall erscheint (akustischer *Kappa*-Effekt) (*Cohen, Hansel* und *Sylvester 1954*).

Diese Fälle sind mit den Ergebnissen von *C. O. Weber* (1926) vergleichbar. Wenn die Person eine Bewegung mit vorgegebener Dauer (die durch zwei aufeinanderfolgende Töne angezeigt wird) und vorgegebener Länge ausführen soll, ist die produzierte Dauer um so länger, je größer die damit verbundene Anstrengung ist (das Experiment wurde mit einem Kinematometer von *Michotte* bei unterschiedlicher Belastung durchgeführt). Das bedeutet, daß das produzierte Intervall um so höher unterschätzt wird, je größer die dafür nötige Anstrengung ist.

5. Die Unterschiedsempfindlichkeit

Die Unterschiedsempfindlichkeit ist hauptsächlich in Deutschland Mitte des 19. Jahrhunderts in der von *Fechner* begründeten Psychophysik untersucht worden. Die Ergebnisse sind aber unbefriedigend, da die Methoden noch nicht standardisiert und die Anzahl der Personen sehr gering waren. Die in den letzten 30 Jahren erhaltenen Ergebnisse liefern uns dagegen präzisere und konsistentere Resultate.

Es wurden hauptsächlich zwei Methoden verwandt: die Vergleichs- und die Reproduktionsmethode. Im ersten, klassischen Fall wird die Schwelle mittels der Differenz der Dauer zwischen einem konstanten und einem variablen Stimulus errechnet, wobei die Differenz nicht immer wahrnehmbar ist. Im zweiten Fall wird für die Reproduktionen ein Streuungsmaß verwandt.

Goodfellow (1934) zeigte, daß mit beiden Methoden durchaus vergleichbare Ergebnisse zu erzielen sind, allerdings muß für den *Mittelwert* berücksichtigt werden, daß die Interkorrelationen der mit verschiedenen Methoden erhaltenen Ergebnisse bei akustischen Stimuli durchschnittlich nur 0,5 betragen. Hier spielen vermutlich individuelle Einstellungsunterschiede eine Rolle.

Wir wollen nun die Schwellenwerte der am eingehendsten untersuchten Fälle nacheinander aufführen.

A. Leere Zeit (Gehörsinn)

Blakely (1933) fand mittels der Vergleichsmethode, daß zwischen 0,2 und 1,5 sec der Schwellenwert unter 10% liegt mit einem Minimum von 8% für die Dauern von 0,6–0,8 sec. Er steigt von 10 auf 16% an, wenn sich die Dauern von 2 auf 4 sec verlängern; und für die Dauern zwischen 6 und 30 sec erreicht die Schwelle bis zu 20 und 30%. *Mach* (1865) erhielt ein Minimum von 5% für 0,4 sec und *Goodfellow* 6,5% für 1 sec. Diese Ergebnisse sind äquivalent und stimmen mit den mittels der Reproduktionsmethode erzielten Ergebnissen überein. *Woodrow* (1930) ermittelte für eine Vielzahl von Dauern folgende Schwellenwerte (Abweichung vom Mittelwert):

0,2 sec	10,3%	
0,6 sec	7,8%	(Minimum)
1,0 sec	8,6%	
2,0 sec	10,1%	
4,0 sec	16,4%	
5 bis 30 sec	16 bis 17%	

Woodrow ließ dasselbe Intervall 50mal aufeinanderfolgend reproduzieren. Wir erhielten höhere Schwellenwerte: 12 bis 14% für die Dauern von 0,2 bis 1,5 sec und 12 bis 20% für die Dauern von 0,3 bis 12 sec, sofern die Person die zu reproduzierende Intervalldauer nicht schon im voraus wußte *(Fraisse 1948 c)*.

Umgekehrt kann der Schwellenwert nach einem systematischen Training erhöht werden: *Hawickhorst* (1934) erhielt nach dem Training eine Schwelle von 3,6% für ein Intervall von 1 sec. Auch *Renshaw* (1932) erzielte nach einem 159tägigen Training bei 5 Personen in der Reproduktion der Dauer von 1 sec eine durchschnittliche Variabilität von 1,2%.

B. Gefüllte Zeit (Gehörsinn)

Die Unterschiedsschwellen für gefüllte Dauern sind denen der leeren Dauern sehr ähnlich *(Blakely 1933, Stott,* nach *Woodrow 1951)*.

Für sehr kurze Dauern steigt die Unterschiedsschwelle rapide an; für 40 millisec beträgt sie 12% und für 0,4 millisec 40% *(Small* und *Campbell 1962)*. Auch kann der Schwellenwert entweder infolge einer Konditionierung eines elektrischen Hautreflexes auf die Dauer, oder wenn die Person ihre von den numerischen Werten abweichenden Schätzungen erkennt, gesenkt werden. Im ersten Fall verringert sich die Variabilität der Reproduktionen (durchschnittlicher Fehler) von 20% auf ungefähr 8%, wenn man die Ergebnisse für die Dauern von 3 bis 10 sec vor und nach der Konditionierung vergleicht *(Elkine 1965)*.

C. Leere und gefüllte Zeit (Gesichts- und Tastsinn)

Für die Dauer eines Lichtreizes fand *Blakely* (1933) ähnliche Werte wie für die des Gehörsinns. Diese Ergebnisse stimmen mit denen von *Hulser* (1924) überein, der für die Schätzung der Dauer eines unbewegten Lichtpunktes einen Schwellenwert von 10,3% für 0,75 sec erhielt, 6,5% für 1,55 sec und 5,4% für 2 sec, entsprechend dem von *Quasebarth* (1924) erhaltenen Schwellenwert von 7% für die Darbietungsdauer eines unbewegten Lichtpunktes von 2 sec und 14% für 8 sec Dauer. Die Unterschiedsschwellen befinden sich für kontinuierliche elektrische Hautreizungen in der Größenordnung von 4 bis 7% bei Dauern zwischen 0,5 und 1,5 sec *(Hawkes* und *Warm 1961)*.

In einer systematischen Untersuchung vergleicht und präzisiert *Goodfellow* (1934) Unterschiedsschwellen für die Intervalle, die 1 sec andauern und von akustischen, visuellen und taktilen Stimuli abgegrenzt sind. Er ordnet

die erhaltenen Ergebnisse nach den drei Meßmethoden (Konstanz-, Grenz-
und Reproduktionsmethode) und erhält folgende Schwellenwerte:

Für den Gehörsinn 7,0%   Tastsinn 9,5%   Gesichtssinn 11,5%

Die Unterschiedsempfindlichkeit ist also etwa gleich hoch, obwohl sie für
den Gesichtssinn ein wenig genauer ist, was sich vermutlich auf die Modalität der abgrenzenden Stimuli zurückführen läßt. Die Unterschiede sind
wohl auch damit erklärbar, daß es ungewöhnlich ist, die Dauern von
visuellen und taktilen Stimulationen zu schätzen. Diese Annahme stützt sich
auf die Untersuchung von *Gridley* (1932), der einen Test von *Seashore* zur
Ermittlung des Zeitsinnes zugrunde legte, in dem zwei aufeinanderfolgende
Intervalle, abgegrenzt durch zwei Tonpaare, geschätzt werden sollen. *Gridley* modifizierte diesen Test, wobei er die Töne durch taktile Stimulationen
ersetzte. Beim Vergleich der beiden Untersuchungsergebnisse ergaben sich
etwas niedrigere Werte für den Tastsinn (72,8% Treffer) als für den
Gehörsinn (77,8% Treffer). Wurde der Test jedoch ein zweites Mal durchgeführt, dann zeigte sich eine Verbesserung um 2% für den Gehörsinn und
4,1% für den Tastsinn. Es wäre also denkbar, daß der beobachtete Unterschied durch Übung reduziert worden ist.

Abschließend ist noch auf einen besonderen Fall bei der Bestimmung der
Unterschiedsempfindlichkeit hinzuweisen, und zwar wenn die Schwelle
beim Vergleich von zwei Frequenzen ermittelt wird. In dieser besonderen
Situation fand *Michon* (1964) einen Schwellenwert von 0,9% für Intervalle
zwischen 100 und 200 millisec; er steigt ab 200 bis 300 millisec stark an und
beträgt zwischen 300 und 1000 millisec 2%. Man muß allerdings anmerken,
daß die Wahrnehmung einer Frequenz und die eines Intervalls nicht vergleichbar sind.

D. Das Weber-(Fechner)sche Gesetz

Die im 19. Jahrhundert durchgeführten Arbeiten über die Zeitwahrnehmung behandelten vorrangig die Frage, ob das *Webersche* Gesetz auf die
Zeit anwendbar sei. *Fechner* verteidigte zwar diese Auffassung mit Nach-
druck, doch zwischen den Autoren differierten die Ergebnisse erheblich,
woraus *Nichols* schon 1890 schloß, daß das *Webersche* Gesetz für die Zeit
nicht gültig sei. Diese Ansicht ist auch von *Bonaventura* (1929), von *Maack*
(1948) und *Woodrow* (1951) unterstützt worden.
Einleitend müssen wir folgendes anmerken. Das *Webersche* Gesetz gilt im
wesentlichen für Verhältnisunterschiede der *Intensität* mehrerer Stimulatio-

nen. Gewiß, *Fechner* hat das *Webersche* Gesetz zu generalisieren versucht, während *Kiesow* (*1925*, nach *Piéron 1955*) meinte, dieses Gesetz sei nur ein Einzelfall eines allgemeineren Gesetzes, demzufolge man nur für Verhältnisunterschiede empfindlich sei. Selbst wenn dieses Gebiet so weit ausgedehnt wird, gilt das Gesetz dennoch nur für Intensitätsveränderungen ein und desselben Stimulus und nicht für Qualitätsveränderungen.

Im Fall der Wahrnehmung von Dauern haben wir gesehen, daß ein „mehr oder weniger" großer Unterschied erhebliche Qualitätsveränderungen zwischen den Intervallen zur Folge hat. Demnach ist zu erwarten, daß das *Webersche* Gesetz hier nicht gilt.

Andererseits wird in den entsprechenden Arbeiten nicht unterschieden zwischen den wahrnehmbaren Dauern bis 2 oder 3 sec und den längeren nicht mehr wahrnehmbaren Dauern.

Was besagen nun diese Resultate? Wenn wir wieder auf die in den Abschnitten A und B angegebenen Zahlen, insbesondere auf jene von *Woodrow* verweisen, ist festzustellen, daß die relative Unterschiedsschwelle zwischen 0,2 und 2 sec in etwa konstant ist; sie variiert lediglich von 7 bis 10%. Sicherlich, man findet unter allen Ergebnissen immer einen Wert, der einem Empfindlichkeitsoptimum entspricht und im großen und ganzen mit der Dauer des Indifferenzintervalls, d. h. etwa 0,75 sec, übereinstimmt. Dieses ist aber nicht außergewöhnlich, denn in allen Fällen, in denen das *Webersche* Gesetz verifiziert worden ist, erreicht der Unterschiedsquotient ein Minimum und steigt wieder an, wenn die Intensität sich erhöht oder verringert.

Treisman (1963) hingegen erhielt in einer Reihe von Experimenten dieses Minimum nur, wenn die Reaktion der Person rhythmischer Art war (Reproduktion oder Produktion von leeren Dauern). In allen anderen Fällen, d. h. bei der Reproduktion und Produktion von gefüllten Dauern (Ton- bzw. Lichtreize), fand er keinen Minimumwert des *Weberschen* Quotienten, jedoch für die Dauer von 250 millisec bis 9 sec eine proportionale Verminderung: $\Delta T = k (T + a)$, wobei a und k Konstanten sind. Selbst in diesem Fall könnte immer wieder ein Minimum auftreten, wenn die Person im Geist, mit Kopfbewegungen etc. zählt.

Einige deutsche Autoren* nahmen an, daß die relative Unterschiedsschwelle nach einer periodischen Gesetzmäßigkeit variiere bzw. daß es mehrere Minimumwerte für die Empfindlichkeit gäbe (*Estel 1885, Mehner*

---

* In diesem Zusammenhang siehe *Nichols* (1890) und *Bonaventura* (1929), die sich jenem Standpunkt in gewisser Weise anschließen. Sie nahmen an, daß es drei Minimumwerte für die Empfindlichkeit gäbe: 0,35–0,40 sec, 0,70–0,80 sec und 2,15–2,5 sec.

1885 und *Glass 1887*). Die entsprechenden Methoden und die geringe Versuchspersonenanzahl hatte jedoch schon *Fechner* kritisiert. Jenes Phänomen ist bisher in keiner Untersuchung wieder beobachtet worden, und inzwischen ist dieser Problembereich nur noch von historischem Interesse. Die relative Konstanz des Unterschiedsquotienten wurde vermutlich deshalb nicht beobachtet, weil man nie differenziert hat zwischen wahrgenommenen Dauern und Dauern, die nur geschätzt werden. Dies wird durch folgende Tatsache angedeutet: Das *Webersche* Gesetz läßt sich, wie wir noch sehen werden (Kap. VII, S. 214), durchaus auf geschätzte Dauern anwenden, nur ist in diesem Fall der Unterschiedsquotient größer, etwa 20%. *Woodrows* Ergebnisse (1930) demonstrieren, daß sich der Unterschiedsquotient zwischen 2 und 4 sec verändert, entsprechend, wie wir meinen, der im Apprehensionsprozeß oder im Prozeß der Schätzung stattfindenden Veränderung.

Ausgehend vom *Fechnerschen* Gesetz kann man sich auch fragen, ob wahrgenommene Dauern ein Kontinuum bilden in Relation zum Logarithmus physikalischer Dauern. Die Frage ist nicht leicht zu beantworten. *Edgell* (1903) verwandte *Plateaus* Methode der mittleren Abstufungen, die darin besteht, einen Wert für einen Stimulus zu finden, der genau in die Mitte zwischen zwei weiteren Stimuli fällt, wobei der eine kleiner und der andere größer ist und die Unterschiede zwischen dem gewählten Stimulus und den anderen Stimuli gleich erscheinen. Sofern das *Fechnersche* Gesetz gilt, entspricht der Wert dieses Stimulus dem geometrischen und nicht dem arithmetischen Mittel der beiden angrenzenden Stimuli. *Edgell* beobachtete auch, daß die Schätzung einer intermediären Dauer zwischen zwei weiteren Stimuli ganz genau ihrem arithmetischen Mittel entsprach. Dagegen läßt sich einwenden, daß die Durchführung der Aufgabe so schwierig ist für die Person, daß die Ergebnisse variabel und daher in Frage zu stellen sind.

Stevens schlug für die logarithmische Funktion *Fechners* die Substitution eines Exponentialgesetzes vor, wobei er eine Empfindung zu finden versuchte, die im Vergleich zu einer anderen halb oder doppelt so stark zu sein scheint. Einige Autoren haben mittels sukzessiver Approximation subjektive Intensitätsskalen, d. h. den unterschiedlichen Stimuligrößen entsprechende Empfindungsabstufungen erstellt. Für die Messung von Empfindungen nahm man Einheiten, um die Empfindungen im Verhältnis zueinander bewerten zu können. So entstand z. B. der Begriff „sone" für die wahrgenommene Intensitätseinheit von Tönen *(Stevens)*, „veg' für die Empfindung des Gewichts, „gust" für die des Geschmacks, „dol" für die Schmerzintensität und „bil" für die Lichtempfindung.

Auch *Gregg* (1951) versuchte, eine subjektive Skala für die Dauer zu erstellen mit dem Ziel, diejenigen (gefüllten) Dauern herauszufinden, die halb so lang wie die Stimuli von 0,4; 0,8; 1,6; 2,4 und von 4,8 sec Dauer erscheinen. Beim Ausgleich der durch die zeitlichen Positionen entstehenden Fehler beobachtete er, daß die Schätzungen der Personen im Durchschnitt einem (etwa) halb so lang andauernden Stimulus entsprachen (einige Personen überschätzen und andere unterschätzen systematisch). Dies bestätigt das von *Edgell* mittels einer anderen Methode erzielte Ergebnis. Es ist aber nicht ganz verständlich, warum auch *Gregg* eine subjektive Zeitskala mit der Einheit „temp", entsprechend 1 sec, erstellte, denn „½ temp" soll eine Dauer von 0,5 sec (ab 5/1000) und zwei „temp" eine Dauer von 2 sec messen.

Ross und *Katchmar* (1951) wollten ebenfalls leere Dauern skalieren. Auch sie fanden, daß insgesamt die geschätzte Hälfte einer Dauer der physikalischen Hälfte entsprach, wobei sie die infolge der Position entstandenen Fehler nicht berücksichtigten. Sie wiederum schlugen als Einheit „chron" vor, entsprechend der empfundenen Dauer von 10 sec.

Ekman und *Frankenhaeuser* (1957) meinten ebenfalls, für die Dauern von 1 bis 20 sec ein Exponentialgesetz (mit einem Exponenten von 1,55) gefunden zu haben. Ihre Ergebnisse sind jedoch strittig, da der zeitliche Positionsfehler bei der Erstellung dieser Zeitskalen eine große Rolle spielt, denn der Bezugswert ist nicht linear mit der Reproduktion vergleichbar, um zu erkennen, ob letztere gleich oder halb so lang ist wie der Bezugswert. Nach ihren Ergebnissen sind die Reproduktionswerte von gleicher Länge beträchtlich kürzer als der Bezugswert, während die halb so langen Reproduktionswerte dieser Gesetzmäßigkeit nicht unterliegen, was wiederum die These der Exponentialfunktion bestätigen würde. Des weiteren tritt ein Verankerungseffekt auf, wobei die kürzesten Dauern überschätzt und die längsten Dauern unterschätzt werden.

Hinsichtlich der methodischen Kriterien sind die Arbeiten von *Björkman* und *Holmkvist* (1960), deren Ergebnisse auch mit denen von *Gregg* übereinstimmen, sehr zufriedenstellend. Die Personen mußten einen Ton (es wurden Dauern zwischen 1 und 7 sec verwandt) so regulieren, daß dieser gleich oder halb so lang wie ein Bezugswert war. Dabei durften sie (um den zeitlichen Positionsfehler weitestgehend zu eliminieren) den Bezugston und die regulierten Werte hören so oft sie wollten.

Unter diesen Bedingungen ergaben sich für ein Intervall von 0,1 sec zwischen den beiden Tönen bei der Regulierung auf die gleiche Länge S_1 und auf die halbe Länge $S_{1/2}$ folgende Werte:

Bezugswert in sec	S_1	$S_{1/2}$
1,0	0,921	0,410
2,5	2,047	1,028
4,0	3,253	1,612
5,5	4,472	2,311
7,0	5,784	2,919

Abgesehen von einer leichten Unterschätzung während der Angleichung, entspricht der Wert für die empfundene halbe Länge eines Tones genau dem auf die halbe Länge regulierten Wert. Dieselben Autoren bestätigten mit der Reproduktionsmethode auch *Ekman* und *Frankenhaeusers* Ergebnisse, die allerdings gleichermaßen zu kritisieren sind. Der Streitpunkt wurde jedoch nichtig, als *Stevens* (1961) für die Exponentialfunktion den Wert 1,1 angab, welcher unter Berücksichtigung der Unschärfe dieser Methode nur geringfügig von 1 abweicht. *Chatterjea* (1964) erhielt schließlich einen Exponentialwert von 1,02.

Sofern die empfundenen Dauern den physikalischen Dauern direkt proportional sind, sind die subjektiven Zeitskalen nicht mehr von Bedeutung.

Hieraus läßt sich also schließen, daß das *Fechnersche* und das *Webersche* Exponentialgesetz nicht für wahrgenommene Dauern gültig ist. Die Unterschiedsempfindlichkeit für *wahrgenommene* Dauern ist dagegen relativ konstant, was wieder einmal zeigt, daß die Gesetze von *Weber* und *Fechner* nicht äquivalent sind.

6. Die Wirkung von Einstellungen

Alle bisher an den ernst zu nehmenden Untersuchungen aufgezeigten Gesetzmäßigkeiten gelten für die Effekte der Zentraltendenz bei Gruppen von Individuen. Es gibt aber nur wenige Forschungsergebnisse, in denen man keine großen individuellen Unterschiede gefunden hätte, mitunter sogar ausgeprägt bis zur Umkehrung des Phänomens wie z. B. Unterschätzung statt Überschätzung. Auf diesem Gebiet scheint es auch zahlreiche Arbeiten zu geben, die untereinander widersprüchlich sind.

Wichtig ist es zu erkennen, welchen entscheidenden Einfluß die Einstellung der Person auf die Zeitwahrnehmung hat. Dies ist für jeden Wahrnehmungsbereich schon von den Autoren der Würzburger Schule und später dann vor allem auf experimenteller Basis von *Bruner* und seinen Mitarbeitern untersucht worden. Was die Bewertung dieser Arbeiten betrifft, s.

Fraisse (1953). Wahrnehmungen sind abhängig von der Modalität der Stimulationen, aber auch von der subjektiven „Hypothese", mit der sie erfaßt werden. Diese subjektive Hypothese hängt wiederum von früheren Erfahrungen, dem Wahrnehmungskontext und der Persönlichkeit des Individuums ab, denn jene Faktoren sind für die Einstellungen bestimmend. Je weniger zwingend ein Ereignis ist, eine um so größere Bedeutung haben diese Einstellungen. Sie wirken sich nicht nur auf die ständige Selektion sensorischer Informationen und die ihnen beigemessene Bedeutung aus, sondern sie können sogar die merkliche Größe der Objekte modifizieren. Das hat ein Experiment von *Bruner* und *Goodman*, in dem Kinder aus armen Familien die Größe von Geldmünzen überschätzen, bewiesen.

Man könnte zu Recht meinen, daß Einstellungen einen größeren Einfluß auf die Zeit als auf den Raum haben, da jede Wahrnehmung sukzessiver Elemente an sich schon durch einen schnellen Vorübergang charakterisiert ist, während bei der räumlichen Wahrnehmung eine Gegenüberstellung des wahrgenommenen Objektes mit dem ursprünglichen Objekt möglich ist.

Die Divergenz der erhaltenen Ergebnisse ist also nicht ohne Grund mit Einstellungsunterschieden erklärt worden, nur hat man die Kontrolle dieses Faktors nicht hinreichend systematisiert, sondern lediglich unterschiedliche Instruktionen verwandt. Hinsichtlich der Schätzung von Dauern kennen wir selbst nicht einmal genau alle Einflußmöglichkeiten von Einstellungen. Vermutlich ist ein großer Teil der Tatsache zuzuschreiben, daß sukzessive Empfindungen untereinander mehr oder weniger organisiert sind. Diese Organisation kann auf die Modalität der Stimulationen zurückzuführen sein, aber auch auf die Einstellung des Individuums. Wenn z. B. in einem Reproduktionsexperiment die Person die Aufgabe hat, ihre Aufmerksamkeit auf die begrenzenden Töne zu richten und diese als Ton-Paar zu reproduzieren, dann ist das reproduzierte Intervall erheblich kürzer, als wenn die Person veranlaßt wird, die Grenztöne passiv zu hören und ihre Aufmerksamkeit auf die das Intervall ausfüllenden Empfindungen zu richten *(Woodrow 1933)*. Wir wollen Benussi folgen und ein allgemeineres Beispiel anführen: Man vermutet, daß ein Intervall um so höher überschätzt wird, je stärker es fixiert wird, d. h. je mehr Bedeutung dem Intervall beigemessen wird. Dieses Phänomen, mit dem *Benussi* die zeitlichen Positionsfehler zu erklären versuchte, tritt bei den Vergleichen von zwei aufeinanderfolgenden Intervallen auf. Von zwei gleichen, aufeinanderfolgenden Intervallen erscheint das fixierte länger als das nicht fixierte. *Quasebarth* (1924) bestätigte das, wobei die Personen die Anweisung erhielten, einem von zwei zu vergleichenden sukzessiven Intervallen passiv oder aktiv zuzuhören.

Diese Gesetzmäßigkeit wollen wir mit *Piagets* Untersuchungen der Zentrierung vergleichen. Im Laufe seiner Studie über die genetische Entwicklung von Wahrnehmungen kam er zu der Annahme, daß der fixierte Stimulus im Verhältnis zu den peripheren Stimuli überschätzt wird. Er verallgemeinerte dieses Gesetz der Zentrierung und weitete es auf jeden Stimulus aus, der in einem perzeptiven Vergleich dominant ist (weil er der Bezugsreiz oder Maßstab ist). Wir unsererseits konnten feststellen, daß die Auswirkungen dieser Zentrierung einer Zentrierung der Aufmerksamkeit, d. h. einer Orientierung an einem Stimulus entsprechen, wobei die fixierte Blickrichtung nur ein Einzelfall eines allgemeineren Phänomens ist (*Fraisse, Ehrlich* und *Vurpillot 1956*).

Diese Zentrierung kann in dem Gegenstand, der die Aufmerksamkeit einer Person erregt, begründet sein oder in der Person selbst, deren Einstellungen eine Aufmerksamkeitsrichtung herbeiführen. Hinsichtlich der Zeit kann Zentrierung hervorgerufen werden durch:

(a) Die Art der Aufgabe. Z. B. bewirkt der Vergleich normalerweise eine Zentrierung auf das zweite Zeitintervall, das bei der Beurteilung im Gedächtnis noch stärker präsent ist. Daraus folgt, daß der zeitliche Positionsfehler sich aufgrund der Überschätzung des zweiten Zeitintervalls im allgemeinen negativ auswirkt.

(b) Die Schwierigkeit, Zeit wahrzunehmen, wenn z. B. die Grenzen heterogenen Sinnesmodalitäten entsprechen.

(c) Die jeweilige Art der Dauer, die die Aufmerksamkeit stark erregt, z. B. höhere Intensität einer Grenze (leere Zeit) oder des kontinuierlichen Stimulus (gefüllte Zeit).

(d) Die Instruktion, die die Person so beeinflußt, daß ein Zeitintervall absolut oder relativ an Bedeutung gewinnt.

Gibt es einen Zusammenhang zwischen der Überschätzung von fixierten Intervallen und der Tatsache, daß die Zeitschätzungen länger sind, sobald die Aufmerksamkeit mehr auf die Dauer gerichtet ist als auf das, was andauert (die Gesetzmäßigkeit werden wir noch im Kap. VII analysieren)? *Benussi* versuchte, diesen Zusammenhang herzustellen. Wir meinen jedoch, ohne einen entscheidenden Beweis dafür zu haben, daß dies nicht zutrifft; denn die Wahrnehmungsbedingungen von kurzen Dauern sind im allgemeinen sehr verschieden von denen langer Dauern. Des weiteren würden diese Überschätzungen der Dauer, auf die die Person ihre Aufmerksamkeit richten soll, wesentlich häufiger in den Experimenten auftreten, in denen zwei Zeitintervalle miteinander verglichen werden müssen, d. h. wenn die Person sich in erster Linie auf die *Dauer* jedes Intervalls konzentriert. Warum sollte sie ihre Aufmerksamkeit einerseits mehr auf die Veränderungen selbst und andererseits auf die eigentliche Dauer richten?

Zusammenfassend kann man sagen, daß die Wahrnehmung der Dauer abhängig ist von den Einstellungen des Individuums, wobei der wichtigste Faktor die auf die wahrgenommene Zeit gerichtete Aufmerksamkeit zu sein scheint. Je größer diese Aufmerksamkeit ist, desto länger erscheint das Intervall.

Jedoch, wenn alle Dinge auf der Einstellungsebene gleichwertig sind, dann hängt die Wahrnehmung der Dauer von der Art der wahrgenommenen Veränderungen ab, die auf der Rezeptorebene unterschiedliche Erregungsprozesse und auf der Ebene des zentralen Nervensystems Wahrnehmungsprozesse, deren Organisation die merkliche Dauer bestimmt, hervorrufen.

Dritter Teil: Die Kontrolle über die Zeit

Der Mensch hat dem Tier gegenüber einen großen Vorteil; er kann sich über Veränderungen, die er in der Gegenwart wahrnimmt, hinaus noch weitere Veränderungen vorstellen.

Mittels dieser Repräsentationen können in einer gegenwärtigen Situation Vergangenheits- und Zukunftsperspektiven, die den Zeithorizont bilden, umfaßt werden.

In affektbetonten Reaktionen wird uns die Dauer bewußt zwischen dem gegenwärtigen Moment und einer zukünftigen Befriedigung. Aufgrund dieser Zeitempfindungen können wir eine bestimmte Dauer abschätzen, während unsere genaue Beurteilung eher auf der Quantität von Veränderungen, die wir feststellen, basiert.

Die Repräsentation von Veränderungen führt zu Repräsentationen von Sukzessionen und Dauern: Sobald diese gemeinsam auftreten, entsteht ein Zeitbegriff, der mit zunehmendem Lebensalter immer abstrakter wird. Der Mensch ist dann fähig, alle Veränderungsabfolgen und alle Zeitintervalle unabhängig von seiner unmittelbaren Erfahrung miteinander in Beziehung zu setzen. Damit hat er, sofern die Irreversibilität es erlaubt, eine Kontrolle über den fortwährenden Wechsel.

Die Ergebnisse der Entwicklungspsychologie bestätigen die von uns vorgenommenen Unterscheidungen der Modalitäten unserer Kontrolle über die Zeit: Schon Kinder können einen Zeithorizont und Zeitempfindungen haben. Sie sind imstande, die Dauer zu schätzen, bevor sie überhaupt einen Zeitbegriff besitzen.

Die gesamte Weite unseres Zeithorizontes und die größtmögliche Genauigkeit unserer Beurteilungen der Dauer erreichen wir jedoch erst dann, wenn wir mit Hilfe des Zeitbegriffes jede Veränderung rekonstruieren können.

Sechstes Kapitel: Der Zeithorizont

Wir leben nur in der Gegenwart, das heißt, unser Verhalten ist abhängig von der Gesamtheit dessen, was sie *hier und jetzt* determiniert. Die gegenwärtigen Anreize verweisen uns aber unablässig auf das nicht mehr und das noch nicht Seiende.

Die Gegenwart hat also mehrere Dimensionen: „die Gegenwart des Vergangenen, die Gegenwart des Gegenwärtigen und die Gegenwart des Zukünftigen" (St. Augustin, Confessions, S. 319; oder Bekenntnisse. Stutgart: Reclam 1967).

In der sich ständig verändernden Welt ist unsere Handlung in jedem Moment nicht allein von der Situation, in der wir uns gerade befinden, abhängig, sondern vor allem davon, was wir erlebt haben und noch von der Zukunft erwarten. Dem trägt jede unserer Handlungen, manchmal explizit, immer aber implizit Rechnung.

Man kann mit anderen Worten sagen, daß jede Handlung sich in eine Zeitperspektive einfügt, das heißt, sie ist selbst in dem Moment, in dem wir sie ausführen, von unserem *Zeithorizont* abhängig.

Bevor wir dies analysieren, wäre eine Eingrenzung des Untersuchungsgegenstandes hilfreich, wobei einerseits unterschieden werden soll zwischen dem vom Menschen konstituierten Zeithorizont und der bloßen Ahnung, die vielleicht das Tier davon hat, und andererseits dem Zeitbegriff, den ein Erwachsener in vollem Besitz seiner Intelligenz erworben hat.

In gewissem Sinne besitzt schon das Tier einen Zeithorizont. Es scheint zwar nur in einem Universum von Wahrnehmungen zu leben, in dem offenbar nichts mehr gilt als eine gegenwärtige Wahrnehmung, doch ist jede von ihnen ein Signal, so daß das Tier bereits auf die Vergangenheit bezogen ist. Denn die Signalbedeutung eines Stimulus ist durch frühere Erfahrungen erworben worden, und zwar als sich zwischen den neutralen – später konditionierten – Stimuli und den Reaktionen Verbindungen hergestellt haben.

Die Signal-Wahrnehmung bestimmt ebenfalls die Aktivität; denn scheint es nicht immer so, als sei letztere zielgerichtet? Der konditionierte Stimulus determiniert das Antizipationsverhalten, wie z. B. die Nahrungssuche, Fluchtreaktionen etc. Eine Ratte, die Nahrung anhäuft, verhält sich so, wie wenn sie den Mangel an Nahrung voraussehen könnte. Dieses Verhalten ist zwar instinktiv, aber es bezieht sich dennoch auf die Vergangenheit, denn diejenigen Tiere, denen es sehr oft an Nahrung mangelt, häufen davon auch am meisten an *(Morgan, Stellar, Johnson 1943)*.

Das Tier bezieht sich in seinem Verhalten jedoch nicht explizit auf die Vergangenheit, auch ist es nicht zielgerichtet, sein zeitlicher Horizont bleibt immer implizit, es verhält sich so, „wie wenn ...". Bisweilen verhält sich selbst der Mensch so, doch ist er darüber hinaus fähig, bewußt alle Zeitdimensionen zu entfalten. Einerseits ruft er sich die Vergangenheit ins Gedächtnis zurück, indem er eine *Erzählung* daraus macht. Und zwar erkennt er, daß die Vergangenheit seiner früheren Erfahrung angehört, ein Erkennen, das aber erst in dem Moment vollkommen ist, in dem die Erinnerung zeitlich genau lokalisierbar ist. Andererseits sind seine Handlungen auf *Pläne* ausgerichtet, die er sich in der Zukunft vorstellt.

Erzählungen und Pläne unterscheiden sich von der Phantasie insofern, als sie immer einen zeitlichen Bezug zu früheren und nachfolgenden Veränderungen aufweisen, so daß sie im Verhältnis zur erlebten Gegenwart zeitlich festgelegt werden können.

Aus diesem Grunde können wir uns, ohne eine „Zeitvorstellung" zu haben, Vergangenheit und Zukunft vergegenwärtigen. Hier tritt ein ganz feiner, aber wichtiger Unterschied auf zwischen dem Zeithorizont und dem Zeitbegriff. Die dem Zeitbegriff zugrundeliegende Homogenität (Kap. VIII) ist verschieden von der Repräsentation eines oder mehrerer vergangener bzw. zukünftiger Ereignisse. Die Repräsentation eines Ereignisses hat von dem Moment an einen zeitlichen Charakter, wo sie im Verhältnis zu anderen Ereignissen festgelegt wird. Am einfachsten stellt sich das in der Gegenwart dar, einem besonderen Augenblick, der die beiden Seiten unserer Erfahrung determiniert. Normalerweise erfolgt die genaue zeitliche Lokalisation derart, daß die Ereignisse immer enger miteinander in Beziehung gesetzt werden. So gelangen wir zu der Bildung von zeitlichen Perspektiven, analog den räumlichen Perspektiven. Die Repräsentation der Vergangenheit oder der Zukunft erfolgt also nicht aufgrund irgendeines abstrakten Zeitschemas, sondern auf der Basis von Ereignisreihen, die sich sukzessiv anordnen lassen.

Die vollständige Repräsentation der Sukzession ist nur mit einem erworbenen Zeitbegriff möglich, denn nur so können unterschiedliche natürliche Ereignisreihen und deren Intervalle berücksichtigt werden. Das zeigt aber auch, daß der Zeitbegriff für die Bildung des Zeithorizontes nicht erforderlich ist, da letzterer schon bei Kindern in einem Entwicklungsstadium, in dem sie zu operationalem Denken noch gar nicht fähig sind, existiert.

In der ersten Phase ist der Zeithorizont lediglich eine Manifestation des Gedächtnisses, und er entwickelt sich mit letzterem. Wir wollen uns in diesem Kapitel aber nicht speziell mit der Untersuchung des Gedächtnisses, sondern mit den Perspektiven des Zeithorizontes befassen, wobei wir den

Akzent auf das Verhalten hinsichtlich der drei Zeitdimensionen Vergangenheit, Gegenwart und Zukunft legen.

I. Die Beschaffenheit des Zeithorizontes

Während der Kindheit entwickelt sich der Zeithorizont langsam. Aus diesem Grunde beginnen wir mit der Analyse der *Beschaffenheit* des Zeithorizontes. Die Untersuchung der quantitativen Entwicklung der Zeitperspektiven in Abhängigkeit vom Lebensalter werden wir uns für den zweiten Teil dieses Kapitels vorbehalten.

1. Die Entstehung der Zeitperspektiven

Nach der Geburt ist ein Kind nur fähig zu mehr oder weniger diffusen reflexiven Reaktionen, die seinem Verhalten einen zusammenhanglosen Charakter verleihen *(Malrieu 1953, 26)*. Nach den grundlegenden Untersuchungen von *Piaget* (1937) und *Malrieu* (1953), soll unser Beitrag nur der Versuch sein, die wichtigsten Anzeichen für den Zeithorizont in den ersten Entwicklungsstadien zu charakterisieren. Eine reflexive Reaktion ist eine auf einen Stimulus unmittelbar folgende Reaktion. So ist der erste Schrei eines Kindes eine reflexive Reaktion auf das Eindringen der Luft in die Lungen, und seine Saugbewegungen werden durch beliebige Berührungen der Lippen ausgelöst. Es gibt bei diesen Reaktionen noch keine Zeitperspektive. Nach den Mechanismen der klassischen Konditionierung aber sind die ersten zeitlichen Bezüge, jene „praktischen Serien", wie Piaget sie nennt *(Piaget 1937, 325)*, bereits zu erkennen. Schon in den ersten Wochen hört ein Kind, das Hunger hat, auf, zu schreien, wenn es zum Stillen hochgenommen wird, und sofort suchen seine Lippen den Kontakt mit der Mutterbrust, bevor sie sie berühren *(Piaget 1937 326;* oder: Der Aufbau der Wirklichkeit beim Kinde. Stuttgart: Klett 1975, *Malrieu 1953, 37)*. Wir haben schon gesehen, daß es sich sehr schnell dem Rhythmus der Stillzeiten anpaßt, selbst wenn eine Nachtmahlzeit ausgelassen wird. Diese Konditionierungen implizieren eine zeitliche Seriation: Die Zukunft wird antizipiert, wobei vergangene Erfahrungen gleichzeitig praktisch verwandt werden. Eine Stimulation wird zu einem Signal für eine weitere, z. B., wenn ein zwei Monate altes Kind den Kopf in die Richtung dreht, aus der es ein Geräusch gehört hat *(Piaget 1937, 326)*. Diese Art Verwendung von Signalen impliziert einen Zeithorizont, der sich in diesem Alter den jeweiligen Bedingungen entsprechend entwickelt: Die Vergangenheit und die Zukunft sind gleichzeitig in dem aktuellen Verhalten präsent. Allmählich bilden sich dann Reaktionsketten heraus, in denen jedes Ereignis zum Signal für das folgende wird. Ab dem 10. Monat hilft ein Kind schon beim Ankleiden mit, was bedeutet, daß es fähig ist, sich einer komplexen zeitlichen Serie anzupassen. Später ergreift das Kind selbst die Initiative und führt die ersten Handlungen einer Serie aus, die eine weitreichendere Antizipation erfordert; so, wenn es die Schuhe oder den Mantel holen geht, damit man es für den Spaziergang anziehe. *Malrieu (1953, 58)* betrachtet dieses Verhalten als eine Art Scheinhandlung, während wir meinen, daß es ähnlich dem Verhalten eines Kindes ist, das seine Arme der Mutter entgegenstreckt, um hochgenommen zu werden.

Bei diesen ersten Anzeichen zeitlichen Verhaltens trägt die Vergangenheit dazu bei, einer Stimulation eine Bedeutung zu geben, d. h. sie in ein Signal umzuwandeln, wobei das Signal ein in die Zukunft gerichtetes Verhalten auslöst; zuerst in die nahe Zukunft (das Suchen der Brustwarze), dann in eine immer entferntere (den Mantel für den Spaziergang holen). Das Zukünftige manifestiert sich anfangs als eine Art Suchverhalten, wie eine Orientierung „an" etwas, aber es ist schon zu erkennen, wie diese Orientierung langsam von der Vorstellung begleitet wird, Befriedigung zu erlangen oder eine Gefahr abzuwenden.

In einem zweiten Stadium, das dem ersten folgt, es aber nicht ersetzt, da sich beide gleichzeitig entwickeln, tritt die instrumentelle Konditionierung in Erscheinung, die ebenfalls Zeitperspektiven enthält. Bei der instrumentellen Konditionierung muß der Mensch wie das Tier eine einem bestimmten Stimulus entsprechende Handlung finden, die ihm Befriedigung verschaffen soll. Um wieder ein Beispiel von *Piaget* (1937, 334) aufzunehmen: Nachdem das Kind eine Klapper gesehen hat, muß es lernen, an der Schnur zu ziehen, um sie zum Rasseln zu bringen. Die Lösung impliziert die Wiederherstellung einer durch eine Art Probierverhalten zufällig entdeckten Verbindung, die sich aufgrund des Wahrnehmungseffektes gefestigt hat. In jenen Reaktionen wird das Ziel nur erreicht, wenn dabei „die ersehnte Zukunft die Gegenwart bestimmt" *(Malrieu 1953, 60)*. Das Kind muß eine einmal ausgeführte Sukzession wiederherstellen, sich einen Moment vom Ziel selbst losmachen, um die notwendige Handlung nach einem Vor- und Nachher auszuführen. Bei der einfachen Konditionierung wird eine Sukzession erlebt, während es sich hier um die Wiederherstellung einer Sukzession handelt. Im Laufe der Entwicklung werden diese Verkettungen immer komplexer. Es ist dann nicht mehr nur das zu erreichende Ziel, das die Reaktion bestimmt, sondern seine Erinnerung daran. So orientiert sich das

Kind an einem Gegenstand, der, zumindest in seinem Blickfeld, nicht mehr präsent ist. Die Reaktion ist dann aufgeschoben. Nehmen wir ein Beispiel von einem 18monatigen Kind. Es befindet sich in einem Raum und läuft entschlossen ins Nebenzimmer, um ein Spielzeug zu suchen. Dieses Verhalten impliziert eine in Zeit und Raum lokalisierte Erinnerung, die aber nur als eine Art Versprechen der erwarteten Befriedigung wirkt. Aus diesem Grunde ist, zumindest zu Beginn der Entwicklung, festzustellen, daß Vergangenheit und Zukunft sich gegenseitig bedingen. *Piaget* (1937, 336) konnte bei einem Kind von 8 Monaten die ersten Anzeichen dieser aufgeschobenen Reaktion beobachten:

„Laurent sieht seine Mutter ins Zimmer eintreten und folgt ihr mit den Augen, bis sie sich hinter ihn setzt. Dann wendet er seinen Blick von ihr ab, dreht sich aber mehrmals um, um sie wieder anzusehen, obwohl ihn weder ein Ton noch ein Geräusch an ihre Gegenwart erinnert."

Das ist offenbar der Beginn des Gedächtnisses und der Lokalisation in Zeit und Raum.

Jene Reaktionen, unabhängig davon, ob aufgeschoben oder nicht, konstituieren die *subjektiven Serien*, wie *Piaget* sie nennt, und wandeln sich allmählich um in *objektive Serien*. Der Unterschied zwischen ihnen besteht vermutlich darin, daß in den letzteren die gelernte Sukzession objektiviert ist. In einer gegebenen Situation erinnert sich das Kind dann nicht mehr nur an seine Handlung, sondern auch an das Objekt selbst. Dies entspräche einem Verhalten wie dem Suchen nach einem Spielzeug, das hinter einer Wand verschwunden ist. Alle Eltern wissen, wie sie den Wunsch eines Kindes nach einem begehrten Objekt unterdrücken können, wenn sie es aus seinem Gesichtsfeld verschwinden lassen. Sie wissen aber auch, daß diese Möglichkeit nur eine kurzfristige Wirkung hat. Mit der Zeit bleibt das verschwundene Objekt im Gedächtnis haften, und das Kind hört selbst dann nicht auf, danach zu verlangen, wenn es sich nicht mehr in seiner Sichtweite befindet.

Wenn das Kind etwa ein Jahr alt ist, hat es durch einfache und instrumentelle Konditionierungsmechanismen einen Zeithorizont erworben, der allmählich unabhängig wird von seinen unmittelbaren Reaktionen. „Die Zeit überströmt endgültig die der eigentlichen Aktivität inhärente Dauer; sie wird auf die Dinge selbst bezogen und stellt eine kontinuierliche und systematische Verbindung her zwischen den Ereignissen der Außenwelt. Mit anderen Worten, die Zeit ist nicht mehr nur einfach das notwendige Schema irgendeiner Handlung, um Subjekt und Objekt miteinander zu verbinden, sondern sie wird zu dem sowohl Subjekt als auch Objekt umfassenden Hintergrund" *(Piaget 1937, 346–347)*. Die Psychoanalytiker beschreiben diese Entwicklung überwiegend in den Begriffen der Frustrationserfahrung. Je weiter die Entwicklung des Kindes fortgeschritten ist, desto seltener werden seine Bedürfnisse unmittelbar befriedigt. Aber aufgrund seiner Erfahrungen lernt das Kind, die Befriedigung später zu erlangen. Dieser Aspekt hat dann den Vorrang, so daß dem Lernprozeß die Dimension Motivation hinzugefügt ist (*Wallace* und *Rabin 1960*).

In diesem Stadium hängt das Verhalten des Kindes jedoch noch von Signalen aus der Umwelt ab. Langsam treten aber durch Wahrnehmungen, die vormals Handlungen hervorgerufen haben, abwesende Objekte in Form von Erinnerungen wieder in Erscheinung. Das können einfache Repräsentationen sein, die aber erst dann ihre Individualität erhalten, wenn das Kind sie sprachlich benennen kann und zugleich imstande ist, darauf zu reagieren und sie in richtiger Abfolge, unabhängig von der gegenwärtigen Handlung, miteinander zu verbinden. Nehmen wir für diese neuen Serien wieder ein Beispiel von *Piaget* (1937, 352): *Jacqueline* (1; 7) pflückt einen Grashalm und legt ihn in einen Eimer, u. zw. so, als ob es eine Heuschrecke wäre, die ihr vor einigen Tagen ihr kleiner Cousin gebracht hatte. Dann sagt sie: „Totelle (= sauterelle), totele, hop-là (= sauter) . . . garçon (= son cousin), „Hüpfer (= Grashüpfer), hüpf, hop (= hüpfen) . . . Junge (= ihr Cousin).“ Aufgrund einer Wahrnehmung hat sie sich an eine Ereignisserie in der Vergangenheit erinnert, die sie benennen und ins Gedächtnis zurückrufen konnte.

Decroly und *Degand* (1913) beobachteten, wie die Wirkung dieser Repräsentationen und der sich öffnende Horizont eines Kindes von 2; 1 durch folgende Wörter ans Licht gebracht werden: „Milch, weggangen, Mariette“, was zusammenhängend bedeutet, „Ich habe meine Milch getrunken, ich werde gleich mit Mariette weggehen“, was die doppelte Perspektive – Vergangenheit und Zukunft – der Gegenwart unterstreicht.

Piaget hat häufig angemerkt, daß in den ersten Stadien der Sprachentwicklung noch keine eigentlich neuen Verhaltensweisen auftreten, sondern Transpositionen auf der sprachlichen Ebene, mit denen das Kind schon etwas anzufangen weiß. Es verwendet Wörter im übertragenen Sinn, wie „noch“ oder „warte“, erste Wörter, die vermutlich für das Kind einen genauen zeitlichen Bezug darstellen und das gleiche ausdrücken sollen wie in dem Fall, wo das Kind seine kleinen Arme der Mutter entgegenstreckt. Ein Kind, das den „Löffel“ will, um zu versuchen, seine Suppe selber zu essen, tut das gleiche wie ein Kleinkind, das die Schnur zieht, um die Klapper zum Rasseln zu bringen.

Durch die Sprache können also die Zeitperspektiven beträchtlich erweitert werden. Dank dessen verfügt das Individuum nicht nur über seine

Vergangenheit, es kennt auch die der Gemeinschaft, in der es lebt. Später werden wir noch sehen, wie sich dieser Horizont mit dem Lebensalter fortlaufend entwickelt und wie sich die beiden Seiten des Horizonts, Vergangenheit und Zukunft, in ihrer relativen Bedeutung verändern.

Die Zeitperspektiven des Kindes entwickeln sich also durch erlebte Ereignis- und Handlungsserien, die sich als Erinnerungen des Individuums oder der Gruppe fortsetzen. Jedoch wäre es falsch, anzunehmen, daß ein Kind den vorherrschend reflexiven und durch gegenwärtige Stimuli ausgelösten Reaktionen und der dazu führenden Verbreitung dieser Reaktionen einfach durch Lernen oder durch geistige Konstruktionen entginge. Der Zeithorizont des Kindes entwickelt sich gleichzeitig mit der Gesamtpersönlichkeit. Bei letzterer ist es wichtig, daß das Kind lernt, die von seinem Körper oder der Umwelt ausgelösten Reaktionen, insbesondere seine Gefühlsäußerungen, zu hemmen, um das Vorausgegangene oder noch Folgende mit einbeziehen zu können. Schon die Erlangung der emotionalen Stabilität ermöglicht dem Kind die Ausführung von Handlungen, die eine größere Tragweite haben und bezogen sind auf eine weiter zurückliegende Vergangenheit, denn Emotionalität bedeutet meistens in der Gegenwart eingeschlossen zu sein. Demnach kann man mit den Psychoanalytikern sagen, daß sich für das Kind die Zeit in dem Maße entfaltet, in dem das Realitätsprinzip über das Lustprinzip dominiert (*Bergler* und *Roheim 1946*).

2. Die Bildung der Vergangenheit

Ein Kind lernt nach seinen ersten Erfahrungen, zeitliche Serien zu erkennen, wobei es anhand einer Serie die darauffolgende voraussehen kann. Diese Serien sind jedoch noch nicht im Hinblick auf die Gegenwart des Kindes lokalisiert. Und da sie ihrer Natur entsprechend zwei Seiten haben, verweisen sie auf eine vergangene Erfahrung und zugleich in Richtung Zukunft. Z. B. bezieht sich das Tier bei der Nahrungssuche oder ein Kind, das seine Arme der Flasche bzw. der Mutter entgegenstreckt, auf die Vergangenheit und zugleich auf die Zukunft, wobei eine zeitliche Serie einfach wiederhergestellt wird. In diesem Sinne ist wohl auch *Heidegger* zu verstehen, wenn er sagt, die Zukunft ist in gewisser Weise eine Vollendung der Vergangenheit. Sie setzt die Vergangenheit voraus, die aber nur die Bedeutung von Vergangenheit hat, wenn es eine Zukunft gibt *(Beimel 1950, 124)*.

Zeitliche Serien können also nicht aus sich selbst heraus Zeitperspektiven bilden, die sich in Vergangenheit und Zukunft unterscheiden. Sie erweitern

lediglich die Vielfalt einer gegenwärtigen Erfahrung. Dies zeigt sich besonders gut in der Sprache des Kindes, das bis zum dritten Lebensjahr nur in der
Gegenwart spricht, unabhängig davon, ob es Verben in seinen Sätzen
verwendet oder nicht. Aus dem Kontext wird ersichtlich, daß es im wesentlichen eine aktuelle Situation ausdrücken will, selbst wenn es Bezüge zur
Vergangenheit gibt. Ein Kind sagt z. B.: „Mami draußen", was vor allem
bedeuten soll, daß die Mutter nicht mehr da ist, und nicht, daß sie vor
einigen Stunden wegging. Das gleiche Phänomen beobachtet man auch in
der Entwicklungsgeschichte der Sprache. „In allen primitiven Sprachen
wird die Idee der *Handlung* mittels Verben ausgedrückt, wobei zwischen
den verschiedenen Zeiten nicht unterschieden wird. Das Verb kann in der
einfachen Form als Bezeichnung für Vergangenheit, Gegenwart und
Zukunft dienen" *(Guyau 1902, 6)*. Mit dieser primitiven Sprache wird aber
in Wirklichkeit die Realität der objektiven Welt und nicht die zeitliche
Erfahrung ausgedrückt. „Zukunft und Vergangenheit stellen in den Dingen
selbst eine Art Präexistenz und ewiges Fortleben dar; das Wasser, das
morgen vorüberfließen wird, *ist* in diesem Moment noch an seiner Quelle,
und das gerade vorüberfließende Wasser *ist* jetzt ein wenig weiter unten im
Tal. Was für mich Vergangenheit oder Zukunft ist, ist in der Welt Gegenwart" *(Merleau-Ponty 1945, 471)*. Die Zeit „entsteht aus meiner Beziehung
zu den Dingen" *(Merlau-Ponty 1945, 471)*; mit anderen Worten, Zeit
entsteht, wenn die Dinge nicht nur untereinander, sondern auch zum
Erfahrungsgegenstand einen Bezug haben. Voraussetzung hierfür ist, daß
sich die erlebten Ereignisse zunächst in Erinnerungen umwandeln. Ich kann
mich nur auf mich selbst als Daseiender beziehen, wobei die nicht mehr
vorhandene Gegenwart mittels der Erinnerungen bewahrt wird.

Nicht alle unsere vergangenen Erfahrungen werden jedoch in Erinnerungen umgewandelt; ein großer Teil wird nicht fixiert. Zwischen der Vielfalt
einer unmittelbaren Wahrnehmung und dem, was wir davon einige Sekunden später noch erinnern, besteht eine beträchtliche Diskrepanz. Der
Verlust erfolgt nicht gleichmäßig, und es gibt auch keinen Zusammenhang
zwischen der Vielfalt des wahrgenommenen Inhaltes und dem, was zu
Erinnerungen geworden ist *(Fraisse* und *Florès 1956)*. Die erste Analyse
zeigt, daß „man nur das zurückbehält, was durch die Sprache dramatisiert
worden ist *(Bachelard 1936, 58)*. Wir müssen Dinge, Menschen und Gefühle
benennen können, damit sie Bestandteile unserer Erinnerungen werden.
Das ist zwar eine notwendige, aber nicht hinreichende Bedingung, denn sie
müssen in gewisser Weise auch Bezug haben zu anderen Erinnerungen.
Ohne dieses In-Beziehung-Setzen ist eine Wiedererinnerung nicht möglich.

Wie die Bedingungen der Umwandlung von Erfahrungen in Erinnerungen auch sein mögen, letztere einfach im Gedächtnis zu bewahren ist in jedem Fall nicht hinreichend für deren Integration in den Zeithorizont. Denn das Gedächtnis ist kein „vollständiges und passives Registrieren, so als ob es genüge, das Register seiner Erinnerungen durchzugehen, um die Seiten in richtiger Reihenfolge vorzufinden, versehen mit einem Inhaltsverzeichnis, das allen möglichen Einteilungen im voraus entspräche" *(Piaget 1946 b, 260)*.

Das wird bei einem Kind ganz deutlich. Im Alter von drei oder vier Jahren begnügt es sich damit, alle seine Erinnerungen auf einen einzigen Moment, den es *gestern* nennt, festzulegen.

„Wenn ein Kind von zwei bis vier Jahren von einem Spaziergang, einem Besuch bei Freunden oder von seinen Reiseerlebnissen erzählen will, dann stürzt eine Menge von unzusammenhängenden, ‚nebeneinandergestellten‘ Einzelheiten hervor, die teilweise oder in kleinen Abfolgen miteinander in Verbindung zu bringen sind, deren Zusammenhang dem Denken eines Erwachsenen jedoch entgeht" *(Piaget 1946 a, 261)*. Das Kind ist auch noch nicht imstande, Bilder in eine solche Abfolge zu bringen, daß sie eine Erzählung ergeben, was sehr gut zeigt, daß es sich nicht nur um ein sprachliches Unvermögen handelt. Selbst Erwachsene haben häufig Schwierigkeiten, die Reihenfolge ihrer Erinnerungen, die keine natürliche oder logische Abfolge bilden, wiederzugeben. Wenn man z. B. Studenten vier noch nie veröffentlichte Gedichte vorliest und sie am nächsten Tag unverhofft bittet, sich an die Reihenfolge zu erinnern, in der sie sie gehört haben, sind ⅕ von ihnen nicht dazu imstande. Unsere Erinnerungen lassen sich nicht automatisch im Verhältnis zueinander festlegen, was *Guyau* zufolge vergleichbar wäre mit einer Sedimentation oder einer phonographischen Aufzeichnung.

Heute sind sich die meisten Autoren darin einig, daß die Erinnerung eine Konstruktion ist, wobei die zuletzt auftretende Erinnerung die schwächste ist. Denn die Evokation von Erinnerungen erfolgt nicht derart, daß man ausgehend von der jüngsten Erinnerung, die somit die intensivste wäre, alle Erinnerungen zurückverfolgt bis hin zu den schwächsten, vielmehr werden sie untereinander in eine Beziehung gesetzt und zeitlich lokalisiert, wobei man dieselbe Reihenfolge, in der etwas erlebt worden ist, versucht wiederherzustellen. Wie wird eine solche Rekonstruktion vorgenommen?

Zunächst hat jedes Ereignis eine Art „Temporalzeichen". In der Erinnerung ist nämlich jede Handlung mit den jeweiligen Umständen assoziiert. Darunter sind einige, die es uns gewissermaßen ermöglichen, das genaue Datum eines Ereignisses anzugeben, das heißt, sie haben einen Bezug zu den grundlegenden Kalendereinheiten, wie die Aufeinanderfolge von Mor-

gen und Abend, Eß- und Schlafgewohnheiten, die Abfolge von Wochentagen, von denen einige einen besonderen Ablauf haben (Sonntag, Zahltag
etc.), die Aufeinanderfolge von Festtagen, Monaten und Jahreszeiten.
Diese Entsprechung liefert uns spezifisch zeitliche Anhaltspunkte, die sehr
bedeutsam werden, wenn sie sich in einen konzeptionellen Rahmen einfü-
gen. Ihren Ursprung haben sie hingegen in den Erfahrungen, und es ist sogar denkbar, daß sie nicht nur sehr eng verbunden sind mit Veränderungen
der Außenwelt, sondern auch mit dem Rhythmus unserer ogranischen
Veränderungen (dies wird eine Untersuchung zeitlicher Desorientierung
bestätigen, S. 164). Wir haben im ersten Kapitel gesehen, daß organische
Veränderungen synchron mit verschiedenen Tagesabschnitten auftreten.
Sie sind gebunden an die Abfolge der Mahlzeiten, der Aktivität und des
Schlafes, und sie antizipieren diese. Durch die aufeinanderfolgenden
Zustände wird vermutlich auch eine Art Temporalzeichen auf alles, was wir
tun, übertragen, ohne daß wir uns dessen bewußt sind. *Kleist* (1934) nahm
an, daß die zeitliche Lokalisation von den Zentren des Diencephalon
abhinge. *Delay* (1942, 136) teilte diese Auffassung: „Jene Region ist wahrscheinlich die eigentliche Uhr des Organismus, denn alle wichtigen periodischen Rhythmen sind von ihr abhängig (Hunger, Durst, Schlaf, sexuelle
Bedürfnisse). Diese periodischen vegetativen Vorkommnisse weisen eine
zeitliche Komponente auf, die als Basis für die allgemeine chronologische
Registrierung von erlebten Ereignissen dienen könnte."

Die Erinnerungen bekommen durch diese Temporalzeichen einen individuellen Charakter; sie reichen jedoch nicht aus, die Erinnerungen so
untereinander anzuordnen, daß sie zeitliche Serien bilden. Hier interveniert
die eigentliche Konstruktion, wobei alle verfügbaren Informationen verwandt werden, um die Ereignisse zusammenhängend anzuordnen. Es ist
paradox, aber der Raum erleichtert es uns. Normalerweise finden unsere
Handlungen in wechselnder Umgebung statt, so daß mittels des Raumes die
richtige Reihenfolge der Erinnerungen rekonstruiert werden kann. Meine
Erinnerungen an die spanischen Städte, die ich in diesem Sommer besucht
habe, lassen sich nicht spontan in die richtige Reihenfolge bringen, doch
kann ich meine Reiseroute auf einer Landkarte leicht wiederfinden und so
meine Erinnerungen in der Zeit lokalisieren.

Diese Zuhilfenahme des Raumes ist nur ein besonderer Fall einer allgemeineren Gesetzmäßigkeit: Bei der zeitlichen Festlegung unserer Erinnerungen rekurrieren wir auf unser Wissen bzw. auf diejenige Ereignisabfolge, die am wahrscheinlichsten ist. *Groethuysen* (1935–1936) beobachtete
sehr genau, daß wir zunächst dem chronologischen Ablauf folgen, wenn wir
über das Tagesgeschehen berichten. Einige Tage später aber stellen wir die

Tatsachen so dar, wie sie am wahrscheinlichsten hätten geschehen müssen. Wenn wir uns an eine Mahlzeit erinnern, kommt das Dessert nicht vor dem Hauptgericht. Die am einfachsten zu rekonstruierenden Assoziationen sind diejenigen, die den kausalen Zusammenhängen entsprechen. *Piaget* hat zu Recht auf den Einfluß hingewiesen, den das Erfassen kausaler Zusammenhänge auf die zeitliche Reihenfolge hat. Der Begriff „kausaler Zusammenhang" ist im weitesten Sinn zu verstehen, er schließt die Assoziationen mit ein, die, wie *Ribot* meint, durch die Logik der Gefühle determiniert werden. Untersuchungen über das Testimonium zeigen, daß der Bericht über erlebte Ereignisse eine Rekonstruktion ist, in die geheimste Wünsche und Interessen intervenieren.

Schließlich bildet sich der Zeithorizont infolge der Organisation unserer Erinnerungen. Diese Organisation kann auf zeitlichen Zyklen basieren, die den Erinnerungen ihren individuellen Charakter verleihen. Ausgerichtet ist sie jedoch durchgehend auf einen Nutzen hinsichtlich der Rekonstruktion der Reihenfolge vergangener Ereignisse. Aufgrund der Wirkung dieser Organisation kann sich unser Zeithorizont weit über die Dimension unseres eigenen Lebens hinaus entwickeln. Wir sehen die Geschichtsereignisse der sozialen Gruppe, der wir angehören, als die unserer eigenen Geschichte an. Beides kann sich allerdings überschneiden, denn unsere ersten Erinnerungen beziehen sich auf die Geschichte unserer Kindheit wie auch auf die unserer Eltern, und aus beiden entsteht ein Teil unserer Zeitperspektiven. Die einen wie die anderen können übrigens besser noch miteinander in Verbindung gebracht werden, wenn äußere Hinweissignale verwandt werden, wie Uhren oder vor allem Kalender, die dann unentbehrlich sind, wenn es sich um lange Zeitperioden handelt. *Klineberg* (1954) führt den Fall von kalifornischen Indianern an, die weder wußten, wie alt sie waren, noch wieviel Zeit seit einem Ereignis vor mehr als sechs Jahren vergangen war.

Wie wichtig logische Konstruktionen für die Bildung des Zeithorizontes sind, zeigt umgekehrt die Tatsache, daß Debile ebenso wie Kleinkinder einen sehr begrenzten Zeithorizont haben. Sie sind Gefangene der Gegenwart, da sie außerstande sind, aus ihren Erinnerungen eine Vergangenheit zu konstruieren (und eine Zukunft zu antizipieren). *De Greeff* (1927) schätzte, daß in extremen Fällen von Debilität der Zeithorizont nicht über zehn Tage in die Vergangenheit zurückreicht. Dies ist die Höchstdauer, die sie einem vergangenen Ereignis zuschreiben (das Ende des Krieges; die Zeit, seit der sie eine Schule besucht haben). Darüber hinaus befindet sich alles auf derselben zeitlichen Ebene, da sie unfähig sind, ihre Erinnerungen in eine Reihenfolge zu bringen.

Auch in Träumen, wenn die Erinnerungsabfolge nicht mehr den Fakten der Realität unterliegt, ist eine erhebliche Störung des Zeithorizontes festzustellen: Wir erinnern uns an wirklich vorgefallene Ereignisse, die mit den Phantasien unserer Vorstellungskraft bunt durcheinandergemischt sind. Die Chronologie wird hier völlig außer acht gelassen. Wir träumen z. B. vom Begräbnis eines Freundes, und im nächsten Moment sitzen wir plaudernd mit ihm am Tisch und speisen, wobei es immer wieder Rückblenden gibt. Diese Erfahrung ist im Kino zu einer Technik geworden, jedoch kann der Zuschauer, wenn er von der wahrgenommenen Ereignisabfolge nicht mitgerissen werden will, die Löcher „ausstopfen" und die logische Reihenfolge wieder herstellen. Dagegen sind wir in unseren Träumen den chaotisch erscheinenden Bildern ausgesetzt, deren Organisationsprinzip sich nicht auf die erlebte oder logische Reihenfolge bezieht, sondern auf Assoziationen von vorherrschend affektgeladenen Erlebnissen. In diesem Sinn ist auch *Freuds* These der Zeitlosigkeit des Unbewußten zu verstehen: „Die Prozesse des Unbewußten sind *zeitlos*, d. h., sie sind zeitlich nicht festgelegt und werden durch den Zeitablauf nicht modifiziert, denn sie haben keinerlei Bezug zu der Zeit. Die Relation zur Zeit ist an die Tätigkeit des Bewußtseins gebunden" (*Freud*, „Das Unbewußte", *1915*, zit. von *Bonaparte 1939, 73*). *Bonaparte* sagte: „Der Realitäs- und der Zeitsinn erscheinen beide in einem einzigen System Wahrnehmung-Bewußtsein. Das Unbewußte nimmt davon keine Kenntnis, denn der vom Realitätsprinzip beherrschte Sekundärprozeß dominiert noch nicht über das zeitlose Unbewußte, welches ganz dem Primärprozeß verhaftet bleibt und ausschließlich vom Lustprinzip reguliert wird."

Die Organisation unserer Erinnerungen ist erforderlich, da wir letztere der Realität gegenüberstellen bzw. der Gesamtheit aller übrigen Erinnerungen sowie dem Wissen und den Informationen über die gegenwärtige Situation. Im Traum oder Wahn ist der Mensch gänzlich von einem gegenwärtigen Bild oder einer Idee absorbiert und stellt zu den übrigen keinen Bezug her. Auch *Guyau* beobachtete dieses Phänomen und interpretierte es in den damals geltenden Begriffen, u. zw. sei es die Wahrnehmung von *Unterschieden*, die die Zeit erschaffe. „Eines ist bemerkenswert, die fortwährende Metamorphose von Bildern hebt, wenn sie kontinuierlich und ohne einschneidende Kontraste verläuft, den Eindruck von Dauer auf ... Infolge dieses Fehlens eines Kontrastes oder Unterschiedes können sich beträchtliche Veränderungen einstellen, die bewußtseinsmäßig nicht erfaßt und zeitlich organisiert werden" (*Guyau 1902, 18–19*).

Die gesamte Analyse wird deutlicher werden, wenn wir die pathologischen Gedächtnisstörungen betrachten. Die Symptomatik des *Korsakov*-Syndroms ist dafür charakteristisch. Das Hauptmerkmal jener Krankheit ist in diesem Zusammenhang die Amnesie, ein Erinnerungsverlust nicht immer für alle, sondern hauptsächlich für die letzten Vorkommnisse eines Zeitabschnittes. „Der Patient kann fehlerlos über vergangene Ereignisse sprechen, er erinnert sich aber nicht an das, was gerade zu ihm gesagt worden ist und was er gerade getan hat; er verlangt nach einem Gegenstand, den er in der Hand hält, er möchte essen, wenn er sich gerade vom Tisch erhoben hat, schlafen, wenn er schon im Bett liegt etc." *(Régis 1923, 350)*. Diese Unfähigkeit, aktuelle Erinnerungen zu fixieren, hat offenbar eine zeitliche Desorientierung in der Vergangenheit zur Folge, da nichts oder nur wenig behalten wird von dem, was nach der Krankheit gewesen ist. Die Wahrnehmungen, die mitunter in Erinnerungen umgewandelt werden, sind bei diesen Patienten normal, während die wenigen Ereignisse, die erinnert werden, nur als „isolierte Fragmente" zurückbleiben *(Jaspers 1933, 529;* oder: Allgemeine Psychopathologie. Berlin: Springer 1973). Ein Patient kann sich zwar daran erinnern, daß er sich ein Paar Schuhe gekauft hat, doch ist er unfähig, diesen Kauf zeitlich festzulegen. Das ist wie ein Buch, sagt er, das er in sich hat und nicht wiederzufinden vermag *(Cohen* und *Rochlin 1938)*. Diese Fehlleistung manifestiert sich offenbar in der Schwierigkeit, zwischen mehreren Ereignissen eine neue Verbindung herzustellen. Experimente haben gezeigt, daß es für diese Patienten ausgesprochen schwierig ist, sich Wortpaare zu merken *(Ranschburg 1939)*, oder allgemeiner, neue Assoziationen zu bilden *(Wechsler 1917)*. Besonders unfähig sind die Patienten, Verbindungen herzustellen zwischen einer einzelnen Erinnerung und all dem, was vor, während oder nach einem zurückliegenden Ereignis geschah. Dies nannte man Merkfähigkeitsstörung, weil durch etwas neu Hinzukommendes auf der Erfahrungsebene keine früheren Erlebnisse mehr evoziert werden, obwohl der Patient noch imstande ist, Ideen zu assoziieren oder sich Urteile zu bilden. Wir meinen, daß es richtiger wäre, wie *Van der Horst* (1956) von einem Verlust der Zeitlichkeit der Erinnerungen zu sprechen; denn jede von ihnen bleibt isoliert. *Jaspers* (1933, 529) prägte einen besonders guten Begriff, er meinte, hier handelt es sich um eine „Verminderung der Handlungsintegration". Eine Patientin von *Bonhoeffer* war sich dessen ganz bewußt, sie sagte, „es fehlt vollkommen die Erinnerung an die Abfolge von Ereignissen in der Zeit' (zit. von *Van der Horst 1956)*.

Diese Schwierigkeiten haben offensichtlich eine zeitliche Desorientierung zur Folge, was jedoch nicht auf der intellektuellen Ebene stattfindet, da die Patienten weiterhin Hilfsmittel wie Uhren und Kalender verwenden. Es mangelt ihnen eher an der Fähigkeit, ihre Erlebnisse folgerichtig zu datieren, und dieses Unvermögen erzeugt eine Einengung ihres Zeithorizontes. Ein Patient konnte sich z. B. an die wichtigsten Ereignisse während seines Krankenhausaufenthaltes von 29 Jahren erinnern, doch schätzte er diesen Zeitabschnitt auf zwei oder drei Jahre. Sein Lebensalter gab er spontan mit 32 oder 33 Jahren an, obwohl er nach dem Kalender erkennen konnte, daß er schon 59 Jahre alt war (*Bouman* und *Grünbaum 1929*). Hieraus ist zu schließen, daß seine Erinnerungen so viele Lücken und Assoziationsstörungen aufweisen, daß sie eine Rückbildung seiner Zeitperspektiven verursacht haben.

Nach der Analyse des *Korsakov*-Syndroms können wir nun die Beschaffenheit der Organisation, dank derer sich der Zeithorizont entwickelt, genauer bestimmen. Diese schafft eine psychische Kontinuität, da die Erinnerungsdaten allmählich angegeben werden können. Diese *Chronognosie*, wie *Bouman* und *Grünbaum* (1929) sie nannten, unterscheidet sich von der *Chronologie* oder der Fähigkeit, Ereignisse nach abstrakten Kalenderangaben zu datieren. Ein Patient mit einem *Korsakov*-Syndrom hat die erste Fähigkeit verloren, nicht aber die zweite, was zeigt, daß die Organisation, aus der die Zeitperspektiven entstehen, nicht nur auf der intellektuellen Ebene erfolgt. Umgekehrt beschreibt *Minkowski* einen progessiven Paralytiker in einem noch nicht so weit fortgeschrittenen Stadium der Krankheit, der fähig ist, in chronologischer Reihenfolge zu erzählen, was er während des Krieges getan hat, aber er ist außerstande zu sagen, wann der Krieg begonnen hat oder wann der Waffenstillstand unterschrieben wurde (*Le temps vécu, 1933, 13*. Die gelebte Zeit. Salzburg: Otto Müller *1971*).

Das Problem erklärt sich im übrigen durch die physiologische Lokalisation des *Korsakov*-Syndroms. Dank der von mehreren Autoren bestätigten Arbeiten von *Gamper* (1928), konnte festgestellt werden, daß dieses Syndrom mit einer Beeinträchtigung der Corpora mamilliaria und der Nachbarzentren bzw. der kortikalen Nervenkerne der Basalganglien zusammenhängt. Diese infrakortikale Lokalisation beweist, daß das *Korsakov*-Syndrom keine intellektuelle Störung ist, sondern mit intervenierenden Mechanismen, die eng an das vegetative Geschehen gebunden sind, erklärt werden muß. Denn es gibt keine Verbindung zwischen der Corpora mamilliaria und den zentralen vegetativen Kernen, die eine entscheidende Rolle spielen bei der Auslösung der lebenswichtigsten periodischen Mechanismen wie Hunger, Durst, Schlaf, Sexualität. So wurde festgestellt, daß „die Reproduzierbarkeit von Ereignissen unseres Lebens schon während der Herstellungsphase im Großhirn physiologisch von der Verstärkung kortikaler Spuren abhängt, die durch einen vom Hypothalamus ins Großhirn führenden subkortikalen Mechanismus hervorgerufen wird und zur Zeit qualitativ nicht definierbar, sehr wahrscheinlich aber emotionalisierend auf den Kortex wirkt" *(Ranschburg 1939, 531)*. Dies sollten wir mit Beobachtungen an Patienten vergleichen, die infolge einer Schädigung des Nucleus dorsomediales im Thalamus emotionale Störungen zeigten und unerträgliche Schmerzen hatten. Nach ihrer Operation neigten diese Kranken zu vorübergehenden zeitlichen Verwirrungen, obwohl ihre Intelligenz nicht gestört war und sie auch vorher keine zeitlichen Desorientierungen zeigten. Sie irrten sich in der Uhrzeit, dem Tag, dem Datum, der Jahreszeit und der Zeit, die seit ihrer Krankenhauseinweisung oder seit dem Datum ihrer Operation vergangen war. Ebenso wie bei den Patienten mit einem *Korsakov*-Syndrom war bei ihnen eine Dissoziation zu beobachten zwischen der direkten Zeitschätzung und den auf Vernunftschlüssen beruhenden Urteilen *(Spiegel* u. a. *1955)*.

Wir können nur Vermutungen darüber anstellen, wie die Corpora mamilliaria die Integration erlebter Ereignisse beeinflußt. *Delay* und *Brion* (1954) stellten zwei Hypothesen auf. Einmal könnte die Corpora durch Aussendung eines grundlegenden Rhythmus wirken, der für die Entwicklung der im Kortex verarbeiteten psychischen Aktivität unerläßlich ist, zum anderen könnte sie selektiv auf einen Gedächtnismechanismus einwirken, wobei ein Temporalzeichen registriert wird.

Die physiopathologische Analyse verdeutlicht also die psychologische Beschreibung. Periodische Veränderungen des vegetativen Geschehens scheinen sich tief auf alles, was wir erleben, auszuwirken. Dies wird uns bewußt, wenn wir Erlebnisse mit dem periodischen Wechsel der Umwelt oder unserer Aktivität spontan in Beziehung setzen, was zweifellos auf der biologischen Ebene noch ausgeprägter ist.

Es ist häufig ausdrücklich auf den Zusammenhang hingewiesen worden zwischen zeitlichen Desorientierungen und Störungen des Körperempfindens. *Revault d'Allonnes* (1905) nennt den Fall einer Patientin, die keinen Hunger, keinen Durst und keinen Harndrang mehr verspürte und sich zugleich beklagte, kein Zeitgefühl mehr zu haben, denn die Tageszeit vermochte sie nur anzugeben mit Hilfe eines mnestischen Verfahrens, so wie wir das Jahr oder den Monat festlegen, d. h. durch einen Vernunftschluß. Auch *Cohen* und *Rochlin* (1938) beobachteten an einer Patientin, die wir schon erwähnt haben, Störungen der Körpererfahrung (ihres „Körper-Ichs"). Es ist anzumerken, daß bei zeitlichen Desorientierungen in der *Korsakov*-Psychose andere Arten der Zeitadaptation intakt bleiben. Es ist weder die *Wahrnehmung* der Dauer von kurzen Sukzessionen beeinträchtigt *(Gregor 1907)* noch die *Schätzung* der Dauern von einigen Minuten *(Ehrenwald 1931 c)* und auch nicht, wie wir schon gesehen haben, die

Vernunftschlüsse hinsichtlich der Uhrzeit. Diese Anmerkung ist insofern wichtig, als mit der selektiven Störung die Besonderheit der Entwicklung des Zeithorizontes bewiesen ist.

Wenn es also einen Prozeß gibt, der die Ereignisse gewissermaßen in der Zeit festlegt, indem er sie eng verbindet mit den Rhythmen des vegetativen Geschehens, dann resultiert die Vergangenheit aus diesen schon oben beschriebenen komplexen Organisationen, die das automatischere Register von Erinnerungen zeitlich verlängern und manchmal sogar vervollständigen. Sie können durch kortikale Schädigungen beeinträchtigt werden, insbesondere durch diejenigen, die auf die Frontalbereiche treffen, was eine Störung der „Gedächtnistätigkeit oder der geistigen Synthese" zur Folge hat" *(Delay 1942, 133)*. Jene Störung äußert sich in verschiedenen Formen von Amnesie, wobei die zeitliche Fehlleistung weniger manifest ist als im Fall von infrakortikalen Schädigungen. Desgleichen kann jede Art von Neurose eine gewisse Störung verursachen, und selbst Müdigkeit führt schon zu einer vorübergehenden oder anhaltenden Unfähigkeit zu geistiger Konzentration, die für die Herstellung der Abfolge von Erinnerungen erforderlich ist. *Vinchon* (1920) hat dies insbesondere bei Schizophrenen feststellen können.

Zusammenfassend kann man sagen, daß der Zeithorizont eine Perspektive ist, bestehend aus Indikatoren, die uns die zeitlichen Anhaltspunkte unserer Erfahrung liefern, und aus den Bemühungen, unsere gesamten Erinnerungen zu organisieren, wobei alle möglichen Prinzipien der zeitlichen Ordnung für uns hilfreich sind.

Diese Konstruktion ist jedoch nicht homogen. Wenn ich auf meine Vergangenheit schaue, ordnen sich die Erinnerungen nicht regelmäßig an. In der Retrospektive erscheinen Knoten, die sich durch entscheidende Ereignisse gebildet haben: ein Todesfall, ein Erfolg gegenüber der Konkurrenz, ein Krieg. Sie unterbrechen die Kontinuität und spielen eine ähnliche Rolle wie die Ebenen in der räumlichen Perspektive, wobei wir die Ereignisse so lokalisieren, daß sie entweder vor oder nach diesen Einschnitten in unser Leben eintreten. Auch der Abstand zwischen den Ebenen ist nicht homogen. Gewisse Zeiträume erscheinen uns länger, obwohl wir laut Kalenderangaben *wissen*, daß sie nicht länger gedauert haben. Seit einiger Zeit ist bekannt, daß diese relative Dauer von der Anzahl der Erinnerungen abhängt: Retrospektiv erscheint uns ein Zeitabschnitt um so länger, je mehr Erinnerungen wir daran haben. Der Abstand zwischen zwei Landschaftsebenen erscheint ebenfalls um so größer, je mehr Anhaltspunkte dazwischenliegen.

Demnach erscheinen die uns am nächsten gelegenen Zeitperioden im Verhältnis länger als Perioden von objektiv derselben Dauer, die aber einer weiter zurückliegenden Vergangenheit angehören. Der gestrige Tag hat rückblickend eine längere Dauer als irgendein Tag des vergangenen Jahres. Diese typische Perspektivenwirkung tritt häufig zusammen mit der Tatsache auf, daß es mitunter eine Diskrepanz gibt zwischen dem Eindruck der Dauer in dem Moment, in dem wir ein Ereignis erleben, und der in der Erinnerung empfundenen Dauer dieser Periode. Wie wir noch im nächsten Kapitel sehen werden, erscheint uns die Dauer in dem Moment, wo wir sie erleben, um so länger, je mehr Veränderungen wir wahrnehmen, wobei die Anzahl der Veränderungen, die wir *bemerken*, nicht unbedingt proportional den davon zurückbehaltenen Erinnerungen ist. Einem Gefangenen erscheinen die Tage sehr lang, weil er „die Stunden zählt", später aber wird ihm die Dauer seiner Gefangenschaft vielleicht kurz erscheinen, da er nur sehr wenige Erinnerungen aus diesen Tagen hat. Wenn man hingegen als Tourist eine Stadt besichtigt oder eine neue Landschaft erkundet, dann erscheint der Tag am Abend sehr ausgefüllt, denn er hinterläßt viele Erinnerungen. Und wenn wir ihn uns einige Jahre später ins Gedächtnis zurückrufen, haben wir wieder diesen Eindruck.

Der heterogene Charakter der Zeitperspektiven ist also auf die voneinander sehr unterschiedlich erlebten Erfahrungen zurückzuführen. Dies wird jedoch nur durch die Vermittlung der Quantität unserer Erinnerungen ersichtlich. Demnach wirkt sich der Einfluß der Perspektiven auch auf historische Zeitabschnitte aus, die wir nicht erlebt haben, sowie auch auf unsere eigene Vergangenheit. Die Jahrhunderte der Französischen Geschichte haben im Verhältnis eine um so längere Dauer, je mehr man darüber weiß. Das hat nichts mit der zeitlichen Entfernung zu tun: Die Geschichte der drei Jahrhunderte im alten Athen nimmt in der Zeitperspektive eines Hellenen eine längere Dauer ein als die zehn Jahrhunderte unseres Mittelalters.

Es ist also nicht erstaunlich, festzustellen, daß diese Perspektivenwirkung auch in kollektiven sowie in personalen Zeitvorstellungen zu beobachten ist. *Hubert* und *Mauss* haben dies eingehend hinsichtlich des religiösen Lebens analysiert. Die Zeit ist weder ein homogener Hintergrund noch eine reine Qualität. „Die uns längenmäßig als gleich erscheinenden Zeitabschnitte müssen nicht zwangsläufig gleich oder sogar äquivalent sein; *die als ähnlich betrachteten Zeitabschnitte sind mit Rücksicht auf ihren Platz im Kalender homogen und äquivalent"* (*Hubert* und *Mauss*, Mélanges d'histoire des religions, *1909, 197*). Die zeitliche Kontinuität wird durch entscheidende Daten unterbrochen ... „die Zeit, in der wunderliche und religiöse

Dinge passieren, ist diskontinuierlich; sie verläuft ruckartig. Aus diesem, zwar nicht einzigen, aber hauptsächlichen Grunde richtete man Kalender ein, um den Ablauf der Zeit quantitativ zu messen, wobei nicht die Idee einer rein quantitativen Zeit zugrundegelegt worden ist, sondern die einer rein qualitativen, aus diskontinuierlichen, heterogenen Teilen zusammengesetzte Zeit, die sich nur um sich selbst dreht ..."(*Hubert* und *Mauss 1909, 199ff.* u. *229*).

Der liturgische Kalender der Katholiken veranschaulicht diese Beschreibung sehr gut. Die vier Adventswochen stellen seit dem Sündenfall von Adam und Eva gedrängt Tausende von Jahren der Erwartung eines Messias dar. In den sechs Wochen nach Weihnachten bis zum 2. Februar wird die Kindheit Christi zusammengefaßt, und die Karwoche hat dieselbe Dauer wie die der Ereignisse, an die sie erinnern soll.

Unsere Vorstellungen vom weltlichen Leben haben dieselben Merkmale. Der Ablauf jedes Jahres hat seinen eigenen Rhythmus, der durch die Jahreszeiten, große private und christliche Feste, die Ferienzeiten etc. gekennzeichnet ist. Und die Jahre sind sich eher in der Wiederholung dieses kollektiven Aktivitätsrhythmus ähnlich als in der gleichbleibenden Dauer, deren Messung wir lieber, ohne sie erfahrungsmäßig überprüfen zu können, den Astronomen überlassen.

Dieser Zusammenhang zwischen individuellen und geschichtlichen Zeitvorstellungen hat eine tiefe Bedeutung. *Halbwachs*, der die soziale Umgebung für die Bildung des Zeithorizontes für wichtig erachtete, schrieb in einem posthumen Artikel (1947), daß die unterschiedlichen chronologischen Gedächtnisabfolgen der sozialen Gruppenzugehörigkeit entsprechen: „Es gibt eine Zeit des beruflichen, des familiären, des religiösen, des zivilisatorischen und militärischen Lebens, die sich alle in ihren Ursprüngen unterscheiden."

Die Bedeutung der sozialen Gruppenzugehörigkeit für die Bildung des Zeithorizontes ist allgemeiner noch in den Untersuchungen über die ökologische Zeit dargestellt worden. *Bernot* und *Blancard* (1953) befragten z. B. von zwei unterschiedlichen Populationsgruppen aus einer französischen Stadt in der Normandie einen seit langem mit diesem Gebiet verwurzelten Bauern und einen aus anderen französischen Provinzen übergesiedelten Glasbläser. Die Untersuchung zeigte, daß die Zeitperspektiven der beiden Gruppen sehr unterschiedlich waren. Der Bauer lebte in derselben Zeit wie seine Familie, und sein Erinnerungsvermögen ging weit über seine persönlichen Erinnerungen hinaus zurück. „Dieses Land wurde von meinem Großvater gekauft, dieses Boot baute mein Vater"; jeder Weg, jeder Einwohner erinnerte ihn an seine Vergangenheit. Der Glasbläser seinerseits war ein

Zuwanderer und von seinen Vorfahren und deren Arbeit abgeschnitten. Vielleicht waren auch sie Arbeiter wie er und niemals mit einem Land oder einem Haus verwurzelt gewesen. In eine neue Gegend verpflanzt, haben sich seine eigenen Erinnerungen an Kindheit und Jugend nicht auf die neue Umgebung übertragen. Er war sozusagen ohne Vergangenheit.

Da jeder von uns mehreren Gruppen angehört, hat er mehrere, untereinander nicht homogene Perspektiven für seine Vergangenheit. Wir werden noch sehen (Kap. VIII), daß der Übergang von einer Perspektive zu einer anderen durch einen Denkprozeß ermöglicht wird, indem alle Ereignisse in eine abstrakte Zeit transponiert werden, die nicht mehr der gelebten Wirklichkeit entspricht. Spontan können wir jedoch nur die Heterogenität dieser Perspektiven feststellen: „Die Übereinstimmung zwischen der Zeit im Büro, der Zeit im Hause oder auf der Straße und der Zeit der Besuche ist oftmals nur innerhalb sehr weit gesteckter Grenzen zu erzielen" *(Halbwachs 1947, 6)*.

Wir wollen nicht so weit gehen wie jener Autor, der meint, daß sich für jeden von uns die innere Dauer in mehrere Ströme verzweige, deren Quelle in den Gruppen selbst läge, und daß das „individuelle Bewußtsein nur der Übergangsort jener Ströme oder der Treffpunkt kollektiver Zeiten ist". Wir stimmen mit ihm darin überein, daß unsere Zeitperspektiven bezogen sind auf unsere Gruppenzugehörigkeit, und daß dort unsere Erfahrungen mit dem entsprechenden Bezugsrahmen ihren Ursprung haben. Die in den Perspektiven unserer eigenen Geschichte sowie der historischen Zeit auftretende Diskontinuität und Heterogenität weisen dieselben Merkmale auf; wenn man davon ausgeht, daß wir niemals alleine sind und unsere persönlichen Erinnerungen eng an die Gruppe gebunden sind, in der wir leben.

3. Die Antizipation der Zukunft

Der erste Elan in der frühen Kindheit weist schon Anzeichen einer Antizipation auf. Dieser Antrieb ist gewissermaßen indeterminiert. Das Wirkungsgefüge von zirkulären Reflexen und der instrumentellen Konditionierung stellt eine Verbindung her zwischen einem Impuls und der entsprechenden Handlung, die Befriedigung verspricht. Diese Verbindung schafft die von *Piaget* benannten praktischen Serien. Nach dem Gesetz der Wirkung entsteht also die erste Grundlage für die Bildung einer Zukunft, da das Kind – wie das Tier – nun fähig ist, sein Verhalten einer Sukzession entsprechend zu organisieren. Vor der Ausführung einer Handlung oder während der Wahrnehmung eines Signals wird – auf der Basis der früheren

Erfahrung – das antizipiert, was im nächsten Moment ausgeführt werden soll.

In den Untersuchungen der aufgeschobenen Reaktionen bei Tieren kommen die zeitlichen Bedingungen dieser Verbindung zum Vorschein. Wenn z. B. der Zeitraum zwischen einem für die Bedürfnisse des Tieres bedeutsamen Signal und seiner Befriedigung zu groß ist, wird die Verbindung nicht hergestellt. Ratten lernen nur dann einen Hebel zu betätigen, um Nahrung zu erhalten, wenn das Intervall zwischen dem Hebeldruck und dem Moment, wo die Nahrung für das Tier sichtbar ist, nicht länger als 30 sec andauert *(Roberts 1930)*. Affen können ihr Futter, das unter einer von zwei vor ihnen stehenden, umgestülpten Schalen versteckt ist, sofort wiederfinden wenn der Aufschub von dem Moment an, wo die Nahrung versteckt wird, bis zu dem, wo sie sie suchen dürfen, kürzer als 90 sec ist *(Jacobsen 1936)*. Diese Intervalle stellen gewissermaßen die Dauer dar, in der sich die Ausrichtung in die Zukunft aufrechterhält. Sie variieren selbstverständlich mit den experimentellen Bedingungen, und die genannten Zahlen sind keine absoluten Werte.

Ratten können nur lernen, 3 sec zu warten, bis sie einen Teil ihrer Nahrung erhalten, wenn ein Elektroschock als Bestrafung für die Nichteinhaltung dieses „operationalen Verbotes" unmittelbar auf dessen Übertretung erfolgt. Wird der Schock um einige Sekunden aufgeschoben, dann nimmt das Tier, unabhängig von dem letzten Schock, entweder die Nahrung auf, sobald sie erscheint, oder jede Aktivität ist gehemmt; in keinem der beiden Fälle lernt das Tier, den Aufschub zu beachten *(Mowrer 1950, Kap. XV)*.

Untersuchungen dieser Art beantworten uns auch die Frage, welche Nervenzentren bei jenen Verhaltensweisen beteiligt sind. Man hat z. B. beobachtet, daß Affen, denen die Frontallappen entfernt worden waren, nach einer gewissen Zeit zu Aufschubreaktionen nicht mehr imstande waren. Nach einem Aufschub von 5 sec schienen sich die Tiere an nichts mehr zu erinnern *(Jacobsen 1936)*. Es ist anzunehmen, daß ihr unmittelbares Gedächtnis gestört war. Tatsächlich aber, wie *Malmo* (1942) zeigte, trat eine erhöhte Empfindlichkeit insbesondere für retroaktive Hemmungen auf. Wenn man das Tier zwischen dem Moment, in dem ihm die Position der richtigen Reaktion vorgeführt wird (in *Malmos* Experiment zeigt ein Lichtreiz den zu betätigenden Hebel an), und dem Moment der Reaktion in Dunkelheit beläßt, dann ist der Prozentsatz richtiger Aufschubreaktionen nach der Frontallappenablation ungefähr ebenso hoch wie vor der Ablation. Diese Beobachtung erklärt das Antizipationsverhalten, dessen Voraussetzung es ist, daß die in die Zukunft gerichteten Erregungen nicht durch neu auftretende Erregungen gelöscht werden. Die Ausrichtung in die Zukunft auf dem kortikalen Niveau hängt allein davon ab, ob die Frontallappen intakt sind, denn extensive Ablationen anderer Bereiche haben keinerlei ähnliche Störungen zur Folge *(Jacobsen 1936)*. An diesem Verhalten sind dennoch nicht nur die Frontallappen beteiligt. Auch Tiere, die lediglich einer Lobotomie unterzogen worden waren, zeigten Störungen der Aufschubreaktionen, und es ist anzunehmen, daß auch hier ein infrakortikaler Nucleus mit kortikalen Projektionen eine Rolle spielt. Nach den jüngsten Hypothesen soll es sich um den Nucleus caudalis handeln *(Peters, Rosvold* und *Mirsky 1956)*. Die Tierexperimente müssen ohne Zweifel verglichen werden mit klinischen Beobachtungen an Patienten, die lobotomisch behandelt wurden und bei denen man festgestellt hat, daß sie der Zukunft gegenüber gleichgültig schienen und mehr in der Gegenwart lebten als vor ihrer Behandlung *(Petrie 1952, Le Beau 1954)*.

Beim Menschen gibt es unterschiedliche Aufschubreaktionen, und zwar ist er, ausgehend von einer gegenwärtigen Stimulation, fähig, sich das zu erreichende Ziel vorzustellen. Dieses äußert sich darin, daß das Ziel fixiert wird, so daß es nach einem längeren Zeitraum leichter ist, wieder darauf zurückzukommen. Der Zukunftshorizont eines Kleinkindes geht nur dann über einige Sekunden hinaus, wenn die Zukunft nicht mehr nur in der gegenwärtigen Handlung erlebt wird, sondern auch vorgestellt werden kann. Das Kind ist dann fähig, eine reale zeitliche Distanz herzustellen zwischen dem gegenwärtigen Wunsch und dem zu erreichenden Ziel.

Zu Beginn sind diese Vorstellungen jedoch nur Reproduktionen erlebter Serien, und die Zukunft wird lediglich als eine Wiederholung der Vergangenheit vorgestellt. „. . . Meine Vergangenheit wirft nicht länger mehr jenen Schatten ihrer selbst vor mich hin, den wir Zukunft nennen" *(Proust)*; oder: *M. Proust*: Auf der Suche nach der verlorenen Zeit. Übers. von *Eva Rechel-Mertens*, Frankfurt: Suhrkamp 1979). Die Zeitperspektiven entfalten sich erst vollständig, wenn der Mensch aufgrund des Zusammenwirkens symbolischer Erfahrungen fähig geworden ist, eine Zukunft zu erlangen, was einer Erschaffung seiner eigenen Geschichte entspräche. Diese Erschaffung ist nur bei denjenigen möglich, die von ihrer Aktivitätsdynamik über die gegenwärtige Situation hinausgetragen werden. Allgemeiner gesagt, die Zukunft entfaltet sich nur insoweit, wie wir uns eine für uns *realisierbare* Zukunft vorstellen.

Unsere Einstellung zum Tod zeigt dieses ganz deutlich. Wir wissen offenbar alle, daß er das Ende dessen ist, was uns erwartet. Er erzeugt in uns Angst oder ein religiöses Verhalten, was in einer „geschlossenen Religion" einer Abwehr des Unbekannten entspräche. *Merleau-Ponty* meint dagegen (1947), daß der Tod sich, unabhängig vom Lebensalter, nicht unseren

Zeitperspektiven aufpräge, ausgenommen bei religiösen Menschen, die ihn als einen Übergang in ein anderes Leben betrachten. Der Tod als absolutes Ende sei nicht das Ziel, das man erreichen wolle.

Dieses Beispiel zeigt sehr gut, wie die Zukunft gleichsam an die Aktivität gebunden ist, was *Guyau* veranlaßte, zu sagen (1902, 33): „Man muß wünschen wollen, man muß die Hand ausstrecken und gehen, um die Zukunft zu erschaffen. Die Zukunft ist nicht das, was *auf uns zukommt*, sondern *auf die wir zugehen*." Einmal gesehen aus der Perspektive einer Eroberung, auf die wir zugehen, und dann aus der der Vorausschau einer Unbestimmtheit, begleitet „von einem Gefühl der Unsicherheit und Unruhe" oder sogar von Angst, die, sofern sie sich auf die Erfahrung der Zukunft reduziert und ins Absolute erhöht, eine Lebenserfahrung ist" *(Lavelle 1945, 276–278)*. In dem letzteren Fall ist es eine Art passives Warten auf die Zukunft, die auf uns zuzukommen scheint.

Von wo aus wir die Zukunft auch betrachten, vor allem ist sie die Erfahrung eines Zeitintervalls, jener Abstand, wie *Guyau* es ausdrückt (1902, 34), zwischen „der Tasse und den Lippen'. Dieses Intervall ist jedoch nicht mehr Objekt einer unmittelbaren Vorstellung in der Zukunft als in der Vergangenheit, sondern sogar weniger. Unsere Vergangenheit setzt sich aus bestimmten Erinnerungen zusammen, während unsere Zukunftsperspektiven immer unbestimmt bleiben, besonders wenn einige von ihnen nicht einfach Wiederholungen der Vergangenheit sind. „In der Erfahrung der Zukunft realisiert sich eine reinere Zeiterfahrung als in der der Vergangenheit, wo das Intervall schon ausgefüllt ist und wir sozusagen weniger sensibel sind für dessen Behältnis als für dessen Inhalt" *(Lavelle 1945, 279)*. Während unseres ganzen Lebens jedoch bleiben unsere Zukunftsperspektiven denen des Kindes ziemlich ähnlich, für welches sich die gesamte Zukunft in der Unbestimmtheit des „Morgen" zentriert. Wir können zwar Pläne anhand unseres Zeitschemas und anhand logischer Konstruktionen zeitlich festlegen, doch auf der Erlebnisebene gibt es kaum noch etwas außer der Projektion des Wunsches oder der Furcht, was bedeutet, daß unsere Zeitperspektiven sehr eng an unseren gegenwärtigen emotionalen Zustand gebunden sind. Wir brauchen nur ein wenig müde zu sein, und schon ist die Zukunft blockiert, so daß uns unsere Ziele unerreichbar erscheinen. Umgekehrt ist unser emotionaler Zustand abhängig von dem zeitlichen Abstand zwischen dem gegenwärtigen Moment und einer zukünftigen Situation. Die sowohl von *Hull* (1934) wie auch von *Lewin* durchgeführten Untersuchungen der Zielgradienten zeigen, daß die Merkmale einer Reaktion (Geschwindigkeit, Stärke) von der räumlichen sowie von der zeitlichen Nähe des Zieles abhängen, wobei es einen Annäherungs- und einen Vermeidungsgradienten gibt. Je näher man dem Ziel ist, desto stärker ist die Reaktionstendenz (*N. E. Miller 1944;* s. Kap. II, S. 66). Diese Gradienten sind sehr gut bei Wartenden zu beobachten (*J. Cohen 1953*). Verlobte erfahren diese Wirkung, wenn der Hochzeitstag näherrückt und eine schwangere Frau kurz vor der Entbindung. *Lewin* (1935, 88) beobachtete sie bei Kriminellen, die zu mehreren Jahren Gefängnisstrafe verurteilt worden waren und kurz vor ihrer Entlassung noch beabsichtigten, zu fliehen.

Die beiden Perspektiven – Rekonstruktion der Vergangenheit und Antizipation der Zukunft – entwickeln sich unter völlig verschiedenen Bedingungen. Wie wir gesehen haben, bildet sich die Vergangenheit dank des mit jedem gelebten Ereignis verbundenen Temporalzeichens und aufgrund der seriellen Organisation von Erinnerungen, die durch den Kalender und allgemeine soziale Hinweisreize erleichtert wird. Die Zukunftsperspektiven sind dagegen von der Fähigkeit abhängig, sich von der Gegenwart, die durch die Situation oder durch die Gebundenheit an die Vergangenheit determiniert ist, zu lösen. Es gibt keine Zukunft, wenn nicht zugleich ein Wunsch nach etwas anderem vorhanden ist, verbunden mit dem Wissen, wie er realisiert werden kann. Diese beiden Bedingungen sind sowohl auf biophysiologische als auch soziologische Faktoren zurückzuführen. Der Wunsch entsteht aus einem unbefriedigten Bedürfnis, der jedoch erst dann laut wird, wenn man sich durch intermittierende Befriedigungen der Tatsache bewußt ist, daß er aktiv verwirklicht werden kann, andernfalls würde er durch fehlende Bekräftigung gelöscht werden. Kinder mit gutem Schulerfolg denken z. B. häufiger an die Zukunft und haben weitreichendere Zukunftsperspektiven als schlechte Schüler (*Teahan 1958*). Gewiß, der Erfolg ist von der körperlichen und geistigen Gesundheit abhängig (der chronisch Kranke lernt, wie man sagt, nichts mehr zu wünschen). Auch ist er abhängig vom sozialen Status des Individuums und den Möglichkeiten, die sich ihm aufgrund seiner Schulbildung, seines Berufes und seiner Vermögenslage bieten.

In den schon erwähnten Untersuchungen von *Bernot* und *Blancard* wurde gezeigt, daß die beiden Populationsgruppen Bauern und Glasbläser von Nouville sowohl der Zukunft als auch der Vergangenheit gegenüber nicht dieselbe Einstellung hatten. Der landverbundene Bauer kümmert sich um die Versorgung und die Stellung seiner Kinder. Seine Zukunft bestimmen die wichtigsten Ereignisse in seinem Leben: die Ernte, die Laufzeit seines Pachtvertrages etc. Der Glasbläser besitzt keinen ihm eigenen Kalender. Sein Leben zeichnet sich aufgrund seiner beruflichen Tätigkeit durch den gleichmäßigen Wechsel von Tag- und Nachtschichten aus. Er möchte seine

Kinder zur Schule gehen lassen, ihnen eine erste Arbeitsstelle, wahrscheinlich in der Glashütte, verschaffen, und das ist alles.

Wenn Kinder zwischen 8 und 10 Jahren Geschichten imaginieren sollen, sind die der Kinder aus der Mittelschicht länger als die der Kinder aus der Unterschicht *(Leshan 1952)*. Die Erklärung hierfür wäre, daß in den unteren Schichten die Spannungs- und Befriedigungssequenzen wesentlich kürzer sind und die Menschen sich Frustrationen ersparen. Dementsprechend lägen die Zukunftspläne perspektivisch näher. Dagegen teilen sich die Menschen der Mittelschicht ihr Leben in längere Zeitabschnitte ein und handeln ihren Zielen entsprechend. Dieses bedeutet nicht, daß die Frustrationstoleranz in den unteren Schichten weniger ausgeprägt ist. *Ellis* und seine Mitarbeiter (1955) haben eindeutig gezeigt, daß es in keiner bestimmten Schicht einen Zusammenhang gibt zwischen der normalen Frustrationstoleranz und der Dauer imaginierter Geschichten.

Auf der personalen Ebene ist diese Toleranz in erster Linie von der emotionalen Stabilität, die sich bei allen Menschen mit zunehmendem Alter erhöht, abhängig. Dabei spielen die biologische Reife sowie die Persönlichkeitsentwicklung eine Rolle. Wenn das Kind heranwächst, lernt es, das Warten bzw. einen Aufschub der gelernten Handlung besser zu ertragen (*Fraisse* und *Orsini* 1955). Auch ist es allmählich fähig, immer häufiger von zwei Möglichkeiten mit unterschiedlicher Schwierigkeit, Befriedigung zu erlangen, die sinnvollere vorzuziehen, selbst wenn es auf deren Erlangung länger warten muß als bei derjenigen, die ihm bei niedrigerem Schwierigkeitsgrad sofort Befriedigung gegeben hätte (*Irwin* und Mitarbeiter, *1943, 1946*).

Dennoch zeigt sich bei gleichbleibendem Niveau der allgemeinen Frustrationstoleranz, daß wir durch unsere Lebensbedingungen veranlaßt werden, Frustrationen, die häufig aus unserer *Situation* hervorgehen, zu vermeiden. Dieser Abwehrmechanismus bewahrt uns davor, das Unerreichbare zu wollen, ein Verhalten, das im Gleichnis die „sauren Trauben" symbolisieren. Wir wählen von mehreren möglichen Handlungen die erfolgversprechende *(Rosenzweig 1933)*, und demnach ist es verständlich und naheliegend, daß die Zeitperspektiven in den Schichten, wo alle Energien für die unmittelbare Bedürfnisbefriedigung mobilisiert werden, auf das sofort Erreichbare beschränkt sind. Eine Gruppe von amerikanischen Kindern aus gehobeneren Schichten erklärten z. B., daß, wenn sie einmal einen Preis von 2000 Dollar gewinnen sollten, mehr davon sparen als ausgeben würden, während Kinder aus unteren Schichten das Gegenteil erklärten (*Schneider* und *Lysgaard 1953*). *Doob* (1960) fand ähnliche Ergebnisse bei drei afrikanischen Stämmen. Er stellte einer Gruppe von gebildeten Personen (Hochschulniveau) und einer Gruppe von weniger gebildeten Personen (0 bis 4 Jahre Schulbesuch) folgende Frage: „Würden Sie lieber 5 Dollar sofort oder 50 Dollar in einem Jahr erhalten?"

Die prozentualen Wahlentscheidungen der drei Stämme für die erste Alternative waren:

in den Gruppen mit hoher Bildung: 14%, 31%, 11%;
in den Gruppen mit niedriger Bildung: 32%, 52%, 24%.

Die Antworten derselben Personen auf die allgemeinere Frage, „Würden Sie zustimmen, daß es verlorene Zeit ist, Zukunftspläne zu machen?", bestätigen die o. g. Ergebnisse. Die zustimmenden Antworten auf diese Frage verteilen sich folgendermaßen:

in den Gruppen mit hoher Bildung: 17%, 16%, 34%;
in den Gruppen mit niedriger Bildung: 42%, 22%, 66%.

Selbst die Zeitabstände zwischen den Lohnauszahlungen scheinen eine Rolle zu spielen: Ein Arbeiter, der tageweise ausgezahlt wird, zeigt ein anderes zeitlich organisiertes Verhalten als ein Arbeiter, dem monatlich der Lohn ausgezahlt wird, oder als ein Unternehmer, der seine Dividenden oder Gewinne nach dem Jahresabschluß erhält.

Schließlich hängen die projektiven Perspektiven eines Individuums von seiner Fähigkeit ab, die Zukunft zu antizipieren. Diese Antizipation ist eine Art Konstruktion, die das Individuum bewußt vornimmt. Sie bezieht sich auf die vergangene Erfahrung, geht jedoch aus den gegenwärtigen Wünschen hervor und fügt sich in den Rahmen dessen ein, was als realisierbar erachtet wird. Sollte der Einwand gültig sein, daß es sich bei dieser Analyse um die Konstruktion von „Luftschlössern" handelt? Letztere sind jedoch entweder Träume, mit denen die Phantasie des Individuums spielt, ohne sich wirklich auf die Zeitperspektiven auszuwirken, oder aber das Individuum verliert den Kontakt mit der Wirklichkeit und glaubt, seine Träume zu leben. Weder die einen noch die anderen sind reale Zukunftspläne. Wir werden darauf noch zurückkommen, wenn wir den Einfluß der Persönlichkeit auf den Zeithorizont untersuchen.

II. Die Verschiedenheit zeitlicher Horizonte

Die gesamte bisherige Analyse hat gezeigt, daß der Zeithorizont jedes Individuums das Ergebnis einer realen Erschaffung ist. Wir konstruieren sowohl unsere Vergangenheit als auch unsere Zukunft. Es ist evident, daß ein Merkmal dieser Aktivität die Adaptation ist. Der Mensch muß sich gewissermaßen befreien von dem ihn mitreißenden Wechsel, indem er die Vergangenheit im Gedächtnis bewahrt und die Zukunft im voraus durch Antizipation erobert. Diese Besitznahme der Zeit ist im wesentlichen eine

Leistung des Individuums, bedingt durch alles, was die Persönlichkeit determiniert, das Lebensalter, die Umgebung, das Temperament und die Erfahrung. Jedes Individuum hat seine eigenen Perspektiven. Jeglicher Vergleich mit dem Raum wäre hier nur irreführend. Denn der Raum ist ein Zusammenwirken von Objekten, die zum großen Teil die Struktur des wahrgenommenen Raumes determinieren, während die Zeit die Abfolge von Veränderungen ist, wobei jede von ihnen – ausgehend von der gegenwärtigen Veränderung – für uns nur als Erinnerung oder als Antizipation existiert, d. h. sie sind nur *Re-präsentationen*. Der Raum ist primär *Präsentation*, die sich uns aufdrängt. Im wesentlichen bedingt durch die jeweilige Persönlichkeit, wird die Zeit erobert.

Die Reichweite dieses Problems ist immens. Wir werden uns darauf beschränken, einige wichtige Formen des individuellen Zeithorizontes darzustellen. Die unendliche Vielfalt zeitlicher Perspektiven jedes einzelnen Individuums könnte darüber hinaus wohl nur in Monographien berücksichtigt werden.

1. Der Einfluß des Lebensalters auf den Zeithorizont

Jedes Alter hat einen bestimmten Zeithorizont. Die Betrachtung der Entwicklung und der Bildung von Zeitperspektiven zu Beginn dieses Kapitels war für die Bestimmung ihrer wesentlichen Merkmale hilfreich. Wir wollen hier nicht auf diesen Aspekt zurückkommen, vielmehr sollten wir nun die quantitative sowie die qualitative Entwicklung des Zeithorizontes im Laufe des Lebens eines Individuums verfolgen.

Das erste Anzeichen dafür, daß das Individuum der Vergangenheit und der Zukunft Rechnung trägt, ist zweifellos seine Aktivität. Jede Handlung bezieht sich auf eine Vergangenheit und eine Zukunft, was jedoch nicht immer explizit erfolgt und eine Lokalisation in der Zeit nicht zuläßt. Gleichwohl kann man als Anzeichen für die Entwicklung des Zeithorizontes die schon erwähnten Aufschubreaktionen betrachten. Sie weisen eine lebendige Verbindung auf zwischen dem Vorher und dem Nachher. Als Versuchsobjekt kann man mit Kindern und Tieren experimentell folgendermaßen verfahren. In einem Wahlversuch mit Kindern z. B. wird vor ihren Augen ein begehrtes Objekt versteckt, und sie haben die Aufgabe, dieses erst nach einer bestimmten Wartezeit zu suchen. Mit zunehmendem Lebensalter kann dieser Aufschub verlängert werden, ohne die Erfolgsergebnisse zu beeinträchtigen. Diese Intervalle hängen selbstverständlich von der jeweiligen Situation ab, aber wichtig ist hier, daß mit zunehmendem

Alter für jeden Problemtypus ein Anstieg der Intervalle zu verzeichnen ist. *Hunter* (1913) fand in einem Wahlversuch mit drei Alternativen, daß das noch tolerierte Intervall im Alter von 2 ½ Jahren bis zu 6 Jahren von 50 sec auf 35 min angestiegen war. In einem anderen Zusammenhang fand *Skalet* (1930–1931) einen Aufschub von einigen Sekunden im Alter von 2 Jahren und von 34 Tagen mit 5 ½ Jahren. Wenn das Kind heranwächst, kann es vorausgegangene und noch kommende Dinge in seiner Handlung berücksichtigen: „Die Erweiterung des Lebensraumes hinsichtlich der psychologischen Zeitdimension hält bis zum Erwachsenenalter an. Pläne dehnen sich weiter in die Zukunft aus, und Handlungen mit zunehmender Länge werden zu einer Einheit organisiert *(Lewin 1952)*.

Gleichwohl ist es die Sprache, mit deren Hilfe sowohl Erwachsene als auch Kinder die Ausdehnung der Retrospektionen und Prospektionen am besten wiedergeben können. Dies zeigt sich in der Erweiterung des Vokabulars und der grammatikalischen Formen, die ihnen überdies auch genauere Beobachtungen ermöglichen.

Mit etwa 1 ½ Jahren beginnt das Kind, sich an einen nicht gegenwärtigen bzw. abwesenden Gegenstand zu erinnern, obwohl man nicht genau sagen kann, ob dieser sich für das Kind in der Vergangenheit oder in der Zukunft befindet *(Lewis 1937)*. Mit 2 Jahren kann es sich an Dinge erinnern, die vor ungefähr einem Monat geschahen. Mit 3 Jahren gehen die Erinnerungen schon ein Jahr zurück und mit 5 Jahren liegen sie bereits 2 Jahre zurück. Zwischen 7 und 8 Jahren überschreitet die Vergangenheit langsam die persönliche Erfahrung des Kindes. Es bekommt Interesse für seine Geschichte und die seiner Eltern und für die Geschichte an sich *(Malrieu 1953, 85–87)*. Es versteht sich, daß diese Erinnerungen anfangs noch nicht zeitlich festgelegt werden, doch zwischen dem 2. und 3. Lebensjahr verwendet das Kind langsam Partizip- und Vergangenheitsformen, was als das erste Anzeichen für die zeitliche Orientierung gelten kann. Das Zukunftsbewußtsein manifestiert sich in der Antizipation von Verhaltenssequenzen. Wenn man ein Kind genau zu der Zeit, da es normalerweise gebadet wird, fragt, „wohin werden wir jetzt gehen", dann kann es antworten: „Bad" *(Lewis 1937)*. Erst zwischen 2 ½ und 3 Jahren bezieht es sich allmählich auf eine entferntere Zukunft. Es sagt dann „heute nachmittag" und „morgen", wobei es lediglich etwas in der nahen, jedoch noch unbestimmten Zukunft ausdrücken will (*L. W.* und *Cl. Stern 1907, Decroly* und *Degand 1913, Gesell* und *Ilg 1949*). Mit 3 Jahren beginnt das Kind, im einzelnen anzugeben, was es am folgenden Tag tun möchte, und mit etwa 3 ½ Jahren beginnt es, wiederkehrende Ereignisse innerhalb der Woche, insbesondere die der außergewöhnlichen Tage, wie z. B. Sonntag, zeitlich festzulegen. Mit 4

Jahren nimmt es Bezug auf die nächste Jahreszeit, es sagt: „nächsten Sommer" oder „nächsten Winter", und es denkt schon im voraus an wichtige Festtage wie Weihnachten und seinen Geburtstag. Dieses Vorausschauen wird mit 5 Jahren immer genauer (*Gesell* und *Ilg 1949;* oder: *Infant and child in the culture of today.* New York: *Harper 1943; Decroly* und *Degand 1913*). Mit 8 Jahren bekommt es langsam Interesse für eine nicht selber erlebte Geschichte, und es schmiedet Zukunftspläne, die über den Rahmen seiner gewöhnlichen Aktivität hinausgehen: „Ich werde heiraten ..." „Ich werde Bahnhofsvorsteher ...". Diese Pläne werden im Alter von 9 Jahren noch präziser formuliert (*Gesell* und *Ilg 1949, 464*).

An dem Verstehen von Begriffen, die die Zeit in bezug auf den gegenwärtigen Augenblick oder auf eine Kalenderangabe genau festlegen, ist zu erkennen, wie das Kind die Zeit erobert und wie es sich und die vergangenen und zukünftigen Ereignisse darin situiert. Wir haben eine Chronologie des Verstehens bzw. der Verwendung von Begriffen verfaßt, die eine genaue Lokalisation in der Zeit angibt, wobei wir uns auf die Arbeiten von *Stern* (1907), *Decroly* und *Degand* (1913), *Oakden* und *Sturt* (1922), *Bradley* (1947), *Ames* (1946), *Gesell* und *Ilg* (1949) und *Malrieu* (1953) bezogen haben. Die Altersangaben, die zwischen den verschiedenen Autoren mitunter um mehr als ein Jahr differieren, sind selbstverständlich Annäherungswerte. Wichtiger ist hier die aktuelle Reihenfolge von Wörtern, die gewissermaßen die Ausdehnung des Zeithorizontes anzeigt.

Erkennen eines besonderen Wochentages wie den Sonntag	4 Jahre
Genaue Angabe, ob es morgens oder nachmittags ist	5 Jahre
Richtige Verwendung der Wörter „gestern" und „morgen"	5 Jahre
Angabe des Wochentages	6 Jahre
Angabe des Monats	7 Jahre
Angabe der Jahreszeit	7–8 Jahre
Angabe des Jahres	8 Jahre
Angabe des Monatstages	8–9 Jahre
Schätzen der Dauer	
a) einer Unterhaltung	12 Jahre
b) „seit den Ferien"	12 Jahre
c) „bis zu den Ferien"	12 Jahre
Angabe des Zeitraumes von etwa 20 min	12 Jahre

An dieser Aufstellung sei, wie *Malrieu* meint (1953, 84), ebenfalls ein Fortschritt der Lokalisierung in der Vergangenheit und zugleich in der Zukunft zu erkennen. Andererseits muß angemerkt werden, daß das Kind sich zunächst an den zyklischen Aktivitäten orientiert, die zu seinem Lebensrhythmus eine direkte Beziehung aufweisen: Wie wir wissen, paßt es sich lange, bevor es sich nach den einzelnen Wochentagen richtet, dem Zyklus jedes Tages an. Erst dann, wenn es auf die Organisation von Sequenzen erlebter Zeitperioden rekurriert, erobert es die Zeit, orientiert sich an ihr und legt einen Moment im Verhältnis zu anderen zeitlich fest *(Farrell 1953)*.

Was die objektiven Zeitangaben anbelangt, so zeigt diese Aufstellung, daß die zeitliche Orientierung des Kindes sich zwischen dem 6. und 9. Lebensjahr langsam entwickelt. Erst später kann es Dauern in Zeiteinheiten schätzen, aber das ist ein anderes Problem, auf das wir in den folgenden Kapiteln noch zurückkommen werden.

Die Entwicklung der Zeitperspektiven erfolgt nur nach Maßgabe der geistigen Aktivitätsentwicklung. Die Lokalisation eines Ereignisses mit objektiven Zeitangaben ist nämlich nur möglich, wenn das Kind mittels operationalen Denkens zwei Ereignisserien miteinander in Beziehung setzen kann (co-sériation, Doppelreihenbildung), und zwar die erlebte und die objektiv vorliegende. Erst ab 6 Jahren etwa kann es diese Operation ausführen und sich so orientieren; zu einem früheren Zeitpunkt vermag es seine eigenen Handlungen nur mit einer einfachen Klassifizierung in „davor" und „danach" untereinander festzulegen. Es ist also nicht erstaunlich, daß die Autoren einen engen Zusammenhang gefunden haben zwischen dem Verstehen des sich auf die Zeit beziehenden Vokabulars, der zeitlichen Orientierung und den Ergebnissen der allgemeinen Intelligenztests für Kinder, Erwachsene und Debile (*Friedman 1944; Buck 1946, Levine* u. a. *1959, Brower* und *Brower 1947, Johnson 1964*).

Die Zeitperspektiven hängen aber nicht nur vom Lebensalter und von der Intelligenz ab. Sie scheinen auch an die Frustrationstoleranz oder genauer noch, an die Fähigkeit, Befriedigung aufzuschieben, gebunden zu sein (s. S. 183). Je besser das Kind imstande ist, eine größere, aber aufgeschobene Belohnung der unmittelbaren kleineren Belohnung vorzuziehen, desto weiter scheinen die Zeitperspektiven des Kindes zu reichen (*Mischel* und *Metzner 1962*).

Bei dieser Art von Betrachtungen erfahren wir jedoch nichts über den wechselseitigen Einfluß der Vergangenheit und der Zukunft im Leben des Kindes. Die Beantwortung dieser Frage ist zum gegenwärtigen Zeitpunkt lediglich auf Allgemeinheiten beschränkt. In dem Moment, wo das Kind Vergangenheit und Zukunft nicht mehr miteinander verwechselt, zeigt sich, daß die Zukunft für seine bewußten Perspektiven eine wesentlich größere Rolle spielt als die Vergangenheit, selbst wenn sich das Leben des Kindes offenbar nur als eine Wiederholung dessen darstellt, was es bis dahin getan und gelernt hat. „Wenn ich in die Schule komme . . ., wenn ich 7 . . . 10 . . .

16 Jahre alt bin", das sind die Variationen einer Unterhaltung, die sich immer um dasselbe Thema drehen. „Wenn ich groß bin." Wendet es sich seiner Vergangenheit zu, dann nur für kurze Augenblicke, um sich selbst im Verhältnis zu anderen zu situieren, ohne dem Bedeutung beizumessen. Beim Erwachsenen beobachtet man dagegen mit zunehmendem Alter, daß das Zukünftige immer mehr an Bedeutung verliert, während das Vergangene an Bedeutung zunimmt. Das Thema, „wenn ich groß bin, wenn ich verheiratet bin, wenn ich ein Auto habe", löst das Thema, „in meinem Alter, als ich ein Kind war, als ich jung war", langsam ab. Ältere Menschen schließen sich mehr und mehr in einer Gegenwart ein, die sie nur noch im Hinblick auf die Vergangenheit erleben *(Visher 1947)*. Man muß jedoch wie *Kastenbaum* (1963) unterscheiden zwischen der Fähigkeit älterer Menschen, allgemein an die Zukunft zu denken, und derjenigen, ihrer eigenen Zukunft entgegenzusehen. Letztere verändert sich einzig durch den Prozeß des Alterns und der damit zusammenhängenden Verringerung der Lebenserwartung.

Ungeachtet der beträchtlichen individuellen Unterschiede, auf die wir noch zurückkommen werden, scheint der Mensch also, wenn er sich in der Zeit situiert, dem längeren Abschnitt seines Lebens unter Berücksichtigung seiner mittleren Lebenserwartung eine größere Bedeutung beizumessen, d. h. dem noch nicht Erlebten, wenn er jung ist, und dem bereits Erlebten, wenn er alt ist. Dies könnte eine Erklärung dafür sein, daß zwischen dem 40. und 50. Lebensjahr bei jedem Menschen eine kritische Periode auftritt, u. zw. genau in der Lebensmitte, wenn der langsame Übergang ins Alter mit den damit zusammenhängenden Zeitperspektiven, die dieser Wechsel zur Folge hat, stattfindet. Wir haben dennoch immer die Tendenz, das Alter außerhalb unseres gegenwärtigen Lebensalters zu lokalisieren. Unsere Auffassung vom chronologischen Alter verändert sich jeweils mit dem Prozeß des Alterns *(Wertheimer 1960)*.

2. Der Einfluß der Persönlichkeit

Wir leben immer in der Gegenwart, wobei es jedoch zwei Arten gibt, sie zu leben: Die eine besteht darin, in Übereinstimmung mit der gegenwärtigen Situation zu sein, die andere dagegen, sich von ihr zu lösen, um sich in der Vorstellung in eine nicht mehr oder noch nicht vorhandene Zeit zu versetzen. Im zweiten Fall wird die Vergangenheit oder die Zukunft zu einer gelebten Gegenwart. Tagträume, die Lektüre eines Romans oder ein Film veranschaulichen solche Situationen, wo wir vor allem in einer von unserer gegenwärtigen Aktivität verschiedenen Zeit leben. Im Kino befinde ich mich eher in der Zeit des Films, als wenn ich Zuschauer eines Theaterstücks bin. Extreme Beispiele jener Transpositionen ließen sich leicht in der Psychiatrie auffinden, aber so weit wollen wir hier nicht gehen. Jeder Augenblick unseres Lebens enthält Zeitperspektiven, die je nachdem, wie weit sie auf die Gegenwart, die Vergangenheit oder Zukunft zurückgehen, beträchtlich variieren. Daraus entstehen die von *Malrieu* benannten „temporalen Haltungen", die nicht nur in den Phänomenen der gelebten Zeit, sondern auch im Verhalten erkennbar sind. „Unsere Handlungen werden, je nachdem, ob wir unserem alltäglichen Leben oder unserer eigenen Zukunft verhaftet sind, ob wir unsere Aufmerksamkeit auf den Tod, auf die Vergangenheit oder auf die Zukunft der Menschen richten, eine entsprechende Reichweite haben" *(Malrieu 1953, 22)*.

Diese Haltungen treten bei jedem von uns in dem Maße in Erscheinung, in dem wir unsere Zeitperspektiven und unsere personale Zeit konstituiert haben. Hier ließe sich analytisch eine Vielzahl von Faktoren aufführen, die, verbunden mit der von unserer Persönlichkeit abhängigen Realitätsnähe und zugleich mit der Art, wie unsere eigene Geschichte uns geformt hat, diese Haltungen beeinflussen. Ist doch jede Geschichte selbst schon an eine Kultur gebunden, in der je nach dem Zeitalter oder dem Gesellschaftssystem die Fragen der Zeit verschiedenartig bewertet werden. *Malrieu* hat zu Recht sowohl gegen das Ewigkeitsdenken zu opponieren versucht, das die Menschheit der fortwährenden Anstrengung weiht, einen unwandelbaren Menschentypus zu schaffen, als auch gegen die Fortschrittsgläubigkeit, die auf die Eroberung der Zeit ausgerichtet ist und dem Menschen unaufhörlich mit Neuheiten aufwartet.

Poulet hat in seinen „Études sur le temps humain" (1950) sehr eindrucksvoll gezeigt, wie die Zeit im Wechsel der Epochen, in der Philosophie und vor allem in der Literatur immer wieder neu gefaßt worden ist, und wie sehr die Zeitperspektiven zwischen den Individuen variieren. Wir können seine Studien hier weder weiterverfolgen, noch zusammenfassen, jedoch werden wir *Poulet* zahlreiche Beispiele für die Beschreibung der Hauptarten von Haltungen entlehnen.

Neben den auf Verhaltensbeobachtungen, Interviews oder Inhaltsanalysen von Gesagtem oder Geschriebenem basierenden Forschungen, haben die Psychologen in den letzten zehn Jahren originelle Methoden für die Untersuchung der Zeitperspektiven von Individuen und sozialen Gruppen entwickelt. Wir werden sie im weiteren Text noch erwähnen, aber zunächst wäre es hilfreich, diese Methoden hinsichtlich ihres Untersuchungsgegenstandes zu klassifizieren.

● Frustrationstoleranz und Befriedigungsaufschub

In der Persönlichkeitsentwicklung sei dieser Aspekt, den Psychologen zufolge, charakteristisch für die Reife und den Soziologen zufolge, wichtig für eine gute Integration in einer entwickelten Gesellschaft. Die verwandten Techniken bestanden, neben der Beobachtungs- und Befragungsmethode hinsichtlich der Erfassung des Trieb- und Sexualverhaltens, dem Gebrauch des Geldes und allgemein aller Motivationsarten, hauptsächlich in dem Versuch, beim Individuum Konflikte hervorzurufen. Dieses projektive Verfahren wird z. B. in verbaler Form durchgeführt: „Würden Sie eine sofortige Belohnung × einer größeren Belohnung (n mal ×) in einer Woche oder in einem Monat vorziehen?" Besonders gut läßt sich der Konflikt bei Kindern und Jugendlichen herstellen. Nach einer Leistung, die entsprechend belohnt werden sollte, gab man zur Auswahl eine geringe, aber sofortige Belohnung und eine größere, jedoch aufgeschobene Belohnung vor. Ein besonders genaues Verfahren ist es, als Belohnung Gutscheine auszugeben, die in einem nahegelegenen Drugstore eingelöst werden können. Der Wert der Gutscheine steigt, je mehr Zeit vergeht *(Bialer 1961)*.

Ein weiteres projektives Verfahren besteht darin, die Personen eine Geschichte erzählen zu lassen, in der sie eine riesige Geldsumme ausgeben, die sie geerbt oder in einem Glücksspiel gewonnen haben.

Schließlich können die Protokolle des Thematischen Apperzeptionstests für die Überprüfung der Dominanz einer inneren oder äußeren Verhaltenskontrolle verwandt werden (*Dounan* und *Walker 1956*).

● Die Richtung der Zeitperspektiven

Mittels zahlreicher Methoden hat man den relativen Einfluß der Vergangenheit, der Gegenwart und der Zukunft aufzudecken versucht. Dabei wurde nach folgenden Gesichtspunkten verfahren:
(a) Man läßt eine vergangene oder zukünftige Autobiographie verfassen *(Israeli 1936)*.
(b) Die Person soll zehn verschiedene Dinge, die sie während der Woche zu tun beabsichtigte oder von denen sie gesprochen hat, möglichst detailliert beschreiben. Aus der relativen Itemanzahl wird die Dominanz der jeweiligen Zeitperspektive hergeleitet (*Eson* und *Kafka 1952, Teahan 1958*).
(c) Bilder von der Zeit (*Knapp* und *Garbutt 1958*). Diese Autoren wählten Begriffe aus, die als Metaphern für die Zeit dienen. Nach der Eliminierung der am wenigsten aussagenden und übereinstimmenden Sinnbilder behielten sie 25 zurück, die ihnen während der Voruntersuchung als

Gegensatzpaar erschienen. Dann mußten die Vpn sie in fünf Kategorien einteilen, nach denen sie ihnen für die Zeit geeignet schienen. Mittels einer faktorenanalytischen Methode erhielten die Autoren einmal einen Faktor, der die Items auf einem bipolaren Kontinuum, vom Schnellzug oder einem Pferd im Galopp bis zur Meeresstille oder einer immensen Himmelsweite anordnete, und einen weiteren Faktor, nach dem drei Gesamtheiten zu erkennen waren: einmal dynamisch und lebhaft (Präferenz für die Items: kurzer Regenguß, Schnellzug, Pferd im Galopp etc.), dann naturalistisch-passiv (eine unermeßliche Himmelsweite, Wolken, die Straße von Gibraltar etc.) und schließlich einen Faktor, der menschliche Eigenschaften umfaßt, da die Bilder mit menschlichen Qualitäten assoziiert wurden (ein Rosenkranz, eine brennende Kerze, eine alte Frau am Spinnrad, ein sentimentales Lied etc.). Der erste Faktor scheint der interessanteste zu sein.

(d) Das semantische Differential. Jene von *Osgood* entwickelte Technik ist auf diesem Gebiet zwar erst wenig verwandt worden, aber sie scheint aussagekräftig zu sein. *Hariu* (1963) verwandte z. B. das semantische Differential für die Charakterisierung der Vergangenheit, der Gegenwart und der Zukunft und fand wesentliche Unterschiede. Auch *Kastenbaum* (1959) verwandte diese Technik für das Wort „Tod".

● Die Ausdehnung der Zukunftsperspektiven

Man läßt Geschichten imaginieren. *Leshan* (1952) gab der Person den ersten Satz vor, nach der sie eine Geschichte erfinden sollte (z. B.: Pierre dachte dabei an ... Danach mußte die Dauer der entfalteten Geschichte beurteilt werden.

Kastenbaum (1965) zeigt, daß, wenn der vorgegebenen Situation noch eine affektive Komponente hinzugefügt wurde (als Jack erwachte, fühlte er sich ganz ausgezeichnet ...), die Geschichten sich häufiger auf die Vergangenheit bezogen, als wenn der Ausgangssatz neutral war (Jean erwachte ...).

● Kohärenz und Dichte der Zukunftsperspektiven

Wallace (1956) legte einen Kohärenzfaktor für die Zukunftsperspektiven fest. Er bat die Personen (a) anzugeben, in welchem Alter jeweils 14 Ereignisse, die fast jeder Mensch erlebt, auftreten könnten, und (b) diese 14 Ereignisse in eine Abfolge zu bringen, wie sie hätten auftreten können. Die Kohärenz ist mit der Korrelation dieser beiden Reihen gegeben.

Die Dichte wird definiert als die Anzahl der Ereignisse, die die Person in ihrer Zukunft voraussehen kann, oder als die Anzahl der persönlichen Identifikationen, die die Person auf die Frage anführt: „Was möchten Sie werden?" *(Kastenbaum 1961)*.

Zu einer besseren Unterscheidung der verschiedenen Haltungen wäre es angebracht, die alltäglichste Haltung in unserer Gesellschaft zu bestimmen und die Bedeutung, die – zumindestens Erwachsene – der Gegenwart, der Vergangenheit und der Zukunft beimessen. *Israeli* (1932) führte eine Befragung an Studenten durch und stellte fest, daß die Gegenwart ihnen 1,2 mal wichtiger erschien als die Zukunft und 12,7 mal wichtiger als die Vergangenheit. Dieses Ergebnis bestätigt offenbar die Tatsache, daß wir normalerweise in der Gegenwart leben, die in die Zukunft weist, und uns nur wenig um die Vergangenheit kümmern. Hierfür erbrachte die Untersuchung von *Farber* (1953) analoge Ergebnisse. Er hatte amerikanische Studenten gebeten, die Wochentage nach ihrer Präferenz anzuordnen, wobei er folgende Ergebnisse erhielt (1 stellt den beliebtesten Tag dar):

Montag	Dienstag	Mittwoch	Donnerstag	Freitag	Samstag	Sonntag
6,1	5,0	4,9	4,3	2,9	1,5	3,0

Ihren Äußerungen zufolge stellt sich heraus, daß Samstag der beliebteste Tag zu sein scheint, weil er mit Freizeitaktivitäten (Sport, Theater etc.) ausgefüllt ist, aber auch, weil er mit der Aussicht auf einen Ruhetag erlebt wird. Wenn dagegen Montag der am wenigsten geschätzte Tag ist, dann nicht nur wegen der Aktivitäten, die er zur Folge hat – diese unterscheiden sich nicht von anderen Wochentagen –, sondern weil er mit der Aussicht auf weitere Arbeitstage erlebt wird. Im Laufe der Woche erscheinen die Tage regelmäßig abfallend immer weniger unangenehm, und Freitag, der Vortag des beliebtesten Tages, wird offenbar so präferiert wie der Sonntag. Es scheint also, daß die Gefühle, obwohl sie sich primär auf die *gegenwärtige* Aktivität beziehen, dennoch so stark von der Realität der nahen Zukunft beeinflußt werden, daß die Vergangenheit offenbar keine entscheidende Auswirkung darauf hat, wie die Gegenwart wahrgenommen wird.

Diese Überlegungen werden bestärkt, wenn man die Haltung all derjenigen Menschen beobachtet, die eine zeitlich festgesetzte Lebensperiode durchleben. Soldaten, die ihren Militärdienst leisten, und Gefangene, deren Strafzeit zu Ende geht, zählen jeden Morgen nach dem Erwachen die Tage, die sie noch von der Freiheit trennen, während sie der bereits abgelaufenen Zeit keine große Bedeutung beimessen *(Farber 1944)*.

Bei näherer Betrachtung sehen wir, daß unser gesamtes Verhalten die gleichen Merkmale aufweist. Es wird von der gegenwärtigen Situation und der Zweckgerichtetheit determiniert. Die Vergangenheit erteilt uns Lehren, im Alltagsleben aber ist sie selbst nicht von Interesse. Unsere Gegenwart ist der Gegenpol einer nahen oder entfernten Zukunft, die gefürchtet oder ersehnt wird. Auch *Minkowski* folgerte aus seinen Beobachtungen (1933, 279): „Unser Leben ist im wesentlichen auf die Zukunft ausgerichtet." Dies ist zwar nicht die einzige, aber am häufigsten auftretende Tendenz. Wir wollen nun vitale Haltungen aufzeigen, in denen, bedingt durch die Persönlichkeit jedes einzelnen, entweder die Gegenwart, die Zukunft oder die Vergangenheit vorrangig bewertet wird. Bei dieser Beschreibung werden wir uns zum großen Teil auf die Psychiatrie berufen, weil diese die Probleme wie durch ein Vergrößerungsglas darstellt und übertriebene Haltungen sichtbar macht, wie sie auch *Poulet*, ein aufmerksamer Beobachter, bei Schriftstellern entdecken konnte, die ihrem Zeithorizont literarisch Ausdruck zu geben vermochten.

A. Die Gebundenheit an die Gegenwart

a) Es gibt Lebewesen, die einfach deshalb nur in der Gegenwart leben, weil sie zur Bildung eines Zeithorizontes außerstande sind. Das trifft für Tiere zu. Wie wir gesehen haben, ist dies auch bei Säuglingen der Fall sowie bei Debilen, die in die Gegenwart fliehen, weil sie sich weder eine Vergangenheit noch eine Zukunft schaffen können. „Er sieht nur den Genuß der Gegenwart, da der Rest sich praktisch außerhalb seiner Bewertung befindet" *(Minkowski 1933, 335)*.

Es gibt aber auch Lebewesen, die hauptsächlich deshalb in der Gegenwart leben, weil ihr Zeithorizont sich beträchtlich *verengt* hat. Diese Rückbildung kann viele Ursachen haben und sehr verschiedenartig in Erscheinung treten.

In der manischen Erregung bleiben die Kranken, *Minkowskis* Analyse zufolge (1933, 275–276), in sehr gutem Kontakt mit der gegenwärtigen Realität, „aber es ist nur ein *augenblicklicher* Kontakt", ohne daß dieser Augenblick sich in einen Zeithorizont vertieft. Jene Kranken sind hypersensibel gegenüber den Anreizen der Außenwelt: „Ein Objekt, auf das ihr Blick fällt, eine Aufschrift, ein nichtssagendes Geräusch, ein Wort, das zufällig an ihr Ohr dringt, werden sofort in ihre Aussagen eingebaut . . . sie drücken ihre Wahrnehmungen in Worten aus und werden dann ziellos durch den so entstandenen Stimulus mitgerissen" (*Kraeplin*, zit von *Minkowski*). Ihr Leben in der Gegenwart ist offensichtlich sehr arm – in gewissem Sinn wie das der Tiere oder des Debilen –, weil sie ein Spielball des sich von einem Augenblick zum nächsten ständig verändernden „Jetzt' sind. Das einzige, was sie uns mitteilen, ist negativ: Sie zeigen deutlich, daß das Leben in der Gegenwart nur inmitten einer Organisation reich und wirkungsvoll ist, wobei man aus der Vergangenheit Lehren zieht und sich auf die Zukunft beruft, um den Anforderungen der Gegenwart zu genügen. Die Euphorie des manisch Erregten ist an diese Verengung seines Zeithorizontes gebunden: Weder das Gewicht der Vergangenheit noch die Unsicherheit der Zukunft können seine Gemütslage, die gänzlich von der Gegenwart abhängt, beeinflussen.

Im fortgeschrittenen Alter, begleitet von einer Abschwächung des Intellekts, sind die Zeitperspektiven, die sich mit der Intelligenz entwickeln, gewissermaßen verwischt. Im hohen Alter denkt der Mensch nicht mehr gerne an die Zukunft, und seine Erinnerungen an die Vergangenheit erlöschen. „Diese Unfähigkeit zur Vorwegnahme und diese Unvollkommenheit der Retrospektion bedingen eine Sorglosigkeit, die keine Gleichgültigkeit ist, sondern Heiterkeit ... Das Vorhandensein einer so vollständigen Loslösung von der Vergangenheit und von der Zukunft, von Lebewesen und von Dingen, mit der Erhaltung der Anpassung an die Gegenwart, ist vielleicht nur das normale Ziel des geistigen Zustandes des Menschen, wenn der von der Krankheit verschonte Organismus die physiologische Erschöpfung des Alters erleidet." (*Courbon 1927* zit. von *Minkowski 1933, 340–341*) Der letztere Fall unterscheidet sich jedoch von den manisch Erregten, für die die Gegenwart noch eine Konsistenz und Gerichtetheit behält. Es sind nur die langfristigen Zeitperspektiven, die verschwinden.

b) Neben jenen Beispielen, in denen die Gebundenheit an die Gegenwart aus einer Art Unfähigkeit resultiert, den Zeitperspektiven entgegenzusehen, treten weitere Fälle auf, in denen die völlige Schrumpfung des Zeithorizontes auf die Gegenwart die Folge ist von Abwehrprozessen des Individuums gegen Gefahren, die aus der Vergangenheit oder aus der Zukunft herrühren und seine Integrität zu bedrohen scheinen.

Es ist denkbar, daß z. B. eine Vielzahl von delinquenten Kindern so unter dem Druck von Motivationen stehen, daß sie den Zustand der Frustration, den die langsame Realisierung eines Zieles verlangt, nicht ertragen können. Dieser Gedanke liegt auch den Untersuchungen von *Barndt* und *Johnson* (1955) zugrunde: Sie fanden, daß die von delinquenten Jungen imaginierten Geschichten sich über eine kürzere Zeitspanne entfalteten, als diejenigen von Jugendlichen desselben Alters, mit demselben Intelligenzniveau und aus derselben sozio-ökonomischen Schicht, was auch *Mischels* Untersuchungen (1961) über die Impulsivität von Delinquenten bestätigt haben. In diesem Zusammenhang zeigt sich in einer Studie von *Levine* und *Spivack* (1959) über Jugendliche mit mangelnder emotionaler Stabilität ein Zusammenhang zwischen der Weite des Zeithorizontes und der Fähigkeit, auf eine unmittelbare Befriedigung im Hinblick auf ein entfernteres Ziel zu verzichten. Dieses Ergebnis erhielt auch *S. L. Klineberg* (1963).

Ergänzend hierzu fand man, daß sich die Zeitperspektiven (bewertet nach dem T.A.T.) von Delinquenten, die sich in einer Psychotherapie befanden, im Vergleich zu einer Kontrollgruppe sowohl in die Vergangenheit als vor allem auch in die Zukunft vertieften.

Vergleicht man Kinder von 10–12 Jahren aus medizinisch-pädagogischen Heimen nach Charakter- und Verhaltensstörungen mit Jugendlichen im Alter von 13–16 Jahren, die sich in einer Einrichtung für schulische Wiederanpassung befinden, dann ist festzustellen, daß die Unangepaßtheit bei den jüngeren Kindern die Ausrichtung auf die Zukunft verstärkt und bei den Jugendlichen verringert (im Vergleich zu sehr gut angepaßten Kindern).

Dieses ließe sich erklären, wenn man für den zukunftsorientierten Typus eine Unterscheidung vornähme zwischen dem Wunsch des Kindes und dem Plan des Jugendlichen. Die Unangepaßtheit des Kindes von 10 Jahren hätte somit eine Flucht in die Zukunft zur Folge, während beim Jugendlichen ein überhöhter Realitätssinn als Folge von Unangepaßtheit zu einer Verengung des Zeithorizontes führen würde (*S. L. Klineberg 1963*).

Baruks Beschreibung von Menschen, die während des Krieges aus rassistischen Gründen verfolgt und deportiert worden waren, läßt einen Mechanismus für die Zuflucht in die Gegenwart erkennen: „Getrieben von einem Ort zum anderen, unterdrückt, ständig bedroht, terrorisiert und meistens vor einer völlig verschlossenen und hoffnungslosen Zukunft stehend, ist es für diese Menschen zur Selbstverständlichkeit geworden, nicht mehr an die Zukunft zu denken und sogar ihre Erinnerungen an die letzten Jahre zu unterdrücken. *Sie leben nirgendwo anders als in der Gegenwart*, und sie haben das Kontinuum zwischen Vergangenheit und Zukunft aufgehoben. Diese psychologische Ausrichtung einzig auf die Gegenwart hat beträchtliche Folgen. Der Eindruck von Zielstrebigkeit und Zweckgerichtetheit der Persönlichkeit verschwindet sowie auch der Wertbegriff der eigenen Persönlichkeit" *(Baruk 1952, 13)*. Alle Gefangenen und Deportierten haben, ohne an der Krankheit zu zerbrechen, das Bedürfnis erfahren, sich einerseits mehr oder weniger bewußt gegen die Vergangenheit abzuschirmen, da die glücklichen Erinnerungen an diese Zeit ihren Widerstand in jedem Moment hätten schwächen können, und gegen die Vergegenwärtigung der Zukunft andererseits, deren Ungewißheit sie noch stärker entmutigt hätte. Bei ihnen ist der Leidensdruck das Ergebnis von äußeren Umständen, während der beim Neurotiker häufig aus dessen eigenen Konflikten entsteht. Wie wir sehen, kann die Zeit also als Abwehrmechanismus fungieren, denn sie schafft ein Intervall, das es dem Individuum ermöglicht, das Ich von dessen Traumata oder Trieben zu *isolieren (Fenichel 1953, I, 193)*. Dieser Mechanismus kann, je nachdem aus welcher Richtung die Bedrohung kommt, verschiedenartig wirken. Wenn die Bedrohung plötzlich in der Gegenwart auftaucht, wird der Patient versuchen, in der Vergangenheit Zuflucht zu nehmen. Auch kann sie – und das interessiert uns hier besonders – plötzlich aus der Vergangenheit hervorgehen, und, im Fall von Zwangsneurosen, die Flucht in die Gegenwart auslösen. Solche Patienten sind bemüht, die Gegenwart von einer schmerzlichen oder bedrohlichen Vergangenheit strikt zu trennen. Es ist z. B. möglich, daß der Patient übertrieben pünktlich ist, um eine Triebaufwallung zu vermeiden und die Furcht vor dem Verlust seiner Integrität zu überwinden, oder auch, um sich vor „schlimmen Wünschen" zu bewahren. Ein anderer wiederum bemüht sich z. B., um nicht von seinem Unterbewußtsein erstickt zu werden, seine Zeit nicht zu vergeuden; in diesem Kontakt mit sich selbst und der Welt der Dinge findet er dann eine Sicherheit *(Dooley 1941)*. „Solange es den Zwangsneurotikern gelingt, ihr Leben nach der Uhrzeit einzurichten, sind sie sicher, keine unbewußt gefürchteten Sünden zu begehen, und solange sie im voraus wissen, was sie tun werden, können sie ihre Furcht davor überwinden, daß ihre eigenen Regungen sie veranlassen könnten, etwas zu tun, wovor sie Angst haben *(Fenichel 1953, 346)*.

Poulets Studie zufolge gehörte *Jean-Jacques Rousseau* zu denjenigen, die als Verteidigung gegen eine gefürchtete Zukunft in der Gegenwart Zuflucht nehmen. Bedingt durch seine gestörte Einbildungskraft, malte er sich im voraus aus, daß es in der Zukunft nichts geben könne außer Unglück. In den „Confessions" schrieb er: „Meine aufgeschreckte Einbildungskraft läßt mich nur Zukunftsgreuel sehen . . ." Das Drängen in die Zukunft ist aber so stark, daß es zu einer Art „Drängen ins Unglück" wird; seine Glückseligkeit jedoch sucht er in der gegenwärtigen Intensität von Gefühlen und Empfindungen. „Einzig von der Gegenwart in Besitz genommen, ist die ganze Kraft und der gesamte Raum meines Herzens von ihr erfüllt" *(Confessions, zit. von Poulet 1950, 171)*.

Diese Haltung ist mit der von *Benjamin Constant* vergleichbar, der ebenfalls auf der Suche nach dem Glück war: „Es ist die Reaktion der Vergangenheit und der Zukunft auf die Gegenwart, die das Unglück ausmacht. Im Augenblick der Gegenwart leide ich überhaupt nicht . . . Das, was ich erlitten habe, ist nicht mehr, und das, was ich erleiden werde, ist noch nicht; ich bin beängstigt und erleide Qualen, ich zerbreche an diesen beiden Seiten des Nichts! . . . Welch dummer Gedanke! . . . Besser wäre es doch, jede Minute auszunutzen, ungewiß, ob man in der darauffolgenden noch ist" (zit. von *Poulet 1950, 218, 223*). Seine Schlußfolgerung ist logisch, obwohl seine Ängstlichkeit ihn hindert, sich danach zu verhalten.

Jene Haltung, eine Variante des epikureischen Carpe-diem*-Gedankens, ist offenbar eine der Hauptbestrebungen des Menschen, der zufrieden ist mit dem Gefühl, zu leben, wenn die Gegenwart ihn weniger verletzt als eine mit Leiden und Gewissensqualen belastete Vergangenheit und als eine Zukunft mit ihren beängstigenden Ungewißheiten.

c) Bei einigen Menschen kann sich die doppelte Zeitperspektive nicht erst durch das Bedürfnis, sich gegen die Zukunft oder Vergangenheit abzuschirmen, auslöschen, sondern schon dadurch, daß die Gegenwart bei ihnen eine besondere Resonanz findet. *Heymans* und *Le Senne* nahmen an, daß dies ein Charakterzug sei: Die uns hier interessierende *Primärfunktion* unterscheidet sich von der *Sekundärfunktion* in der positiven Auswirkung von Eindrücken auf das Leben: „Der primäre Typus lebt in der Gegenwart und erneuert sich mit ihr: die Primärfunktion ist ein Jungbrunnen. Dagegen tötet der sekundäre Persönlichkeitstypus die Gegenwart ab, wie wenn der Schwung eines Flügelschlages sie niederdrückte, wobei dem gegenwärtigen Ereignis der Rückstoß einer Vielzahl von vergangenen Eindrücken entgegenwirkt, allerdings mit unterschiedlicher Kraft" (*Le Senne,* Traité de caractérologie, *1945, 89*). Nach der Untersuchung von *Heymans* und *Wiersma* ergaben sich für den primären Persönlichkeitstypus unter anderen folgende Charaktermerkmale:

– handelt im Hinblick auf unmittelbare Ergebnisse,
– sofort wieder konziliant,
– schnell gefestigt,
– begierig nach Veränderungen;

der sekundäre Typus ist dagegen:
– ein Gewohnheitsmensch,
– lange unter einem Eindruck stehend,
– alten Erinnerungen verhaftet,
– konstantes Affektleben,
– weitsichtig in seinen Handlungen.

Der primäre Typus scheint also ein Mensch zu sein, der sich mit den Veränderungen in seinem Leben gleichsam erneuert, ohne daß seine Entscheidungen oder seine gegenwärtigen Gefühle von einer quälenden Ver-

---

* carpe diem: „pflücke den Tag!"; Spruch aus *Horaz*, Oden I, 11, 8.

gangenheit oder von fesselnden Plänen belastet werden. Für ihn ist die gegenwärtige Situation von primärer Bedeutung, und zwar nicht etwa, weil er keine Zeitperspektiven hätte, vielmehr finden diese bei ihm keine Resonanz.

Paulhan beschrieb Menschen, die sich charakterisieren lassen mit einer „übertriebenen Dominanz des Geisteszustandes, in dem sie nur an den gegenwärtigen Moment denken", er nennt sie „Präsentisten" *(Paulhan 1925, 193)*. Diese Dominanz resultiere, wie er meint, „aus der geschwächten, fehlenden, verzögerten oder ungenügenden Kontrolle, so daß die damit zusammenhängenden Verhaltenstendenzen nicht mehr in Aktion treten' *(Paulhan 1924, 193)*. Der „Präsentismus" sei, seiner Meinung nach, nicht das Gegenteil des „Futurismus" oder des „Passismus" (passéisme), denn gegenwärtige Repräsentationen, die aus unserer Vergangenheit hervorgehen oder auf zukünftige Pläne bezogen sind, können sich im gegenwärtigen Moment selber steuern. Diese Menschen haben einen allgemeinen Charakterzug: Ihre gegenwärtigen Reaktionen werden nicht durch die vergangene Erfahrung kontrolliert.

Das Bild eines solchen Menschen, der im Genuß des gegenwärtigen Augenblicks vergißt, „was vorher war und sich nicht damit beschäftigt, was noch kommen wird", wurde von *A. de Vigny* sehr treffend dargestellt als ein „. . . sich fortwährend veränderndes Chamäleon, das letztlich weder glücklich noch unglücklich ist, wie eine Flamme, die sich nur in der Begegnung mit anderen entzündet; und da es selbst kein Eigenleben hat, bleibt es zum *Sein* unfähig; es verdient nicht mehr Vertrauen als eine Seifenblase, die vom Wind hier- und dorthin getragen wird, und die Farben der Dinge, auf die es zufällig trifft, reflektiert." Diesem Bild stellt er einen Menschentypus entgegen, der „gleichzeitig allen drei Aspekten seines Lebens, der Vergangenheit, der Gegenwart und der Zukunft, aufmerksam gegenüber steht, da er sich unablässig das *Vergangene* ins Gedächtnis zurückruft, das *Gegenwärtige* mit seiner Urteilskraft betrachtet und die Möglichkeiten des *Zukünftigen* mit der den Berechnungen der Vernunft und den Gesetzen des Willens unterliegenden Vorstellungskraft erwägt" (Journal, zit. von *Poulet 1950, 263–264*).

Es gibt zwischen dem Sein als Preisgabe an die Gegenwart und dem Gegenwärtigsein in einer Situation, die es zu meistern gilt, keinen Zusammenhang. Die Arbeiten von *Heymans* und *Wiersma* haben eindeutig gezeigt, daß aktive Menschen während ihrer Arbeit mehr in der Gegenwart leben und weniger zerstreut sind als die nicht-aktiven. Dieses Verhaltensmerkmal ist jedoch unabhängig von der Primärfunktion bzw. von der Auswirkung der Vergangenheit und der Zukunft auf die erlebte Gegenwart.

Zusammenfassend kann man sagen, daß die Zeitperspektiven entweder infolge einer kongenialen oder pathologischen Schwäche nicht vorhanden sind, oder aber sie verlieren ihren Wert, wenn sie als Bedrohung gesehen werden, und schließlich können sie auch, obgleich sie vorhanden sind, praktisch unterschätzt werden, weil die Resonanz der gegenwärtigen Eindrücke sie gleichsam überdeckt. So unterschiedlich also kann die gelebte Zeit schon durch Veränderungen in der Gegenwart begrenzt werden.

Unabhängig davon, ob die gerade erwähnten Personen normal sind (Kinder, primäre Persönlichkeitstypen, alte Menschen) oder krank (Debile, manisch Erregte, Zwangsneurotiker), so müssen wir doch annehmen, daß ihnen allen eine Art menschlichen Reichtums fehlt. Sie sind der Spielball von ständigen Veränderungen. Durch sie haben wir erfahren, wie eine wirkliche Kontrolle über die Zeit sein muß: Sie fordert vom Menschen einen Gesamtüberblick über jede in der Vergangenheit erworbene Erfahrung und zugleich über alle voraussichtlichen Zukunftspläne. Ist dies nicht das Streben nach dem höchsten Niveau der Wirklichkeitsfunktion, die *Janet* für die Beschreibung der geistigen Gesundheit so oft herangezogen hat?

B. Die Gebundenheit an die Vergangenheit oder an die Zukunft

Seinen Zeithorizont so zu begrenzen, daß er ganz auf die Gegenwart reduziert ist, bedeutet zweifellos, einen Teil der Wirklichkeit zu versäumen. Jedoch ist auch in diesem Verhalten noch eine Konfrontation mit der aktuellen Situation erforderlich. Doch wenn diese Konfrontation unsere Kräfte übersteigt, dann bleibt uns nur noch der Rückzug in Situationen, in denen die Realisierung unserer Wünsche mit geringerer Mühe zu erreichen ist. Genau diese Art von Flucht ist in der Vergangenheit und in der Zukunft gewährleistet, wo wir nur in der Vorstellung leben können. Die Tagträumerei sowie der Traum befreien uns vom Druck der Gegenwart, und die Wünsche tendieren dahin, sich in der Phantasie zu erfüllen (*Bergler* und *Roheim 1946*).

Dieser zu Tagträumen führende Rückzug aus der Gegenwart ist bei Müdigkeitserscheinungen, der Psychasthenie und im allgemeinen bei Geisteskrankheiten zu beobachten. Tagträume sind häufig Retrospektionen, mitunter auch Antizipationen, und versprechen Erfüllung, die in der Gegenwart versagt blieb. Wenn man zustimmt, daß alles, was der veränderlichen Realität unterliegt, zeitlich ist, dann kann man wie *Freud* und zahlreiche Psychoanalytiker sagen, daß Tagträume Eruptionen des ebenfalls zeitlosen Unbewußten sind. In jedem Fall sind sie eine Flucht vor der gegenwärtigen Realität.

In all diesen Fällen ist eine *Flucht* aus der Gegenwart in die Vergangenheit oder in die Zukunft zu erkennen. Doch findet man auch Patienten, die sich nicht auf das Gegenwärtige festlegen können, und zwar nicht aus dem Grunde, weil sie dem entfliehen, sondern weil sie zu sehr an die Vergangenheit gebunden sind. Dieses ist z. B. bei einem Menschen mit bohrendem Gewissen zu beobachten. Kurz, was für ein Individuum gilt, ist das *relative Gewicht*, das Vergangenheit, Gegenwart und Zukunft in einem gegebenen Moment erhalten. Oder aber der Mensch entflieht einer vergangenen, gegenwärtigen oder zukünftigen unerträglichen Situation, was die Flucht in eine andere Zeit zur Folge hat, oder aber er ist so eng an Vergangenheit, Gegenwart oder Zukunft gebunden, daß ihm alle übrigen Aspekte der Realität verschlossen bleiben.

Diese Phänomene, die wir unter dem Blickwinkel der Krankheit betrachten wollen, sind uns allen mehr oder weniger bekannt. Wird dem Kind die Arbeit zu schwierig, dann träumt es von einer früheren oder zukünftigen Belohnung. Schuldgefühle oder frühere Frustrationen lenken uns von den gegenwärtigen Aufgaben sowie von der Beschäftigung mit der Zukunft ab. In der Präsenz des Aktuellen wiederum zeichnet sich immer eine Rückwendung auf das Gleichgewicht der Persönlichkeit ab. *Volmat* (1956, 167–169) stellte fest, daß Geisteskranke sich selten Situationen im Zusammenhang mit ihrem Krankheitsbild ausmalen, während sich eine Reaktualisierung ihrer Konflikte erst dann abzeichnet, sobald ihr Zustand sich verbessert hat. Desgleichen haben zahlreiche Autoren während der Heilungsphase von Patienten, an denen Leukotomieeingriffe vorgenommen worden waren, beobachtet, daß diese sich der Gegenwart wieder bewußter wurden. Mittels standardisierter Fragebögen stellte auch *Petrie* (1952) in demselben Zusammenhang fest, daß während des Heilungsprozesses die Anzahl derjenigen Kranken anstieg, die mit der Gegenwart zufriedener waren, und umgekehrt derjenigen, die die Gegenwart nicht mehr so unglücklich machte. Er sagt, „nach der Leukotomiebehandlung haben wir nun das Bild eines Menschen, der stärker von der Gegenwart absorbiert ist und in ihr glücklicher lebt als vor der Operation; er tendiert dahin, die Vergangenheit hinter sich zu lassen und der Zukunft wieder gefestigter entgegenzusehen. Das steht im Gegensatz zu seinem Zustand vor der Operation, als er sich an der Vergangenheit zu orientieren suchte und mit der Gegenwart sehr unzufrieden war" *(Petrie 1952, 30)*. Wir sollten anmerken, daß dieses Resultat nicht im Widerspruch steht zu einer häufigen Beobachtung an Patienten nach einer Operation, die ein gewisses Desinteresse an der Zukunft zeigen, denn dieses bedeutet nicht, daß sie die Fähigkeit zur Voraussicht verloren hätten, vielmehr ist bei ihnen die für die Repräsentation aller Zeitperspektiven erforderliche Anstrengungsleistung eingeschränkt *(Porot 1947, Jones 1949)*. Es handelt sich hier zwar um eine Fehlleistung, die jedoch für den Patienten eine heilende Erlösung von der Angst vor der Vergangenheit oder Zukunft bedeutet. Wenn uns die gegenwärtigen Schwierigkeiten auch wieder in die Vergangenheit oder Zukunft treiben, so ist doch darauf hinzuweisen, daß Flucht in die eine und zugleich in die andere Perspektive nicht möglich ist. Beide sind nämlich in ihrer Bedeutung antithetisch und immer aufeinander bezogen. Wenn die Zukunft verschlossen ist, gewinnt die Vergangenheit im Verhältnis an Bedeutung, oder die Gebundenheit an die Vergangenheit läßt die Zukunft völlig außer Sichtweite geraten.

Wir wollen nun nacheinander die beiden Richtungen betrachten, an denen sich der Mensch außerhalb der Gegenwart orientieren kann.

a) *Die Flucht in die Zukunft*. Normalerweise ist das Leben in der Gegenwart auf die Zukunft ausgerichtet, was unserer Handlung einen Sinn gibt. Die Zukunft gewinnt jedoch entsprechend der Verbindung, die zwischen ihr und der gegenwärtigen Aktivität besteht, an Bedeutung. Dabei kann sie das Ziel unserer Handlung, aber auch der Zufluchtsort sein, wenn sie ausschließlich eine Antizipation dessen hervorruft, was noch nicht ist. Dies ist eine ähnliche Haltung, wie sie sich bei *Montaigne* abzeichnet: „Wir sind niemals bei uns; wir sind immer jenseits von uns. Furcht, Angst oder Hoffnung treiben uns in die Zukunft und entledigen uns des Gefühls und der Betrachtung dessen, was ist' (Essais, zit. von *Poulet 1950, 3*).

Der junge *Vigny* sagte über sich selbst: „Wie Sie sich denken können, mache ich nichts anderes als von irgendwelchen Zukunftsplänen zu träumen." Diese Äußerung wäre für einen jungen Menschen banal, während sie im Zusammenhang mit der folgenden ihre ganze Bedeutung erhält: „Ich habe in meinem Leben immer ein solches Entsetzen empfunden gegenüber der Gegenwart und der Wirklichkeit . . ." (zit. von *Poulet 1950, 248, 249*). *Janet* wäre entzückt gewesen von dieser geradezu signifikanten Verbindung, die *Vigny* zwischen der Gegenwart und der Wirklichkeit herstellt.'

Ist jenes Entsetzen eine Gefahr für die geistige Gesundheit? Normalerweise nicht. Wie viele Kinder, kann Perrette* vergessen, daß sie einen Topf mit Milch auf dem Kopf balanciert und dabei vor Freude an den Gedanken ihres zukünftigen Glücks tanzt; der Schaden ist nur selten groß. Die Luftschlösser unserer Träumereien bedeuten dagegen, daß uns die gegenwärtige Situation nicht absorbiert und daß wir wenig empfänglich sind für die Lehren aus der Vergangenheit oder diese sogar verleugnen. Im Grenzfall sind sie ein pathologisches Symptom. Die kranke Nina, über deren

---

* Perrette ist eine Figur aus der Fabel „La laitière et le pot au lait" von *Jean de La Fontaine*.

Geschichte *Pichon* (1931) berichtete, zeigt genau den Fall einer Neurose, die sich in einer Flucht in die Zukunft äußert. Ihre Kindheit mit einem brutalen Vater war unglücklich gewesen, was sie in die Prostitution trieb. Dieser Vergangenheit entflieht sie. Als sie verheiratet ist, verdrängt sie ihre Kindheitserinnerungen und verbirgt ihrem Ehemann, wer ihre Eltern waren. In ihrer Ehe findet sie kein Glück. Sie „konnte eine gewisse Last, die ihr die Realität auferlegte und die sie kränkte, nicht akzeptieren". Ihre Neurose manifestierte sich durch Frigidität, während *Pichon* auch feststellte – ein Aspekt, der uns besonders interessiert –, „daß sie eine Fürsprecherin wurde für sogenannte fortschrittliche Ideen und alle Veranstaltungen von Pazifisten, Internationalisten, Feministinnen und Naturalisten besuchte . . . So wie sie ihre persönliche Vergangenheit unterdrückt hat, tat sie es gleichermaßen mit der kollektiven Gesellschaft, der sie angehörte; nichts durfte von den Traditionen und Gebräuchen der früheren Generationen fortbestehen, daher ihr Hunger nach allem, was den Anstrich von Neuem und Revolution hat".

Der Wunsch nach Veränderung entsteht ohne Zweifel immer aus einer Unzufriedenheit mit der Gegenwart, aber auch aus dem Gefühl heraus, daß die Zukunft etwas anderes hervorbringen wird als die Vergangenheit. Es ist dabei nichts Ungesundes. Das Ungleichgewicht stellt sich erst dann ein, wenn das Handeln hinsichtlich der Realisierung dieser Zukunft keinen Bezug mehr zur Wirklichkeit hat oder wenn Zuflucht genommen wird in einer geträumten oder sogar gelebten Phantasie.

Diese Haltung weist jedoch selten auf die schwerwiegenden Zustände hin, die dann entstehen, wenn die Zukunft versperrt zu sein scheint. Die Flucht nach vorne manifestiert sich noch in dieser „psychologischen Kraft", die *Eysenck* als die konative Komponente der Persönlichkeit betrachtet.

b) *Der Rückzug in die Vergangenheit.* Die Vergangenheit ist der geringsten Handlungsäußerung immanent. In unseren Handlungen ist fortwährend jede Erfahrung, die wir besitzen, mit einbezogen. Die Rolle der Vergangenheit – wie die der Zukunft – variiert aber je nach dem Wert, den wir ihr geben. Man kann sie einfach für die Realisierung einer Zukunft, die eine Neueroberung des Seins wäre, in Anspruch nehmen, man kann sich darauf aber auch wie auf eine Norm beziehen. Das bedeutet nicht, daß die Zukunft sich sofort verschließt, doch ist sie nicht mehr bestimmend für die Gegenwart, im Gegenteil, die Gegenwart wird determiniert durch die Vergangenheit. Hervorragende Beispiele für eine solche Haltung sind die Dramen von *Racine*. Es „wird dargestellt, wie eine schicksalhafte Vergangenheit, eine determinierende Vergangenheit, eine Vergangenheit als Wirkungsursache, in eine Gegenwart eindringt, die verzweifelt versucht, sich von ihr zu befreien" *(Poulet 1950, 106–107)*. *Racines* Werke sind Tragödien der Treue, die eine fortwährende Rückwendung der Gegenwart und der Zukunftsperspektiven auf die Vergangenheit impliziert. Dabei können religiöse Überzeugungen oder philosophische Konzeptionen eine Rolle spielen. Oftmals ist auch die soziale Umgebung beeinflussend. Wer aus der oberen Gesellschaftsschicht aus einer „guten Familie" kommt, lernt von klein auf, wie ein Mitglied seiner Linie zu denken. Seine Hauptsorge ist die Achtung der Tradition und die Bewahrung seines Standes.

Dieses Personenbild wird noch anschaulicher, wenn man es dem von Individuen aus anderen Schichten gegenüberstellt. In der Mittelschicht ist das Individuum vor allem zukunftsorientiert. Während seiner ganzen Jugend ist ihm immer wieder gesagt worden: „Denke an deine Zukunft". Der Sohn aus gutem Hause ist dagegen ständig an früher gemahnt worden: „Was würde deine Großmutter sagen?" Im Gegensatz dazu haben die der Arbeiterklasse Zugehörigen weder Vergangenheit noch Zukunft. Für sie gilt, in der Gegenwart zu leben, ungeachtet der Vergangenheit, für die sie sich nicht ereifern können, sowie der Zukunft, die ihnen zu unsicher ist *(Leshan 1952)*.

Die Erziehung kann im allgemeinen zu dem gleichen Ergebnis führen, wenn sie ein starkes Über-Ich schafft, das die Maßregeln von Vater und Mutter aufwertet. Hier spielt gleichermaßen die Persönlichkeit eine Rolle, und zwar ist der sekundäre Typus besonders daran erkennbar, ob sich hauptsächlich vergangene Vorkommnisse auf seine Zukunft auswirken.

Häufig wird der Mensch jedoch nur dann auf die Vergangenheit zurückgeworfen, wenn die Zukunft sich ihm zu verschließen scheint. Hierfür gibt es zahlreiche Ursachen: das Alter selbstverständlich, aber auch eine Krankheit und persönliche oder soziale Fehlleistungen. Die Zukunft scheint dann offenbar keine neuen Situationen mehr zu schaffen, die ihn von seinem Schicksal befreien könnten. Alles ist bestimmt durch die Vergangenheit, so daß ihn Verzweiflung überkommt.

Bei depressiv Erkrankten nehmen diese Perspektiven einen tragischen Verlauf: Wie die Analyse von *Straus* (1928) gezeigt hat, ist die Zukunft um so verschlossener, je enger sie sich an die Vergangenheit gebunden fühlen. Häufig erscheint ihnen die Zukunft auch negativ, weil sie eine Bedrohung in sich birgt. *Minkowski* berichtete über seine Beobachtungen an einem Patienten (1933, 174), der eine fürchterliche Züchtigung für seine „Verbrechen" erwartete. Man würde seinen Angehörigen Arme und Beine abschneiden, er selbst erlitte dasselbe Los; aufs entsetzlichste verstümmelt, wäre er verurteilt, in einem Zwinger mit Wilden oder mit Ratten in Kloaken zu leben. Dann „fühlt er, wie die Tage einander folgen in ihrer Gleichheit und Monotonie; er fühlt, wie die Zeit verfließt, und er klagt darüber: ‚Wieder ein Tag vergangen' ... Keine Handlung, kein Wunsch zeichnen sich ab, die aus der Gegenwart stammen würden und auf die Zukunft gerichtet wären, über diese Aufeinanderfolge der grauen und gleichförmigen Tage hinweg".

In anderen Fällen ist es die Angst vor dem Alter, die die Bedrohung aus der Zukunft darstellt. Hierfür gibt uns Christine, eine von *Kloos* (1938) beschriebene Patientin, ein gutes Beispiel. Im Alter von 30 Jahren beklagte sie sich, daß sie so lebe, als existiere die Zukunft gar nicht. Sie konnte nicht an sie denken, ohne sich leer und kraftlos zu fühlen. Auf die Vergangenheit dagegen konnte sie sich besinnen, jedoch erschien ihr alles leer, kalt und farblos.

Straus und *Kloos* haben darauf hingewiesen, daß jene Patienten zwar wissen, daß es eine Zukunft gibt, diese für sie aber nichts mehr bedeutet. Sie hat in deren Leben lediglich die Funktion, sie in die Vergangenheit zu treiben und ihnen ein verstärktes Bewußtsein für den täglichen Wechsel zu geben, und das berechtigt; denn dieser hat für sie nur noch den Sinn des reinen Wechsels, wie der Schritt eines auf der Stelle tretenden Menschen. So sagte eine Melancholikerin: „Während ich jetzt mit ihnen spreche, denke ich bei jedem Wort, ‚vorbei, vorbei, vorbei‘ . . . Wenn die Menschen reden, so kann ich nicht verstehen, . . . daß sie so einfach und ruhig reden und nicht unaufhörlich denken: Jetzt rede ich, das dauert so lange und so lange, dann tue ich das, dann jenes, und das alles dauert 60 Jahre, dann sterbe ich, dann kommen andere, die leben auch ungefähr so lange und essen und schlafen wie ich, und dann kommen wieder andere, und so geht es weiter, ohne Sinn, und Tausende von Jahren" (*v. Gebsattel*, zit. von *Minkowski 1933, 280–281*).

Birgt die Zuflucht in die Vergangenheit einen Grund zu leben in sich? In den pathologischen Fällen sicherlich nicht, denn die aus der Krankheit hervorgehende Desintregation macht dies unmöglich. Es gibt jedoch ein berühmtes Beispiel eines Menschen, der sich in seine Vergangenheit rettet. Auf der Suche nach der verlorenen Zeit hat sich *Proust* vermutlich der Angst preisgegeben, „die sich in einem durch nichts gerechtfertigten Dasein des Menschen befindet, der, außerstande, sich einen Seinsgrund zu erklären, ebenfalls außerstande, irgendetwas zu finden, was ihm den Fortbestand seines Daseins garantiert, das Entsetzen vor der Zukunft, die ihn verändert, die Verachtung der Gegenwart, deren Fixierung sich als unmöglich erweist, und zugleich das Bedürfnis verspürt, sich um jeden Preis aus seiner Ungewißheit zu retten, indem er in der Vergangenheit das Fundament dieses Seins, das ist, und doch *nicht mehr* ist, wiederfindet" (*Poulet* 1950, 371). *Proust* vermochte dieser Angst aber insofern einen „Wert" zu geben, als jene Suche nach der Vergangenheit das „Ziel" seines Lebens geworden war.

c) *Die Zuflucht in die Zeitlosigkeit.* Dieser Gesamtüberblick von zeitlichen Haltungen wäre nicht vollständig, wenn man nicht diejenigen Menschen erwähnte, die jegliche Zeitperspektive zu verlieren scheinen, weil sie sich nicht mehr in der Veränderung situieren. Wenn sie auch noch die Abfolge der Ereignisse, die sie umgeben, bemerken können, so empfinden sie dabei doch keine Dynamik, da sie nicht mehr imstande sind, daraus die Synthese zu bilden *(Baruk 1952, 34).* Für sie scheint zugleich alles zum Stillstand zu kommen. Sie leben weder in der Vergangenheit noch in der Zukunft, sondern in der Zeitlosigkeit, oder, sofern dieser Begriff unklar erscheint, in einer statischen Gegenwart, wobei das Aktuelle ebenso wie das, was nicht mehr ist, oder noch kommen wird, außer acht gelassen wird. Diese Menschen bezeugen ganz deutlich eine Tatsache: daß nämlich unser dunkles Zeitgefühl und die damit zusammenhängenden Perspektiven aus einer Assimilation von Veränderungen, in denen wir leben, resultieren.

Wir selbst können dies erfahren, wenn wir durch Reflexion oder Kontemplation von der äußeren Welt zu abstrahieren versuchen. Es ist bekannt, daß die schizothymen Persönlichkeiten hierfür prädisponiert sind. Beim normalen Menschen jedoch ist dieser „Autismus" effektiv und reversibel. Dagegen verlieren die Schizophrenen, wie *Minkowski* in seiner Analyse bewiesen hat (1933, 266), „den vitalen Kontakt mit der Wirklichkeit", und ihre Erfahrung zeigt die Verarmung einer Desintegration.

Schon *Vinchon* (1920) hat auf diese Transformation der Gegenwart in die Ewigkeit hingedeutet, während *Minkowski* es war, der dafür anschauliche Beispiele erbrachte. Für die Beschreibung dieser Störungen wollen wir einige von ihm festgehaltene Äußerungen seiner Patienten sowie die von ihm zitierten Berichte von *Fischer* (1929) heranziehen. „Ich tendiere zur Ruhe und zum Unbeweglichen. Ich habe auch die Tendenz in mir, das Leben um mich herum zum Stillstand zu bringen ... Die Vergangenheit ist der Abgrund. Die Zukunft ist der Berg ... Bewegungen in Kreisform machen, um sich nicht von der Basis zu entfernen, um nicht entwurzelt zu werden, das ist es, was ich möchte." *(Minkowski 1933, 261–262)* „Daß die Zeit vergeht und die Uhr sich dreht, kann ich mir so nicht mehr recht vorstellen. Manchmal, wenn sie draußen im Garten schnell auf- und ablaufen und die Blätter tüchtig hin- und herfliegen im Wind, möchte ich auch wieder so leben wie früher und innerlich *mitrennen* können, damit doch die Zeit wieder vergeht. Aber dann bleibe ich stecken und es ist mir so egal ... ich kriege dorch nur die Nase auf die Zeit gestoßen" (*F. Fischer*, zit. von *Minkowski 1933, 268*).

„Das Denken stand still, ja alles stand still, als ob es keine Zeit mehr gäbe. Ich erschien mir selbst wie ein zeitloses Wesen, überaus klar und durchsichtig in den seelischen Zusammenhängen, als könne ich mir auf den Grund schauen. Wie eine mathematische Formel ... Gleichzeitig hörte ich ganz in der Ferne eine leise Musik ... Dies alles in einem unaufhörlichen und stetigen Flusse der Bewegung, wodurch er sich in packender Weise von meinem eigenen Zustand abhob ... Ich war wie abgeschnitten von meiner eigenen Vergangenheit. Als sei es nie so gewesen, so schattenhaft. Als finge das Leben jetzt erst an" *(Minkowski 1933, 269).*

Die Denkart dieser Menschen ist eine symbolische Äußerung der Störungen ihrer Zeiterfahrung, die nicht ohne Auswirkung auf ihr Verhalten bleibt. *Minkowski* spricht von *„Handlungen ohne Zukunft, von erstarrten Handlungen, von Kurzschlußhandlungen,* von Handlungen, die gar nicht versuchen, ans Ziel zu kommen" (1933, 264). Da sie sich in ihrem Leben des Sychronismus von internalen und externalen Veränderungen nicht mehr gewiß sind, zieht sich ihr Verhalten in eine Unbeweglichkeit zurück, welche genau der Vorherrschaft entspricht, die der Raum bis in ihre Gedanken hinein ausübt (Geometrismus, krankhaftes räumliches Denken).

Bonaparte hat die zeitlichen Störungen von Schizophrenen zu erklären versucht mit einer in dem Maße fortgeschrittenen Zerstörung der „Dämme zwischen dem Vorbewußten und dem Bewußten, daß eine Art Grundspiegel der Zeitlosigkeit aus den tiefsten Gründen des Unbewußten ausreichend weit aufzusteigen vermag, um den Zeitsinn bzw. den der Dauer quasi total zu überschwemmen" *(Bonaparte 1939, 78).* Wir sind der Meinung, daß diese Hypothese zutrifft und *Minkowskis* Interpretation ergänzt. Der Schizophrene ist infolge des Bruches zwischen ihm und seiner Umgebung seinen inneren Phantasien, die ja zeitlos sind, ausgeliefert; denn diese sind dem Gesetz des Wechsels, das die Welt und jeden sich darin verkörpernden Gedanken beherrscht, nicht unterworfen. Es ist durchaus richtig, daß der Zeitsinn nur existiert, sofern man sich der Wirklichkeit unterwirft.

Dieselbe Ursache kann bei anderen Patienten eine entgegengesetzte Wirkung haben. Da ihnen die sich verändernde Realität entgeht, versuchen sie mit ihr wieder Kontakt aufzunehmen, indem sie die Zeit in der Sorge, nur keine Sekunde zu verlieren, vollstopfen mit Plänen und Taten. Sie haben die „Tendenz, die Zeit bis an ihre Ränder, wie ein Gefäß, mit vorgefaßten Ideen und vorher festgelegten Handlungen zu füllen" *(Minkowski 1933, 264).* Bisweilen sind sie besessen von jeder Art von Zeitmessung, an die sie sich klammern, weil sie glauben, die Zeit schaffe sich ab, wenn sie sich von ihr lösen *(Fischer 1929, 1930).*

Neben diesen Analysen hat man ebenfalls Untersuchungen anderer Art durchgeführt. Anstatt Schizophrene nach ihren erlebten Eindrücken zu befragen, hat man die Weite ihres Zeithorizontes anhand ihrer Vorstellungskraft zu messen versucht. Eine Gruppe von Patienten, die zwar hospitalisiert, aber sehr kooperativ waren, sollten zehn Ereignisse, die sich in ihrem Leben noch ereignen könnten, mit jeweiliger Datenangabe nennen. Ihre Antizipationen beliefen sich im Durchschnitt auf 12 Jahre, während die einer Kontrollgruppe von Patienten, die aus nicht-psychiatrischen Gründen im Hospital waren (dieselbe Altersgruppe und dasselbe geistige Niveau), 36 Jahre betrug. Informativer noch ist ein Test, in dem sie Geschichten, die folgendermaßen beginnen, weiterentwickeln sollten: „Bill erwacht und denkt sogleich an die Zukunft; er hofft, daß ..." Die Zeitspanne der Geschichten schizophrener Patienten beträgt durchschnittlich 9 Monate und die der Patienten aus der Kontrollgruppe 4 Jahre *(Wallace 1956)*.

Nach dieser Betrachtung extremer Verzerrungen des Zeithorizontes haben wir ein besseres Verständnis dafür, wie unterschiedlich die den Individuen eigenen Perspektiven sind. Sie werden von einer Vielzahl von Faktoren bestimmt: Die wichtigsten von ihnen haben wir erwähnt, wie das Lebensalter, die Erziehung, der soziale Status und die geistige Struktur. Diese Faktoren wirken sich zu jedem Zeitpunkt auf das Individuum aus. Sie alle haben eine bestimmte Funktion, denn aus ihnen setzen sich die Haltungen gegenüber den Anforderungen der Zeit zusammen. Gleichermaßen intervenieren spezifisch psychologische Faktoren. Diese sind verantwortlich für die dynamischen Prozesse, dank derer wir uns der Integrität unseres Ichs gewiß sind. Wir bewerten Situationen danach, ob sie uns die meiste Befriedigung oder die größtmögliche Sicherheit verschaffen werden. Von diesem Standpunkt aus haben Gegenwart, Vergangenheit und Zukunft unterschiedliche Bedeutungen. Unsere Analysen haben ja bewiesen, daß die normale Haltung des Menschen in die Zukunft gerichtet ist und selbst dann, wenn sie extrem weit in die Zukunft reicht, schwerlich pathologische Formen annimmt. Ihrer Natur entsprechend enthält sie immer eine kreative Leistung. Die Ausrichtung auf die Gegenwart ist ebenfalls eine Besonderheit: Da hier immer die Berücksichtigung der situativen Gegebenheiten erforderlich ist, besteht sie im wesentlichen aus der Aufmerksamkeit gegenüber der Wirklichkeit. Der Rückzug in die Vergangenheit oder der Absturz in die Zeitlosigkeit sind dagegen bloße Haltungen, weil die Konfrontation mit der Wirklichkeit verweigert wird; sie stellen eine ausgeprägte psychologische Schwäche dar. Selbstverständlich bestehen diese Perspektiven nie ausschließlich für sich, denn in ihrer Erscheinungsform ist eine Hierarchie nach den Kriterien des Gleichgewichts und der Wirksamkeit des menschlichen Verhaltens zu erkennen.

Siebentes Kapitel: Die Schätzung der Zeit

Jede Veränderung ist für uns ein Anreiz zum Handeln. Solange nur die gegenwärtige Situation unsere Reaktionen bestimmt, ist die Dauer, d. h. zunächst das zwei Veränderungen voneinander trennende Intervall, keine echte Variable unserer Handlung. Die einzige Ausnahme ist die wahrgenommene Dauer, da sie sich in den Rahmen der psychologischen Gegenwart einfügt.

Die Dauer wird erst in dem Moment zu einer psychologischen Realität, wo die gegenwärtige Handlung keine unmittelbare Befriedigung auslöst. In diesem Fall kündigt die aktuelle Phase der Veränderung (der wir unterliegen oder die wir bewirken) auch nur dann eine weitere Veränderung an, wenn sie der gegenwärtigen Erwartung entspricht. So hat die Dauer eine Bedeutung für einen Hund, der einen Ton als Signal für die in wenigen Minuten erscheinende Nahrung hört, oder für die Ratte, die den günstigsten Moment abwarten muß, um zur Vermeidung von Elektroschocks von einem Gitter über ein anderes zu laufen, damit sie an ihre Belohnung gelangt.

Unter den gleichen Bedingungen wird sich auch der Mensch der Dauer bewußt. Solange wir nur in Abhängigkeit von der gegenwärtigen Situation leben, gibt es nur ein „Jetzt" ohne Dauer. Es kommt ziemlich häufig vor, daß wir einige Minuten oder mitunter einige Stunden lang überhaupt kein Bewußtsein von der Dauer haben und normalerweise solange nicht daran denken, daß die Zeit vergeht, bis die gesellschaftlichen Anforderungen uns zwingen, uns wieder in die Zeit zurückzuversetzen. Wir *wissen* dann, daß sich eine Dauer erstreckt hat, aber wir haben dieses in keiner Weise erfahren.

„Man kann nicht sagen, daß die Zeiterfahrung eine unmittelbare Erfahrung sei. Sie ist die der Gegenwart, d. h. die Erfahrung des Seins, während die Zeit nur eine Ordnung ist, die wir in die Modalitäten des Seins einführen. Aber das ist eine Erfahrung, die selbst ein Derivat ist: Sie ist ein Produkt der Reflexion. In jedem Augenblick entgleitet sie uns und muß wieder neu belebt werden, wenn wir im Sein, wo wir glauben, seßhaft zu sein, die vorübergehenden Modalitäten dessen zu unterscheiden lernen, was uns fehlt oder was uns entgeht ... Ist die Zeit mit unserer Aktivität ausgefüllt, dann scheint es uns, als verließen wir die Gegenwart nicht" *(Lavelle 1945, 235–236).*

Man muß eine Unterscheidung vornehmen zwischen unserer Erfahrung der Dauer und dem der Entwicklung unseres Zeithorizontes unterliegenden Wissen der Dauer. Ich kann mir vergangene Ereignisse *vergegenwärtigen* und *wissen*, wieviel Zeit sie vom heutigen Tag trennt, dennoch habe ich keine Dauer erfahren; es sei denn, dieser Zeitraum wird mir beispielsweise bewußt durch das Bedauern, daß die Zeit vorüber ist, und den Wunsch, sie wieder aufleben zu lassen. Ebenso kann ich mir die Zukunft vorstellen. Solange ich diese Zukunft aber nicht herbeisehne oder gar fürchte, erfahre ich auch keine Dauer. Bei der Lektüre eines Science-fiction-Romans wird man sich der Differenz zwischen dem derzeitigen Weltzustand und dem der Zukunft bewußt, aber die Dauer, die diese beiden Zustände trennt, wird nicht erlebt. Auch kann ich handelnd dem, was passieren wird, Rechnung tragen und voraussehen, was ich im nächsten Moment sagen oder tun werde. Solange diese Bezüge aber Bestandteile meines gegenwärtigen Handelns sind, erzeugen sie kein Bewußtsein von der Dauer.

Ganz anders ist es, wenn ich mir während einer monotonen Tätigkeit, die ich ausführen muß, vorstelle, wie froh ich wäre, wenn ich mich davon freimachte und etwas anderes täte.

Die Dauer wird jedesmal erfahren, wenn uns die gegenwärtige Situation auf eine andere Situation in der Vergangenheit oder in der Zukunft verweist. Dies impliziert, daß wir aus irgendeinem Grunde nicht von der Gegenwart ausgefüllt sind. Die Zeit stellt sich unseren Wünschen als Hindernis entgegen. Während der Bewußtwerdung der Dauer wird uns ein Widerstand bewußt. Das Wort Dauer kommt aus dem Lateinischen „durus" und bedeutet Härte; die doppelte Bedeutung ist noch in dem Verb „durchstehen" (endurer) zu erkennen. Dieser Widerstand manifestiert sich nun in Form eines emotionalen Zustandes, der in unserem Werturteil über das Hindernis zum Ausdruck kommt. So äußert sich diese Bewußtwerdung auch immer qualitativ. Die Zeit wird uns bewußt, wenn sie uns kurz oder, was häufiger vorkommt, lang erscheint. Wir glauben, eine Realität zu erfassen, während uns lediglich unsere eigene Reaktion bewußt wird. Wir stimmen somit *Janet* zu, für den die Dauer in erster Linie ein Gefühl ist, da es „eine Reaktion auf den Handlungsvollzug" bedeutet (1928, 53).

Das Bewußtsein von einer Dauer kann gleichermaßen aus dem Bewußtsein von den darin auftretenden Veränderungen entstehen. Denn je zahlreicher die uns von einem vergangenen oder zukünftigen Moment trennenden Veränderungen sind, desto länger erscheint die Dauer des so hervorgerufenen Intervalls.

Dieses führt zu einer *direkten* Beurteilung der Dauer, was nicht verwechselt werden darf mit den Schätzungen metrischer Art. Letztere werden immer *indirekt* vorgenommen, sei es anhand natürlicher oder von Menschen gefertigter Uhren, oder auch, daß wir die Dauer einfach als Quantität der produzierten Arbeit erfassen (zurückgelegte Wegstrecke, Anzahl der gelesenen Seiten, fabrikgefertigte Stückzahl etc.). Unter Berücksichtigung dieser Messungen kann die Dauer anhand der Anzahl der erfaßten Veränderungen gewissermaßen intuitiv geschätzt werden.

Da jene Schätzungen auf intuitive Art erhalten werden, sind sie wohl auch sehr ungenau. Dennoch spielen sie in unserem Leben eine wichtige Rolle. Die praktischen Notwendigkeiten erfordern z. B. das tagtägliche Messen der Zeit. Nun stehen uns aber nicht immer die richtigen Mittel für die Zeitmessung zur Verfügung; einem Kleinkind fehlen sie fast gänzlich. Wir greifen dann auf Kriterien wie Zeitgefühle oder das Bewußtsein von erlebten Veränderungen zurück, die sicherlich unvollkommen sind, aber aus unserer ureigensten Erfahrung hervorgehen.

Aus diesen beiden Hauptarten von Informationen werden wir nun ersehen, wie sich die Zeitschätzung konstituiert.

I. Zeitgefühle

„Wie spät ist es?" ist die häufigste Frage, die wir spontan stellen. Normalerweise kommt darin das Bedürfnis zum Ausdruck, unsere Tätigkeit mit der unserer Mitmenschen zu synchronisieren, sei es die Mahlzeit, die Arbeit oder die Freizeit. Sie selbst impliziert keinerlei Bewußtsein von der Dauer zwischen zwei Ereignissen; dennoch sind wir es gewohnt, die Antwort auf die Frage nach der Uhrzeit als hilfreichen Anhaltspunkt für die *Berechnung* von Dauern zu verwenden.

Mitunter drückt sich durch die Frage, „Wie spät ist es?" aber auch der Wunsch oder die Furcht aus, zu erfahren, ob die gegenwärtige Periode zu Ende geht und ob man sich in einer anderen Zeit wiederfindet. In diesem Fall entsteht sie aus dem Bewußtsein von der Dauer.

Beim *Warten* werden wir uns der Dauer am stärksten bewußt. Das Warten tritt auf, wenn sich, bedingt durch die Umstände, zwischen dem Aufkommen eines Bedürfnisses und seiner Befriedigung eine Verzögerung einstellt. Doch erzeugt nicht jede Verzögerung ein Verhalten des Wartens. Anders ist es beim Warten auf eine geliebte Person, die in der nächsten Woche kommen wird, wieder anders, wenn man auf dem Bahnsteig steht und auf den Zug wartet. Im zweiten Fall ist das Warten wirklich ein spezifisches Verhalten, das der Definition von *Janet* sehr gut entspricht (1928, 141): „Das Warten ist eine aktive Regulierung der Handlung, das zwei Stimulationen, eine vorbereitende und eine auslösende, voneinander trennt und die Handlung zwischen beiden bis zur Vorbereitungs- oder Ausführungsphase aufrechterhält." Diese Regulierung ist der Versuch, das Warten so weit wie möglich zu unterdrücken. Ein Kleinkind versteht es nicht zu warten, so daß Ungeduld und Launen entstehen. Es lernt nur insoweit das Warten zu ertragen, wie seine emotionale Stabilität entwickelt ist (*Fraisse* und *Orsini 1955*). Selbst beim Erwachsenen findet man Anzeichen der Antizipationen zukünftiger Ereignisse (man steht auf, um Ausschau zu halten; man stellt sich vor, was geschehen oder was man sagen wird etc.). Wenn wir lernen, unsere Reaktionen aufzuschieben bzw. die Verzögerung *durchzustehen*, wird uns das Intervall bewußt, das uns von dem erwarteten Ereignis trennt. Dies könnte sogar, wie auch viele Autoren meinen, die ursprüngliche Erfahrung sein. Die Zeit ist „im Grunde nichts anderes, als das bewußte Intervall zwischen dem Bedürfnis und seiner Befriedigung" *(Guyau 1902, 34)*. Auch die Psychoanalytiker haben diesen Ursprung entdeckt und sich zu eigen gemacht. Einige von ihnen bringen diese Erfahrung mit der oralen, andere wiederum mit der analen Phase in Verbindung. Einig sind sie sich darin, daß unmittelbare emotionale Reaktionen auf eine Frustration allmählich immer konzeptualisierteren Antizipationen Platz machen, wobei die Differenz zwischen dem gegenwärtigen Mangelzustand und der zukünftigen Befriedigung erkennbar wird (*Wallace* und *Rabin 1960*).

Die Zeit kann anstatt des Intervalls zwischen dem Aufkommen eines Wunsches und seiner Realisierung auch das Hindernis sein, das überwunden werden muß, um, wenn der erste Impuls erschöpft ist, eine begonnene Aufgabe fortzuführen. Wenn dann noch immer ein Verhalten des Wartens auftritt, ist es das Warten auf die Beendigung. Trotz der Begriffsanalogie muß klar unterschieden werden zwischen diesem Verhalten, das *Janet* die Kontinuitätsanstrengung nannte, und dem eigentlichen Warten. Die zu überwindende Zeit ist die Dauer der Handlung, die ausgeführt werden muß, um ein durch soziale Verpflichtungen festgelegtes Ziel zu erreichen: die Mahlzeiten einnehmen, den Pflichten und den Anforderungen des Arbeitstags nachkommen etc. Aus der Differenz zwischen dem aktuellen Zustand und dem zu realisierenden Ergebnis entsteht das Bewußtsein von der Dauer. Dies drückt ein Kind aus, wenn es sich beklagt: „Das dauert so lange." In der deutschen Sprache bezeichnet man jenes Gefühl als Langeweile (lange Zeit), das in einer Situation entsteht, der man sich nicht entziehen kann. *Lavelle* meinte: „Das Zeitbewußtsein in der reinsten Form ist die Langeweile, d. h. das Bewußtsein von einem Intervall, in dem nichts geschieht und das durch nichts überbrückt wird" (1945, 236).

Janet ging sogar so weit, zu sagen, „daß der Beginn der Dauer, der erste bezüglich der Dauer vollzogene Akt, die Kontinuitätsanstrengung ist" (1928, 55). Entwicklungsgeschichtlich erfolgt jedoch jede Art des Wartens vor den Kontinuitätsanstrengungen. Letztere erfordern eine Konformität mit sozialen Normen, die zeitlich nach der Dualität des Wunsches und dessen Befriedigung erfolgt. Sie äußern sich in einer Selbstkontrolle, die noch stärker ist als die aufgeschobene Reaktion. Wie dem auch sei, das Warten und die Kontinuitätsanstrengung sind zwei Hauptsituationen, in denen das Bewußtsein von der Dauer spontan in Erscheinung tritt. In beiden Fällen ist es die Folge einer Unzufriedenheit. Demnach entsteht das einfachste Gefühl der Dauer aus einer *Frustration zeitlichen Ursprungs*: Einerseits verschafft uns der gegenwärtige Moment nicht die Erfüllung unserer Wünsche, andererseits verweist er uns auf eine Befriedigung in der Zukunft (die Beendigung des Wartens, des begonnenen Aktes). Solange jene Frustration auf uns lastet, äußert sie sich u. a. in der Bewußtwerdung eines Hindernisses bzw. des Zeitintervalls; daher die unerwartete Schlußfolgerung: In dem Moment, in dem die Zeit zu einer bewußten Realität wird, erscheint sie als *zu lang*. „Man findet in der Zeit nur eine *Länge*, wenn man sie als *zu lang* empfindet" *(Bachelard 1936, 48)*.

Dieses Paradoxon müssen wir genauer betrachten, da es den Kern des Problems der Schätzung der Dauer betrifft. So wie *Bachelard* es richtig formuliert, entsteht das Zeitbewußtsein in dem Moment, in dem die Zeit sich mir widersetzt und ich gleichzeitig dahin tendiere, sie zu überschätzen. Andererseits wäre schon die einfache Tatsache, daß meine Aufmerksamkeit infolge der Frustration auf das Zeitintervall gerichtet ist, als Ursache für die Überschätzung seiner Dauer hinreichend. Dieses Phänomen, von *Wundt* (1886) analysiert, hat *Katz* (1906) sehr treffend formuliert: „Jedesmal, wenn wir unsere Aufmerksamkeit auf den Ablauf der Zeit richten, scheint sie sich zu verlängern." Den Grund dafür werden wir im zweiten Teil dieses Kapitels sehen. Das Warten und die Kontinuitätsanstrengung, beides Phänomene der affektiven Überschätzung des Hindernisses und der erhöhten Aufmerksamkeit auf alle Veränderungen, die uns von der Beendigung trennen, verstärken einander.

Gibt es nicht dennoch Fälle, in denen die Zeit als zu kurz erscheint? Unseren ersten Analysen zufolge wäre es denkbar, daß die Zeit in ängstlicher Erwartung des Kommenden zu kurz erscheint: bei einer bevorstehenden Zahnextraktion z. B. oder einer Trennung. In diesem Fall ist die Zeit kein so schnell wie möglich zu überbrückender Abstand mehr, sondern im Gegenteil ein Intervall, das man aufrechterhalten will. Diese Situation ist jedoch nicht das komplementäre Gegenteil der vorigen. Bei näherer Betrachtung sehen wir, daß das Zeitbewußtsein sowohl aus der Erwartung eines gefürchteten Ereignisses als auch aus der Erwartung einer zukünftigen Befriedigung entsteht: Uns wird ein Intervall bewußt zwischen dem gegenwärtigen und einem bestimmten zukünftigen Moment. Die Furcht davor, daß dieses Intervall zu Ende geht, äußert sich in einem Unbehagen, das der im ersten Fall beobachteten Unzufriedenheit ähnelt. Aus dem gleichen

Grund wird unsere Aufmerksamkeit beeinflußt, so daß wir wieder zu der Schlußfolgerung kommen, daß die Zeit uns immer lang erscheint, wenn wir unsere Aufmerksamkeit auf sie richten.

Wie umfassend die erlebten Eindrücke sind, wird noch deutlicher, wenn man zwei Arten des ängstlichen Wartens unterscheidet: Einmal fürchten wir die Beendigung einer unangenehmen Situation, zum anderen fürchten wir uns vor einem zuünftigen Ereignis. Im ersten Fall erscheint uns die Zeit lang, und wir hoffen sogar, daß sie noch länger wäre. Wenn wir eine geliebte Person zum Bahnhof begleiten, erscheinen die uns von der Abfahrt des Zuges trennenden Minuten lang (das Achten auf jede Durchsage, jede Geste, auf alles, was die Abfahrt anzukündigen scheint), und zugleich drängt sich uns infolge der affektiven Haltung, das Unvermeidliche abwenden zu wollen, das Gefühl auf, daß sie zu kurz seien. „Ich sage zu dieser Nacht, ,wärst du doch länger'", seufzte *Lamartine*, jene Nacht muß ihm aber selbst in seiner Glückseligkeit lang erschienen sein; denn der Vorübergang der Zeit wurde ihm zu sehr bewußt. Wie wir noch sehen werden, wäre sie ihm sicherlich sehr viel kürzer vorgekommen, wenn er sich um die Zeit oder das Danach nicht gekümmert hätte. *Binet* (1903) beobachtete eine Patientin, die, wenn sie nachts nicht gut geschlafen hatte, glaubte, am nächsten Tag das Bett hüten zu müssen. Nachts empfand sie während ihrer Schlafstörungen die Zeit als zu kurz, da sie immer fürchtete, bis zum nächsten Morgen nicht mehr genügend Stunden für den notwendigen Schlaf zu haben.

Desgleichen erscheint die Zeit lang in der Erwartung eines unangenehmen Ereignisses, weil wir unsere Aufmerksamkeit darauf richten. Dieser Eindruck wird von einer Kontrastwirkung verstärkt, denn im Grunde hoffen wir, daß die Zeit kürzer sei. Wir wünschen uns nämlich, daß das Gefürchtete so schnell wie möglich geschähe, so daß eine Spannung, die um so stärker und unerträglicher wird, je näher der fatale Moment heranrückt, beendet wird. Mit anderen Worten wollen wir, „daß es vorübergeht". Diese vielleicht paradox erscheinende Haltung ist von *Falk* und *Bindra* (1954) experimentell bestätigt worden. Die Vpn hatten die Aufgabe, mehrere Male eine Dauer von 15 sec durch Knopfdruck zu produzieren. Am Ende ihrer Schätzungen hörten die Teilnehmer der ersten Gruppe einen Ton und die der zweiten Gruppe erhielten einen Elektroschock. Die Ergebnisse zeigen, daß die zweite Gruppe eine kürzere Dauer produzierte (d. h. sie überschätzten im Verhältnis zur ersten Gruppe die produzierte Dauer, obwohl die Furcht vor dem Elektroschock sie hätte veranlassen können, dieses unangenehme Ende hinauszuzögern).

In diesen Situationen des Wartens entsteht also nie das direkte Gefühl, daß die Zeit zu kurz ist. Die Zeit erscheint hier immer lang, wobei dieses Gefühl jedoch vor allem durch den Wunsch überdeckt wird, daß die Zeit des Wartens weiter fortbestehe oder beendet werde, was sich dann nicht mehr auf die eigentliche Bewußtwerdung der Dauer bezieht.

Diese Analyse der Situationen, in denen das Gefühl einer zeitlichen Realität entsteht, kann durch die Untersuchung der entgegengesetzten Fälle bestätigt werden, Situationen z. B., in denen wir nicht den Eindruck haben, daß die Zeit vergangen ist. Dieses Gefühl haben wir häufig. Wir *wissen* zwar, daß die Uhrzeiger sich gedreht haben, aber wir sind uns dessen überhaupt nicht bewußt. Wann geschieht dies? Man kann folgende Regel aufstellen: Die Dauer wird uns nicht spontan bewußt, wenn wir in der aktuellen Situation vollkommen gegenwärtig sind, d. h., wenn es aufgrund unserer Bedürfnisse oder aufgrund sozialer Notwendigkeit nicht erforderlich ist, daß wir auf eine andere Zeit der Handlung verwiesen werden. Mit anderen Worten, wir sind uns der Zeit nicht bewußt, wenn wir mit der gegenwärtigen Situation völlig zufrieden sind.

Kleinkinder geben uns ein Beispiel für ein Leben, das fast immer absorbiert wird von dem, was gerade geschieht. Ihre Verhaltensveränderungen sind in gewisser Weise synchronisiert mit den zwingenden Aufforderungen ihrer Umgebung. Wir machen eine ähnliche Erfahrung, wenn wir einen sehr ausgefüllten Tag erleben, der eine Vielzahl von Verpflichtungen mit sich bringt, so daß wir keine Zeit mehr zum Nachdenken haben oder um uns etwas anderes zu wünschen. „Wir leben für irgend jemanden in der Zeit fort, der uns von außen beobachtet und der selbst ein Bewußtsein von diesem Intervall hat; aber dort, wo dieses Bewußtsein endet, wenn wir die Vorstellung dessen, was ist, nicht mehr mit der Vorstellung dessen, was war oder sein wird, vergleichen können, verschwindet die Zeit selbst, wie es ohne Zweifel in den vollkommen zerstreuten Existenzformen geschieht, die sich, wie man sagt, außerhalb der Zeitlichkeit befinden" *(Lavelle 1945, 166)*. Wie aber *Lavelle*, der vortreffliche Beobachter, sofort anmerkt, ist jenes Dasein nur vom Standpunkt der Objekte aus zerstreut, weil das Subjekt sich in jedem Augenblick in einer äußerst aufmerksamen Konzentration befindet, was die Harmonie zwischen seinem eigenen Werden und dem der Welt erklärt.

Unabhängig davon, ob diese Konzentration durch den Einfluß der Situation selbst verursacht wird oder durch die Stärke einer sich im gegenwärtigen Moment vollkommen realisierenden Motivation, sie hat immer dieselben Auswirkungen. Das Kind beim Spiel, der Liebende in heftiger Leidenschaft, der Schriftsteller während seiner Arbeit, alle sind sich der Zeit für lange Momente nicht bewußt. Dies ist zwar häufig beobachtet, aber infolge einer unzureichenden Unterscheidung der Arten von Adaptation an die Dauer nicht immer richtig interpretiert worden. Warum wird sich z. B. der Schriftsteller der Zeit nicht bewußt? Wenn wir unterstellen, daß er von seiner Arbeit gänzlich absorbiert wird, bedeutet das, daß er, während er schreibt, nicht den Wunsch verspürt, etwas anderes zu tun (zu essen, einen Spaziergang zu machen) oder seine Arbeit, weil er müde ist, einfach zu unterbrechen*. Dieses ausschließliche Interesse hindert ihn aber nicht daran, sich der auftretenden Veränderungen bewußt zu sein, und sei es auch nur die Anzahl der geschriebenen Seiten. Diese Veränderungen liefern ihm – sofern er sie benötigt – gewisse Anhaltspunkte für die Schätzung der verstrichenen Dauer; sie allein lassen jedoch kein Zeitgefühl aufkommen, da sie völlig abhängig sind von der Beziehung zwischen dem Subjekt und seiner Tätigkeit.

Die Feststellung, wie man häufig liest, daß die Zeit *wie im Fluge vergeht*, wenn wir glücklich sind, ist zwar richtig, aber unzulänglich. Befriedigung und Nicht-Bewußtsein der Dauer sind Begleiterscheinungen einer Tätigkeit, die der gegenwärtigen Motivation genau entspricht. Umgekehrt sind Unzufriedenheit und das Gefühl der Dauer beides Folgen einer Frustration.

Diese genaue Entsprechung von Motivation und gegenwärtiger Tätigkeit kommt auf sehr unterschiedlichem Aktivitätsniveau vor. Charakteristisch ist dies für ein sehr ausgeglichenes Leben und für höhere manuelle, geistige und soziale Tätigkeiten. Man findet sie aber auch auf niedrigerem Aktivitätsniveau, dann z. B., wenn eine objektive Situation real in engerem Sinn durch eine subjektive, imaginierte Realität substituiert wird. Dies ist im Wachtraum der Fall. Wir wissen zwar, daß die Tagträumerei meistens das Ergebnis einer Frustration ist oder die Flucht vor einer nur sehr schwer zu bewältigenden Wirklichkeit. Befindet sich das Individuum aber einmal auf dieser niedrigen Aktivitätsebene, so kann es dort eine Realisierung finden, die ihm in eben dem Moment völlige Befriedigung verschafft. Es ist eine bekannte Tatsache, daß die Zeit beim Tagträumen nicht lang wird, sogar noch weniger als während einer Tätigkeit auf höherem Niveau, bei der immer irgendeine Schwierigkeit auftauchen kann. Das gleiche wird jeden Tag im somnolenten Zustand kurz vor dem Einschlafen oder nach dem Erwachen erfahren. Irgendein unbestimmter Gedanke besetzt unser gesam-

---

* „Einhunderttausend Jahre Meditation sowie einhunderttausend Jahre Schlaf hätten für uns nur einen Augenblick angedauert ohne den Überdruß, der uns über die ungefähre Länge der Konzentration informiert" (*Diderot*, zit. von *Poulet 1953, 201*).

tes Bewußtseinsfeld, und wenn in der Nähe eine Uhr schlägt, stellen wir ganz überrascht fest, daß es schon so spät in der Nacht oder am Morgen ist. Uns ist die Dauer gar nicht bewußt geworden *(Thury 1903)*.

Die Möglichkeit, im Tagtraum Zuflucht zu nehmen, erklärt auch die Tatsache, daß zahlreichen Menschen monotone Tätigkeiten als relativ kurzzeitig erscheinen. Monotone Tätigkeiten lösen am schnellsten Langeweile aus, ein Gefühl, das aus der *Nicht-Koinzidenz von zwei Dauern* entsteht, u. zw. der schleppenden und mühsamen Arbeit und der des Geistes, der nach etwas anderem verlangt *(Pucelle 1955, 20)*. Langeweile wird immer von einem Gefühl der Langsamkeit der Veränderungen und somit des Vorüberganges der Zeit begleitet. Die sogenannten monotonen Tätigkeiten werden aber, wie *Viteles* (1952) feststellte, nur von einem Teil, z. B. von 25% der Industriearbeiter erlebt. Von den 75%, die nicht darunter leiden, können einige in diesen Tätigkeiten eine hinreichende Befriedigung finden, während es fast so scheint, daß die übrigen sich anpassen, indem sie sich der Monotonie entziehen, was ziemlich einfach sein dürfte, da die Tätigkeiten nur automatische Bewegungen erfordern *(Lossagk 1930)*.

Die an Arbeitern durchgeführten Untersuchungen über die Langeweile bei monotonen Industriearbeiten bestätigen unsere Analysen hinsichtlich des Zeitgefühls. Für sie ist die Langeweile um so größer, je länger ihnen die Zeit erscheint *(Burton 1943)*. Intelligentere Individuen leiden stärker darunter, weil sie vermutlich in ihren Routinearbeiten keine Befriedigung finden können *(Viteles 1952)*. Auch aktive Arbeiter sind von der Langeweile betroffen, da ihre Arbeit sie nicht genügend „fordert", und ferner diejenigen, die mit ihrem Leben im allgemeinen unzufrieden sind und eine Tendenz zur Unruhe und Agitiertheit haben. Letztere sind prädisponiert dafür, mit monotonen Arbeiten und vermutlich auch mit jeder anderen regelmäßigen Arbeit unzufrieden zu sein *(Smith 1955)*.

In diesem Zusammenhang werden auch die von bestimmten Geisteskranken empfundenen bzw. nicht empfundenen Gefühle der Dauer verständlich. *Janet* hat Schwachsinnige und an Demenz leidende Patienten aus Anstalten beschrieben, wie sie den ganzen Tag über untätig bleiben, sich aber auch nicht zu langweilen scheinen und nichts darauf hindeutet, daß sie ein Zeitgefühl haben. Er drückte gleichermaßen seine Verwunderung über Astheniker aus, die lange Zeit im Bett liegenbleiben können, ohne jemanden zu sehen und sich dabei weder langweilen noch meinen, daß die Zeit langsam vorübergehe. Er schreibt: „Diese Menschen haben ihre Gefühle verloren; sie lieben nichts, sie verabscheuen nichts; die Dinge erscheinen ihnen gleichgültig, und sie gehen so weit, zu behaupten, daß sie irreal seien." Eine dieser Patientinnen sagte: „Die mich umgebenden Dinge sind irreal", aber sie fügte hinzu: „Es ist merkwürdig, die Tage werden mir nicht lang." – Was heißt das? – „Nun", sagte sie, „ich stelle fest, daß es Abend ist, ich stelle fest, daß die Uhr die und die Stunde anzeigt, und jedesmal bin ich erstaunt, weil seit dem Morgen keine Zeit vergangen ist". *(Janet 1928, 50)*. Diese Äußerungen erinnern an die Eindrücke, die wir im Moment des Einschlafens haben. Die Affektivität ist stark reduziert, und die *Gefühle der Leere*, wie *Janet* sie nannte, sind vorherrschend. Astheniker können nicht unter Frustrationen, insbesondere nicht unter zeitlichen Frustrationen, leiden, da sie nichts wünschen. Es bietet sich also keine Gelegenheit, die irgendein Gefühl der Dauer entstehen ließe.

Die zeitlichen Störungen von Schizophrenen können ebenfalls so interpretiert werden. Wir haben bei der Untersuchung ihres Zeithorizontes im vorigen Kapitel gesehen, daß sie in der Zeitlosigkeit zu leben scheinen. Sie beklagen sich vor allem darüber, das *Zeitgefühl* verloren zu haben.

„Die Zeit ist für mich etwas Vages. Ich kann wohl die Uhrzeit lesen, ich weiß, wann es Mittag ist etc., aber ich habe keinen Zeitbegriff. Mein Geist wandert anderswo umher. Ich weiß nie, wann ich dies oder jenes tue . . ." *(Halberstadt 1922)*.

„Die Uhr geht genau wie früher. Ich mag sie aber nicht mehr ansehen, das macht mich traurig. Daß die Zeit vergeht und die Zeiger sich drehen, kann ich mir nicht mehr so recht vorstellen."

„Das Denken stand still, ja alles stand still, als ob es keine Zeit mehr gäbe. Ich erschien mir selbst wie ein zeitloses Wesen . . ." *(Fischer*, zit. von *Minkowski 1933, 268–269)*.

Nach *Minkowskis* Interpretation ist die vitale Dynamik dieser Patienten gestört, was ihre Äußerungen erklären würde. Wie können diese Kranken aber die Zeit als ein ihnen im Wege stehendes Hindernis empfinden, da doch das Gefühl des Stillstandes bei ihnen vorherrscht? Sie kennen nur eine autistische Aktivität, in der die Realisierung ihrer Wünsche nicht begrenzt ist, folglich können sie gar nicht auf die Zeit stoßen *(Vinchon 1920, Minkowski 1933, 265–266)*.

Wenn man diese Kranken übrigens genauer untersucht, bemerkt man, daß sie sich weiterhin an periodische Veränderungen anpassen und daß sie die Zeit genau wahrnehmen *(Fraisse 1952)*; sie sind sogar zu verhältnismäßig korrekten Zeitschätzungen fähig *(Clausen 1950)*. In einigen Untersuchungen wurde allerdings festgestellt, daß sie gewisse Schwierigkeiten haben, mehrere Ereignisse einzuordnen, vor allem, wenn letztere zeitlich nicht aneinandergrenzen, so wie Dienstag, Freitag, Sonntag *(de La Garza* und *Worchel 1956)*. Was bei ihnen insbesondere gestört zu sein scheint, ist das Zeitgefühl und nicht ihr Zeitsinn oder ihr Zeitbegriff *(Horanyi-Hechst 1943)*.

Um es kurz zusammenzufassen, die Untersuchung verschiedener Umstände, in denen sich Zeitgefühle manifestieren, zeigt, daß letztere ihren

Ursprung haben in dem Bewußtsein einer durch die Zeit verursachten Frustration. Entweder bewirkt die Zeit einen Aufschub der Erfüllung unserer gegenwärtigen Wünsche, oder sie drängt uns, das Ende unseres aktuellen Glückszustandes abzusehen. Das Gefühl der Dauer entsteht somit aus der Gegenüberstellung dessen, was ist, mit dem, was sein wird, d. h. aus dem Bewußtsein von einem Intervall, das zwei Ereignisse trennt. Wenn wir dagegen – auf einem niedrigen oder auf einem hohen Aktivitätsniveau – die vollständige Realisierung unserer Wünsche im gegenwärtigen Moment finden, haben wir nicht das Gefühl, daß die Zeit andauert. Sicherlich, diese Momente sind im alltäglichen Leben von begrenzter Dauer, da Müdigkeit oder einfach Überdruß mit der unsere Aktivität steuernden Motivation leicht in Konflikt geraten. Häufiger noch verbietet es die Rücksicht auf die soziale Umgebung, sich von einer Tätigkeit, ob einfach oder interessant, gänzlich absorbieren zu lassen. Dennoch können wir in außergewöhnlichen Zeiten, wenn wir mit Körper und Seele im Rhythmus aktueller Veränderungen leben, den Eindruck haben, von der Zeit unabhängig zu sein.

II. Die Schätzung der Dauer

Unsere alltägliche Erfahrung zeigt, daß wir bei der Schätzung der Dauer unsicher sind. Es ist schwierig einzuschätzen, wie lange ich eine Mahlzeit eingenommen oder gearbeitet habe, spazierengegangen bin oder gelesen habe. Ohne Uhren machen wir erhebliche Fehler. Dennoch schätzen wir ständig die Dauer unserer Tätigkeit, und selbst wenn wir sie objektiv messen könnten, vergleichen wir unsere intuitive Schätzung gerne noch einmal mit der Messung.

Worauf stützen wir unsere Zeitschätzungen? Bevor wir dieses grundlegende Problem behandeln, müssen wir die Formen berücksichtigen, die diese Schätzungen annehmen, respektive ihren Stellenwert. Diese methodologische Einführung ist hilfreich für die richtige Interpretation der Forschungsergebnisse, die wir im weiteren heranziehen werden.

1. Die Schätzungsmodalitäten der Dauer

Unsere Schätzungen können fünf Formen annehmen:

(a) Meistens beschränken wir uns darauf, unsere Schätzungen durch *absolute Urteile* auszudrücken: „es dauert lange" oder „es dauert nicht lange". Wie alle absoluten Urteile, sind sie in Wirklichkeit nichts anderes als implizite Vergleiche. „Es dauert lange" ist eine Schätzung der im Verhältnis zu irgendeinem Bezugswert erlebten Dauer. Dieser wird uns durch die Antizipation der voraussichtlichen Dauer einer begonnenen Handlung geliefert*, in Abhängigkeit von unseren Gewohnheiten (die durchschnittliche Dauer einer Mahlzeit) oder von dem Wunsch, etwas schnell oder gar nicht zu beenden. Unsere Schätzungen in dieser Form werden natürlich stark beeinflußt von den Zeitgefühlen, die während der Handlung entstehen können. Unbestritten ist übrigens, daß diese Art der Schätzung entwicklungsgeschichtlich zuerst auftritt. Ein Kind empfindet die Zeit als lang, wenn es ißt oder spazierengeht. Diese Methode der absoluten Urteile ist für empirische Untersuchungen zwar kaum anwendbar, doch unsere Zeitgefühle kommen dabei sehr gut zum Ausdruck.

(b) Die Vergleichsmethode besteht darin, zwei aufeinanderfolgende Dauern im Verhältnis zueinander zu vergleichen. Im alltäglichen Leben verwenden wir sie ständig, wenn wir sagen, „die Fahrt dauer länger als gestern". In der Psychophysik wurde diese Methode standardisiert. Sie wird zwar häufig verwandt, nur hat sie den Nachteil, daß erhebliche Zeitfehler (time error) mit einfließen, insbesondere bei kurzen Dauern. Und wenn die Dauern lang und die Intervalle zwischen den Reproduktionen wahrnehmbar sind, treten mnestische Zeitverzerrungen auf (S. 236).

(c) Mitunter versuchen wir, Dauern quantitativ zu *beurteilen*, wobei wir die üblichen Zeiteinheiten wie Minuten oder Stunden verwenden (selbstverständlich ohne Uhren). Diese Schätzungsart ist nur nach langer Übung möglich, die zwar nach wiederholtem Gebrauch jeglicher Art von Uhren erreicht wird, aber immer unvollkommen bleibt, denn diese Zeiteinheiten haben keine konkrete Realität und lösen keine bildlichen Vorstellungen aus. Ich kann mir einen Meter, nicht aber eine Minute bildlich vorstellen, so bleibt nur der Versuch, eine ähnliche Dauer zu reproduzieren. Die Schätzung besteht also in dem Versuch, die Zeit subjektiv mehr oder weniger genau zu beurteilen.

Die Verwendung exakter konventioneller Einheiten stellt einen großen Fortschritt dar gegenüber der Verwendung von Einheiten, die durch konkrete Erfahrungen vermittelt werden, sowie auch denjenigen gegenüber, die bei gewissen Eingeborenen-Völkerstämmen gebräuchlich sind. Auf Madagaskar sprechen die Eingeborenen

---

* Wir verstehen das Wort Handlung im weitesten Wortsinn. Die Handlung ist das, was wir tun; wir handeln von morgens bis abends. Sehen, hören, warten sind ebenso Handlungen wie schreiben, spazierengehen oder etwas produzieren.

z. B. von der Dauer eines „Reis-Kochens", was etwa einer halben Stunde entspricht (nach *Klineberg 1957*).

Diese Schätzungsmethode in Zeiteinheiten ist eine der gebräuchlichsten, weil sie Informationen liefert, die mit denen der Uhr vergleichbar sind. Da sie sehr praktikabel ist, wird sie in den experimentellen Untersuchungen auch am häufigsten verwandt.

(d) Wir können die Zeit auch mittels einer *Reproduktion* schätzen. Die Person, die während einer Tätigkeit den Eindruck von einer Dauer hat, soll eine gleiche Dauer herstellen, indem sie entweder die Tätigkeit in demselben Zeitraum noch einmal ausführt, oder eine entsprechende Dauer durch zwei Signale, am Anfang und am Ende abgrenzt. Diese Methode hat den Vorteil, daß keine abstrakten Einheiten zu Hilfe genommen werden. Im Alltag wenden wir sie kaum an, da sie für uns nicht hilfreich ist, während ihre Verwendung in experimentellen Untersuchungen sehr erfolgreich ist.

(e) Schließlich wird in experimentellen Untersuchungen die *Produktions*methode verwandt. Sie besteht darin, daß die Person sich während einer Dauer, ausgedrückt in Zeiteinheiten, betätigen soll, z. B. 1 min lesen.

Die mit diesen unterschiedlichen Methoden erhaltenen Ergebnisse sind nicht einheitlich, was mittels der Methode der entsprechenden Interkorrelationen verifiziert werden konnte, allerdings nicht ohne Vorbehalte. *Clausen* (1950) fand zwischen den mit der Reproduktionsmethode und den mit der Produktionsmethode ermittelten Ergebnissen keine Korrelation. Wir erhielten in einer systematischen Untersuchung von 22 Personen folgende Korrelationen, wobei wir 5 Werte für die Dauern zwischen 21 und 45 sec verwandten (*Fraisse* und Mitarbeiter, 1962):

zwischen Reproduktion und Schätzung r = +0,17
zwischen Reproduktion und Produktion r = +0,10
zwischen Schätzung und Produktion = −0,37

Die einzige signifikante Korrelation ist die zwischen der Schätzung und der Produktion, beide Methoden lassen subjektive Schätzungen der Zeiteinheiten mit einfließen. Der negative Verlauf der Korrelation darf nicht täuschen; denn einer kürzeren Produktion entspricht eine Überschätzung im Zeiturteil, und der negative Korrelationsverlauf ist allein auf die Tatsache zurückzuführen, daß die Korrelation aus den Rohwerten und nicht aus den Prozentangaben der Über- und Unterschätzungen errechnet worden ist. Auch *Warm*, *Morris* und *Kew* (1963) erhielten Ergebnisse in dieser Größenordnung.

Bei kürzeren Dauern (unter 4 sec) sind die Korrelationen zwangsläufig höher (−.78 zwischen Produktion und Schätzung; +.42 zwischen Reproduktion und Produktion; nach Hawkes, Bailey und Warm 1961).

Keine dieser Schätzungsarten ist ganz präzise. Es werden selbst bei kurzen Dauern beträchtliche Fehler gemacht (in Höhe von einigen Sekunden bis einigen Minuten). *Bourdon* (1907) schätzte nach der Verwendung der Reproduktionsmethode, daß die Fehler für die Dauern von 9 bis 25 sec zwischen 20 und 25% erreichen und 33% für eine Dauer von 76 sec. Auch Woodrow (1930) verwandte diese Methode, nur ließ er ein einziges Intervall 50mal nacheinander reproduzieren, wobei er zwischen 6 und 30 sec eine Variabilität von 17% fand. *Pumpian-Mindlin* (1935) verwandte die Produktionsmethode und schätzte für die Dauern zwischen 30 sec und 10 min den durchschnittlichen Fehler auf 25%. Alle diese Ergebnisse zeigen, daß das Webersche Gesetz offenbar auch für relativ kurze Dauern gilt. *Gilliland* und *Humphreys* (1943) kombinierten die Ergebnisse von allen drei Methoden (Reproduktion, Schätzung und Produktion) und errechneten, daß der Prozentsatz der Fehler sich von 28% für die Dauer von 14 sec auf 18% bei einer Verlängerung der Dauer auf 177 sec verringerte.

Die letzten beiden Autoren fanden auch, daß der Fehler in der Reproduktionsmethode geringer ist als derjenige in der Produktions- und dieser wiederum geringer als in der Schätzungsmethode.

In der o. g. Untersuchung (*Fraisse* und Mitarbeiter 1962) fanden wir Ergebnisse derselben Größenordnung. Die inter- und intraindividuelle Variabilität (Reliabilität) ist in der Schätzungsmethode höher. Die Abweichungen der gesamten Schätzungen der Dauern zwischen 21 und 45 sec ergaben:

	Interindividuell	Intraindividuell
Reproduktion	13,8%	20,9%
Schätzung	35,1%	28,7%
Produktion	23,5%	18,8%

Die von den Autoren erzielten Werte können mit der Art und dem Aufbau des Experiments beträchtlich variieren. *Doehring* (1961) fand mit der Reproduktionsmethode für die Dauern zwischen 0,5 und 8 sec eine „Konsistenz" der Antworten, die von 20 bis 50% variierten, wobei er die inter- und intraindividuelle Variabilität kombinierte.

Hier muß man übrigens genau unterscheiden zwischen den Fehlern und der Variabilität. Jede Person scheint nämlich bei allen Methoden eine subjektive Skala für die Schätzung der Dauer zu haben, so daß zwar eine relativ hohe Reliabilität ihrer Schätzungen erreichbar ist, die interindividuellen Differenzen jedoch beträchtlich variieren können (*Myers 1916, Korngold 1937, Harton 1939, de Rezende 1950, Eson* und *Kafka 1952*).

Je geringer die Bedeutung der Zeiteinheiten für unsere Schätzung der Dauer ist, desto präziser sind wir. Die beobachteten Differenzen sind bei Kindern und Geisteskranken größer, vor allem, wenn sie mehr oder weniger ausgeprägte intellektuelle Defekte aufweisen. *Kohlmann* (1950) ließ mit der Schätzungs- und Reproduktionsmethode verschiedene Dauern bis 3 min schätzen. Die relativen Fehler von 10 normalen Erwachsenen erstreckten sich durch Reproduktion zwischen 12 und 28% und durch Schätzung zwischen 30 und 78%. In einer Gruppe von 12 Geisteskranken, einschließlich der Fälle von Hirntumoren, Schizophrenie und seniler Demenz, verteilen sich die Fehler in der Reproduktionsmethode zwischen 18 und 108% und in der Schätzungsmethode zwischen 47 und 432%. Deutlich zeigen sich in beiden Methoden die Extremwerte im Fall der senilen Demenz.

Die Bedeutung des Fehlers variiert, wie wir noch sehen werden, mit der Art der Aufgabe, in der die Dauer geschätzt werden soll. Auch ist er abhängig von den experimentellen Bedingungen: Wenn in einem einzigen Versuchsdurchgang unterschiedliche Dauern geschätzt werden sollen, werden infolge einer zunehmenden Zentraltendenz die kurzen Dauern über- und die längeren Dauern unterschätzt (*Fraisse 1948c; Gilliland* und *Humphreys 1943, Clausen 1950*). Hier handelt es sich um ein allgemeines Gesetz, das sich auch bei wahrgenommenen Dauern manifestiert (Kap. V, S. 120–121).

Diese Angaben über die Methoden und Abweichungen der Ergebnisse zeigen, daß die Analyse der Faktoren und Gesetze der Zeitschätzung sehr schwierig ist.

Die auf der Reproduktionsmethode basierenden Untersuchungen sind am zuverlässigsten, doch können hiermit nur kurze Dauern exploriert werden. Die Schätzungsmethode ermöglicht den Vergleich von empfundenen Dauern mehrerer unterschiedlicher Aufgaben, denn wir haben gesehen, daß jede Person eine ziemlich gleichbleibende subjektive Skala zu haben scheint. Wird die Methode allein verwandt, kann man dennoch nicht folgern, daß die Person eine Dauer über- oder unterschätzt hat bzw. wissen, ob sie die Zeit als lang oder kurz erlebt hat. Wenn jemand eine Stunde mit 80 min einschätzt, bedeutet das nicht unbedingt, daß er diese Stunde als sehr lang erlebt hat, vielmehr hängt seine Schätzung davon ab, wie er die Zeiteinheiten anwendet. Auf der anderen Seite ist der Vergleich der Schätzungen von nur einer Person insofern sinnvoll, als sie sich *grosso modo* auf ein und denselben Wert beziehen. Was also zählt, ist weniger die absolute Zahl der Schätzung, vielmehr ihr relativer Wert im Verhältnis zu einer anderen Schätzung.

2. Kriterien für die Schätzung der Dauer

Unsere Schätzungen der Dauer variieren stark in Abhängigkeit von den konkreten Situationen. Welche Faktoren determinieren nun diese Variationen?

Die Schätzungen der Dauer basieren auf drei Arten von Informationen, von denen uns zwar einige schon bekannt sind, doch wäre es hilfreich, sie noch einmal insgesamt aufzuführen: metrische, affektive und direkte Informationen, wobei letztere sich auf die Anzahl erlebter Veränderungen beziehen.

A. Schätzungen metrischer Art

Da wir aus der Erfahrung wissen, daß unsere direkten Schätzungen der Dauer sehr ungenau sind, versuchen wir für die Zeitmessung sehr häufig ein Zeitmeßinstrument zu verwenden. Uhren aller Art sind dafür die geeignetsten Mittel, obwohl die Errechnung des Betrages, wie weit der sich in gleichförmiger Bewegung drehende Uhrzeiger vorgerückt ist, überhaupt keinen Bezug hat zu unserer erlebten Erfahrung. Dieser Vorgang ist den räumlichen Messungen ähnlich, denn für die Errechnung ist es schon hinreichend, auf die mit Beginn und Ende der zu messenden Periode übereinstimmenden Positionen des Uhrzeigers zu schauen. Gewiß, die eigentliche Zeitmessung setzt einen homogenen Zeitbegriff voraus, doch dieses Problem wollen wir vorläufig noch zurückstellen (Kap. VIII, S. 253 ff.).

Wenn wir keine Uhr zur Verfügung haben, versuchen wir sie zu ersetzen. Für die Messung langer Dauern verwenden wir natürliche Uhren, und zwar kann die Länge nach dem Sonnenstand oder dem Schlagschatten geschätzt werden. Ebenso stehen uns alle diejenigen periodischen Veränderungen zur Verfügung, von denen wir wissen, daß sie zu einer bestimmten Zeit auftreten, einschließlich denen unseres Organismus.

Ein weiteres praktisches Mittel für die Zeitmessung ist das angewandte Prinzip der Uhr; das Messen einer mit gleichmäßiger Geschwindigkeit fortschreitenden Bewegung. Diese spezielle Fortbewegung ist zwar auf den Tag-Nacht-Zyklus ausgerichtet, doch ist für jede beliebige Bewegung dieselbe Art und Weise der Messung anwendbar. So kann man aus den von zwei Objekten mit gleichmäßiger Geschwindigkeit zurückgelegten Strecken herleiten, daß die über eine längere Strecke gehende Bewegung länger andauert. Eine Messung ist selbst dann möglich, wenn die Bewegungseinheit auf eine Uhr ausgerichtet ist. Wir wissen z. B., daß ein durchschnittlich schneller Fußgänger in 1 h eine Wegstrecke von 5 km zurückgelegt hat. Aufgrund der zurückgelegten Strecke läßt sich also die Dauer schätzen. Desgleichen kann von jeder maschinell oder vom Menschen ausgeführten Arbeit ausgegangen werden, vorausgesetzt, die Arbeit besitzt eine gewisse Gleichförmigkeit und besteht aus quantifizierbaren Einheiten. Die Anzahl der geschriebenen Seiten, die Länge eines ausgehobenen Grabens oder die produzierte Stückzahl wären also eine für die Zeitmessung geeignete Basis.

Je ungenauer allerdings die Zeiteinheiten definiert sind, desto schwieriger ist es, ihre Anzahl zu schätzen und desto ungenauer wird die Messung. Aus diesem Grunde ziehen wir es vor, von der Beurteilung oder Schätzung der Zeit zu sprechen, obgleich es sich eigentlich um eine Messung handelt, für die mehr oder weniger explizite Berechnungen vorgenommen werden, und die, wie jede Messung, ein indirektes Verfahren ist, das keinerlei Bezug hat zu der erlebten Dauer.

B. Schätzungen affektiver Art

Zu Beginn dieses Kapitels haben wir gesehen, daß unser elementarstes Bewußtsein von der Dauer durch Zeitgefühle vermittelt wird, die uns die entsprechenden Elemente für die Zeiturteile liefern. Entweder wird uns die Dauer bewußt, und dann erleben wir sie als zu lang, oder aber die Dauer wird uns nicht bewußt, dann scheint es uns so, als sei nicht viel Zeit vergangen. Diese Erfahrungen machen wir jeden Tag. Wenn wir auf etwas warten und auf die Uhr schauen, sind wir erstaunt, daß es noch nicht später ist. Verbringen wir aber einen angenehmen Abend mit Freunden, dann stellen wir häufig verwundert fest, daß es, wenn wir auf die Uhr schauen, schon so spät ist. Diese Schätzungen basieren auf unseren Zeitgefühlen – oder auf ihrer Abwesenheit – und treten nie isoliert auf. Sie geben unseren fundamentalen Zeitschätzungen einen bestimmten Ausdruck, woran, wie wir später sehen werden, noch andere Faktoren beteiligt sind. Sie haben auch den Effekt, sie zu akzentuieren. Wenn ein Zeitgefühl entsteht, richten wir unsere Aufmerksamkeit insbesondere auf die Dauer, so daß die Zeit langsamer vorüberzugehen scheint. „Aufpassen, daß der Topf nicht überkocht", sagt man im Volksmund.

C. Direkte Schätzungen der Dauer

Nehmen wir einmal an, daß uns für die Zeitmessung keinerlei Hilfsmittel zur Verfügung stehen und daß sich die Zeit nicht in die Länge zieht: Wir sind uns dennoch bewußt, daß Zeit vergangen ist, und meinen, sie schätzen zu können.

Woraus setzt sich die Dauer zusammen? Einzig und allein aus den aufeinanderfolgenden Veränderungen. Um es klarer auszudrücken, die psychologische Dauer besteht aus psychologischen Veränderungen bzw. aus Veränderungen, die, weil sie wahrgenommen werden, zu einer psychologischen Realität werden. Die Wahrnehmung steht also im Mittelpunkt dieses Problems.

Unter welchen Bedingungen wird eine Veränderung wahrgenommen? Wir müssen zunächst diese Eingangsfrage stellen, weil dadurch das gesamte Problem deutlicher wird.

Von den zahlreichen, um uns herum auftretenden Veränderungen werden nicht alle gleichermaßen bemerkt. Jede Sekunde tickt hinter mir die Uhr, normalerweise höre ich aber das Ticken nicht jede Sekunde, es sei denn, ich richte meine Aufmerksamkeit auf dieses Ticken, um beispielsweise einen Wettlauf zu stoppen. Ich lese ein Buch. Jede Augenbewegung hat eine Veränderung zur Folge, aber ich nehme nicht jede einzelne wahr und merke sogar kaum, daß ich die Seiten umblättere. Die Veränderungen, die ich erlebe, beziehen sich auf den Inhalt des Buches.

Die Wahrnehmung von Veränderungen ist allen unseren Wahrnehmungen ähnlich. Sie weisen immer zwei Komponenten auf: die Stimuli und unsere Einstellungen. Von der Vielzahl der unterschiedlichen, auf unsere Rezeptoren einwirkenden Stimuli nehmen wir selektiv in jedem Augenblick entweder die intensivsten von ihnen wahr oder diejenigen, die unserer momentanen Einstellung entsprechen. Es handelt sich also um eine Spannung zwischen der Stärke des Stimulus und der der Einstellung. Was wahrgenommen wird, ist eine Resultante daraus. Wenn ich von meiner Arbeit absorbiert werde, höre ich die im Nebenraum streitenden Kinder nicht oder fast nicht. Fangen sie aber an zu schreien, dann drängt sich mir dieser Lärm wie eine prägnante Figur auf, während der Rest, d. h. meine Gedanken, einen undeutlichen Hintergrund bilden.

Die Selektion wahrgenommener Veränderungen hängt sowohl von objektiven als auch von subjektiven Faktoren ab. Erstere beziehen sich auf die aktuelle Art der Tätigkeit, letztere auf die jeweilige Einstellung des Subjekts. Diese Unterscheidung ist sehr abstrakt; de facto hängen die von uns erfaßten Veränderungen von beiden Faktoren ab. Doch ist es bis zu einem gewissen Grade möglich, aufgrund der Wahrnehmung zu entscheiden, was auf die Stimuli und was allein auf das Subjekt zurückzuführen ist. Ich kann z. B. im Rorschach-Test den Aspekt Klecksbild von meiner subjektiven Interpretation unterscheiden. Konfrontiert mit Veränderungen, kann ich die Sukzession der Ereignisse, die quasi außerhalb von mir stattfinden, verfolgen oder aber ihre Wirkung, die sie auf mich haben. Beim Lesen eines Romans kann ich die Veränderungen nach der Anzahl der umgeblätterten Seiten beurteilen, ich kann aber auch, ganz vertieft in die Lektüre, die Abenteuer des Romanhelden miterleben.

Diese Unterscheidung zwischen objektiven und subjektiven Faktoren der Veränderungen ist mit derjenigen von *Straus* (1928) vergleichbar, der, ausgehend von seinen psychiatrischen Studien, die *Welt-Zeit* von der *Ich-Zeit* unterscheidet. Er sagt, wir leben gleichzeitig in zwei Zeiten; die eine beschränkt sich auf die in unserer Umgebung stattfindenden Veränderungen, und die andere ist unserer persönlichen Erfahrung immanent und geht aus unserer Persönlichkeit hervor. Schizophrene und Melancholiker sind z. B. sehr empfindlich für den Konflikt, der aus der Unbeweglichkeit ihrer eigenen Affektivität und Gedankenwelt und den um sie herum auftretenden Veränderungen, an denen sie nicht mehr aktiv teilhaben, entsteht. Andere Patienten stellen in ihrem Rhythmus eine Differenz fest zwischen ihren persönlichen Veränderungen und denen, die sie in ihrer Umgebung feststellen: So jene Patientin von *Kloos* (1938), die während ihrer melancholischen Phase meinte, daß die Uhrzeit sich im Verhältnis zu ihrer Tätigkeit verlangsamt habe, was ihr den Eindruck vermittelte, sehr schnell zu sein.

Auch wir erfahren sehr häufig diese Unstimmigkeiten. Sie stellen übertriebene Differenzen dar zwischen der Geschwindigkeit der auftretenden Veränderungen und unserer Vorstellung davon, wie die Veränderungen ablaufen sollten. Andererseits weisen sie darauf hin, daß wir den Fluß unserer Gedanken und den unserer Gefühle bis zu einem bestimmten Maße von dem unserer Wahrnehmungen dissoziieren können, wobei diese Dissoziation jedoch begrenzt ist. Man kann übrigens nicht sagen, daß die *wahrgenommenen* Veränderungen selbst nicht auch von der gesamten Persönlichkeit abhingen. Der Unterschied zwischen *Ich-Zeit* und *Welt-Zeit* gilt nur, sofern er nicht dualistisch interpretiert wird und die gegensätzlichen Begriffe als zwei Aspekte ein und derselben Realität betrachtet werden, die infolge der aus dem Willen oder aus der Krankheit entstandenen Einstellungsstruktur mehr oder weniger dissoziierbar sind.

Unter Annahme dieser Prämissen zeigen wir auf, daß die Länge einer Dauer von der in ihr wahrgenommenen Anzahl der Veränderungen abhängt.

Parallel hierzu werden wir ältere mit moderneren Auffassungen vergleichen. Wenn Aristoteles meinte, die Zeit sei die Quantität der Bewegung, so scheint es uns, als habe er eine in erster Linie psychologische Gegebenheit in die physikalische Welt projiziert. Da *Condillac* sich hauptsächlich für den Ursprung der Zeitidee interessiert hat, sah er sehr wohl, daß seine Statue nie mehr als nur einen Augenblick gekannt hätte, wenn der erste duftende Körper eine Stunde oder länger gleichmäßig auf sie gewirkt hätte. Er hat immer wieder darauf hingewiesen, daß die Zeit nur aus der Aufeinanderfolge und der Anzahl von Eindrücken besteht, die organisch empfunden oder ins Gedächtnis zurückgerufen werden. *W. James* schrieb, „der Inhaltsreichtum der Zeit macht ihre Länge aus" (1932, 370). *Guyau* hat eine ausführliche Übersicht derjenigen Faktoren, die unsere Zeitschätzung beeinflussen, darzulegen versucht. Er fand sogar zehn Faktoren, doch hängt diese Zahl von der Anzahl oder Vielfalt der Bilder bzw. von allem ab, was letztere begleitet, wie Begehren, Wünsche oder Affekte *(Guyau 1902, 85)*.

Auch wir wollen diese Frage in einer systematischen Untersuchung analysieren, was im wesentlichen darauf abzielt, folgendes Gesetz aufzustellen: Alles, was dazu beiträgt, die relative Anzahl bzw. die Dichte der bemerkten Veränderungen zu erhöhen oder zu vermindern, hat eine Verlängerung oder Verkürzung der empfundenen Dauer zur Folge.

3. Der Einfluß von Einstellungen, insbesondere der Motivation

Unsere Einstellungen können den Effekt haben, die Anzahl der merklichen Veränderungen zu erhöhen oder zu verringern. Inwiefern wirken sich diese Variationen auf die Schätzung der Dauer aus? Dies können wir bestimmen, wenn wir die Einstellungen variieren, wobei die Aufgabe objektiv dieselbe bleibt.

a) Wenn wir unsere Aufmerksamkeit auf die einzelnen Schritte der Aufgabe richten, können wir die wahrgenommenen Veränderungen erhöhen. Wir haben das von *Katz* formulierte fundamentale Gesetz schon erwähnt: Je mehr man auf die Zeit achtet, als desto länger wird sie empfunden. Oder auch, „die Aufmerksamkeit auf die Zeit zu richten" ist das gleiche, wie auf die unterschiedlich auftretenden Veränderungen zu achten. Nie empfinden wir eine Minute länger, als wenn wir den Sekundenzeiger einer Uhr beobachten, der die 60 Einteilungen des Zifferblattes durchläuft. Hierfür könnten wir viele Beispiele anführen. In der Mehrzahl der Experimente über die Zeitschätzung stellt man eine Überschätzung der Dauern fest, wenn die Vpn die Instruktion erhalten, ihre Aufmerksamkeit auf den Vorübergang der Zeit zu richten. Meistens achten wir auf die Zeit, wenn wir aufgrund objektiver Umstände verpflichtet sind, die zeitliche Komponente unserer Handlung zu berücksichtigen. So empfinden wir die Zeit des Wartens als um so länger, je stärker wir wünschen, daß diese Zeitspanne des Wartens zu Ende gehen möge. Beispielsweise überschätzen Ratten, die zwischen zwei Armen eines Labyrinthes mit unterschiedlicher Einsperrungszeit wählen müssen, diese Zeit des Wartens um so höher, je stärker ihre Motivation ist (in Abhängigkeit von der Dauer des Nahrungsentzuges) (*Yagi 1962*, s. S. 61). Eine monotone Tätigkeit erscheint uns um so länger, je mehr wir auf das darauf Folgende warten. So fanden *Filer* und *Meals* (1949), daß eine Gruppe von Kindern, die nach der Beendigung einer mühsamen Aufgabe eine Belohnung erwarteten, die Zeit stärker überschätzten als eine Kontrollgruppe, die keine Belohnung erwartete. Wenn die Frustration nicht durch eine zu lange Zeit im Verhältnis zum aktuellen Handlungsinteresse verursacht wird, sondern im Gegenteil dadurch, daß die Zeit zu kurz ist, d. h. daß wir etwas überstürzt tun und in jedem Augenblick aufmerksam sein müssen, dann wird die Dauer, so paradox es sein mag, überschätzt *(Orsini* und *Fraisse 1959)*.

Der gleiche Effekt ist festzustellen, wenn die Aufgabe zu schwierig oder mit ihr eine gewisse Gefahr verbunden ist. Letzteres ist sehr gut in der Untersuchung von *Langer*, *Wapner* und *Werner* (1961) demonstriert worden. Sechzehn Vpn hatten die Aufgabe, eine Dauer unter folgenden experimentellen Bedingungen zu schätzen: Sie wurden auf einen Wagen gesetzt, der sich bei gleichmäßiger Geschwindigkeit auf Schienen fortbewegte, und sollten diesen 5 sec lang vorwärtsfahren (Produktionsmethode). Vor dem Start durften sie die Strecke inspizieren, da während der Fahrt ihre Augen verbunden waren und in der ersten Situation folgende Gefahr auftrat: Der Korridor, in dem das Experiment durchgeführt wurde, endete in einem tiefen Treppenschacht. In der zweiten Situation gab es keine Geahr, denn der Wagen bewegte sich in entgegengesetzter Richtung, weg vom Treppenschacht. Die Fahrt begann 4,5 m vor der Gefahrenstelle mit einer Geschwindigkeit von 3,2 km pro Stunde; die Schätzung betrug 3,37 sec mit auftretender Gefahr und 4,22 sec ohne Gefahr.

Im Gegensatz dazu gilt: Alles was, bedingt durch unsere Aufmerksamkeit, dazu beiträgt, die Anzahl der wahrgenommenen Veränderungen zu verringern, verkürzt auch die merkliche Dauer. Wenn z. B. die Dauer ein und derselben Aufgabe mehrmals hintereinander geschätzt werden soll, zeigt sich, daß die Überschätzung sich allmählich verringert *(Falk* und *Bindra 1954)*. Dies ist ein uns allen bekanntes Phänomen: Wenn wir gewohnt sind, einen Weg entlangzugehen oder eine bestimmte Aufgabe auszuführen, erscheint uns die dafür nötige Zeit weniger lang. Die Erklärung hierfür ist einfach: Neu auftretende Ereignisse erregen unsere Aufmerksamkeit, so daß uns keine Einzelheit entgeht; sobald aber eine Handlung automatisch wird, konzentrieren wir uns mehr auf das Ziel oder wir fliehen in irgendeinen Tagtraum.

Häufig ist übrigens das Achten auf Veränderungen bedingt durch die für die Ausführung einer zu schwierigen Aufgabe nötige Anstrengung. Diese Schwierigkeit ist aber nicht nur durch die Art der Aufgabe bestimmt, wir alle wissen, wie stark sie infolge einer unzureichenden Motivation zunimmt.

b) Umgekehrt: Alles was, bedingt durch unsere Einstellung, dazu beiträgt, die Anzahl der wahrgenommenen Veränderungen zu verringern, verkürzt auch die merkliche Dauer. Ein wesentlicher Faktor für diese Verkürzung ist die organisierende Aktivität des menschlichen Geistes: Anstatt jeden Schritt der Aufgabe einzeln zu betrachten, können wir uns vor allem auf ihr Ziel konzentrieren. Mitunter ist dieses Ziel mit der Aufgabenart gegeben: Eine Multiplikation ist etwas anderes als das Auflisten von Zahlen, doch kann das Ziel auch außerhalb der Aufgabe liegen und somit von der Einstellung des Subjekts direkt abhängen. Diese Einstellung ist wiederum von den damit zusammenhängenden Motivationen abhängig: Wir sind auf ein Ziel gerichtet, wenn wir uns eine gewisse Befriedigung versprechen.

Es scheint also, daß die Motivation bei der Zeitschätzung eine wichtige Rolle spielt. Um ihre Wirkung zu verstehen, muß aber sorgfältig unterschieden werden zwischen der intrinsischen Motivation während der gegenwärtigen Tätigkeit und der Motivation, sich von der gegenwärtigen Tätigkeit loszumachen, um etwas Interessanteres zu tun. Im ersten Fall werden wir von der Gegenwart zeitlich frustriert, wobei die Zeit uns um so länger erscheint, je größer die Frustration ist. Die Frustrationsstärke kann verbunden sein mit dem Wunsch nach etwas anderem und dem Desinteresse für die Gegenwart, wobei wir wieder auf die intrinsische Motivation treffen. Ist sie nicht sehr groß, dann richten wir unsere Aufmerksamkeit auf die verschiedenen Schritte der Tätigkeit; zudem werden wir leicht abgelenkt durch Vorfälle aus der Umgebung oder durch Gedanken, die in uns aufsteigen, oder wir sind noch ganz konzentriert auf die Anstrengung, die wir für die Tätigkeit aufbringen müssen. Bei hoher Motivation sind wir in die Tätigkeit ganz vertieft, wodurch letztere eine Bedeutungseinheit erhält und uns bewußt wird, daß wir den Vorübergang der Zeit gar nicht bemerkt haben. Ein interessanter Vortrag scheint kürzer zu sein als ein Vortrag, der sich in die Länge zieht. Arbeiter wissen genau, daß sie, wenn sie aktiver arbeiten bzw. sich mehr für das interessieren, was sie tun, die Zeit nicht als lang empfinden *(Jahoda 1941)*. Dieser Aspekt wird in den folgenden Experimenten untersucht. Den Personen werden in zwei verschiedenen Situationen gleichartige Puzzlespiele (die einfach aussehen, aber in Wirklichkeit unlösbar sind) vorgegeben. In der ersten Situation wird die Aufgabe als Übung für ein späteres Puzzle dargeboten, in der zweiten muß das Rätsel innerhalb einer bestimmten Zeit gelöst werden. *Rosenzweig* und *Koht* (1933), die Autoren dieses Experimentes, fanden, daß von 89 Personen 51 die Zeit in der ersten Situation als länger einschätzten, d. h. die Aufgabe erweckte weniger Interesse, wenn sie als Einführungstest vorgegeben worden war. Die Ergebnisse wären übrigens beweiskräftiger gewesen, wenn die Autoren versucht hätten, herauszufinden, welches Interesse die Personen wirklich für ihre Aufgaben in den beiden Situationen gehabt haben. Diese Kritik ist insofern zutreffend, als *Meade* (1960 a) mittels der Technik von *Rosenzweig* und *Koth* herausfand, daß die wichtigste Variable in diesem Fall nicht das Motivationsniveau, sondern die Abfolge der Situationen war. Die zweite Situation erscheint bei gleicher Dauer im Durchschnitt immer kürzer als die erste, unabhängig von einem hohen oder niedrigen Motivationsniveau. Bei zwei unterschiedlichen Personen-Gruppen zeigt sich der sogenannte Motivationseffekt überhaupt nicht mehr. Vielleicht hatte die Instruktion des Versuchsleiters aber auch keinen Einfluß auf die entsprechende Ich-Beteiligung der Person. In diesem Fall hat die Aufgabenart eine spezifische Wirkung. Es gibt noch weitere Möglichkeiten, die Motivation zu variieren. Eine von ihnen ist, Erfolg und Mißerfolg von den Personen vorhersehen zu lassen. In einer zweiten Untersuchung fand *Meade* (1960 b), wieder anhand der Technik von *Rosenzweig* und *Koth*, daß die Personen die Dauer der Aufgabe, vorgegeben als Intelligenztest, mit 3 min 4 sec einschätzten, wenn ihnen ein Erfolg vorausgesagt wurde, indem man innerhalb der Dauer von 5 min, die die Aufgabe objektiv angedauert hatte, zehnmal zu ihnen sagte: „gut". Gab man ihnen aber überhaupt keine Erfolgsmeldung, so schätzten sie sie auf 5 min, 5 sec. Diese Erfolgs- und Mißerfolgserwartung hat hingegen eine geringe Auswirkung auf diejenigen Personen, denen die Puzzlespiele als Übung ohne einen besonderen Zweck vorgegeben worden waren.

Dieses Experiment bestätigt die Ergebnisse einer etwas älteren Untersuchung. Man hatte denselben Personen ähnliche Aufgaben gestellt (Erlernen eines geistigen Labyrinths). Der Versuchsleiter variierte die Motivation, indem er Erfolg oder Mißerfolg von den Personen voraussehen ließ. Er wies darauf hin, daß sie den Test in begrenzter Zeit beendet haben müßten und entschied, ohne es ihnen zu sagen, ob der Test zum Erfolg oder Mißerfolg führen sollte. Dies erreichte er, indem er ohne das Wissen der Personen die Wege des Labyrinths modifizierte. In dem Fall, wo die Personen erfolgreich sein sollten, ermutigte er sie im Laufe des Tests, indem er ihr sagte, sie sei auf dem richtigen Weg. Während er die Person in der anderen Situation immer wieder darauf hinwies, daß sie auf dem falschen Weg sei, so daß sie ihren Mißerfolg erwartete. Von 57 Personen haben 52 geschätzt, daß die Aufgabe, in der sie erfolgreich waren, kürzer gewesen sei als die andere (*Harton 1939 b*). Daraus folgerte der Autor unmißverständlich, daß eine höhere Motivation zu einer besseren Organisation bzw. zu einer größeren Einheit der Tätigkeit führe.

Eine hohe Motivation kann unterschiedliche Ursachen haben. Sie kann schon aus einer hinreichend schwierigen Aufgabe entstehen. Uns interessiert nämlich eher eine Tätigkeit, bei der wir gewissermaßen auf einen Widerstand stoßen – ohne allzu schwierig zu sein –, als eine leichte Tätigkeit. *Harton* (1938) zeigte, daß bei einer Erhöhung der Aufgabenschwierigkeit (ohne die auszuführende Tätigkeit grundlegend zu verändern) die schwierigere Aufabe kürzer erschien. Eines seiner Experimente bestand in dem Vergleich von Gewichten. Einmal waren die Differenzen gerade noch wahrnehmbar, die Aufgabe war also schwierig; im anderen Fall waren die Differenzen eindeutig wahrnehmbar. Obwohl die Zeit in beiden Fällen objektiv gleich war, ist sie im ersten Fall als kürzer geschätzt worden.

Für das Verständnis dieses Motivationseinflusses wollen wir zwei bedeutende Ereignisse aus der Geschichte nehmen. Französische Bergleute, die während des großen Unglücks in Courrières in einem Stollen eingeschlossen waren, gelang es erst nach drei Wochen, wieder ans Tageslicht zu kommen. Sie erklärten spontan, daß es ihnen so erschienen war, als seien sie nur vier oder fünf Tage im Stollen eingeschlossen gewesen. Ähnlich erging es drei Brüdern, die 18 Tage lang nach einem Erdbeben in Messina verschüttet waren. Als sie gerettet wurden, meinten sie, das alles habe nur vier oder fünf Tage gedauert (*Ferrari 1909, Peres 1909*).

Jene erheblichen Fehleinschätzungen sind jedoch nur erklärbar, wenn man berücksichtigt, daß diese lebendig begrabenen Menschen u. a. überhaupt keine zeitlichen Anhaltspunkte mehr hatten. Sie haben die Zeit als so kurz eingeschätzt, weil sie vermutlich einer Art Monoidismus erlegen waren: Besessen von der einen Idee, überleben zu wollen, konnten sie an nichts anderes mehr denken als an ihre Rettung. Sicherlich, die Tatsache, daß sie in diesem Warten verharrten, hätte dazu führen müssen, die Zeit als sehr lang zu empfinden. Wahrscheinlich war dies auch der Fall, nur hatten sie überhaupt keine Schätzungsgrundlage mehr für eine so lange Dauer. Die Spannung, der sie ausgesetzt waren, und ihre körperliche Schwäche müssen dazu geführt haben, alle diejenigen physiologischen Veränderungen, auf die sie sich andernfalls hätten beziehen können, zu unterdrücken.

Hiermit ist auch der Fall *Michel Siffre* (1963) vergleichbar, der sich freiwillig in einer Gletscherhöhle einschließen ließ und glaubte, daß der objektive Zeitraum von 58 Tagen nur 33 Tage angedauert habe. Das Fehlen von wahrnehmbaren Veränderungen in der Dunkelheit und die Abwesenheit physikalischer und sozialer Anhaltspunkte trugen zu einer Verkürzung der erlebten Zeit bei. Zu ähnlichen Ergebnissen führten Experimente über die sensorische Deprivation (*Vernon* und *Mc Gill 1963*).

4. Der Einfluß der Aufgabenart

Vom psychologischen Standpunkt aus setzt sich eine Aufgabe zusammen aus einer bestimmten Anzahl einzelner Teile. Bei gleicher Dauer sind diese Teile mehr oder weniger zahlreich. Angenommen, ich müßte 40 Buchstaben abschreiben. Diese Buchstaben können voneinander unabhängig sein, dann muß ich *vierzig* verschiedene Zeichen übertragen. Sie können auch gruppiert sein zu Wörtern und nur noch *zehn* verschiedene Elemente bilden, schließlich können diese Wörter *einen* Satz bilden. Die Gesetze der Gestaltpsychologie lassen sich analog auf sukzessive Veränderungen anwenden. Welche Auswirkung haben diese Organisationen auf die Zeitschätzung?

Diese Frage ist in gewisser Weise mit dem schon erwähnten Problem verbunden: Die Einheit einer Aufgabe kommt nur durch das Subjekt zustande, und je einheitlicher eine Aufgabe ist, desto interessanter scheint sie zu sein. Die Einheit verstärkt die Motivation und läßt somit einen subjektiven Faktor mit einfließen. Diese Interaktion von subjektiven und objektiven Faktoren macht unsere Beweisführung zwar noch schwieriger, erweitert jedoch die Tragweite unserer Resultate. Wie komplex die Interpretation letztlich auch sein mag, eines bleibt konstant: Je größer die Anzahl der bemerkten Veränderungen ist, desto länger erscheint die Zeit.

a) *Der Einfluß der Aufgabeneinheit.* Dieses Problem wird, wie wir meinen, in zwei allgemeinen Studien untersucht. Die erste ist die von *Axel* (1924). Er stellte 68 Studenten mehrere Aufaben: eine leere Dauer schätzen, mit einem Stift auf ein Blatt Papier klopfen, Analogien finden, Zeichen durchstreichen und Zahlenreihen vervollständigen. Die Vpn mußten in Sekunden schätzen, wie lange sie dazu brauchten, wobei die objektiven Dauern dieser unterschiedlichen Aufgaben von 15 bis 30 sec variierten. Die Mittelwerte der Überschätzung (+) und Unterschätzung (-), errechnet nach den Medianwerten für alle Personen und alle Dauern, sind wie folgt:

Leere Zeit	+1,8 sec	Durchstreichen	−5,7 sec
Klopfen	+2,4 sec	Analogien	−7,6 sec
		Zahlenreihen	−9,2 sec

Auch *Gulliksen* (1927) untersuchte diese Frage mit einer hohen Anzahl von Personen (326) und einem noch ausgedehnteren Tätigkeitsbereich. Die Aufgaben hatten insgesamt eine Dauer von 200 sec (zur Vermeidung eines Angleichungseffektes gab es auch Aufgaben mit unterschiedlichen Dauern, was wir hier aber nicht erörtern wollen). Wenn man die Aufgaben nach den abfallenden Werten der mittleren Schätzungen auflistet, ergibt sich folgende Anordnung:

	Durchschnittliche Schätzung (in sec)	Variabilität (δ)
Entspannen und versuchen zu schlafen	241,7	107,8
Die Arme ausgestreckt halten	228,4	96,2
Metronomschläge hören (66 pro min)	223,7	92,4
Metronomschläge hören (184 pro min)	214,1	85,2
Etwas Spitzes auf die Haut drücken	210,2	78,4
Einen Text spiegelverkehrt lesen	181,8	77,6
Ein Diktat aufnehmen	174,6	77,4
Dividieren	168,9	70,2

Eine wichtige Arbeit von *Loehlin* (1959) bestätigt diese Ergebnisse. Er testete eine große Anzahl von Personen, die die Aufgabe hatten, 16 verschiedene Tätigkeiten von jeweils 2 min Dauer zu schätzen. Auch er fand in derselben Reihenfolge eine Hierarchie zwischen den Tätigkeiten.

Zudem fand er hohe Korrelationen zwischen den Schätzungen, so daß er einen allgemeinen Faktor ausmachen konnte. Diese Korrelationen sind mit zwei Arten von individuellen Differenzen erklärbar: (a) dem Interesse der Personen für die vorgegebenen Tätigkeiten. Es zeigt sich nämlich eine Korrelation von $\varrho \doteq .61$ zwischen dem Mittelwert der Schätzungen von langweiligen im Gegensatz zu interessanten Aufgaben, gemessen auf einer 5-Punkte-Skala, und dem Mittelwert der Schätzungen der Dauer; (b) dem relativen Bezugswert verbaler Schätzungen der Personen, wobei die Verwendung von Zeiteinheiten zwischen den Personen stark variiert.

Diese drei Untersuchungen zeigen, daß die Dauer der Aufgaben als kürzer erlebt wird, je weniger zerstückelt die Tätigkeiten bzw. je weniger zahlreich die Veränderungen sind. Diese Folgerung wird besonders evident, wenn man die Bedeutungseinheiten mit berücksichtigt, die den Effekt haben, die merkliche Anzahl der Veränderungen zu reduzieren. Die Arme ausgestreckt halten oder klopfen bedeutet, in jedem Moment dieser Dauer gegenwärtig zu sein. Bei der Aufnahme eines Diktates werden hingegen ganze Sätze oder zumindest Wortgruppen niedergeschrieben. Überdies tritt hier eine Zielgerichtetheit auf, die in der getreuen Wiedergabe eines Textes besteht, und alles übrige weniger wichtig erscheinen läßt. Je einheitlicher also eine Aufgabe ist, desto kürzer erscheint sie, da die partiellen Veränderungen nicht mehr im Mittelpunkt der Aufmerksamkeit stehen. Wie wir gesehen haben, wird die Aufgabe durch deren Bedeutungseinheit interessanter, wobei subjektive und objektive Faktoren einander verstärken.

Eine Arbeit analytischerer Art von *Harton* (1939 a und 1942) bestätigt die Interpretation dieser Untersuchungen. Die Personen sollten zuerst die Dauer einer sehr einheitlichen Aufgabe schätzen (Erlernen eines ziemlich schwierigen geistigen Labyrinths) und dann die Dauer einer unterteilten Aufgabe schätzen (Erlernen *mehrerer* kleiner Labyrinthe derselben Art). Obwohl die Gesamtdauern der Aufgaben objektiv gleich waren, wurde das erste einheitliche Labyrinth auf 305 und das zweite auf 444 sec geschätzt. *Pierre Janet* hat häufig auf den Zusammenhang zwischen dem Verhaltensniveau, der Wirklichkeitsfunktion und der Aufgabeneinheit hingewiesen. Unsere Erklärung der Ergebnisse mit der Aufgabeneinheit entspricht der von *Axel* (1924) und auch der von *Dewolfe* und *Duncan* (1959), die sie in den Begriffen des Verhaltensniveaus zu interpretieren versuchten. Die Untersuchung der beiden letztgenannten Autoren ist besonders anschaulich. Nachdem sie drei Aufgaben ausgewählt hatten, die jeweils einem Verhaltensniveau entsprachen (entspannen, ohne etwas zu tun; das Alphabet in umgekehrter Reihenfolge niederschreiben und Anagramme lösen), sollten die Personen eine dieser Tätigkeiten 26 sec lang als Bezugsaufgabe, dann eine weitere Aufgabe als Vergleich ausführen und dann aufhören, wenn sie meinten, die Vergleichsaufgabe genauso lange ausgeführt zu haben wie die Bezugsaufgabe. Dieser Test berücksichtigt alle Kombinationen von Tätigkeiten, und die Ergebnisse sind, wie aus der folgenden Tabelle zu ersehen ist (Mittelwerte der Logarithmen der Dauern), sehr systematisch.

Bezugsaufgabe	Vergleichsaufgabe		
	Entspannen	Alphabet	Anagramme
Entspannen	1,42	1,54	1,73
Alphabet	1,25	1,43	1,62
Anagramme	1,27	1,41	1,46

Die Zeitschätzung variiert direkt mit dem Aktivitätsniveau der Vergleichsaufgabe und umgekehrt mit dem Niveau der Bezugsaufgabe. Die Ver-
gleichswerte zwischen den identischen Aufgaben (diagonal) sind etwa gleich
hoch und befinden sich nahe dem Bezugswert (log. 26 = 1,415).

Aus den Ergebnissen von *Axel* läßt sich noch eine weitere Information
ableiten. Er hatte die Personen nach den Kriterien befragt, nach denen sie
die Dauern der unterschiedlichen vorgegebenen Situationen beurteilt
haben (sie durften alle möglichen Hilfsmittel für die Schätzung verwenden,
ausgenommen natürlich Uhren):

	Zahlen oder Körper- bewegungen zählen (%)	Quantität der Tätigkeit (%)	Quantität der Tätigkeit und notwendige Energie (%)	Zufalls- schätzungen (%)
Leere Zeit	97,1	0	0	2,9
Klopfen	61,8	33,8	0	4,4
Durchstreichen	11,8	80,9	2,9	4,4
Analogien	0,0	14,7	77,9	7,4
Zahlenreihen	0,0	8,8	80,9	10,3

Man sieht deutlich, daß die Personen nicht die eigenen Mittel für die
Schätzung gewählt haben, vielmehr sind diese durch die Aufgabe bestimmt
worden. Es ist unmöglich, Zahlen oder Atemzüge zu zählen und gleichzeitig
Analogien zu finden oder Zahlenreihen zu vervollständigen. Die Quantität
der Tätigkeit hat bei einer regelmäßigen und homogenen Aufgabe, wie
Klopfen und vor allem Durchstreichen, eine ganz bestimmte Bedeutung,
während sie in einer eher qualitativen Tätigkeit weniger einfach zu bestimmen ist. In diesem Fall beziehen sich die Personen nicht nur auf die
Quantität der Tätigkeit, sondern auch auf die Quantität der für die Ausführung der Tätigkeit aufzuwendenden Energie, auf die notwendige geistige
Anstrengung etc.

Vergleicht man die Verwendung dieser Kriterien mit den schon darge-
stellten numerischen Ergebnissen, dann ist festzustellen, daß die Zeit um so
länger geschätzt wird, je höher die Anzahl der Veränderungen ist, auf die
die Personen ihre Urteile stützen (Zahlen oder Schläge zählen, die Anzahl
der durchgestrichenen Zeichen schätzen). Dagegen erscheint ihnen die Zeit
kürzer, wenn sie sich bei komplexeren Aufgaben nicht mehr auf allgemeine
Angaben stützen können. Zudem steigt in solchen Situationen der Prozent-

satz der Fälle beträchtlich an, in denen sie den Eindruck haben, zufällig zu urteilen bzw. keinerlei Basis mehr für die Schätzung zu haben. Diese Ergebnisse erklären ebenfalls, warum die Zeit immer kürzer erscheint, wenn man sich betätigt, als wenn man nichts tut. Sich nicht betätigen ist aber nicht gleichbedeutend mit geistiger Leere, vielmehr bedeutet es entweder Warten auf die Beendigung dieses Zeitraumes, wobei das Gefühl von Zeit entsteht und die Dauer sich infolgedessen zu verlängern scheint, oder, um diese Dauer auszufüllen, alles beobachten, was geschieht. Jede Art von Tätigkeit impliziert dagegen ein bestimmtes Ziel, selbst wenn zur Erreichung dieses Ziels kleine Teilaufgaben durchgeführt werden müssen.

In diesem Punkt werden die genannten Ergebnisse auch durch *Dobsons* Experiment (1954) bestätigt, der Dauern von 17 sec, 38 sec und 2 min verwandte. Eine Gruppe von 16 Personen, sollte diese Dauern schätzen, wobei sie während dieser Zeit entweder nichts tun durften oder sich betätigen sollten (Purdue Pegboard). Die Schätzungen der Dauer von 2 min betrugen im ersten Fall durchschnittlich 210 sec und im zweiten Fall 173,4 sec. Das gleiche Ergebnis erhielt man mit der Produktionsmethode (angeben, wann ein vorgegebenes Zeitintervall beendet ist). Die Personen erklären nach 81,7 sec, daß die 2 min vorüber seien, wenn sie nichts getan hatten, und nach 107,7 sec, wenn sie tätig gewesen waren.

Die Anzahl der relativen Veränderungen darf nicht quantitativ interpretiert werden. Es gibt keine direkte mathematische Beziehung zwischen der Anzahl der wahrgenommenen Veränderungen und der geschätzten Dauer. Das Problem ist in jeder Hinsicht schwierig: Zwar kann man auf der Stimulusebene physikalisch bestimmen, wie viele Veränderungen es gegeben hat, aber es ist nicht möglich, diese Gegebenheit direkt auf die Wahrnehmung zu übertragen. Das Wahrgenommene bezieht sich nämlich sowohl auf externale wie auch auf biologische Veränderungen.

Wenn die relative Anzahl der Veränderungen unsere Zeitschätzung beeinflußt, dann übrigens nur dahingehend, daß sich ein gewisser *Halo-Effekt* zeigt, der durch alle anderen Schätzungsarten der Dauer wieder ausgeglichen wird.

Dennoch kann der Aspekt der relativen Anzahl wahrgenommener Veränderungen oder der Dichte nicht unabhängig von der Dauer jeder einzelnen Veränderung betrachtet werden. Bei einer bestimmten Dauer sind die Veränderungen um so geringer, je länger jede von ihnen andauert oder je länger das Zeitintervall zwischen ihnen ist. Denn in der Schätzung wird eine Vielzahl von Faktoren berücksichtigt. Wir haben dies in einem Experiment gezeigt *(Fraisse 1961)*, in dem die Personen die Projektionsdauer verschiedener Ansichten von Paris schätzen sollten. Eine einzige Dauer von 64 sec bestand z. B. einmal aus der Projektion von 16 Bildern in einem Intervall von jeweils 4 sec, oder aus 32 Bildern, die jeweils 2 sec andauerten. In den beiden unterschiedlichen Versuchsgruppen waren die Schätzungen in Zeiteinheiten bei ähnlicher Variabilität gleich (84 sec und 79 sec). Das gleiche Ergebnis findet man auch für andere Dauern und andere Veränderungsabfolgen, z. B., wenn die Anzahl der Bilder und die Intervalle zwischen ihnen innerhalb einer bestimmten Dauer variiert werden. In allen Fällen zeigen die Ergebnisse derjenigen Personen, die nicht schon im voraus über die Aufgabenart informiert worden waren, daß sämtliche Faktoren integriert sind. Wir werden später noch sehen (S. 279), wie sich diese Integration im Laufe der Entwicklung konstituiert.

b) *Der Einfluß von passiv erlebten Veränderungen.* Kehren wir die bereits analysierte Situation einmal um: Wenn die erlebten Veränderungen kaum vereinheitlicht werden können, erscheint uns die Zeit immer lang. Dies ist jedesmal der Fall, wenn wir Veränderungen passiv erleben, anstatt sie zu schaffen. Das beste Beispiel hierfür ist die Wahrnehmung. Wir bemerken Veränderungen, ohne sie in große Einheiten zusammenzufassen, da wir nicht in jedem Augenblick die auftretenden Stimuli langfristig voraussehen können. Es scheint sich uns eine Vielzahl von Veränderungen aufzudrängen. So erscheint uns das Hören eines Textes länger, als wenn wir ihn abschreiben (*Swift* und *McGeoch 1925*). Hören oder lesen erscheint länger als die Aufnahme eines Diktats, bei objektiv gleichbleibender Dauer versteht sich (*Yerkes* und *Urban 1906*, *Spencer 1921*).

Die Reihe solcher Beispiele kann noch verlängert werden. *Myers* (1916) bat einige Zuschauer eines Basketballspiels, die Zeit zu schätzen, die sich vom Beginn des Matches bis zu einem entscheidenden Ereignis erstreckte, eine Zeitspanne von objektiv 6 min, 15 sec Dauer. 80% der Zuschauer überschätzten diese Dauer, wobei der Mittelwert einer Gruppe von 68 Männern 10 min, 7 sec und der einer Gruppe von 32 Frauen 15 min, 54 sec betrug. Diese Überschätzungen sind sehr hoch. *Musatti* (1931) produzierte einen Filmstreifen, der 40 sec andauerte. Eine Gruppe von 36 Personen schätzte diese Dauer auf 2 min, 9 sec. Während unserer Untersuchungen über das Erinnern von Filminhalten (*Fraisse* und *Montmollin 1952*) haben wir 115 unserer Personen befragt, wie lange sie die Dauer der von uns vorgeführten Filmsequenzen schätzten, ohne daß sie über diese Aufgabe informiert worden waren, die in der Untersuchung ohnehin von sekundärer Bedeutung war. Die eine Sequenz bestand aus einer kurzen dramatischen Erzählung und dauerte 2 min, 47 sec; die durchschnittliche Schätzung betrug 5 min, 54 sec. Die andere war eine Nachrichtensequenz mit der Dauer von 3 min, 14 sec, und wurde von den Personen auf durchschnittlich 6 min, 59 sec geschätzt. In allen Fällen waren die Schätzungen mehr als doppelt so hoch wie die objektive Dauer, d. h. weit über dem üblichen systematischen Fehler.

Alle diese Experimente sind an Zuschauern durchgeführt worden und insofern interessanter, da die Motivationsstärke bei ihnen einen umgekehrten Effekt im Gegensatz zu denjenigen ausgelöst hat, die selber etwas tun sollten. Für einen Beobachter nämlich erzeugt ein Interesse, obgleich es sehr real ist, noch nicht die Einheit der Tätigkeit. Der Wahrnehmungsakt wird durch sich selbst beendet und nicht durch ein zu erreichendes Ziel oder durch eine zu erbringende Leistung. Leider konnte *Myers'* Experiment nicht auch noch mit Basketballspielern durchgeführt werden. Es ist aber anzunehmen, daß ihre Schätzungen desselben Zeitraumes in umgekehrter Richtung variiert hätten wie die der Zuschauer.

Vergleichbar wäre dieses mit Situationen, in denen in uns ein geistiger „Film" abläuft, der sich uns infolge einer nicht mehr ganz zu kontrollierenden Imagination aufdrängt. Dies ist in Träumen und unter dem Einfluß von Haschisch und Meskalin der Fall. In solchen Situationen scheint die Zeit immer sehr lang zu sein, weil viele verschiedene und miteinander verbundene Bilder derart penetrant aufeinanderfolgen, daß wir uns weder von ihnen lösen noch auf andere Kriterien für die Schätzung der Dauer Bezug nehmen können.

Die ersten Beobachtungen dieser Art machte *Moreau de Tours* (1845). Er stellte unter dem Einfluß von Haschisch fest, daß der Kopf einem Vulkan vergleichbar sei, Empfindungen und Gefühle in rasender Geschwindigkeit aufeinander folgen und der Ideenfluß unerschöpflich ist. Er beobachtete auch, daß die Zeit sich unerträglich in die Länge zieht: Minuten werden zu Stunden und die Stunden zu Tagen (S. 685). Diese Beobachtungen bestätigten u. a. auch Autoren, die sich speziell mit jenem Aspekt der Zeitschätzung beschäftigt haben *(Pick 1919, Bromberg 1934). Favilli (1937)* hat dem noch ergänzende Details hinzugefügt. Er fand, daß die Personen während des Rauchzustandes infolge von Meskalin zwar den Eindruck hatten, die Dauer ihres Rausches sei sehr lang gewesen, doch haben sie diese Dauer, wenn sie eine präzise Schätzung vornehmen sollten, erheblich unterschätzt. Obgleich die Personen dieses Experiments sich nicht in einem akuten Rausch befanden, konnten sie dennoch keine Anhaltspunkte für ihre Schätzungen finden, und da sie den erlebten Veränderungen nicht trauten, weil sie wußten, daß diese nur imaginiert waren, hatten sie schließlich überhaupt keine Basis mehr für die Schätzung einer Dauer, die ihnen ohne Tiefendimension erschienen war.

Ähnliche Wirkungen wie der bekannte Einfluß von Haschisch und Mes-

kalin werden durch eine Reihe von Produkten erzeugt, die eine pharmakodynamische Wirkung auf die Zeitschätzung haben. Unser Wissen ist auf
diesem Gebiet zwar noch sehr begrenzt, da die Ergebnisse zwischen den
Autoren teilweise erheblich differieren. Dies ist jedoch nicht erstaunlich,
denn ethische Erwägungen und die Tatsache, in derartigen Experimenten
auf die Mitarbeit von Menschen angewiesen zu sein, verpflichten zur
Verwendung äußerst geringer Mengen von Drogen. Zudem erzeugen dieselben Produkte nicht unbedingt bei allen Menschentypen dieselbe Wirkung.

Insgesamt kann man jedoch sagen, daß alle Produkte, die die vitalen
Funktionen beschleunigen, eine Überschätzung der Zeit verursachen, und
diejenigen, die sie verlangsamen, eine entgegengesetzte Wirkung haben.

Thyroxin *(Sterzinger 1935, 1938)*, Coffein *(Frankenhaeuser 1959)* und
Metamphetamin *(Frankenhaeuser 1959)* lösen eine Überschätzung der Zeit
aus, während Pentobarbital *(Frankenhaeuser 1959)* und Stickstoffoxyd
(Steinberg 1955, Frankenhaeuser 1959) zu einer Unterschätzung führen.
Letzteren Effekt findet man auch bei Personen, die sich in einer sauerstoff-
armen Atmosphäre aufhalten (*Barach* und *Kagan 1940*) sowie bei denjenigen, die einer Zentrifugalkraft ausgesetzt sind, was eine zerebrale Hyper-
tension zur Folge hat *(Frankenhaeuser 1960)*.

Es ist sehr wahrscheinlich, daß Stimulantien eine größere geistige Aktivität auslösen, während Sedativa sie reduzieren.

Die Erklärung für die pharmakodynamischen Auswirkungen auf die Zeitschätzung mit
deren Einfluß auf die Aktivität der Imagination ist sicherlich nicht hinreichend. Wir haben
nämlich gesehen (S. 40), daß dieselben Drogen auch auf das Tier bei Konditionierungen
auf die Zeit eine Wirkung haben. Es ist also sehr wahrscheinlich, daß beim Menschen die
pharmakodynamischen Auswirkungen auf die Zeitschätzung auf mehreren Ebenen stattfinden. Überdies wollen wir darauf hinweisen, daß auch LSD 25 eine Überschätzung der
Dauer, sowie die einiger anderer Wahrnehmungen erzeugt (*Benda* und *Orsini 1959*).

Jeder kennt die zeitlichen Illusionen im Traum. Ein Traum, der nur einige
Sekunden oder Minuten lang gedauert haben kann, erscheint uns so lang,
weil er zahlreiche Ereignisse enthält. Besondere Fälle haben gezeigt, daß
dieser Eindruck in überhaupt keinem Verhältnis steht zu der wirklichen
Dauer der Bilder. Wir wollen den Traum von *Maury* einmal betrachten. Die
Lektüre eines Buches hinterließ in ihm einen tiefen Eindruck, so daß er
träumte, er sei im Reich des Schreckens zum Tode verurteilt worden und
sieche mehrere Monate in einem Gefängnis dahin, um schließlich gouilloti-
niert zu werden. Er fährt aus dem Schlaf auf und stellt fest, daß ihm das
Querholz seines Bettes auf den Hals gefallen war. Das Fallen des Holzes war
die initiale Empfindung, die er gemäß dem Inhalt seiner Lektüre am
Vorabend interpretierte. Der Traum dauerte nur einige Augenblicke an,

obwohl er einer langen erlebten Periode entspricht *(Maury 1861)*. Dieser Fall ist nicht einzigartig. *Tobolowska* (1900) führte ähnliche Beispiele an und verglich sie mit den Berichten von Ertrunkenen, die wiederbelebt werden konnten. In den wenigen Augenblicken ihrer Bewußtlosigkeit war es ihnen vorgekommen, als hätten sie lange Perioden ihres Lebens noch einmal erlebt, und nachdem sie gerettet worden waren, empfanden sie das Ertrinken selbst viel länger, als es in Wirklichkeit gewesen war.

Wir alle haben schon die Erfahrung gemacht, daß uns Träume, nachdem wir gerade eingeschlafen waren, so erschienen, als hätten sie sehr lange angedauert. Dieses Phänomen ist experimentell untersucht worden. Den Personen wurde bromhaltiges Acetylcholin injiziert, so daß sie das Bewußtsein für 4 bis 12 sec verloren. Beim Erwachen erklären sie, komplizierte Träume gehabt zu haben, deren Dauer sie als erheblich länger einschätzten als die Zeit ihrer Bewußtlosigkeit *(Le Grand 1949)*.

Es ist ganz natürlich, daß der Intellekt dem Traum im Verhältnis zu den sich darin entwickelnden Bildern eine Dauer verleiht *(Foucault 1906)*. Wie ist es aber zu erklären, daß sich innerhalb sehr kurzer Zeit eine so große Menge von Bildern manifestieren kann? Das Phänomen hat nichts Außergewöhnliches. Selbst im Wachzustand kommt es vor, daß wir uns in einem einzigen Augenblick mehrere unterschiedliche Konsequenzen einer Handlung, die wir ausführen wollen, vorstellen. Einige Bilder, die einen gewissen Symbolcharakter besitzen, evozieren somit eine lange Reihe von Handlungen, die selbst schon ziemlich lang sind, so wie nur wenige Bilder eines Comic strip ausreichen, um gleichsam ein ganzes Abenteuer darzustellen. Nehmen wir das Beispiel eines von *Sturt* (1925, 111) beschriebenen Traumes: „Als ich Assistent war in einem Labor für Physiologie, hatte ich morgens große Mühe aufzustehen. Eines Tages kam mein Vater mit einer Klingel herein und läutete zweimal, um mich zu weken. Ich habe dann geträumt, daß alles bereit stand für meine Demonstration, und ich läutete, damit man mir den toten Körper bringe. Dann hielt ich meinen Vortrag, sezierte einen Arm und läutete, damit man den Körper wieder hinaustrage." Der Traum hat zwischen zwei Klingelgeräuschen stattgefunden. Er scheint eine Periode von etwa einer Stunde zu beschreiben, doch wenn man ihn genauer untersucht, kann er nur aus 2 oder 3 Bildern bestanden haben. *Sturt* merkte an, daß der Verlauf eigentlich inhaltslos war. Die einfache Aneinanderreihung der Bilder gab den Inhalt aufgrund einer geistigen Konstruktion beim Erwachen vor.

Wie dem auch sei, wichtig ist die Diskrepanz, die wir einerseits zwischen der erfahrenen Dauer der Ereignisse des Traumes – eine Dauer, die zu dem Reichtum der Bilder und deren zeitlicher Bedeutung im Verhältnis steht –

und der wirklichen Dauer dieses Traumes andererseits empfinden. Untersuchungen über die Schätzung der Zeit in der Hypnose bestätigen diese Thesen.

Wenn den Personen, die sich in einem hypnotischen Schlaf befinden, lediglich suggeriert wird, nach einer bestimmten Zeit zu erwachen, dann führen sie dies mit weit größerer Genauigkeit aus als wir die Zeit im Wachzustand schätzen *(Ehrenwald 1931, Loomis 1951)*. Dies erinnert uns an die Genauigkeit unserer physiologischen Uhr. Doch wenn man der Person suggeriert, einen halbstündigen Spaziergang zu machen, und sie nach 10 sec weckt, berichtet sie von einem langen Spaziergang und schätzt diese Dauer auf etwa eine halbe Stunde. Sagt man ihr einfach, sie solle etwas ohne Zeitbeschränkung tun, so entspricht die Schätzung nach dem Erwachen fast genau der Dauer, die für die Ausführung dieser Tätigkeit in Wirklichkeit notwendig gewesen wäre (*Cooper* und *Erickson 1954*). Hier ist also wieder zu sehen, daß die Zeitschätzung im Wachzustand nur der Anzahl der von der Person erlebten Veränderungen entspricht.

Fassen wir zusammen. Wenn wir eine Dauer schätzen sollen, können uns dafür folgende Informationen zur Verfügung stehen:

(a) Quantitative Anhaltspunkte, nach denen wir eine Art Berechnung der Dauer vornehmen können. Insbesondere dient die ausgeführte Tätigkeit, sofern sie genau oder in etwa quantifizierbar ist, als Basis für die Messung der Dauer. Diese bleibt sehr ungenau, solange man nicht auf Mittel zurückgreift, die sowohl die Dauer der gesamten Veränderung als auch die Anzahl der Veränderungen messen. Jene Anhaltspunkte ermöglichen es dennoch, die Dauer von zwei gleich schnellen Veränderungen genau zu vergleichen. Da die so erhaltenen Schätzungen einen objektiven Charakter erhalten, werden sie häufig denjenigen gegenübergestellt, die aufgrund der aktuellen Erfahrung oder Erinnerung entstanden sind.

(b) Gefühle von der Länge der Zeit, die während der Dauer selbst aus einem Vergleich zwischen der empfundenen und der gewünschten Dauer entstehen können. Zudem haben sie den Effekt, unsere Aufmerksamkeit auf jeden Moment der Veränderung zu lenken, so daß die merkliche Anzahl dieser Veränderungen sich um ein Vielfaches erhöht.

(c) Die Dichte der Veränderungen, die als solche im Laufe der Tätigkeit wahrgenommen worden ist.

Diese Variable kann man nicht einfach auf den Einfluß zurückführen, den die Anzahl der Veränderungen auf die Wahrnehmung der Dauer hat. Wir haben das Problem im Kapitel über die Zeitwahrnehmung untersucht (S. 133). Die Stimuli, die die Häufigkeit bestimmen, werden nicht als mehr oder weniger unabhängige Ereignisse wahrgenommen, sondern als ein Stimulus besonderer Art, der gerade durch die Häufigkeit des Auftretens charakterisiert ist. Erinnern wir uns nur an den klassischen Fall: Man nahm an, daß, je größer die Häufigkeit ist, die Zeit um so höher überschätzt würde. Wir haben aber gezeigt, daß es ein Optimum gibt, und darauf hingewiesen, daß die jeweiligen Einstellungen der Personen das Problem erheblich erschweren.

Diese Dichte variiert stark mit der jeweiligen Einstellung des Individuums und mit der Aufgabenart. Je geringer die Anzahl der Veränderungen ist, desto kürzer erscheint die Dauer. Alles, was dazu beiträgt, die einzelnen Handlungsmomente zu einer Einheit in Form eines Zieles zu organisieren, wie Struktur, Bedeutung, Motivation, hat den Effekt, die merkliche Dauer zu reduzieren.

Piaget unterscheidet zwei Arten, die Dauer zu schätzen: die verrichtete Arbeit und die Tätigkeit. Ist das, was er Tätigkeit nennt, gleichbedeutend mit der Anzahl wahrgenommener Veränderungen? Nach *Piaget* ist die Tätigkeit ein psychologischer Aspekt der physikalischen „Leistung", d. h. der Kraft multipliziert mit der Geschwindigkeit (1946 b, 50, 285). Er nimmt in seiner Definition explizit die Geschwindigkeit der Veränderungen mit auf. Wir meinen, daß die Geschwindigkeit der Veränderungen nur als wesentlicher Faktor auftritt, wenn sie *wahrgenommen* wird. Denn wir nehmen die Geschwindigkeit der Veränderungen nur wahr, sofern diese schnell aufeinanderfolgen: Die Schläge eines Metronoms sind dafür ein gutes Beispiel. Die meisten von uns wahrgenommenen Veränderungen folgen zu langsam aufeinander, um den Eindruck von Geschwindigkeit zu haben. Wir sprechen zwar häufig in Geschwindigkeitsbegriffen („Wie schnell sind diese zwei Stunden vergangen"), aber nur mit Bezug auf die als Zeit gemessenen periodischen Bewegungen. Ebenso häufig sagen wir: „Wie kurz diese zwei Stunden doch waren." Diese Diskussionen werden wir später noch fortführen (S. 242 und Kap. VIII, S. 273). Hier wollen wir nur unterstreichen, daß für *Piaget* der wesentliche Faktor die Beziehung ist zwischen der verrichteten Arbeit und der Geschwindigkeit, mit der sie ausgeführt wird: für uns ist es die Dichte der wahrgenommenen Veränderungen.

Diese Informationsarten entsprechen unterschiedlichen Prozessen. Nicht immer sind sie gleichzeitig präsent. Bei einer nicht-quantifizierbaren Tätigkeit ist eine Messung nicht möglich. Oftmals entsteht aus der Handlung nicht einmal ein Zeitgefühl, während die Anzahl der Veränderungen immer präsent ist und eine sehr „prägnante" Beurteilung der Dauer vermittelt, die selbst objektiven und wohlbegründeten Richtigstellungen widersteht.

Wenn mehrere dieser Informationen verfügbar sind, lassen wir manchmal einige von ihnen systematisch außer acht, was ein Charakterzug sein kann. Einige Menschen suchen immer nach möglichst objektiven Anhaltspunkten, während andere sich eher auf ihr „Gefühl" verlassen. Abgesehen von den spontanen Einstellungen kommt es vor, daß wir uns je nach der Situation mehr für den einen oder für den anderen Aspekt der Veränderungen interessieren. Sofern wir das Bedürfnis nach genauer Information haben, bemühen wir uns, die Dauer präzise zu messen, während wir uns mehr auf unseren Eindruck verlassen, wenn wir keinem Zeitdruck unterliegen. Diese Informationen schließen sich jedoch nicht gegenseitig aus. Sie können einander beeinflussen und verstärken oder aber diskordant sein. Für letzteres sind wir am empfindlichsten. Der Kontrast ist bisweilen frappant, wenn wir die auf den quantifizierbaren Informationen basierende Schätzung mit der erlebten Vielfalt der Veränderungen vergleichen oder mit dem spontanen Gefühl, das wir von der Länge der Zeit haben. Mitunter sind wir überrascht, daß uns die Dauer gar nicht bewußt geworden ist, so daß z. B. die Vielfalt der Veränderungen zu dem Urteil führt, daß die Dauer beträchtlich gewesen sein muß. Ein mit verschiedenen interessanten Aktivitäten ausgestatteter Tag wird uns recht ausgefüllt erscheinen und gleichwohl das Gefühl hinterlassen, als sei er wie im Fluge vergangen.

Dieses Phänomen hat *Diderot* sehr schön formuliert: „Laßt uns also arbeiten; Arbeit hat unter anderem den Vorteil, die Tage zu verkürzen und das Leben zu verlängern." (Zit. von *Poulet 1950, 201*).

Diese Diskordanz zwischen unseren Informationen ist auf die retrospektive Schätzung der Dauer zurückzuführen. Für die drei Prozesse entstehen nämlich unterschiedliche mnestische Spuren. Obwohl wir uns der Quantität der Arbeit unmittelbar nach der Tätigkeit durchaus bewußt sind, hinterläßt sie später nur eine vage Erinnerung; wogegen die Anzahl der merklichen Veränderungen wesentlich länger präsent bleiben kann, weil jede einzelne von ihnen während der Tätigkeit als solche erlebt worden ist. Was die Zeitgefühle betrifft, so unterliegen sie dem gleichen Schicksal wie alle unsere Gefühle. Wir können sie im Gedächtnis bewahren bzw. wissen, daß wir sie einmal erlebt haben, aber die Erinnerung daran hat keine affektive Realität mehr, solange wir sie nicht noch einmal erleben. Wenn ich mich nach einigen Jahren an meine Ferienreise erinnere, so scheint es mir, als habe sie sich in der Zeit weit ausgedehnt, obwohl ich sie damals so interessant fand, daß die Zeit mir zu kurz erschienen war. Dagegen kommen mir die Jahre meiner Kriegsgefangenschaft retrospektiv ohne zeitliche Konsistenz vor, da ich nur wenige herausragende Erinnerungen aus einer Zeit habe, in der alle Tage in grauer Monotonie verliefen; doch während ich auf die Befreiung wartete, war mir jeder Tag lang erschienen. Wir wollen noch anmerken, daß die wirkliche Dauer jener Reise und jener Gefangenschaft bekannt gewesen war, obgleich dieses Wissen die intuitive Schätzung nicht direkt beeinflußt, es sei denn, um den Kontrast noch zu verstärken. Dieser Kontrast unterstreicht gleichsam die intuitive Basis jener direkten Schätzungen, die in ihrer Unmittelbarkeit auf erlebte, und später dann auf wiedererinnerte Veränderungen gegründet sind.

Frankenhaeuser (1959) schlug eine Methode vor für den Vergleich der gegenwärtigen und der vergangenen Zeit. Die *gegenwärtige Zeit* wird mit der Geschwindigkeit gemessen, mit der die Person Zahlen, die in ungeordneter Reihenfolge von 1 bis 9 dargeboten werden, bei einer subjektiven Häufigkeit von 1 Zahl pro sec liest. Nach dieser Aufgabe soll die Person die während des Lesens *vergangene Zeit* in Sekunden schätzen.

Die gegenwärtige Zeit wird mit der Anzahl der in einer bestimmten Dauer gelesenen Zahlen gemessen, die vergangene Zeit mit der Schätzung dieser Dauer und die zurückbehaltene Zeit mit dem Quotienten aus der vergangenen und der gegenwärtigen Zeit (P. P. T. score). Dieser Quotient ist in der Praxis immer niedriger als 1, was bedeutet, daß die Anzahl der verstrichenen Sekunden im Vergleich zu der Anzahl der gezählten Sekunden unterschätzt wird.

Mißt diese Methode wirklich das Verhältnis zwischen gegenwärtiger und vergangener Zeit, oder operationaler ausgedrückt, das Verhältnis zwischen der Häufigkeit einer Aktivität (Zahlen lesen) und der Schätzung einer Dauer? Darüber ließe sich streiten. Geeignet ist die Methode jedoch für die Untersuchung der Wirkung von Drogen, externalen Bedingungen der Aufgabe etc.

III. Die Zeitschätzung in Abhängigkeit von Alter und Geschlecht

Da die Schätzung der Dauer aus der Integration komplexer Erfahrungen resultiert, hängt sie natürlich auch von allem ab, was die Persönlichkeit des Individuums ausmacht. Die alltägliche Beobachtung zeigt uns, daß die Menschen die erlebte Dauer auf sehr unterschiedliche Art und Weise schätzen. Die Ergebnisse aller von uns analysierten Experimente zeigen nur die Zentraltendenz der im übrigen stark variierenden Messungen an. Leider läßt es der derzeitige Stand der Persönlichkeitsforschung nicht zu, eine differentielle Psychologie des gesamten zeitlich organisierten Verhaltens und insbesondere der Schätzung der Dauer aufzustellen.

Nur wenige Fakten sind wegweisend für eine Vergleichsstudie. Betrachten wir allein die Zeitgefühle, dann stellen wir zwar fest, daß ihre Entstehung von Situationen abhängt, von denen die meisten unvermeidbar sind, wie das Warten oder die Kontinuitätsanstrengung, doch die Wahrscheinlichkeit ihres Auftretens ist nicht unabhängig von der Persönlichkeit jedes einzelnen. Beispielsweise ist es für Individuen, von denen man sagt, sie seien ausgeglichen, und ihre Motivationen seien den Situationen, in denen sie sich befinden, vollkommen angepaßt, weniger wahrscheinlich, Nicht-Befriedigung zu erleiden, als für andere, da sie nicht so häufig ihrer gegenwärtigen Situation zu entfliehen versuchen und somit weniger Gelegenheit haben, die Zeit als lang zu empfinden. Die Intensität eben dieser Zeitgefühle ist, wie wir schon gezeigt haben, abhängig von der Frustrationstoleranz, oder besser, von der emotionalen Stabilität des Individuums.

238 Siebentes Kapitel: Die Schätzung der Zeit

Variiert die Schätzung der Dauer wirklich mit dem Charakter oder der Persönlichkeit? Für die Beantwortung dieser Frage haben wir nur wenige ernstzunehmende Fakten. Jaensch und seine Schüler haben dieses Problem im Laufe ihrer Typologie-Studie zu lösen versucht. Sie fanden, daß der nach außen integrierte Typus, d. h. derjenige, der die Tendenz hat, das Wahrgenommene auf eine persönliche Art zu interpretieren, vor allem, wenn er die Dauer schätzen soll, empfänglich ist für deren Inhalt: Er dissoziiert die objektive Dauer also kaum von seinem Eindruck. Im Gegensatz dazu versucht der desintegrierte Typus, der seine Wahrnehmungen analysiert, ohne sich selbst in ihnen widerzuspiegeln, die objektive Dauer zu schätzen: Er ist also genauer. Schließlich hat der nach innen integrierte Typus, der Introvertierte, der vollkommen auf sich selbst konzentriert ist, eher die Tendenz, die Dauer zu unterschätzen (*Jaensch* und *Kretz 1932, Schneevoigt 1934*). Diese Beobachtungen sind zwar plausibel, doch entbehren *Jaenschs* Klassifikationen objektiver Kriterien, so daß es unmöglich ist, sie als Ausgangspunkt für eine grundlegende Studie zu nehmen. Unter diesen Voraussetzungen müssen wir uns auf die Untersuchung beschränken, wie die Zeitschätzung in Abhängigkeit von großen Differenzen, bedingt durch Lebensalter und Geschlecht, variiert.

1. Der Einfluß des Alters auf die Schätzung der Dauer

Um die allgemeinen Gesetze, die Gegenstand dieses Kapitels sind, ausmachen zu können, haben wir für die Beobachtungen und Experimente bisher erwachsene Personen herangezogen. Es ist aber interessant, einerseits die Schätzung der Dauer im Laufe der Entwicklung des Kindes zu verfolgen und andererseits die Modifikationen, die das Alter mit sich bringt.

A. Die Zeitschätzung von Kindern

Während der Analyse des allgemeinen Problems der Zeitschätzung haben wir darauf hingewiesen, daß die Ergebnisse immer unter Berücksichtigung der jeweils verwandten Methoden zu interpretieren sind (S. 211). Dies trifft insbesondere in der Entwicklungspsychologie zu, weil dort in jeder Schätzungsmethode die ungleich entwickelten „Maßstäbe" des Kindes berücksichtigt werden müssen.

So wird leicht verständlich, daß das Kleinkind unfähig ist, eine Schätzung der Dauer in Zeiteinheiten vorzunehmen. Selbst wenn ein Kind die Uhr lesen kann, hat es überhaupt keine Vorstellung davon, was eine Minute oder eine Stunde darstellt. Erst nach langer Erfahrung kann das Kind diese Einheiten annäherungsweise richtig anwenden. Mit 8 Jahren ist dies noch unmöglich. Vom 8. Lebensjahr an kann das Kind jedoch schon eine Dauer von 1 sec schätzen, wobei es die Veranschaulichung einer solchen Dauer zu Hilfe nimmt. Dies betrifft dann aber die wahrgenommene Zeit (*Smythe* und *Goldstone 1957*). Mit 10 Jahren geben etwa $^2/_3$ der befragten Kinder eine Antwort, aber ihre Schätzungen von beispielsweise 20 sec erstrecken sich noch zwischen 30 sec und 5 min *(Fraisse 1948 a)*. Die Genauigkeit ihrer Schätzungen entwickelt sich langsam, und der Lernprozeß dauert mindestens bis zum 16. Lebensjahr an *(Elkine 1928)*.

Abgesehen von dieser entwickelten Fähigkeit, kann jedoch mittels der allgemeinen Reproduktionsmethode gezeigt werden, daß Kinder schon sehr früh fähig sind zur Schätzung der Dauer *(Fraisse 1948 a)*. Gewiß, bei Kleinkindern variieren die Ergebnisse beträchtlich. Im Alter von 6 Jahren erstrecken sich die Reproduktionswerte einer Dauer von 20 sec zwischen 1 und 60 sec, was einer relativen Variabilität von 90% entspricht, im Vergleich zu etwa 30% bei Erwachsenen. Doch eine sehr bemerkenswerte Tatsache ist, daß Kinder in diesem Alter sehr empfänglich sind für den Inhalt der Dauer: gefüllte Dauern (in unserem Experiment bestehen sie aus einem Ton) werden überschätzt, während leere Dauern (das Intervall zwischen den Tönen) beträchtlich unterschätzt werden. Die Tatsache, daß etwas Konkretes geschieht, scheint von primärer Bedeutung zu sein,; denn ein Kind kann seine Aufmerksamkeit nicht lange nur auf seine inneren Eindrücke fixieren.

Vom 8. Lebensjahr an werden die Schätzungen sehr viel genauer und variieren nicht mehr so stark, doch der Lernprozeß hält noch an. Wir haben z. B. eine Gruppe von Kindern gebeten, eine Dauer von 30 sec zu reproduzieren, wobei sie in dem Moment auf einen Knopf drücken sollten, wo sie meinten, daß die gleiche Dauer vergangen sei wie der Bezugswert. Wir haben entschieden, alles als *richtige* Antwort zu zählen, was in einem Intervall von ± 5 sec produziert worden ist. Ein Signal kündigte den Kindern an, ob ihre Antwort richtig, verfrüht oder verspätet war. Von 20 Kindern war jede Altersgruppe repräsentiert, und jedes Kind hat 10 Antworten gegeben (in %):

Alter	richtig	zu lange	zu kurz
6 Jahre	36	43	20
8 Jahre	45	27	28
10 Jahre	53	16	30

Diese Angaben bestätigen unsere vorausgegangene Beobachtung, daß insbesondere gefüllte Dauern von Kleinkindern überschätzt werden. Vor allem zeigen sie den langsamen Fortschritt der Schätzung von Kindern an (*Fraisse* und *Orsini 1958*).

Gilliland und *Humphreys* (1943) zufolge machen Kinder mit 11 Jahren noch Schätzungsfehler, die nahezu doppelt so hoch sind wie die von Erwachsenen. Um dieses Ergebnis auch interpretieren zu können, muß berücksichtigt werden, daß die Autoren alle drei Methoden, Schätzung, Produktion und Reproduktion, kombiniert haben. Nach *Jampolskys* Ergebnissen (1951) würde sich der Entwicklungsprozeß der durch die alleinige Verwendung der Reproduktionsmethode erhaltenen Schätzung bis zum 14. Lebensjahr verlängern. Es ist richtig, daß es sich bei dieser Methode um keine einfache Zeitschätzung handelt, denn nach mehrmaligem regelmäßigem Klopfen der Personen in einem Intervall von 5 sec, hatten sie die Aufgabe, dieses in derselben Geschwindigkeit fortzuführen. Nachdem die Personen in zwei Gruppen aufgeteilt worden waren, in eine schnellere und eine langsamere (letztere repräsentiert für jede Altersgruppe nicht mehr als 20% der Personen), stellte man fest, daß sich die Mittelwerte der beiden Gruppen mit zunehmendem Alter annäherten, was zeigt, daß die Schätzungen insgesamt allmählich genauer wurden.

Doch selbst bei Erwachsenen bleiben die beiden Tendenzen bestehen. *Llewellyn-Thomas* (1959) verwandte eine ähnliche Methode wie die von *Jampolsky* (der vor jeder Reproduktion vorgegebene Bezugswert ist gleich der vorausgegangenen Reproduktion): 72% der Personen haben die Tendenz zu kürzeren Reproduktionen, 15% zu längeren Reproduktionen, und 13% zeigten überhaupt keine Tendenz.

	8–9 Jahre	10 Jahre	12 Jahre	14 Jahre	Studenten
Mittelwert der zu schnellen Gruppe	2,82 sec	3,25 sec	3,05 sec	4,02 sec	4,21 sec
Mittelwert der zu langsamen Gruppe	8,50 sec	7,61 sec	6,55 sec	5,54 sec	5,75 sec

Das Kind lernt erst sehr spät, die Dauer mit derselben Genauigkeit zu schätzen wie der Erwachsene. Worauf ist dieser langsame Fortschritt zurückzuführen? Entweder auf die Entwicklung von neuen Fähigkeiten oder einfach auf eine, im Laufe der Entwicklung sich allmählich festigende Übung. Die von *Orsini* durchgeführte Untersuchung (die Ergebnisse sind unveröffent) könnte diese Frage damit beantworten, daß dem Kind im wesentlichen die Übung fehlt. Mit derselben Technik wie in dem o. g. Experiment von *Fraisse* und *Orsini* wurden Kinder im Alter von 7 Jahren trainiert, Dauern von 30 sec zu schätzen, wobei ihnen jedesmal ihre Ergebnisse bekanntgegeben wurden (richtig bis ± 5 sec, zu lange, zu kurz). Das Training erstreckte sich über drei Wochen, und die Ergebnisse zeigen einen beträchtlichen und stabilen Fortschritt, wie es sich in der Kontrolluntersuchung drei Monate später erwies. (Die Tatsache, daß die Kinder mit dieser nachträglichen Überprüfung nicht gerechnet haben, ist berücksichtigt worden.)

	Kinder			Erwachsene
	Vor dem Training	Nach dem Training	Nach drei Monaten	Vor dem Training
Richtig	9,6%	45,5%	40,9%	36%
Zu lange	78,0%	23,6%	29,1%	29%
Zu kurz	12,4%	30,9%	30,0%	35%

Das zentrale Problem in der Entwicklungspsychologie ist jedoch nicht das der Genauigkeit, sondern zu wissen, wann das Kind dieselben Informationen für die Zeitschätzung verwendet wie der Erwachsene.

Während der Untersuchung der Zeitgefühle schien es uns, als stelle sich dem Kind die Dauer genau in dem Abstand dar zwischen dem Moment eines aufkommenden Wunsches und dem der Erfüllung. Wie der Erwachsene hat das Kind beim Warten das Gefühl, daß die Zeit zu lang ist, oder daß die Zeit der Anstrengung, wie z. B. das Einnehmen einer Mahlzeit, nicht enden will. Dieses Bewußtsein von der Dauer tritt mit 3 oder 4 Jahren auf, wenn das Kind fähig ist, den Aufschub seiner Befriedigung oder eine weitere für die Erreichung eines Zieles notwendige Anstrengung zu akzeptieren. Obwohl diese Gefühle auf der Vorstellungsebene beim Kind weniger deutlich sind als beim Erwachsenen, werden sie dennoch vom Kind lebhafter empfunden, da es aufgrund einer geringeren emotionalen Stabilität den Konflikt zwischen den Anforderungen der Gegenwart und der in der nahen Zukunft erwarteten Befriedigung schwerer erträgt. Umgekehrt, wenn ein Kind ganz von der Gegenwart absorbiert ist und dann aus seiner spontanen Tätigkeit herausgerissen wird, um zu essen oder um sich zu waschen, ist es erstaunter als der Erwachsene, zu erfahren, daß so viel Zeit vergangen ist, und es neigt dazu, dies einfach zu ignorieren.

Das Kleinkind verläßt sich ganz auf seine Zeitgefühle, was auf dieser Ebene außer Frage steht. Aber wenn es einmal fähig ist, eine Art Schätzung der Dauer vorzunehmen, d. h. mit 4 oder 5 Jahren, bezieht es sich dann ebenfalls wie die Erwachsenen auf die beiden Kriterien: die mehr oder weniger hohe Anzahl der wahrgenommenen Veränderungen und die Quan-

242 Siebentes Kapitel: Die Schätzung der Zeit

tität der verrichteten Arbeit? Speziell diese Frage hat sich *Piaget* gestellt. Seine Untersuchungen über „Die Bildung des Zeitbegriffs beim Kinde" (1946b, oder: 1974, Suhrkamp, Fft/M.) führten ihn zu der Annahme, daß das Kind die Dauer zunächst nach der verrichteten Arbeit und erst in einem späteren Stadium nach der von ihm empfundenen Quantität der Tätigkeit beurteilt. Er meint, nur ältere Kinder seien fähig, „die geleistete Arbeit von der Tätigkeit selbst zu trennen und die Dauer nach ihren introspektiven Merkmalen zu beurteilen" *(Piaget 1946 b, 50)*.

Piagets These werden wir im nächsten Kapitel detaillierter besprechen, da ihre vollständige Bedeutung erst im Zusammenhang mit der Bildung des Zeitbegriffs ersichtlich wird. Hier werden wir uns auf einige faktische Beobachtungen beschränken. Nach unseren Erfahrungen schätzt ein Kleinkind von etwa 5 Jahren – das ist der früheste Zeitpunkt, zu dem man ihm die kleine Aufgabe stellen kann, seine eigene Zeitschätzung zu überprüfen – einmal die Dauer nach der verrichteten Arbeit und dann wieder nach den wahrgenommenen Veränderungen ein. Um dies zu beweisen, werden wir unsere eigenen Experimente heranziehen, aber auch die *Piagets*, weil einige seiner Untersuchungen sich nach unserer These interpretieren lassen. Obwohl der Unterschied der beiden aufeinanderfolgenden Entwicklungsstadien für *Piaget* außer Frage steht, wenn das Kind die, wie er sie nennt, „physikalische Zeit', schätzen soll, bzw. die Dauer der auftretenden Veränderungen, räumt er ein, daß während der Schätzung der Handlungsdauer „die Reaktion der Kleinen und die der Großen eine viel stärkere Kontinuität zeigt, und die Täuschungen, die sich bei der Schätzung der Dauern einstellen, beim Kind die gleichen quantitativen Formen annehmen wie beim Erwachsenen" *(Piaget 1946 b, 242)*.

Alle Experimente, die wir beschreiben werden, sind nach demselben Prinzip aufgebaut: Das Kind hat die Aufgabe, zwei Dauern zu vergleichen, in deren Verlauf Veränderungen auftreten und verschiedene Arten von Tätigkeiten auszuführen sind. Aus der Antwort und in zweiter Linie aus den Begründungen des Kindes müssen wir herleiten, worauf es sich bei seiner Schätzung bezieht. Ausgehend von einem von *Piaget* durchgeführten Experiment (1946 b, 253–256), wollen wir zunächst den Fall der Schätzung der Handlungsdauer betrachten. Das Kind hatte die Aufgabe, mit einer kleinen Zange einmal Holzplättchen und dann Bleiplättchen von einer Schachtel in eine andere zu legen. Die Dauer der Tätigkeit war, ohne daß das Kind es wußte, in beiden Fällen gleich. Das Hineinlegen der Holzplättchen war offenbar leichter, da das Kind davon mehr in die Schachtel legte als von den Bleiplättchen. Als man die Kinder befragte, erschien einigen – nur wenigen –, die Zeit für das Hineinlegen der Holzplättchen länger, und als

Begründung dafür sagten sie: „Weil ich von denen mehr hineingelegt habe."
Ihre Urteile gründen sich also auf die verrichtete Arbeit: mehr Stücke =
mehr Zeit. Andere Kinder schätzten dagegen, daß das Hineinlegen der
Bleiplättchen länger gedauert habe. Ihre Begründungen für diese Schätzung
waren unbeholfen: „Weil es größer ist", „es ist schwieriger", „eins hat sich
verhakt". Doch bringen sie zum Ausdruck, daß die Aufgabe sehr schwierig
war, was nämlich, wie wir gesehen haben, den Effekt hat, daß man seine
Aufmerksamkeit auf jede Veränderung richten muß. Jedes Hineinlegen
„zählt". Der Fall ist einem beschwerlichen Spaziergang im Schnee vergleichbar. *Piaget* beobachtete dabei sehr genau, daß „während der Berg-
wanderungen, wenn man bis über die Knie durch dicken Schnee watet, zehn
Minuten Anstrengung beim langsamen Steigen mindestens wie zwanzig
erscheinen, während bei behaglichem Schreiten normal geschätzt wird"
(Piaget 1946 b, 259). *Zuili* hat auf unseren Vorschlag hin das Prinzip dieser
Erfahrung aufgenommen und die Untersuchung mit einer sehr großen
Anzahl von Kindern zwischen 5 und 13 Jahren fortgeführt. Die leichte
Aufgabe bestand darin, mit der Hand Ringe aufzunehmen und wegzulegen
und die schwierige darin, das gleiche mit einer Prinzette und kleinen
Spielmarken zu tun. Die Kinder transportierten in jeder Altersgruppe
ungefähr 2,5mal mehr Ringe als Spielmarken. Wenn man sie die zwei
objektiv gleichen Dauern vergleichen ließ, meinten 70% der Kinder von 5
Jahren, das Hinüberlegen der Ringe habe länger gedauert als das der
Spielmarken. Sie urteilten also nach der von ihnen verrichteten Arbeit,
während 30% in Abhängigkeit eines anderen Kriteriums geurteilt haben.
Mit zunehmendem Alter verringert sich diese Differenz, und gleich viele
Kinder urteilen im Alter von 13 Jahren auf die eine oder auf die andere
Weise. Es ist denkbar, daß sie die Gegebenheit Häufigkeit des Hinüberlegens durch die der Dauer des Hinüberlegens ersetzen. Die Bedeutung
dieser Häufigkeit wird noch klarer, wenn die Kinder von 5 Jahren Spielmarken in der gleichen Dauer weglegen sollen, wie es für die Ringe nötig
gewesen wäre. In diesem Alter versucht das Kind meistens die Anzahl der
hinübergelegten Stücke auf die eine oder andere Art einander anzugleichen. Erst allmählich beziehen sie sich auf andere Kriterien (Dauer jedes
Hinüberlegens, Geschwindigkeit der Bewegungen, relative Schwierigkeit
der Aufgaben), denen es mit zunehmendem Alter Rechnung trägt.

Dies läßt sich auch aus einer Untersuchung ganz anderer Art schließen,
die wir in Anlehnung an eine weitere Technik von *Piaget* durchgeführt
haben (*Fraisse* und *Vautrey* 1952). Die Aufgabe der Kinder besteht darin,
die Dauer einer gradlinigen Bewegung von zwei kleinen Bleifiguren (Fahr-
radfahrern) zu vergleichen, die sich auf einem Tisch parallel in dieselbe

244 Siebentes Kapitel: Die Schätzung der Zeit

Richtung und mit derselben Geschwindigkeit fortbewegen. Anhand der Reihenfolge der Start- und Ankunftspunkte, der unterschiedlichen Geschwindigkeiten und der Länge der Wegstrecke kann ein Erwachsener ohne Schwierigkeiten die relative Dauer der durchlaufenen Strecke schätzen. Im nächsten Kapitel werden wir aber noch sehen, daß das Kind vor dem 7.–8. Lebensjahr zu solchen Operationen noch unfähig ist. Wie wird ein Kind von 4–5 Jahren ohne Hilfsmittel für die Messung der Dauer dann das Problem der direkten Zeitschätzung lösen können? Bevor wir ein solches Experiment beschreiben, wollen wir noch darauf hinweisen, daß es nicht unser Ziel ist, zu wissen, ob es eine richtige Antwort geben kann, vielmehr gilt es herauszufinden, nach welchen Kriterien das Problem gelöst wird.

Zwei Fahrer starten gleichzeitig auf derselben Strecke und bewegen sich in derselben Geschwindigkeit fort. A fährt doppelt so schnell wie B. Beide Fahrer halten gleichzeitig an. Sie haben sich also in derselben Zeit fortbewegt, doch A hat eine doppelt so weite Strecke zurückgelegt wie B. Nur 17% der Kinder erkannten, daß die Dauern gleich waren. Die übrigen teilten sich in zwei Gruppen auf. Die einen meinten, daß A länger gefahren sei; als Begründung dafür gaben sie die höhere Geschwindigkeit oder die längere zurückgelegte Wegstrecke an. Ihre Fehler sind also darauf zurückzuführen, daß sie die Dauern nach der verrichteten Arbeit eingeschätzt haben: A hat mehr getan als B. Die anderen Kinder meinten, der Fahrer B sei länger gefahren. Als Erklärung dafür sagten sie: „Er war müde", „Er hatte keine Lust mehr", was vermuten läßt, daß die Kinder in diesem Fall die Dauer der Wegstrecke aufgrund einer Identifikation mit ihren eigenen Erfahrungen beurteilt haben. Wenn man hinter den anderen ist und nicht so schnell läuft, bedeutet das, daß die Aufgabe zu schwierig ist und man dann um so deutlicher spürt, daß jeder Schritt eine Anstrengung erfordert. Das Kind, welches meint, daß der weniger schnelle Fahrer, der eine kürzere Strecke zurückgelegt hat, sich in der Zeit länger fortbewegt habe als der andere, bewertet die Dauer also nach demselben Kriterium wie das Kind, das annahm, mit dem Hineinlegen der Bleiplättchen länger beschäftigt gewesen zu sein, als mit dem der Holzplättchen. Beide beurteilen die Dauer nach den erlebten Veränderungen, das eine direkt, das andere durch Identifikation.

Diese Interpretation der Antworten von Kindern bestätigen weitere Experimente, in denen die Dauern der zurückgelegten Strecken ungleich sind. Unter derartigen Bedingungen gelingt es den meisten Kindern, richtig zu antworten, was bedeutet – ohne operationale Vergleiche dafür zu haben –, daß sie eine Information der Wirklichkeit entsprechend richtig verwendet haben. Betrachten wir nacheinander zwei Situationen, die auftreten können. Im ersten Fall ist der Fahrer, der länger gefahren ist, derjenige, der „mehr" getan hat: Beide Fahrer sind z. B. auf derselben Strecke mit derselben Geschwindigkeit in dieselbe Richtung gestartet, während der eine doppelt so lange gefahren ist und somit eine doppelt so weite Strecke zurückgelegt hat. 71% der Kinder erkannten, daß dieser sich in einer längeren Zeit fortbewegt hat. Das gleiche Ergebnis erhält man, wenn auch die Geschwindigkeit des Fahrers, der länger fährt, höher ist.

Im zweiten Fall ist die Situation so, daß der Fahrer, der länger fährt, weniger tut als der andere: eine kürzere oder eine schneller zurückgelegte Wegstrecke. Sofern die Kinder fähig gewesen wären, nur nach der verrichteten Arbeit zu urteilen, hätten sie erhebliche Fehler machen müssen, aber das war nicht der Fall. Angenommen die beiden Fahrer starten von demselben Ausgangspunkt *nacheinander*, wobei sich der zweite jedoch schneller fortbewegt als der erste, u. zw. so, daß sie beide wieder zusammen am Ende der Strecke ankommen. Dies ist die Geschichte vom Hasen und der Schildkröte: 61% der Kinder meinen, daß derjenige, der *weniger schnell* war, auch länger unterwegs gewesen sei.

Die Gründe, die die Kinder dafür angaben, bezeugen, daß sie sich im ersten Fall nach der Quantität der ausgeführten Arbeit des bewegten Objektes gerichtet haben, wogegen im zweiten Fall für sie hauptsächlich die Quantität der Veränderungen während des Wettlaufes entscheidend war. Die langsame „Schildkröte" hatte mehr Schwierigkeiten. Obwohl die Mehrzahl der Kinder fähig war, das *richtige* Kriterium zu wählen, machten einige von ihnen doch noch erhebliche Fehler, da sie sich auf ein anderes Kriterium bezogen.

Wir haben also gesehen, daß die jüngeren Kinder zwar dieselben Informationen für die Zeitschätzung verwenden wie die Erwachsenen, ihre Schätzungen jedoch gewisse Eigentümlichkeiten aufweisen, die wir in den o. g. Experimenten beschrieben haben. Zunächst einmal verwenden Kinder im Vergleich zu Erwachsenen eher direkte und globale Schätzungskriterien. Ein Erwachsener weiß, daß sein Urteil nicht absolut gültig ist, da er es häufig erfahren hat. Er versucht, die Dauer möglichst indirekt zu schätzen. Beispielsweise ermittelt er sie bei einem Wettlauf anhand der Start- und Ankunftspositionen, oder er trägt dem Verhältnis Raum-Geschwindigkeit Rechnung: Das sich schneller bewegende Objekt benötigt weniger Zeit. Welcher Zuschauer eines Wettlaufes auch behaupten mag, die Zeiten der Läufer direkt zu schätzen, er *weiß* dennoch, daß derjenige, der als erster durch das Ziel läuft, weniger Zeit benötigt hat als der zweite. Wir können schon aus der Reihenfolge der Ankunft durch einen impliziten Vernunftschluß die Dauer der zurückgelegten Strecken herleiten. Im Kapitel VIII werden wir aber noch genauer sehen, daß das Kind zu derartigen Deduktionen unfähig ist, da es sich noch ganz auf die direkteren Schätzungen verläßt.

Die zweite Besonderheit ist genau dieses Vertrauen, das das Kind in die von ihm verwandte Schätzungsart setzt. Es konzentriert sich darauf und wägt seine Schätzung nicht gegen einen Versuch der Messung ab. Auch ist es sich der Vielfalt der Schätungsmodi nicht bewußt, die beim Erwachsenen jene Kontrastphänomene hervorrufen, auf die wir schon hingewiesen haben. *Piagets* Protokolle treffen genau auf diesen Aspekt zu. Was er die gegliederte Anschauung nennt, ein Stadium zwischen dem intuitiven und dem operationalen Denken, wäre nämlich dadurch gekennzeichnet, daß das Kind hier seine initiale Anschauung in Zweifel zieht und sie mit anderen ihm zur Verfügung stehenden Schätzungskriterien vergleicht. *Piaget* erkannte diese allmählich wachsende Vorsicht der Kinder, die mit zunehmendem Alter, sofern die Situation keine genaue Messung erlaubt, immer häufiger Ausdrücke verwenden wie „es scheint mir". Dies ist insbesondere der Fall, wenn sie die Dauern des Hinüberlegens von Holz- und Bleiplättchen vergleichen sollen.

Was bestimmt beim Kind die Bevorzugung einer Informationsart vor einer anderen? Bei Erwachsenen stellen wir fest, daß typologische Unterschiede die Tatsache erklären könnten, daß einige sich eher auf die ausgeführte Arbeit und andere auf die empfundenen Veränderungen beziehen. Gilt das auch für Kinder? Bisher ist noch nichts unternommen worden, dieses zu überprüfen. In unseren Experimenten haben wir lediglich festgestellt, daß dieselben Kinder ihre Schätzungen abwechselnd nach den Kriterien der ausgeführten Arbeit oder der empfundenen Anstrengung vorgenommen haben. Die Kinder befanden sich zwar in ambivalenten Situationen, aber das war beabsichtigt, um die möglichen Antworttypen aufzeigen zu können. Im alltäglichen Leben ist es vermutlich die Art der Situation selbst, die die Qualität der verwandten Informationen festlegt. Wenn wir die Dauer einer physikalischen Veränderung schätzen, stehen uns meistens nur Informationen zur Verfügung, die sich auf die Quantität der Arbeit beziehen, doch wenn wir die Dauer unserer eigenen Handlung beurteilen, sind häufig die von uns empfundenen Veränderungen die Basis für unsere Schätzung.

Die dritte Besonderheit resultiert aus der Art und Weise, wie Kinder die ausgeführte Arbeit quantifizieren. Auch hier begnügen sie sich wieder mit einer allgemeinen Anschauung, anstatt mit einer Schätzung, die allen Faktoren der Situation Rechnung trägt. Nehmen wir ein Beispiel von *Piaget* (1946 b), der auf diesen Aspekt nachdrücklich hingewiesen hat. Aus einem

Gefäß fließt Wasser durch ein Rohr (in Y-Form), dessen Enden einen gleichen Wasserstrahl durchlassen, in zwei unterschiedlich geformte Flaschen mit verschiedenem Volumen. Läßt man das Wasser so weit laufen, bis die Flasche mit dem kleineren Fassungsvermögen ganz und die zweite erst teilweise gefüllt ist, dann meint ein jüngeres Kind, daß das Wasser in die volle Flasche langsamer gelaufen sei und diese mehr Flüssigkeit enthalte. Die Schätzung der Dauer ist auf den Fehler des Kindes hinsichtlich der „verrichteten Arbeit" zurückzuführen. Ein etwas älteres Kind wäre in einer solchen perzeptiven Anschauung nicht mehr befangen. Es könnte alle Gegebenheiten der Situation gleichzeitig interpretieren: die Synchronisation des fließenden Wassers und die Gleichheit der abgelaufenen Menge (s. Kap. VIII, S. 267). Ein häufiger Fehler des Kindes – auch *Piaget* hat dies gezeigt – besteht darin, eine höhere Geschwindigkeit mit einer längeren Dauer zu verwechseln: Das Objekt, das sich schneller bewegt, verrichtet mehr Arbeit. Da das Kind die Geschwindigkeit noch nicht in Beziehung setzen kann zum Raum, irrt es sich in der Quantität der verrichteten Arbeit.

Da das Kind für die Schätzung der Dauer noch nicht den richtigen Maßstab hat, ist es im Vergleich zu Erwachsenen abhängiger von dem, was während dieser Dauer geschieht, seien es physikalische Veränderungen, die es mit Hilfe seiner eigenen Schätzungsmittel bemerkt, oder auch von ihm empfundene Veränderungen.

Selbst wenn das Kind im Alter von 7 oder 8 Jahren zu den ersten Vernunftschlüssen fähig ist und eine Art Zeitbegriff besitzt, scheint es für jenen qualitativen Aspekt der Dauer immer noch empfänglicher zu sein als der Erwachsene. Mit zunehmendem Alter werden die Schätzungen präziser, ohne Zweifel bedingt durch die häufigere Verwendung von Zeiteinheiten, aber auch, weil sich das Kind immer weniger auf seine unmittelbaren Eindrücke verläßt. Diese Entwicklung wird sehr gut dargestellt in einer Arbeit von *Axel* (1924), auf den wir uns schon einmal bezogen haben (S. 228). Er ließ eine Reihe von Kindern zwischen 9 und 14 Jahren die Dauer unterschiedlicher Aufgaben in Minuten und Sekunden schätzen (eine leere Dauer, den Buchstaben I schreiben, Zeichen durchstreichen und Additionen der Siebener-Reihe im Kopf ausrechnen). Die Tabelle auf Seite 248 oben enthält die Medianwerte der Schätzungen und zeigt eine deutliche Tendenz an (die Dauer jeder Aufgabe betrug 20 sec).
Wir stellen hier zunächst eine erhebliche Überschätzung der Dauern im Alter von 9 Jahren fest, wobei die Schätzungen mit zunehmendem Alter allmählich genauer werden und sich schließlich der objektiven Dauer annähern. Auffallend ist, daß in jedem Alter die Aufgaben hinsichtlich ihrer

Alter	Anzahl der Kinder	Leere Dauer	Buchstaben I schreiben	Durchstreichen	Kopfrechnung
9	60	120	70	45	27,5
10	135	46,5	35,5	20	20,0
11	117	32	23	15	17,0
12	93	30	22	15	15
13	122	31	22,5	20	15
14	138	30	18,5	17	13

empfundenen Dauer in dieselbe Abfolge fallen wie beim Erwachsenen. Die Diskrepanz zwischen den als am längsten und den am kürzesten erlebten Aufgaben verringert sich mit zunehmendem Alter, wobei man die Differenz entweder als absolut oder, genauer noch, im Verhältnis zueinander betrachten kann. So erscheint das Schreiben von Buchstaben mit 9 Jahren 2,5mal länger als das Kopfrechnen und mit 14 Jahren nur noch 1,4mal so lange. Es zeigt sich also eine allgemeine und graduelle Entwicklung.

Zusammenfassend kann man sagen, daß Kinder für die Schätzung der Dauer dieselben Informationen verwenden wie Erwachsene, nur können sie die verschiedenen möglichen Schätzungen der Dauer noch nicht richtig abwägen. Mit zunehmendem Alter lernen sie, diese miteinander zu vergleichen und durch indirekte Bewertungen zu korrigieren, wobei sie von folgenden Maßstäben ausgehen: Reihenfolge der Sukzessionen, zeitliche Anhaltspunkte, inverse Relation zwischen Zeit und Geschwindigkeit.

B. Die Zeitschätzung im Alter

Die mit dem Alter auftretenden Probleme sind sicherlich ganz anderer Art. Aus der Involution geistiger Funktionen darf man nicht herleiten, daß sie gänzlich verschwinden, und nichts läßt darauf schließen, daß der alte Mensch die Dauer nicht ebenso beurteilt wie ein jüngerer Erwachsener. Doch eines ist häufig festgestellt worden: „Je älter man wird, als desto kürzer wird die Zeit erlebt." *(James 1932, S. 370)*. *James* selbst schränkt die Bedeutung dieses Gesetzes übrigens ein. Es gälte für die Schätzung von Tagen, Monaten und Jahren, weniger hingegen für die Schätzung von Stunden. Dieses ist experimentell noch nicht verifiziert worden, was auch schwierig wäre, da es sich um die absoluten Eindrücke von alten Menschen handelt. Wenn man sie bäte, eine Schätzung im eigentlichen Sinne vorzunehmen, wären sie wahrscheinlich fähig, ihren initialen Eindruck zu korrigieren und eine ebenso präzise Antwort zu geben wie junge Leute. *Pumpian-Mindlin* (1935) fand, ohne sich speziell mit dem Phänomen des Alters beschäftigt zu haben, daß Personen zwischen 40 und 60 Jahren nicht mehr systematische Fehler in ihren Schätzungen machten als diejenigen zwischen 20 und 30 Jahren. Das von *James* beobachtete Phänomen hat man aber schon so häufig feststellen können, daß es wahrscheinlich zutreffend ist. Wir sind sogar versucht, anzunehmen, daß es eher noch für die Schätzung von Stunden bzw. von Dauern gilt, die gerade erlebt worden sind, als für längere Dauern. Das Phänomen tritt jedoch nur selten in Erscheinung, da es sich hierbei um eine kurze Zeitspanne handelt.

Die häufigsten Interpretationen dieser Tatsache stimmen ebenfalls mit der schon von uns verteidigten These überein, nach der die Schätzung der Dauer im Verhältnis steht zu der Anzahl erlebter Veränderungen. *James* hat die erlebte Kürze der Zeit damit erklärt, daß man im hohen Alter so an die Ereignisse des Lebens gewohnt ist, daß sie keine individuellen Erinnerungen mehr hervorbringen. *Guyau* sagt das gleiche: „Erinnerungen aus der Jugend sind lebendig, einzigartig und zahlreich; die Jahre sind somit ausgefüllt und unterscheiden sich in vielfacher Hinsicht voneinander ... Die Rückseite der Bühne tritt weit hinter jede Szenerie zurück, die sich dem Zuschauer immer wieder anders darstellt. Das Alter hingegen ist eine Szene des klassischen Theaters, immer dieselbe, eine banale Stelle ... Die Wochen ähneln sich, die Monate ähneln sich, das ist der monotone Lauf des Lebens. Alle diese Bilder überlagern sich und verschmelzen zu einem einzigen Bild" *(Guyau 1902, 100–101).*

Der alte Mensch erfährt weniger Veränderungen, weil er ein ruhigeres Leben führt, vor allem aber, weil er während seiner Tätigkeit weniger Veränderungen bemerkt, denn sie sind ihm zur Gewohnheit geworden. Dieses Phänomen scheint dem zu entsprechen, das auch von uns schon analysiert worden ist (S. 223): Wenn wir mehrere Male dieselbe Aufgabe wiederholen, erleben wir die Zeit als immer kürzer, weil wir geistig nicht mehr auf jeden Moment der Handlung zu achten brauchen.

Jene empfundene absolute Kürze der Zeit könnte erklären, warum die Zeit im Verhältnis schneller vorübergeht: Sie ruft einen Kontrast hervor zwischen erlebter und mittels Uhren und Kalendern gemessenen Zeit.

Für diese im Alter empfundene Beschleunigung der Zeit sind weitere Erklärungen gefunden worden, die keinesfalls den von uns entwickelten Interpretationen widersprechen. *Paul Janet* (1877) nahm an, daß die merkliche Dauer eines Zeitabschnittes zur Gesamtdauer des Lebens im Verhältnis stünde. So entspräche einem Jahr im Alter von 20 Jahren 1/20 des Lebens und mit 60 Jahren 1/60. Wahrscheinlich spielt dieses Verhältnis bei der

Schätzung unserer Lebensperioden eine Rolle; denn unsere Beurteilungen eines Teilabschnittes stehen immer im Verhältnis zur Gesamtheit, der er angehört. Im weitesten Sinn gilt auch hier das Webersche Gesetz *(Benford 1944)*. Unbestritten ist, daß ein Jahr in jungen Jahren eine größere Bedeutung hat als im reifen oder hohen Alter. Unsere Geburtstage werden mit zunehmendem Alter immer unbedeutender. Das Kind irrt sich in seinem Alter nie, während der Erwachsene dabei sein Gedächtnis anstrengen oder nachrechnen muß. Dieses Gesetz gilt jedoch nicht für lange Dauern, d. h. wenn sie einen perspektivischen Effekt haben, zumindest implizit. Auch kann man nicht sagen, daß alte Menschen die Länge jedes einzelnen Tages im Verhältnis zur gesamten Anzahl der gelebten Tage beurteilen.

Carrel (1931) und *Lecomte du Nouy* (1936) haben eine ergänzende Interpretation vorgeschlagen. Aus der Tatsache, daß Wunden im Alter langsamer heilen, haben sie das Vorhandensein einer physiologischen Zeit deduziert, die sich der siderischen Zeit nicht assimilieren läßt. Wenn man jung ist, sind die biologischen Veränderungen in einer Zeiteinheit zahlreicher als im Alter, d. h. die vom Organismus erbrachte Leistung ist größer. „Auf verschiedenen Altersstufen werden unterschiedliche Zeiten für ein und *dieselbe Leistung* benötigt, z. B. für die Heilung der Wunde von einem Quadratzentimeter" *(Lecomte du Nouy 1936, 234)*. Kehren wir die Situation um. Wenn wir als Zeiteinheit die Dauer eines biologischen Phänomens nehmen, u. zw. die Heilungsdauer einer Wunde von einem Quadratzentimeter, dann werden dieser Zeiteinheit mit zunehmendem Alter immer bedeutendere siderische Veränderungen entsprechen, was sich darin äußert, wenn wir sagen, die Zeit vergeht immer schneller. *Lecomte du Nouy* behauptet, daß selbst unsere psychologische Beurteilung der Zeit auf die biologische Zeiteinheit bezogen sei, wobei „das Unterbewußtsein dem Intellekt eine unverarbeitete Information liefert" (1936, 237).

Gibt es nun eine direkte Beziehung zwischen der biologischen und der psychologischen Zeit? Man könnte zu Recht annehmen, daß die biologische Zeit einen Einfluß auf unsere Schätzung der Dauer hat, denn wir haben schon gesehen, daß diese beim Tier wie beim Menschen abhängig ist von der Temperatur, die den biologischen Austausch aktiviert oder verlangsamt. Dieser Austausch darf nicht verwechselt werden mit der einfachen Beschleunigung physiologischer Rhythmen, wie die des Herzens oder der Atmung. Wie äußern sich diese Gegebenheiten aber auf der Ebene der Zeitschätzung? Es ist durchaus möglich, daß wir im Alter, infolge einer geringeren biologischen Aktivität, weniger Veränderungen registrieren und uns somit die Stunden und Tage im Vergleich zu früher kürzer erscheinen. Unserer Meinung nach handelt es sich hier aber eher um primäre Gegebenheiten, die nach Maßgabe der sozialen Gewohnheiten korrigiert werden. Wenn ältere Menschen übereinstimmend behaupten, die Zeit verginge schneller als früher, ist es nicht weniger wahrscheinlich, daß sich ihre objektiven Beurteilungen kaum verändert haben. Die psychologische Zeit ist ohne Zweifel bedingt durch die biologische Zeit; doch kann man sie einander nicht gleichsetzen, denn die psychologischen Prozesse sind komplexer, da sie alle jene Funktionen wie Kontrastphänomene, Selbstregulierungen, Gewohnheiten etc. hervorbringen. Aus diesem Grunde konnte *Gardner* (1935), der ebenfalls von einer physiologischen Hypothese ausgegangen war, vermutlich bei der Zeitschätzung keinen Unterschied finden zwischen Personen mit einer Über- oder einer Unterfunktion der Schilddrüse. Ihre erlebte Zeit mag zwar unterschiedlich sein, doch beeinflussen Korrekturen sozialen Ursprungs ihre Schätzungen.

2. Der Einfluß des Geschlechts

Während jeder von uns den Einfluß des Alters auf die Zeitschätzung kennt, konnte eine Differenz zwischen Männern und Frauen in diesem Zusammenhang hauptsächlich nur in experimentellen Situationen aufgezeigt werden.

Schon 1904 hat *McDougall* auf dieses Problem hingewiesen. Er fand, daß die Dauer von vier unterschiedlichen Aufgaben von Frauen durchschnittlich höher überschätzt worden war als von Männern. *Yerkes* und *Urban* nahmen das Problem 1906 wieder auf und erhielten dasselbe Ergebnis. Auch *Axel* (1924) fand in der bedeutenden, von uns schon mehrere Male zitierten Untersuchung, daß Frauen, unabhängig von der Aufgabenstellung, Dauern länger beurteilten, als diese objektiv gewesen waren. Die folgende Tabelle enthält für Aufgaben mit einer Dauer von 30 sec die Medianwerte der Schätzungen von 46 Männern und 42 Frauen:

	Männer	Frauen
Schätzung einer leeren Dauer	27	36,5
Klopfen	26	38
Zahlen durchstreichen	20	32
Analogien finden	18	25,5
Zahlenreihen vervollständigen	14	24

Gulliksen (1927) hat größere Personen-Gruppen getestet und fand ebenfalls, daß die Dauern von *allen* Aufgaben wesentlich höher von Frauen überschätzt wurden als von Männern. Diese Differenzen waren signifikant, ausgenommen bei den schwierigsten Aufgaben (spiegelverkehrt lesen, Diktat, Divisionen).

Diese Gesetzmäßigkeit scheint festzustehen, obwohl dafür überhaupt keine Erklärung gefunden worden ist. In neueren Untersuchungen jedoch, die nicht weniger ernstzunehmen sind als die früheren, wird dieses Ergebnis in Frage gestellt. *Swift* und *McGeoch* (1925) haben z. B. in der Schätzung unterschiedlicher Aufgaben keine Differenzen zwischen Männern und Frauen gefunden: Die Frauen hatten sogar eher noch die Tendenz, die Dauern im Vergleich zu den Männern weniger zu überschätzen. *Harton* (1939) ließ in seinem Experiment Perioden von 4 min schätzen, in denen sich die Personen auf unterschiedliche Art beschäftigen sollten. Er fand, daß die durchschnittliche Schätzung der Männer 287 sec betrug ($\delta = \pm 101$) und die der Frauen 243 sec ($\delta = \pm 76$). *Gilliland* und *Humphreys* (1943) kombinierten die mittels der drei Schätzungsmethoden, Produktion, Reproduktion und Schätzung erhaltenen Ergebnisse, und es zeigte sich überhaupt keine Differenz zwischen den Geschlechtern. Auch *Thor* und *Crawford* (1964) haben keine Auswirkungen des Geschlechts auf die Schätzung der Dauer im Laufe von zwei Wochen Isolation feststellen können. Selbst ein kritischer Vergleich der verwandten Techniken erklärt diese Divergenzen nicht. Wir wollen daher nicht versuchen, die möglicherweise auftretenden Differenzen zwischen den Zeitschätzungen von Männern und Frauen zu interpretieren. Nur neuere Experimente unter variierenden Bedingungen könnten diese Frage entscheiden, bevor man sie auf irgendeine Art und Weise beantwortet. Wir haben dieses Problem nur mit aufgeführt, weil wir es nicht stillschweigend übergehen wollten.

3. Der Einfluß der Persönlichkeit

Es ist schwierig, den Persönlichkeitseinfluß auf die Zeitschätzung näher zu bestimmen, da unsere Methoden der Persönlichkeitsforschung noch unsicher und unsere Untersuchungsmethoden der Zeitschätzung ungenau sind.

Vielleicht kann die Pathologie uns einige Angaben liefern. Bei Psychopathen, Hysterikern und manisch Erregten ergaben sich längere *Schätzungswerte* einer Dauer von 30 min, als bei depressiven und ängstlichen Neurotikern und als bei Melancholikern. Mittels einer Produktionsmethode (30 sec) wurden übereinstimmende Ergebnisse gefunden: Bei Neurotikern ergaben sich längere Produktionswerte als bei Psychotikern (*Orme 1964*). Andererseits gibt es offenbar auch einen gewissen Zusammenhang zwischen Extraversion und Reproduktionsdauer (*Dupreez 1964*).

Achtes Kapitel: Der Zeitbegriff

> „Die Idee der Zeit wie die des Raumes ist erfahrungsmäßig das Ergebnis der Anpassung unserer Aktivität und unserer Wünsche an eine unbekannte und vielleicht sogar nicht erkennbare Umwelt." (*Guyau*, La Genèse de l'idée de temps, 1902, 46)

Das von uns bisher untersuchte zeitlich organisierte Verhalten bezog sich ausschließlich auf isolierte Veränderungssequenzen.

Es kann nur eine Konditionierung auf die Zeit hergestellt werden, wenn die entsprechende Serie von Veränderungen den Organismus betrifft, wie die Synchronisation der Rhythmen organischer Aktivität auf den circadianen Rhythmus – eine Anpassung an die Dauer, die einen konditionierten Stimulus von einem hinweisenden Stimulus trennt.

Die Wahrnehmung der Zeit ist nur durch eine Organisation der Erregungen möglich, wobei die Stimuli-Veränderungen eine gewisse Homogenität besitzen bzw. ein und derselben Sequenz angehören müssen.

Die Repräsentation von Veränderungen erweitert das Feld menschlichen Verhaltens; sie ermöglicht den Erwerb eines Zeithorizontes und bildet die Grundlage für bestimmte Zeitschätzungen. Isoliert betrachtet, sind diese Verhaltensweisen aber in engen Grenzen eingeschlossen. Dies ist schon an der Aktivität des Kindes erkennbar, das einer doppelten Restriktion unterliegt: Es erfaßt die Reihenfolge einfacher Ereignisserien nur anschauungsmäßig, und es erkennt die Dauer nur an den von ihm empfundenen Veränderungen.

Diese Begrenztheit soll unser Ausgangspunkt sein für die Untersuchung einer progressiven Entwicklung bis hin zum Zeitbegriff, der vollendetsten Form der Anpassung an den steten Wechsel. Wir werden im Laufe der Untersuchung der Entwicklungsstadien dieses Prozesses auch die Natur des Zeitbegriffs und dessen Bedeutung für die Eroberung unseres Universums definieren.

I. Das Unvermögen zeitlich organisierten Verhaltens im vorbegrifflichen Stadium

Welche Möglichkeiten dem Menschen durch den Zeitbegriff eröffnet werden, ist am besten zu ersehen, wenn man untersucht, was er tut, oder vielmehr, was er in einem Alter, in dem er diesen Begriff noch nicht besitzt, nicht zu tun vermag. Im Alter von 5 Jahren* hat das Kind schon Zeitperspektiven, es ist sich der Zeit als Widerstand bewußt geworden und kann einfache Schätzungen der Dauer vornehmen. Doch steht es noch vor einer Vielzahl von zeitlichen Problemen, die sich ihm im Leben stellen.

Da die von uns erlebten Veränderungen durch die Reihenfolge ihrer Sukzession und die sie trennenden Zeitintervalle festgelegt werden, verfügen wir bereits über alle für die Wiederherstellung der Serie notwendigen Elemente, wenn wir nur die Reihenfolge und die Zeitintervalle zwischen den Veränderungen erfassen. Wie erreicht nun das Kind diese doppelte Kenntnis?

Wir werden wieder nacheinander die sich durch Reihenfolge und Intervalle ergebenden Probleme betrachten.

1. Die Apprehension der Reihenfolge

Ein 5jähriges Kind hat keine Schwierigkeiten, die zeitliche Aufeinanderfolge zweier Ereignisse wahrzunehmen, nur ist es sehr unsicher, sobald die beiden Stimuli nicht ein und derselben Ereignisserie angehören. Diese Unsicherheit ist in der Unfähigkeit des Kindes begründet, flüchtige Informationen vernunftmäßig durch andere Anhaltspunkte zu bekräftigen.

Nehmen wir ein Beispiel, das wir wie viele andere in diesem Kapitel *Piagets* Werk „Die Bildung des Zeitbegriffs beim Kinde" (1946 b) entlehnt haben, wo er das Problem anhand seiner Analysen und Experimente mit einer derartigen Originalität und Sorgfalt abhandelt, daß wir im weiteren immer wieder darauf zurückkommen werden.

Einem jüngeren Kind wird der Wettlauf von zwei kleinen Männchen, einem blauen und einem gelben, vorgeführt, wobei diese auf einem Tisch parallel in dieselbe Richtung vorwärtsbewegt werden. Beide Männchen starten gleichzeitig, doch mit unterschiedlicher Geschwindigkeit. Das gelbe

---

* Wir werden uns in diesem Kapitel immer auf das Kind von 5 Jahren beziehen, weil einerseits in diesem Alter aufgrund der verbalen und allgemeinen Entwicklung schon ernsthafte Experimente möglich sind und andererseits das Kind noch nicht fähig ist zu reversiblen Operationen; eine Fähigkeit, die sich erst mit etwa 7 Jahren manifestiert.

bewegt sich schneller und weiter fort und hält als erstes an. Das langsamere blaue Männchen bewegt sich noch ein wenig weiter fort, während das gelbe schon stehengeblieben ist: Es bleibt also nach diesem stehen, ohne es jedoch räumlich überholt zu haben. Mit einem 6jährigen Kind entwickelt sich folgender Dialog: „Sind sie zu gleicher Zeit angekommen? – Nein, der gelbe bleibt vor dem anderen stehen. – Welcher hielt als erster an? – Der blaue. – Welcher früher? – Der blaue. – Was macht man zur Mittagszeit? – Mittagessen. – Wir wollen sagen, der gelbe bleibt stehen, wenn es Mittag ist. Wann bleibt dann der blaue stehen (die Läufe werden wiederholt), auch mittags, vormittags oder nachmittags? – Vormittags. – Sieh mal (man beginnt von neuem). – Ja, der gelbe bleibt als erster stehen. Er ist länger gegangen. – Und der andere? – Er bleibt vormittags stehen . . .“ *(Piaget 1946 b, 91).*

Das Kind hat zwar richtig erkannt, daß der gelbe als erster stehengeblieben ist, doch interferieren mit dieser flüchtigen Wahrnehmung die Unterschiede der Geschwindigkeiten, der zurückgelegten Strecken und der Ankunftspositionen, so daß das Kind verwirrt ist. Es gerät besonders durch die räumliche Reihenfolge in Verwirrung und interpretiert die räumliche Verzögerung als eine zeitliche. Da das blaue Männchen nicht so weit gegangen ist, hielt es vormittags an. Dieser Fehler wird hingegen nicht gemacht, wenn die zeitliche Folge mit der räumlichen übereinstimmt. Das Kind irrt sich auch nicht, wenn es nach den sukzessiven Positionen gefragt wird, die ein einziges bewegtes Objekt eingenommen hat, und es macht selbst bei zwei Bewegungen in entgegengesetzte Richtungen keine Fehler mehr. In diesem Fall werden die beiden Bewegungen dissoziiert, und die Wahrnehmung der zeitlichen Reihenfolge wird nicht verwechselt mit irgendeiner anderen und somit nicht in Frage gestellt. Hieraus schloß *Piaget*, daß, wenn die beiden Objekte die gleiche Richtung nehmen, die Verwechslung nicht sprachlicher Art sei, denn die Begriffe „als erster“ (le premier) und „zuerst“ (d'abord) können sowohl eine räumliche als auch eine zeitliche Bedeutung haben; vielmehr resultiere der Fehler aus einer logischen Verwechslung der experimentellen Vorgaben *(Piaget 1946 b, 92).*

Das gleiche Phänomen tritt auf bei der Wahrnehmung der Nicht-Sukzession bzw. Gleichzeitigkeit zweier Ereignisse. Wenn die beiden bewegten Objekte, das blaue und das gelbe Männchen, gleichzeitig stehenbleiben, wobei das gelbe sich weiter fortbewegt hat als das blaue, erkennt das Kind, daß das gelbe sich nicht mehr fortbewegt, wenn das blaue stehenbleibt, aber es verneint, daß beide im gleichen Moment stehengeblieben sind, weil das gelbe sich weiter fortbewegt hat als das blaue *(Piaget 1946 b, 106).* Bleiben das gelbe und das blaue Männchen auf derselben Höhe stehen, wird dieser Fehler nicht gemacht, denn dann hat das Kind keine Schwierigkeit zu erkennen, daß sie gleichzeitig stehengeblieben sind. Um es noch einmal zu sagen, die zeitliche Reihenfolge wird nicht von der räumlichen Reihenfolge dissoziiert, stimmen sie jedoch überein, so werden keine Fehler mehr gemacht.

Worin besteht hier die Überlegenheit des Erwachsenen? Wenn dieser seinen Gefühlen nicht traut, wird er seine Vernunft anwenden. In unserem Beispiel könnte ein Erwachsener die zeitliche Reihenfolge anhand der Start- und Ankunftspositionen und der Geschwindigkeiten der bewegten Objekte *rekonstruieren*. Wenn die Reihenfolge der Ereignisse nur ein einziges Mal wahrgenommen wurde und somit ins Gedächtnis zurückgerufen werden muß, ist diese Rekonstruktion noch unerläßlicher. Da Kinder ihre Vergangenheit noch nicht richtig rekonstruieren können, häufen sich ihre Erinnerungen bunt durcheinander an, was in ihren unbeholfenen Erzählungen zum Ausdruck kommt, in denen die Reihenfolge der Ereignisse eher von ihren Interessen oder von zufälligen Assoziationen abhängt als von der Realität.

Mit einer anderen Technik konnte *Piaget* die den Kindern eigenen Schwierigkeiten bei der Herstellung der Sukzession untersuchen: Er ließ sie anhand einer ungeordneten Bilderserie eine Geschichte rekonstruieren. Diese Methode bringt die Fehlerquelle deutlich ans Licht. Die von dem Kind vorgenommene Reihenfolge ist in der Tat zufällig, und es versucht, diese mit einer synkreten Verknüpfung zu erklären, die aber weder einer chronologischen noch logischen oder deduktiven Reihenfolge entspricht. Da diese Reihenfolge intuitiv vorgenommen wird, gelingt es den Kindern von 5 oder 6 Jahren nicht, sie zu modifizieren, selbst wenn sie auf ihre Fehler aufmerksam gemacht werden. Man müßte ihnen die auf der Wahrscheinlichkeit beruhenden kausalen Verbindungen aufzeigen, was ein entsprechendes Wissen oder Erfahrung voraussetzt. Vor allem müßten sie das Ursache-Wirkung-Prinzip erkennen, was hieße, daß sie die Reihe in beiden Richtungen durchlaufen könnten; kurz, sie müßten fähig sein zur Reversibilität. Doch die perzeptive Anschauung charakterisiert sich gerade durch die Irreversibilität.

Das gleiche Unvermögen ist erkennbar an dem Dialog zwischen *Wallon* und jüngeren Kindern: „Hat es die Seine schon immer gegeben? – Ja. – Hat es Boulogne schon immer gegeben? – Ja. – Was war zuerst da, die Seine oder Boulogne? – . . . – Was war als erstes da? – Boulogne –" *(Wallon 1945, II, 211)*.

Ein solcher Fehler ist sicherlich auf das mangelnde Wissen des Kindes zurückzuführen. Diese häufig auftretende Art von Fehler führte *Wallon* zu der Schlußfolgerung, die Annahme des Kindes, daß die Stadt vor der

Naturlandschaft existiert haben müsse, sei auf die Tatsache zurückzuführen, daß „die Häuser ein notwendiger Bestandteil für die Lebensbedingungen des Kindes zu sein scheinen, während der Fluß oder der See mehr zu den Begleiterscheinungen gehören" *(Wallon 1945, II, 212)*. Desgleichen verleiht sich das Kind selbst bisweilen eine absolute oder relative Antezedens, sogar bezüglich seiner eigenen Eltern.

So fehlt dem Kind die Erfahrung, wenn es die Ereignisse nicht selber erlebt hat. Sofern diese Erfahrung vorhanden ist, wird die Reihenfolge der Ereignisse intuitiv erkannt, ohne daß es sie mit den kausalen Relationen oder logischen Verbindungen überprüft. Das Erfassen der Dauer durch das Kind ist jedoch in jeder Hinsicht noch sehr unzulänglich.

Die Tatsache, daß das Kind normalerweise unfähig ist, ausgehend von den Gegebenheiten seiner Erfahrung zu überlegen, ist ziemlich offenkundig. Bezüglich der Zeit äußert sich diese Unfähigkeit besonders, wenn es nicht mehr nur eine einfache Seriation, sondern, und das wäre der Beginn des Zeithorizontes, die Doppelreihenbildung (Reihen zuordnen, „co-sériation") mehrerer Ereignisserien vornehmen soll. Die Schwierigkeit, auf die das Kind dabei trifft, wird deutlicher werden, wenn wir sie, wie *Piaget*, aus unserem Blickwinkel als Erwachsener betrachten: „Wenn man an voneinander unabhängige und zugleich sich kreuzende Ereignisreihen seiner eigenen Vergangenheit denkt (z. B. an folgende vier Reihen: Daten in bezug auf die administrative Seite der Laufbahn, Reihe der Publikationen, Privatleben und Ablauf politischer Ereignisse), dann sieht man, daß diese Reihen zwar jede für sich im Gedächtnis sehr lebhaft bleiben können, daß es einem jedoch unmöglich ist, ohne zu überlegen und damit zu operativen Wiederherstellungen zu schreiten, 1. zu sagen, ob ein bestimmtes Ereignis aus einer der Reihen einem bestimmten anderen aus einer überschneidenden Reihe vorausgeht oder nicht (und doch bleibt die Reihenfolge für jede Reihe durchaus bekannt) und 2. die jeweiligen abgelaufenen Dauern zwischen zwei Ereignissen, die zwei verschiedenen Reihen angehören, annähernd (nach + oder -) abzuschätzen . . ." *(Piaget 1946 b, 265–266)*.

Wir können die Ereignisse aus zwei Reihen offenbar nur im Verhältnis zueinander einordnen, sofern wir neben der Reihenfolge jeder einzelnen Serie auch die exakte Dauer zwischen den Ereignissen beider Reihen kennen. Das Kind dagegen ist in seinen allgemeinen Anschauungen befangen und noch unfähig zu einer solchen exakten Schätzung der Dauern.

Zudem ist das Kind im präoperationalen Stadium des Denkens noch nicht fähig, Reihen und Dauern miteinander zu verschachteln, um dann die Reihenfolge mehrerer Veränderungsserien im einzelnen rekonstruieren zu können. Diese beiden Punkte werden wir nacheinander betrachten.

2. Die Apprehension der Dauer

Beginnen wir mit den Schlußfolgerungen des Kapitels VII. Das Kind hat im Alter von 5 Jahren eine intuitive Vorstellung von der Dauer; es kann sie sogar schätzen, wobei es dieselben Kriterien verwendet wie der Erwachsene. Doch tritt eine grundlegende Schwierigkeit auf: Das Kind korrigiert seine unmittelbaren Eindrücke nicht durch andere Informationen, um eine präzise Zeitschätzung zu erzielen. Daraus resultiert, daß die Schätzungen eines Kindes sehr ähnlich denjenigen eines Erwachsenen sind, der sich in Situationen befindet, die lediglich subjektive Kriterien vorgeben, und die um so fehlerhafter erscheinen, je mehr die Situation die Möglichkeit für eine vernunftmäßige Beurteilung der Dauern bietet.

Nehmen wir ein einfaches Beispiel: Dem Kind wie dem Erwachsenen erscheinen 15 sec lang die Arme ausgestreckt zu halten länger, als 15 sec lang lustige Bilder zu betrachten *(Piaget 1946 b, 257)*. Die einzigen Anhaltspunkte für den Vergleich dieser beiden sukzessiv erlebten Dauern sind die Zeitgefühle und die Anzahl der empfundenen Veränderungen. Der Erwachsene verhält sich in dieser Situation ebenso wie das Kind; sie erliegen beide denselben „Illusionen".

Nehmen wir ein schwierigeres Beispiel. Ein Kind hat die Aufgabe, 15 sec lang Striche zu zeichnen, wobei es dieses einmal sorgfältig und ein zweites Mal so schnell wie möglich durchführen soll. Die jüngeren Kinder meinten einstimmig, daß die Zeit länger gewesen sei, als sie schneller waren *(Piaget 1946 b, 241–250)*. Dies ist nicht erstaunlich, denn die auf der Dauer der verrichteten Arbeit basierenden Informationen (als man schneller war, mehr gezeichnete Striche) stimmen mit denen, die aus den empfundenen Veränderungen hervorgehen (wenn man sich Mühe gibt, zählt jede Bewegung) überein. Diese auf die Tätigkeit direkt zurückzuführenden Schätzungen bestehen auch im heranwachsenden Alter fort. *Piaget* zufolge macht $\frac{1}{3}$ der Kinder zwischen 10 und 13 Jahren immer noch die gleichen Fehler wie die Kleinen. Doch allmählich zeichnet sich bei den älteren Kindern eine Art Beginn einer Reflexion ab; wenn man schneller ist, tut man in derselben Zeit mehr. Demnach mißtrauen viele von ihnen ihren intuitiven Schätzungen und folgern, daß die beiden Aufgaben dennoch dieselbe Dauer gehabt haben könnten. Die mit zunehmendem Alter stattfindende Entwicklung wird auch aus dem Experiment mit den Holz- und Bleiplättchen ersichtlich.

Dagegen sind in einem Vergleich von mehr oder weniger simultanen Dauern die Schätzungen der jüngeren Kinder völlig verschieden von denen der Erwachsenen. Bei der Beschreibung der Experimente dieses Typs (Vergleich zweier Läufer, S. 243 ff.) haben wir deutlich gezeigt, daß die

Kinder für die Schätzung zwar dieselben Informationen verwenden, die normalerweise auch ein Erwachsener zugrunde legt, nur sind diese Schätzungsmodi für sie irreführend, während der Erwachsene in solchen Experimenten keine Fehler macht. Er hat zwar dieselben Eindrücke, die ebenfalls Illusionen nach sich ziehen, doch hält er dort nicht inne, sondern überlegt und versucht zu messen. Zu solchen Operationen ist ein Kind im Alter von 5 Jahren nicht fähig, weil es die Dauer nicht von deren Inhalt abstrahieren kann bzw. unfähig ist, sich eine homogene Dauer und Zeitintervalle unabhängig von dem, was in ihnen geschieht, vorzustellen. Sobald zwei unterschiedliche Ereignisse in zwei gleichen, entweder simultanen oder auch sukzessiven Dauern auftreten, kann das Kind die zeitliche Gleichheit über den Anschein hinaus nicht erfassen.

Mit einem Wort, es ist unfähig zur Zeitmessung. Denn das Messen erfordert die Erhaltung einer Einheit. In der Zeit kann diese Einheit nur eine als Bezug dienende gleichförmige Veränderung sein. Diese Gleichförmigkeit wird jedoch konstruiert, sie ist nicht real vorhanden. Um den siderischen Tag als Maßeinheit anwenden zu können, hat der Mensch, ausgehend von der Beobachtung, daß zwei sich periodisch wiederholende Veränderungen ähnliche Wirkungen hervorrufen, angenommen, diese seien gleichförmig. Selbst wenn die Gleichförmigkeit einer Veränderung *wahrnehmbar* ist, wie das Rinnen des Sandes durch die Sanduhr oder die Umdrehung des Uhrzeigers eines Chronoskops, ist sie gleichwohl keine konstante Gegebenheit. *Piaget* weist darauf hin, daß selbst Erwachsene diesen Fehler machen. „Beim Beobachten einer Sanduhr neben dem Telephon während eines Ferngesprächs und bei der Zeitmessung eines interessanten Laufes oder der Reaktion einer Person, die auf ihre Antwort warten läßt, können auch wir sehr wohl die Wahrnehmungstäuschung eines Geschwindigkeitswechsels des Sandes oder des Uhrzeigers haben und, je nach dem Fall, einer positiven Täuschung oder einer Kontrasttäuschung unterliegen" *(Piaget 1946 b, 188)*. A fortiori das Kind. Der Sand scheint für es schneller zu rinnen, wenn es schneller arbeitet und sachter, wenn es langsamer ist. Bei vorherrschendem Kontrasteffekt tritt bisweilen der umgekehrte Fall auf *(Piaget 1946 b, 186)*. Doch für das Kind ist der erste Eindruck entscheidend; es glaubt wirklich, daß der Sand oder der Uhrzeiger schneller bzw. langsamer gingen, wogegen der Erwachsene weiß, daß dies eine Täuschung ist. „Nur messen wir dem Wahrnehmungsbild bei solchem Ablesen der Zeit keine Bedeutung bei, da wir genau wissen, daß diese Bewegungen konstant sind und lachen höchstens über den anscheinenden Widerstand oder die kalte Ironie dieser unseren Wünschen feindlichen Mechanismen" *(Piaget 1946 b, 188)*.

Die eigentliche Messung wird erst möglich sein, wenn das Kind die Gleichförmigkeit der Veränderung unabhängig von seinem Eindruck, oder allgemeiner: das Vorhandensein einer homogenen Zeit, unabhängig von dem Inhalt der Handlung und den Ereignissen, die sie ausfüllen, erkennt, mit anderen Worten, wenn es fähig ist zu einer abstrakten Repräsentation der Dauer.

3. Die Unabhängigkeit von Reihenfolge und Dauer

Man kann kurzgefaßt sagen, daß das Erfassen der *Reihenfolge* der Ereignisse durch das Kind nicht korrekt oder zumindest unsicher ist, sobald die Sukzession nicht mehr direkt wahrnehmbar ist, und *a fortiori*, wenn sie im nachhinein wiederhergestellt werden muß. Die *Dauern* zwischen den Ereignissen werden von jüngeren Kindern lediglich nach deren Inhalt beurteilt, was zahlreiche Täuschungen zur Folge hat.

Die Schwierigkeiten, auf die das Kind auf diesen beiden Ebenen stößt, führen zu erheblichen Fehlern. Diese könnte es oftmals bewältigen, wenn es die Gegebenheiten Reihenfolge und Dauer miteinander in Beziehung setzen, entsprechend der Situation von einem zum anderen System übergehen und seine ausschließlich auf der Anschauung basierenden Urteile überprüfen oder korrigieren könnte, da doch Reihenfolge und Dauer logisch gesehen komplementär sind.

Die Unfähigkeit des Kindes, Reihenfolge und Dauer in eine Beziehung zu setzen, kommt besonders zum Vorschein, wenn es das Alter von zwei Personen bestimmen soll. *Piagets* Untersuchungen sind hier wieder besonders hilfreich. Das Problem ist an sich schwierig, wenn wir für die Altersbestimmung zweier Personen weder die Reihenfolge ihrer Geburten kennen noch die Möglichkeit haben, die Länge ihres jeweiligen Lebens einzuschätzen. Der Erwachsene bezieht sich auf sein Wissen: Entweder kennt er die Daten der Geburtstage oder, wenn nicht, urteilt er nach den Jugend- oder Alterserscheinungen des Kindes bzw. des älteren Menschen (Falten, graue Haare, schwerfälliger Gang etc.), mit anderen Worten, er schätzt das jeweilige Lebensstadium der Person. In beiden Fällen ist für die Festlegung des Alters zweier Personen eine Deduktion notwendig. Umgekehrt kann er, sofern er das jeweilige Alter der Personen kennt, daraus die Reihenfolge der Geburten deduzieren. Jüngere Kinder sind zu derartigen Operationen noch völlig unfähig. Normalerweise wissen sie, ob ihre Brüder, Schwestern oder Freunde älter sind als sie selbst, doch können sie daraus nicht die Reihenfolge der Geburten herleiten. Rom (4;6) hat eine kleine Schwester namens Erika: „Wer wurde zuerst geboren, Erika oder du? – Ich weiß nicht.

– Kann man das wissen? – Nein. – Wer ist jünger? – Erika. – Wer wurde also zuerst geboren? – Ich weiß nicht." *(Piaget 1946 b, 211)*. Wenn Kinder das Alter von jemandem nicht wissen, beziehen sie sich auf die Anzeichen des Wachstums und schließen von der Körpergröße auf das Lebensalter, was dem ersten Anschein nach zwar richtig ist, solange es sich noch um Kinder handelt, ihnen aber nicht mehr hilft, wenn sie die Reihenfolge der Geburten herleiten sollen. Dies führt zu Fehlern, die sich am deutlichsten zeigen, wenn sie meinen, daß die Großen alle gleich alt seien, da sie alle die gleiche Körpergröße behalten. Dieser Fehlschluß kommt in dem folgenden Dialog klar zum Ausdruck. And (6 J.) hat einen Freund: „Ist er jünger oder älter als du? – Größer. – Ist er nach oder vor dir geboren? – Ich weiß nicht. – Wer ist zuerst geboren, er oder du? – Ich. – Bleibst du immer gleich alt oder wirst du älter? – Ich werde älter. – Und dein Papa? – Immer gleich alt . . ."

Nehmen wir, anstatt diesen etwas schwer zu interpretierenden Dialog auszuweiten, wieder ein Experiment von *Piaget*, in dem er zeigt, daß Kinder, selbst wenn sie die Reihenfolge der Geburtstage kennen, daraus noch nicht das Lebensalter herleiten können. Der experimentelle Vorgang besteht darin, daß dem Kind unterschiedliche Bilder gezeigt werden, die Orangen- und Pflaumenbäume darstellen. Man erklärt ihm, daß es sich immer um denselben Baum handle, der jedes Jahr fotografiert worden ist. Nach einem Jahr trägt er eine Frucht, nach zwei Jahren zwei Früchte . . . Dann zeigt man dem Kind die Bilder der Orangenbäume, und es hat keine Mühe, sie richtig zu ordnen. Danach erklärt man ihm, daß der Pflaumenbaum gepflanzt worden ist, als der Orangenbaum 2 Jahre alt (Or_2) war und zwei Früchte trug; dann legt man unter Or_2 den Pflaumenbaum mit einer Frucht (Pf_1), Pf_2 unter Or_3, Pf_3 unter Or_4 usf. Hieraus konnte das jüngste Kind nicht einmal durchgehend herleiten, daß Or_2 älter ist als Pf_1. Im Alter von 6 Jahren ersehen nur 50% der Kinder aus jedem Bilder*paar*, daß der Baum, der mehr Früchte trägt, auch älter ist.

Selbst wenn letztere Schlußfolgerung erzielt werden könnte, wäre sie immer noch das Ergebnis einer einfachen quantitativen Anschauung ohne Bezug zur Reihenfolge der Pflanzung beider Bäume. Dies zeigt *Piaget* in einem weiteren Experiment, in dem die Wachstumsgeschwindigkeiten zweier Bäume ungleich sind. Da die quantitativen Angaben nun keine direkte Beziehung mehr zum Alter der Bäume aufweisen, sollen die Antworten der Kinder auf das Wachstum des Baumes und nicht auf sein wirkliches Alter gerichtet werden. In *Piagets* Experiment werden den Kindern diesmal Apfel- (A) und Birnbäume (B) gezeigt. Jede Bilderserie eines Baumes von unterschiedlichem Alter besteht aus zunehmend größer werdenden Baumstämmen mit immer weiter ausgedehnterem Astwerk, in dem eine zunehmende Anzahl von Früchten hängen; es ist auch zu erkennen, daß der Apfelbaum schneller wächst. Die Bilder der Apfelbäume werden z. B. mit A_1 (13 mm Durchmesser, 4 Äpfel) bis A_6 (80 mm und 44 Äpfel) bezeichnet und entsprechend die des Birnbaumes mit B_1 (12 mm Durchmesser, 4 Birnen) bis B_5 (99 mm und 74 Birnen), wobei A_4 (60 mm und 27 Äpfel) gleich B_3 (60 mm und 27 Birnen) ist.

Dann wird ebenso wie im vorausgegangenen Experiment zuerst die fortlaufende Reihe der Apfelbäume vorgelegt und dem Kind erklärt, daß man einen Birnbaum von einem Jahr gepflanzt hat, als der Apfelbaum 2 Jahre alt war, und beide Bäume in jedem Jahr fotografiert hat, wobei die Birnbäume wieder unter die Apfelbäume gelegt werden: A_2 entspricht B_1, A_3 B_2 usf. Solange die Reihenfolge der Pflanzung dem jeweiligen Wachstum entspricht, können die jungen Kinder in jedem Stadium erkennen, welcher der ältere Baum ist. Sie machen aber Fehler, sobald der Birnbaum die Höhe des Apfelbaumes überschreitet. Der folgende Dialog ist sehr aufschlußreich. „Joc (5; 6) gelingt es, die Apfelbäume richtig zu ordnen, indem er sagt: – Ein Jahr, zwei Jahre, drei Jahre usf. – Sieh mal, wenn der Apfelbaum 2 Jahre alt ist, pflanzt man diesen Birnbaum. Welcher ist der ältere? – Der Apfelbaum. – Und das Jahr darauf? – Wieder der Apfelbaum. – Und das Jahr danach, hier die Fotos, die man am selben Tag gemacht hat ($A_4 = B_3$). Welches ist der ältere? – Der Birnbaum. – Warum? – Weil er mehr Birnen hat (falsch, da auf beiden 27 Früchte sind). – Und hier? (A_5 und B_4)? – Der Birnbaum. – Wie alt ist er? – (Joc zählt auf) 4 Jahre. – Und der Apfelbaum? – (Zählt mit den Fingern): 5 Jahre. – Welcher von beiden ist der ältere? – Der Birnbaum. – Warum? – Weil er 4 Jahre alt ist. – Ist man älter mit 4 oder mit 5 Jahren? – Wenn man 5 ist. – Also welches ist der ältere? – Ich weiß nicht . . . der Birnbaum, weil er mehr Birnen hat." *(Piaget 1946 b, 229)*.

Solange das Kind sehen konnte, daß die Reihenfolge der Pflanzungen mit der Wachstumshöhe und der Anzahl der Früchte übereinstimmt, machte es keine Fehler; sobald aber der Birnbaum größer wird und mehr Früchte hat als der Apfelbaum, wird das Kind verleitet, Fehler zu machen, da es sich weiterhin auf dasselbe Kriterium bezieht und dieses, trotz der Hinweise des Versuchsleiters, nicht mit der Reihenfolge der Pflanzungen zu überprüfen vermag.

Die Unfähigkeit des Kindes zu überlegen wird in zwei weiteren Dialogen mit älteren Kindern sogar noch eindrucksvoller dargestellt. Bei Pig, dem ersten Kind, ist die intuitive Altersbestimmung, ausgehend von der Wachstumshöhe, zwar schon eng verbunden mit dem Wissen, wann die Bäume gepflanzt worden sind, während Pau die Synthese vollständig gelingt: Pig

(6;8) meint, B_4 sei „älter als A_4. Ach nein, der Apfelbaum, weil er 5 Jahre alt ist und der Birnbaum 4. – Und in diesem Jahr (B_5 und A_6)? – Der Birnbaum ist älter, weil er mehr Früchte hat. – Ist das wahr? – Ach nein, der Apfelbaum, weil er 6 Jahre alt ist und der Birnbaum 5 Jahre" *(Piaget 1946 b, 231)*. – Pau (7;2): „(A_5 und B_4). – Der Apfelbaum ist älter, weil er vorher gepflanzt worden ist. – Und A_6 und B_5? – Auch. Das macht nichts, wenn er größer ist, ich habe einen Freund, der ist größer als ich und ist 6 Jahre alt" *(Piaget 1946 b, 232)*.

Alle diese Beispiele zeigen, auf welche Schwierigkeiten das Kind von 5 Jahren trifft. Es geht nicht über die Ebene der Anschauungen und der unmittelbaren Schätzungen hinaus. Wir müssen nun versuchen genau zu bestimmen, in welchem Stadium das Kind fähig wird, sich *allen* zeitlichen Gegebenheiten anzupassen.

II. Die Entwicklung des Zeitbegriffs

Der Fortschritt des Kindes mit zunehmendem Alter erfolgt in zwei aufeinanderfolgenden Etappen. Im Laufe der ersten Etappe entstehen langsam die Anschauungen von Reihenfolge und Dauer, die dank der Verwendung vielfältiger Anhaltspunkte und der Entwicklung der entsprechenden Repräsentationen immer unabhängiger werden von der unmittelbaren konkreten Erfahrung.

Diese Repräsentationen ermöglichen jedoch noch nicht das In-Beziehung-Setzen von Reihenfolge und Dauer. Das erreicht das Kind erst auf einer späteren Stufe durch reversible Konstruktionen bzw. Operationen.

1. Die Entstehung der Repräsentationen von Reihenfolge und Dauer

A. Wie wir gesehen haben, macht dem Kind die Reihenfolge solange keine Schwierigkeiten, wie diese eindeutig wahrnehmbar ist. Wenn aber z. B. die zeitliche Reihenfolge von der räumlichen zu unterscheiden ist, dann entstehen Verwechslungen. Sobald die Reihenfolge nicht mehr nur wahrgenommen, sondern ins Gedächtnis zurückgerufen werden muß, machen die jüngeren Kinder Fehler, weil sie noch nicht fähig sind, die Reihe ihrer Erinnerungen zu rekonstruieren.

Piaget hat gezeigt, daß die Unfähigkeit des Kindes zur Wiederherstellung der Reihenfolge von Bildern oder Erinnerungen mit der synkreten Eigenschaft der Wahrnehmung oder des geistigen Bildes zusammenhängt, und daß der eigentliche Fortschritt dann erkennbar wird, wenn das Kind fähig ist, sich von seiner unmittelbaren Anschauung loszumachen, um *Hypothesen* über die reale Reihenfolge der Sukzession aufzustellen. Dies setzt voraus, daß das Kind imstande ist, sich eine Reihe von Ereignissen *vorzustellen*, aber auch, dieser eine Bedeutung zu geben bzw. die logische Reihenfolge der Ereignisse, insbesondere auf der kausalen Ebene, rekonstruieren zu können.

Diese Entwicklungsstufe wird in einem Experiment von *Piaget* sehr anschaulich dargestellt. Dem Kind werden zwei übereinandergestellte Gefäße von unterschiedlicher Form gezeigt. Zu Beginn des Experimentes ist das untere Gefäß leer und das obere mit einer gefärbten Flüssigkeit gefüllt. In regelmäßigen Abständen läßt man aus dem oberen Gefäß durch einen Glashahn immer dieselbe Flüssigkeitsmenge in das untere Gefäß ablaufen. Das Kind hat eine Reihe von Zeichnungen vor sich liegen, die jeweils die beiden Gefäße darstellen. Bei jedem Abfließen soll das Kind die Höhe der Flüssigkeit auf einer Zeichnung markieren. Wenn die Flüssigkeit in 6 bis 8 Etappen ganz in das untere Gefäß abgelaufen ist, fordert man das Kind auf, die Zeichnungen zu ordnen, wobei es diejenige, die es zuerst gemacht hat, „als das Wasser wie am Anfang war", nach links legen soll, und die weiteren entsprechend dahinter.

Die jüngeren Kinder (etwa 5 Jahre alt) machen bei der Zuordnung der Zeichnungen Fehler. Sie sind jedoch fähig, die sukzessiven Niveauflächen der Flüssigkeiten auf dem Gefäß selbst zu zeigen, wobei sie sich auf eine undifferenzierte Anschauung der räumlichen und zeitlichen Reihenfolge stützen. „Anders ausgedrückt, vor zwei Zeichnungen, die unterschiedliche Niveaupaare darstellen, ist sich das Kind nicht mehr darüber klar, welches dieser beiden Paare früher ist, und zwar darum nicht, weil es die Verschiebung der Flüssigkeit von oben nach unten und von unten nach oben nicht mehr unmittelbar sieht, sondern nur statische Raumverhältnisse (die unbeweglichen Wasserspiegel) vor sich hat und diese erst hinterher ordnen, also in Form einer zeitlichen Folge deduktiv rekonstruieren soll" *(Piaget 1946 b, 12)*.

Uns interessiert besonders das darauffolgende Stadium. Den Kindern gelingt es – nach einigem Herumprobieren – die Zeichnungen zu ordnen. Doch ihr Erfolg beruht noch auf einer Anschauung. Schneidet man nämlich die Zeichnungen so durch, daß die oberen Gefäße von den unteren getrennt sind, gelingt es den Kindern nicht, für jeden Wasserspiegel die Zeichnungen der unteren Gefäße denen der oberen Gefäße zuzuordnen, d. h. die Doppel-Reihenbildung der aufeinanderfolgenden Niveauflächen in jeder Reihe herzustellen. Bilden die Zeichnungen keine Paare, so sind die Kinder zwar

zu einer allgemeinen Wiederherstellung fähig, doch können sie die Niveauflächen des unteren Gefäßes nicht aus denen des oberen Gefäßes ableiten
und umgekehrt.

Es tritt also zwischen dem völlig mißlungenen Versuch, die Reihenfolge
wiederherzustellen, und dem auf einer operationalen Konstruktion basierenden Erfolg des Kindes ein Zwischenstadium auf, in dem es sich, jedoch nur
auf der Anschauungsebene, die Reihe der Positionen aufgrund eines allgemeinen Verständnisses der Gesamtbewegung vorstellen kann. In den Experimenten, in denen sich zwei Läufer in dieselbe Richtung bewegen, besteht
der Fortschritt des Kindes darin, daß es die zeitliche Reihenfolge der
Ankünfte von der räumlichen dissoziieren kann, vorausgesetzt, es vermag
sich beide unabhängig voneinander *vorzustellen.* Diese Dissoziation erfolgt
nur langsam, da die räumliche Reihenfolge länger und sehr viel deutlicher
wahrgenommen wird als die zeitliche. Der Übergang von diesem Stadium
der Anschauung zu dem darauffolgenden, wo die Antwort schon auf einer
Überlegung beruht, setzt die Fähigkeit des Kindes voraus, die Reihenfolge
der Startpositionen, die Reihenfolge der Ankünfte und zugleich die Dauern
der von jedem bewegten Objekt zurückgelegten Wegstrecke zu berücksichtigen. Im Stadium der einfachen Repräsentationen kann das Kind die
Dauern noch nicht als Basis für einen Vernunftschluß und ebensowenig für
kausale Deduktionen verwenden. Selbst Kinder, die sich die Dauern richtig
vorzustellen vermögen, sind unfähig, daraus auf die Reihenfolge der
Ankünfte zu schließen. Diejenigen Kinder wiederum, die sich die Reihenfolge vorstellen können, ziehen daraus hinsichtlich der Dauern nicht den
richtigen Schluß *(Piaget 1946 b, 94–99).*

Die Reihenfolge und die Dauer erhalten erst in den Situationen, die aus mehreren
miteinander verschachtelten Ereignisserien bestehen, ihre spezifische Bedeutung. In einer
Serie homogener Ereignisse (Positionen eines Läufers, Aufeinanderfolge der Töne einer
Melodie etc.) besteht die Relation zwischen der Reihenfolge und der Dauer lediglich aus
einfachen Einschachtelungen. In einer Folge A-B-C ist das Intervall A-C größer als A-B,
doch wird diese Relation quasi intuitiv vorgenommen.

Fassen wir zusammen. Der Fortschritt des Kindes hinsichtlich der Seriation
zeitlicher Ereignisserien ist dadurch gekennzeichnet, daß es sich nach der
Beendigung des perzeptiven Stadiums schon Konstruktionen vorzustellen
vermag, die sich allerdings noch auf der Anschauungsebene befinden. Erst
im nächsten Stadium zeigt sich ein Verständnis für die Reihenfolge, und
zwar wenn das Kind fähig ist, alle Gegebenheiten der Situation, wie das
erworbene Wissen, kausale Zusammenhänge und insbesondere die Dauern
zwischen den Ereignissen, für eine operative Konstruktion zu verwenden.

Der Grund für diesen Fortschritt ist eindeutig. In dem Maße, in dem sich

266 Achtes Kapitel: Der Zeitbegriff

die Intelligenz des Kindes entwickelt, wird es sich seiner fehlerhaften Antworten bewußt, auf die es einige Monate oder Jahre früher noch beschränkt gewesen wäre. Diese Bewußtwerdung ist auf die Anpassungsschwierigkeiten des Kindes zurückzuführen und vor allem auf das allmähliche In-Beziehung-Setzen verschiedener Elemente der kindlichen Erfahrung, die sich auf der Wahrnehmungs- oder Anschauungsebene widersprechen oder zumindest keine Kohärenz aufweisen. Dieser Fortschritt, der aus der größeren Beweglichkeit der Repräsentationen resultiert, zeigt sich auch in alltäglichen Verhaltensweisen. So können jüngere Kinder auf die einfachsten Fragen nach dem Datum, wie Wochentag, Monat oder Jahr, nicht antworten. Ihre ersten richtigen Antworten gehen auf ein unreflektiertes Wissen zurück: „Man hat ihnen gesagt" . . . „so ist es". Nach und nach aber beziehen sich ihre Antworten auf die genaue Folge von Tagen und Monaten, und sie entdecken oder finden das Datum anhand einer Konstruktion heraus, wobei ihnen andere Daten als Anhaltspunkte dienen. Dieser Prozeß erfolgt, selbst bei Kindern mit einem höheren Intelligenzquotienten, meistens nicht vor dem 5. Lebensjahr *(Farrell 1953)*.

B. Die Entwicklung des Kindes hinsichtlich der Dauer verläuft ebenso. Die Auffassung des jüngeren Kindes von der Dauer bezieht sich auf deren Inhalt, d. h. sie ist gleichsam proportional der verrichteten Arbeit oder den darin wahrgenommenen Veränderungen. Das erste Anzeichen des Fortschrittes ist die Fähigkeit des Kindes, sich die Dauer als ein Intervall vorzustellen, das unabhängig ist von dem, was darin geschieht. Mit anderen Worten, die anfangs heterogen erscheinenden Dauern werden allmählich homogener, was bedeutet, daß sie allen Ereignissen, gleich welcher Art, gemeinsam sind. In welchen Etappen verläuft diese Entwicklung? Zunächst muß man feststellen, daß diese nur aus einem fortwährenden Widerstreit mit einer Erfahrung resultieren kann, was sich auch mit zunehmendem Alter nicht verändert. Die Repräsentation der Dauer als ein vom Inhalt unabhängiges Intervall impliziert immer, die unmittelbare Erfahrung in Frage zu stellen, wogegen der Fortschritt im Erkennen der Reihenfolge von Geschehnissen, wie wir gesehen haben, im Übergang von einer konfusen zu einer klareren Erfahrung besteht. Diese Entwicklung bis hin zu der Repräsentation und Konzeption einer homogenen Dauer ist ein langsamer Prozeß, den wir von Beginn an verfolgen wollen.

Auch hier werden wir uns vor allem wieder auf *Piagets* Werk beziehen, wobei wir zuerst einmal die von ihm erhaltenen Ergebnisse aus unserer eigenen Perspektive betrachten und dann *Piagets* Theorie diskutieren wollen.

Wir sind der Auffassung, daß das Kind aus dem Grunde allmählich die Homogenität der Zeit erkennt, weil es immer häufiger erfährt, daß seine intuitiven Beurteilungen der Dauer entweder zu anderen intuitiven Urteilen oder zu Schätzungen, die auf anderen Anhaltspunkten basieren, im Widerspruch stehen. Anders ausgedrückt, die Homogenität entsteht aus der Unstimmigkeit zwischen verschiedenen Beurteilungsmodalitäten oder zwischen dem eigenen Urteil und dem der anderen. Die Zeit als homogen und gleichförmig verlaufend auffassen zu können, verlangt „eine Loslösung und Dezentrierung des Denkens hinsichtlich der erlebten Dauer" *(Piaget 1946 b, 51)*.

Das Vertrauen des Kindes in seine ersten Urteile beginnt ins Wanken zu geraten, wenn es gewahr wird, daß mehrere Schätzungen der Dauer möglich sind. Nehmen wir noch einmal das schon zitierte Experiment (S. 247): Aus einem Gefäßt fließt Wasser durch ein Rohr in Y-Form, dessen Enden einen gleichen Wasserstrahl durchlassen, in zwei unterschiedlich geformte Flaschen. Beide Schenkel des Rohres werden zugleich von demselben Wasserhahn bedient, so daß das Fließen zu gleicher Zeit beginnt und aufhört. Da die Flaschen von unterschiedlicher Form und Größe sind, ist die eine schon gefüllt, wenn das Wasser in der anderen erst ein Drittel oder die Hälfte ausmacht. Den jüngeren Kindern gelingt es nicht, zu erkennen, daß das Wasser in derselben Zeit in beide Gefäße geflossen ist, weil für sie die „verrichtete Arbeit" unterschiedlich ist. Sie behaupten übereinstimmend, daß das Wasser länger in die kleine Flasche gelaufen sei, weil diese voll ist. Hinsichtlich der Wahrnehmung der Reihenfolge zeigen ihre Antworten auch, daß sie das gleichzeitige Aufhören des Fließens nicht erkannt haben. Auch glauben sie nicht, daß in beide Gefäße dieselbe Wassermenge geflossen ist, statt dessen behaupten sie, daß in der volleren Flasche mehr Wasser sei. Ein älteres Kind erkennt jedoch bald, daß das Fließen zu gleicher Zeit beginnt und aufhört. Es räumt dann ein, daß das Wasser in derselben Zeit abgelaufen ist, eine Erkenntnis, die zwar noch auf einer Anschauung beruht, aber der zu Beginn vorgenommenen Schätzungsart widerspricht. Der folgende Dialog zeigt das Nebeneinander von kontradiktorischen Konklusionen:

Pas (6;4) vermochte einzusehen, daß für das Abfüllen der größeren Flasche G mehr Zeit notwendig war als für das Abfüllen der kleineren Flasche C, und erkannte, daß das Wasser zu gleicher Zeit aufhört zu fließen, doch wenn man ihn fragte: „Hat es dieselbe Zeit gebraucht (für C voll und G bis zu $\frac{1}{3}$)? – Nein, diese (G) brauchte weniger Zeit, weil sie nicht ganz voll ist. – Wieviel Zeit? – Eine Minute für C, weniger für G, weil in der weniger ist, und sie ist größer. – Also war für die eine mehr Zeit nötig als für die andere? – Ach so, die gleiche Zeit, weil sie zu gleicher Zeit gefüllt wurden. – Warum die gleiche Zeit? – Weil die (C) klein ist und die (G) groß, aber sie ist nicht ganz gefüllt worden" *(Piaget 1946 b, 139)*. In diesem Dialog wird das Kind durch die Relationen der Reihenfolge veranlaßt, seine zwar noch auf der Anschauung basierende Schlußfolgerung dennoch abzuändern.

Andere Kinder, die weiterhin meinen, die beiden Dauern des Wasserstrahls seien ungleich, stellen jedoch die Gleichheit der Wassermenge in den beiden Gefäßen trotz ihrer unterschiedlichen Form fest und leiten daraus die Gleichheit der Dauern ab. Diese Kinder nehmen, nachdem sie die verrichtete Arbeit nach der abgeflossenen Wassermenge objektiv beurteilt haben, ihren ersten Eindruck zurück.

Dieses Nebeneinander von Eindrücken, die an den Einfluß der Reihenfolge und die zu gleicher Zeit bestehenden verschiedenen Arten von Schätzungen der Quantität der Veränderungen gebunden sind, findet man auch in anderen Situationen.

In dem Experiment, in dem Apfel- und Birnbäume unterschiedlichen Alters zugeordnet werden sollen, sieht man z. B., wie einige Kinder bei der Altersbestimmung der Bäume schwanken zwischen einer auf dem Wachstum basierenden Schätzung und einem Urteil, das auf das eigentliche Alter. d. h. auf die Zeit seit der Pflanzung zurückgeht.

Diese Unschlüssigkeit führt zu einem Vergleich, der in dem Experiment bei einem allerdings älteren Kind besonders deutlich wird, und zwar, als es die für das Hinüberlegen von Holz- und Bleiplättchen benötigten Zeiten (objektiv gleich) vergleichen sollte, wobei die Holzplättchen einfacher zu handhaben waren. Pim (10;8) sagte: „Das muß derselbe Moment sein. Ich wollte fast sagen, für die aus Blei würde ich länger brauchen, aber dann habe ich gedacht, es ist dasselbe. – Warum? – Weil ich mehr Holzstücke als Bleistücke hingelegt habe" *(Piaget 1946 b, 256)*. Dieses Kind hat die Dauer zunächst nach den erlebten Veränderungen beurteilt. Die Bleiplättchen erfordern mehr Aufmerksamkeit als die aus Holz. Aber das Kind stellt zu gleicher Zeit fest, daß es mehr Holzplättchen hinübergelegt hat, woraus folgt, daß es seinen ersten Eindruck in Frage stellt. Es beurteilt die Dauern dann, so wie jüngere Kinder es täten, nach zwei Kriterien, nach der verrichteten Arbeit und den empfundenen Veränderungen. Dieses führt zu entgegengesetzten Urteilen und schließlich zu der Folgerung, daß beide Dauern gleich gewesen sein müssen.

Die jüngeren Kinder verwenden nur ein einziges Kriterium und halten daran fest. Die Fähigkeit, mehr als nur einen Gesichtspunkt zu berücksichtigen, ist ein wesentlicher Faktor der Intelligenzentwicklung und zeigt den relativen Wert der verwandten Kriterien an. Wenn das Kind seine unmittelbaren Eindrücke in Zweifel zieht, muß es gezwungenermaßen versuchen, die Dauer selbst zu schätzen und sie sich unabhängig von deren Inhalt vorzustellen. In diesem Prozeß spielen selbstverständlich das soziale Milieu des Kindes und die allmähliche Verwendung von Uhren eine sehr wichtige Rolle. Bevor nämlich das Kind überhaupt seine eigenen Schätzungen der Dauer miteinander vergleichen kann, stehen diese schon im Widerspruch zu denen der Erwachsenen. Wenn dem Kind die Zeit seines Spiels kurz erscheint, wird es gleichwohl von seinen „Erziehern" daran erinnert, daß es schon wieder Zeit ist für eine lästige Pflicht; und erscheint ihm die Dauer einer unangenehmen Aufgabe lang, so wird es gemahnt, darauf zu wenig Zeit verwendet zu haben.

In diesem Stadium beginnt das Kind, an die mit Uhren gemessene Homogenität der Zeit zu glauben. Dieses geschieht in einem früheren Alter noch nicht: Wenn es die Geschwindigkeit seiner Tätigkeit erhöht, meint es, daß auch der Sand schneller durch die Sanduhr rinne oder der Zeiger des Chronoskops sich schneller drehe; und wenn es schneller arbeitet, scheinen sie auch schneller zu gehen (Assimilationseffekt) oder aber langsamer (Kontrasteffekt). Da das Kind aber immer häufiger die Veränderungen, die es bewirkt oder beobachtet, mit denen der Uhr vergleicht, kommt es ziemlich schnell zu der Schlußfolgerung, daß die Uhrzeiten isochron, also von äußeren Veränderungen unabhängig sind. Zum Beispiel wird Map (6;6) gefragt, nachdem er einmal schnell und einmal langsam, aber in derselben Zeit gearbeitet hat und dabei eine Sanduhr beobachtet: „Ist der Sand gleich schnell oder einmal schneller und einmal langsamer geronnen? – Schneller . . . nein, gleich . . . Nein. – Gleich oder schneller? – Gleich. – Warum hast du gemeint schneller? – Man könnte es sagen, aber das kommt daher, weil man schneller ist" *(Piaget 1946 b, 187).*

Da das Kind allmählich die Erfahrung seiner eigenen Tätigkeit von seiner Beobachtung der Geschwindigkeit des Sandes oder des Uhrzeigers loslöst und mit seinen eigenen Mitteln intuitiv feststellt, daß hier gleiche Veränderungen in gleichen Perioden erfolgen, ist es fähig, den Isochronismus zu erkennen. So muß auch historisch der Mensch die Vorstellung von einer homogenen Zeit erlangt haben. Der Isochronismus zweier sukzessiver Perioden kann nämlich nicht direkt, sondern nur anhand der Gleichheit weiterer Perioden gemessen werden. Aus diesem Grund bleibt der Isochronismus letztlich eine Annahme, obgleich er durch übereinstimmende Beobachtungen und Messungen durchaus verifiziert werden konnte.

In dem von uns untersuchten Stadium des Kindes ist eine Messung der Dauer anhand des Isochronismus, der an eine direkte Erfahrung von der Homogenität der Veränderungen einer gegebenen Serie gebunden ist, noch nicht möglich, denn der Übergang von einer Veränderung zu einer nächsten impliziert die Retention der Zeit. In diesem Alter indes sind 30 sec nach der Sanduhr nicht gleich 30 sec nach einem Chronoskop *(Piaget 1946b, 191–196)*. Der Uhrzeiger geht schneller als der Sand, woraus das Kind schließt, daß es innerhalb der Zeit, gemessen nach dem Chronoskop, mehr tun könne, als in der nach der Sanduhr gemessenen Zeit. Dennoch vermag das Kind zu erkennen, daß die Sanduhr und das Chronoskop zu gleicher Zeit beginnen und stoppen und somit die gleiche Zeit gelaufen sind. Das Kind schließt also im ersten Anlauf nicht vom Isochronismus der Dauern direkt auf die Länge der Zeit, vielmehr begreift es eher durch einen Vergleich dieser gleichen Dauern untereinander mit den sie ausfüllenden heterogenen Veränderungen die Tatsache, daß die Dauer unabhängig von deren Inhalt sein kann. Die Repräsentation einer homogenen Zeit wird übrigens nur langsam erworben, und wie wir später noch sehen werden, ist dieser Prozeß selbst bis zur Adoleszenz noch nicht abgeschlossen.

2. Das In-Beziehung-Setzen von Reihenfolge und Dauer

Mit etwa 7–8 Jahren scheint eine ziemlich abrupte Reorganisation von Reihenfolge und Dauer zu erfolgen *(Piaget 1946 b, 277–278)*. Das Kind wird dann fähig, in einer reversiblen Konstruktion von einer Anschauung zur nächsten überzugehen, was bedeutet, daß es die Zusammenhänge zwischen der Seriation von Ereignissen und deren Dauern versteht.

Allgemeiner gesagt, das Kind erwirbt die Fähigkeit, räumliche und kinetische Gegebenheiten als Basis und Erklärung für seine zeitlichen Anschauungen zu verwenden. So kann es, wenn es das operationale Stadium erreicht hat, in dem Experiment, in dem in mehreren Etappen aus einem Gefäß Wasser in ein anderes läuft, die Reihenfolge der Niveauflächen der Flüssigkeit in beiden Gefäßen gleichzeitig wiederherstellen und somit eine Doppel-Reihenbildung vornehmen. Es vermag ebenfalls zu erkennen, daß die Dauer, in der die obere Flasche sich leert, gleich derjenigen ist, in der die untere sich füllt, was das Kind entweder aus der Tatsache herleitet, daß es nur einen Wasserstrahl gibt (das Fließen beginnt zu gleicher Zeit und hört zu gleicher Zeit auf) oder auch daraus, daß es sich um dieselbe Wassermenge handelt.

In diesem Entwicklungsstadium wird zwischen den Anschauungen der Reihenfolge und Dauer ein Gleichgewicht hergestellt. „Während nämlich zu Beginn die Sukzessions- und Zeitstreckenverhältnisse heterogenen Anschauungen entspringen, also untereinander keine notwendige Verknüpfung aufweisen, enden sie schließlich in einem einzigen differenzierten und durch und durch kohärenten System, in dem sie sich wechselseitig bestimmen" *(Piaget 1946 b, 75)*.

Aufgrund dieser Reziprozität kann das Kind voneinander unabhängige Veränderungsserien miteinander in Beziehung setzen und ihre zeitlichen Relationen hinsichtlich der Sukzession der Ereignisse und zugleich der Intervalle der Dauern erfassen, ohne von den durch die Art der Veränderungen bedingten Eindrücken fehlgeleitet zu werden. Nun kann das Kind wirklich allen zeitlichen Bedingungen seiner Erfahrung Rechnung tragen, weil es diese begreift und lokalisiert; und da es sich den zwischen allen Aspekten der Veränderung existierenden Zusammenhängen bewußt wird, kann es seine Zeitbegriffe wirklich *konstruieren*.

In diesem Stadium schließlich lernt das Kind, die Zeit zu messen. Das Messen der Zeit wie des Raumes bedeutet, die Koinzidenz zwischen den Anfangs- und Endmomenten eines Zeitintervalls und denen eines anderen, als Zeiteinheit dienenden Intervalls zu erkennen, d. h. praktisch, den Synchronismus von zwei Folgen verschiedener Veränderungen.

Wir wollen hier das schon erwähnte Problem, welcher Art die Zeiteinheit ist, außer acht lassen, denn bekanntlich basiert dies auf der Annahme des Isochronismus identischer Veränderungsperioden. Bei einer aus einer Zeitmessung bestehenden Operation steht die Basis dieser Zeiteinheit selbstverständlich außer Frage. Jede Messung der Zeit unterliegt dem Vergleich zweier Dauern. Einfach ist es, wenn die Veränderungen zu gleicher Zeit stattfinden. Und sofern es sich lediglich um die Bestimmung handelt, ob eine Dauer länger oder kürzer ist als eine andere, ist eine Schätzung der Dauern nach der Anzahl der empfundenen Veränderungen oder nach der verrichteten Arbeit schon hinreichend. Dennoch ist die Antwort erst exakt, wenn die zu vergleichenden Veränderungen identisch sind. Der Vergleich erhält im eigentlichen Sinne erst eine metrische Dimension, wenn die Antwort nicht mehr auf einer intuitiven Beurteilung der Dauer beruht, sondern auf deren Einschachtelungen, d. h. wenn die Reihenfolge der Anfangs- und Endmomente genau berücksichtigt wird.

Die Beurteilung zweier Dauern ist ein schwieriger, für die eigentliche Messung der Zeit aber unerläßlicher Prozeß. Hier ist der Vergleich der Anschauungen nicht mehr hinreichend, ausgenommen in einem besonderen Fall, wo die beiden Veränderungen synchron und gleicher Natur sind: wenn sich z. B. zwei Läufer in derselben Geschwindigkeit fortbewegen. Dies haben wir schon in dem Experiment gesehen, in dem ein 5jähriges Kind die Dauern von zwei parallel in derselben Zeit stattfindenden Läufen vergleichen sollte: In 88% der Fälle sind die Antworten korrekt, sofern die

Start- und Ankunftspositionen bei gleicher Geschwindigkeit simultan erfolgen und die Bewegungen in entgegengesetzte Richtungen verlaufen. Ohne daß räumliche Anhaltspunkte auftreten können, führt gleichwohl die Symmetrie der beiden Bewegungen die richtige Antwort herbei. Wir haben aber gesehen, daß, wenn die beiden Läufer zur gleichen Zeit auf derselben Bahn in eine Richtung starten, und der Läufer A sich zwar in derselben Zeit wie B, aber doppelt so schnell fortbewegt, d. h. einen doppelt so weiten Weg zurücklegt, nur 17% der Kinder richtig zu erkennen vermögen, daß die beiden Dauern der Bewegung gleich sind. Ihre Anschauungen der Veränderungen sind für sie überhaupt keine Hilfe, weil A doppelt so schnell ist und einen doppelt so weiten Weg zurücklegt wie B. Denn die Kinder sind noch nicht fähig, von der Gleichzeitigkeit der Start- und Ankunftspositionen auf die Gleichheit der Dauern zu schließen (*Fraisse* und *Vautrey 1951*). Sobald das Kind die beiden Dauern untereinander in Beziehung zu setzen vermag, wofür es die Sukzession der Anfangs- und Endmomente vergleichen muß, ist es imstande, zwei beliebige Dauern im Verhältnis zueinander zu schätzen und eine Reihe von Veränderungen als Bezug für den Vergleich aller weiteren Dauern zu nehmen. Das wäre dann die Messung im eigentlichen Sinn.

Neben einer solchen Operation setzt die Messung aber auch voraus, die Intervalle zwischen den periodischen Veränderungen als isochron zu erkennen. Wie wir gesehen haben, sind hierfür kinetische und räumliche Anschauungen eine erste Basis, was nicht unbedingt heißt, daß Kinder im Alter von 7–8 Jahren schon *begreifen*, daß mit der Uhr eine homogene Zeit, unabhängig von den darin auftretenden Veränderungen, gemessen wird. Denn die Fähigkeit zur Zeitmessung, die das Kind mittels konkreter Operationen erlangt, tritt schon vor der eigentlichen Konzeption der Zeit auf, wie sie im allgemeinen verstanden wird, oder genauer, dem, was sie, gemessen mit unseren Uhren, repräsentiert. Auf diesen Punkt werden wir noch zurückkommen.

3. Die These J. Piagets

Bevor wir mit der Untersuchung der Entstehung des Zeitbegriffs beim Kinde fortfahren, sollten wir die von uns aufgestellte These mit der *Piagets* vergleichen, auf die wir im Laufe dieses und des vorigen Kapitels schon häufig hingewiesen haben. Wir haben gezeigt (S. 156), daß *Piaget* zufolge das Kind in den ersten Lebensjahren subjektive Serien in genauer Übereinstimmung mit den Ergebnissen seiner Handlung herstellen kann. In den darauffolgenden Jahren erwirbt das Kind nochmals eine Fähigkeit auf der Anschauungsebene des Denkens, die es auf der praktischen Ebene bereits vollständig besitzt. In diesem Stadium, wenn man dem Kind schon Fragen stellen kann, ist eine *Undifferenziertheit zwischen der zeitlichen und der räumlichen Reihenfolge* festzustellen. „Weiter" bedeutet immer „mehr Zeit", weil das Kind die Geschwindigkeiten nicht berücksichtigt oder genauer, die inverse Relation von Geschwindigkeit und Zeit nicht erkennt. Allgemeiner gesagt, es beurteilt die Dauer nach dem Inhalt der Handlung bzw. der Quantität der verrichteten Arbeit oder auch nach den äußeren Handlungsergebnissen, wobei die zurückgelegte Wegstrecke nur ein Einzelfall ist (*Piaget*, Epistémologie génétique, 1950, II, 27; oder: Die Entwicklung des Erkennens. Bd. 2, Stuttgart: Klett 1973). Im Stadium der unmittelbaren Anschauung ist die Zeit auf das *Resultat* der Handlung bezogen. Dies ist eine jeder Bewegung zugehörige lokale Zeit, die zwischen den Bewegungen nur homogen ist, sofern die Geschwindigkeiten der Veränderung gleich sind. In diesem Fall nämlich sind die Dauern proportional den zurückgelegten Strecken oder allgemeiner, den produzierten oder bemerkten Veränderungen. Es kann also keine Koordination der Bewegungen von unterschiedlicher Geschwindigkeit geben, da dies das In-Beziehung-Setzen von Raum, Zeit und Geschwindigkeit implizieren würde. „Das Eigentümliche des Denkens in seinen Anfängen ist ja, daß es die momentanen Gesichtspunkte, an die es gerade gebunden ist, verabsolutiert und sie darum nicht nach den Verknüpfungen reziproker Relationen gruppiert" *(Piaget 1946 b, 275).*

Jene Relationen treten erst in einem späteren Stadium auf, dem der *gegliederten Anschauung*, bzw. der Anschauung der Relationen. Das Kind bleibt dann nicht mehr darauf beschränkt, die Dauer *nach* den Ergebnissen der Handlung zu beurteilen, vielmehr kann es jetzt die Dauer *während* der Handlung selbst in der Introspektion erfassen. Und sobald es zu einer solchen Introspektion fähig ist, ergibt sich die inverse Relation zwischen der Schnelligkeit der Handlung und deren Dauer." ... Ältere Kinder empfinden wie die Erwachsenen die schnelle Arbeit als kürzer und die langsame Arbeit als länger. Genau diese introspektive Entdeckung scheint der Ausgangspunkt zu sein für die Umkehrung der Relation von Zeit und Geschwindigkeit; denn in der erlebten Dauer zieht sich die Zeit während der Handlung selbst in Abhängigkeit von der Geschwindigkeit gleichsam zusammen (bewußtseinsmäßig), während sich die vollkommen ausgefüllte Zeit in der durch das Gedächtnis geschätzten Dauer ausdehnt und die leere Zeit resorbiert wird" *(Piaget 1950, II, 29).*

In diesem Stadium kann das Kind erkennen, daß das schneller bewegte Objekt weniger Zeit braucht; es dissoziiert zwischen der ausgeführten

Arbeit und der eigentlichen Tätigkeit und erfaßt dies introspektiv. Auf der psychologischen Ebene ist jene Aktivität gleich der „Leistung" bzw. der Kraft multipliziert mit der Geschwindigkeit.

Diese Entwicklungsstufe bereitet die der eigentlichen zeitlichen Operationen vor. Ein Kind, das gelernt hat, zwischen Raum und Geschwindigkeit zu unterscheiden, kann jetzt die „Koordination dieser Geschwindigkeiten, die zu einer Differenzierung der zeitlichen Reihenfolge, der räumlichen Sukzessionsfolge und der Dauer der zurückgelegten Wegstrecken führt", realisieren *(Piaget 1950, II, 30)*. Ebenso kann es die ausgeführte Arbeit mit der empfundenen Tätigkeit in Beziehung setzen. In diesem Augenblick ist die Dezentrierung bezüglich der Zeit vollzogen, und das Kind kann eine Zeit begreifen, die homogen und reversibel verläuft.

Piaget hat diese These in seinen jüngsten Arbeiten weiterentwickelt und ergänzt (1966), wobei er immer davon ausging, daß die Zeit eine Koordination von Geschwindigkeiten bzw. ein Ausgleich ist von dem, was einerseits *geschieht*, wie der zurückgelegte Weg (das Handlungsergebnis oder die verrichtete Arbeit), und der Geschwindigkeit andererseits, mit der diese Veränderung auftritt (Geschwindigkeit-Bewegung oder Geschwindigkeit-Häufigkeit der Handlungen bzw. Leistung).

Die in *Piagets* Werk zwischen 1946 und 1950 analysierten Fälle seien, wie er meint, nur Einzelfälle eines allgemeineren Gesetzes. Normalerweise entspräche die gegliederte Anschauung immer dem Stadium, in dem das Kind fähig wird, die Handlungsergebnisse und die Geschwindigkeit, mit der sich die Handlung entwickelt, miteinander in umgekehrte Beziehung zu setzen.

Der Unterschied unserer Überlegungen zu *Piagets* These ist recht groß, und obwohl sich unsere Standpunkte nach langer Zusammenarbeit in mancher Hinsicht angenähert haben, bestehen dennoch konzeptionelle Differenzen, die wir nun versuchen wollen, auszuführen.

In einem Punkt sind wir uns zunächst einig: Die Anschauung der Zeit ist zu Beginn auf deren Inhalt bezogen. Die Dauer wird als Abstraktion dessen, was andauert, nicht erfaßt. Dennoch halten wir daran fest, daß die jüngeren Kinder auf dem präoperationalen Stadium die Dauer nur nach einem Kriterium, das allerdings zwischen den Kindern und den jeweiligen Situationen variiert und sehr unterschiedlich sein kann, beurteilen. Die einen beziehen sich auf das Handlungsergebnis, die anderen auf die Tätigkeit des bewegten Objekts, die es entwickelt oder die ihm zugeschrieben wird, und wieder andere auf die wahrgenommenen Veränderungen. Wir nehmen daher an, daß die Kinder im präoperationalen Stadium des Denkens die Dauern nicht allein danach schätzen, *was geschieht* (mehr Arbeit, höhere

Geschwindigkeit, längerer Weg etc.). Vielmehr ist sehr deutlich geworden, daß das Kind für das, was sich auf das Handlungsergebnis bezieht, empfänglicher ist, als für das während der Handlung Wahrgenommene, wobei diese Tendenz jedoch nicht als absolut betrachtet werden darf. Denn wenn die Kinder zwei gleich lange Dauern ähnlicher Art miteinander vergleichen sollen, kommt es selten vor, daß sie die eine oder die andere systematisch überschätzen. Zwei gleiche Dauern ähnlichen Inhaltes stellen nämlich immer eine ambivalente Situation dar, und sofern es sich um zwei bewegte Objekte handelt, wobei das schnellere einen längeren Weg zurücklegt, läßt sich implizit folgender Zusammenhang herstellen: schneller → längerer Weg → mehr Zeit, aber auch langsamer → mehr Anstrengung → mehr Zeit (*Fraisse* und *Vautrey 1952*). Handelt es sich um diskontinuierliche Veränderungen, dann hat die physikalische Gleichheit der Dauern zur Folge, daß je geringer die Anzahl der Veränderungen ist, jede von ihnen um so länger erscheint, so daß sich zwei Möglichkeiten für das Bezugskriterium ergeben: mehr Veränderungen → mehr Zeit oder längere Veränderungen → mehr Zeit *(Fraisse 1966)*.

In den Experimenten findet man Antworten, die erkennen lassen, daß die Kinder nach dem einen oder dem anderen Kriterium der Systeme vorgehen. Das Verhältnis variiert mit den experimentellen Bedingungen und sogar schon mit der Darbietungsreihenfolge der Dauern, so als sei die relative Prägnanz einer Kriterienkategorie modifiziert worden.

In diesen Schätzungen wirkt sich, wie wir gezeigt haben, die Geschwindigkeit in die eine oder andere Richtung nur indirekt aus, was auch *Piaget* in dem schon erwähnten Experiment mit Holz- und Bleiplättchen festgestellt hatte. Wir stimmen mit Piaget auch darin überein, daß der wesentliche Fortschritt des Kindes hinsichtlich der Schätzung der Dauer zu erkennen ist, sobald es mehrere Faktoren gleichzeitig berücksichtigen kann. Wenn ein Erwachsener nach einem netten Abend sagt: „Die Zeit ist mir sehr kurz erschienen, aber es müßte schon Mitternacht sein", dann stellt er ebenfalls beide Aussagen explizit gegenüber. Die Koordination der Informationen ermöglicht in jedem Fall eine exaktere Schätzung. Auch stellt sie eine Basis für die Entwicklung des Zeitbegriffs, der die Dissoziation der Dauer von deren Inhalt voraussetzt, dar, so daß ein abstrakter Begriff erzielt werden kann. Ist diese Koordination immer ein Ausgleich zwischen einem die Dauer verlängernden und einem sie verkürzenden Faktor? *Piaget* geht sogar so weit und stellt eine ausgesprochen systematische und rein physikalische Formel auf, wobei als Voraussetzung gilt, daß eine Klasse von Faktoren immer im Verhältnis steht zu der jeweiligen Geschwindigkeit der Veränderung, so daß man folgende inverse Relation erhält: $t = \frac{s}{v}$.

Für die Beweisführung mußte *Piaget* drei Arten von Geschwindigkeiten unterscheiden: die Geschwindigkeit eines bewegten Objektes, die Geschwindigkeit diskontinuierlicher Veränderungen bzw. Frequenz und die Leistung der Handlung (Kraft × Geschwindigkeit). Wir haben auf die ersten beiden Fälle schon hingewiesen und auch mit dem letzteren wollen wir uns nicht länger beschäftigen. Wenn man nämlich die Variable „Leistung" der Handlung einführt, wird es schwierig, die relative Bedeutung der Kraft und der Geschwindigkeit zu bestimmen. Für uns dagegen stellt sich die Reduzierung der Frequenz bei gegebener Geschwindigkeit als ein entscheidenderes Problem dar, weil es eher auf die Versuchsanordnung bezogen ist und den Kern unserer Differenzen zu *Piaget* betrifft.

Wir haben zum Beispiel hinsichtlich der Zeitschätzung gesagt (S. 234), daß wir neben den Zeitgefühlen zwei Arten von Informationen verwenden: die ausgeführte Arbeit und die Dichte* der wahrgenommenen Veränderungen. *Piaget* meint nun, zwei Klassen von Kriterien gefunden zu haben, von denen er selbst spricht, wenn er die Dichte wahrgenommener Veränderungen mit einer Frequenz vergleicht. Auf der physikalischen und logischen Ebene ist diese Deduktion möglich, nur entspricht sie nicht unserer Analyse der Fakten.

Eine Geschwindigkeit muß wahrgenommen werden, um für die Zeitschätzung – ich sage nicht, für eine Reflexion –, eine Bedeutung zu erhalten. Selbst wenn die Geschwindigkeit eines bewegten Objekts unter experimentellen Bedingungen innerhalb extrem weiter Grenzen zwischen 1 und 2 Bogenminuten/sec und 50°/sec wahrnehmbar ist, so ist selbst dies keine Frequenz. Die Frequenz wird nur wahrgenommen, wenn es Unterschiede (in Höhe von 10 pro sec) und eine Verbindung zwischen den Stimuli gibt. Diese Verbindung ist bei einer Reduzierung der Frequenz auf 2 pro sec nicht mehr vorhanden. Die Frequenz ist also nur bei Intervallen von etwa 0,1 bis 2 sec zwischen den Veränderungen wahrnehmbar, d. h. in ganz besonderen Fällen, die fast schon den durch ein Metronom vorgegebenen Frequenzen entsprechen. Wir leben jedoch in einem komplexeren Universum, in dem

---

* In unserer ersten Fassung 1957 haben wir den Terminus *Anzahl* der Veränderungen verwandt, so daß *Piaget* sich gefragt hat, ob dieser Terminus bezüglich einer Zeiteinheit eine absolute oder relative Bedeutung habe. Letzteres ist selbstverständlich zutreffend. Das Experiment von *N. Zuili* (S. 243 f.) hat jedoch gezeigt, daß sich ein jüngeres Kind in einigen Fällen an die absolute Anzahl der Veränderungen hielt; denn nachdem es n Ringe zur Seite gelegt hatte, brauchte es die Dauer jedes Hinüberlegens überhaupt nicht zu berücksichtigen, um die beiden Dauern einander anzugleichen, sondern lediglich die gleiche Anzahl von Spielmarken hinüberzulegen.

die meisten Veränderungen sehr viel langsamer erfolgen. Der Begriff Dichte umfaßt nicht nur die einer wahrgenommenen Frequenz entsprechenden Veränderungen, sondern auch alle übrigen, die entweder isochron oder unregelmäßig aufeinanderfolgen. Gemäß den im vorigen Kapitel analysierten Kriterien ist für die Dauer die mehr oder weniger große Anhäufung wahrgenommener Veränderungen von Bedeutung. Viele Veränderungen → viel Zeit (und umgekehrt).

Diese perzeptive Schwierigkeit, die Dichte der Veränderungen auf eine Frequenz (und somit auf eine Geschwindigkeit) zurückzuführen, kann übrigens anhand der Experimente aufgezeigt werden, in denen es so scheint, als sei der Einfluß der Dichte (oder Frequenz der Veränderungen) nicht mit dem einer gegebenen Geschwindigkeit vergleichbar.

Nehmen wir ein bekanntes Beispiel aus der psychologischen Literatur des 19. Jahrhunderts. Deutsche Psychologen haben anhand eines Metronoms festgestellt, daß eine höhere Frequenz einer längeren Dauer entspricht, so daß man die Wirkungen Geschwindigkeit – Bewegung und Geschwindigkeit – Frequenz gleichsetzen könnte. Wir unsererseits haben diese beiden Formen der Täuschung sogar bei Erwachsenen aufzeigen können (1961, 1965). Verwendet man in den Experimenten aber ausgedehntere Frequenzbereiche, dann entdeckt man, daß tatsächlich die Dauer keine lineare Funktion der Frequenz ist (s. S. 229). Denn die wahrgenommene Dauer von kurzen Tönen hat bei einer Frequenz von etwa 1,6 pro sec ein Maximum, und bei einer höheren Frequenz verringert sich die geschätzte Dauer gleichermaßen wie bei einer niedrigeren, obwohl in diesem Fall die individuellen Unterschiede stark variieren. Das Maximum ist das gleiche wie es auch *Piaget* (1961) für die Oppel Kundtschen Täuschungen festgestellt hat, und genau hier scheint es uns, als gälte der Parallelismus eher für den Raum als für die Geschwindigkeit.

Dieses Ergebnis war für uns nicht erstaunlich, denn im Laufe der Untersuchung rhythmischer Bewegungen haben wir festgestellt, daß, abgesehen von den rein motorischen Beeinträchtigungen (bei produzierten Rhythmen), die Wirkungsgesetze und die dynamischen Strukturen genau dieselben waren wie diejenigen, die für räumliche *Gestalten* gefunden wurden, was beweist, daß alle diese Organisationen durch perzeptive Gesetze, deren statischer und dynamischer Charakter konstant blieb, gesteuert worden sind *(Fraisse 1938, 1956)*.

Wir müssen hier wieder auf ein schon ausführlich beschriebenes Experiment bezüglich der Wirkung der Dichte (s. S. 229–230) zurückkommen. Der experimentelle Vorgang bestand darin, die Projektionsdauer mehrerer Bilder schätzen zu lassen, wobei in einer gegebenen Dauer die Anzahl der

Bilder und umgekehrt die Projektionsdauer jedes Bildes variiert wurden. Bei Erwachsenen stellten wir mittels einer Schätzungsmethode in Zeiteinheiten zunächst fest, daß die systematische Wirkung der beiden Variablen gar nicht auftrat. Der Mittelwert der Schätzungen war für die Dauer der Bilder, und selbst für das Intervall zwischen ihnen, proportional der Anzahl der projizierten Bilder. Die Integration aller Gegebenheiten war vollständig.

Piaget (1966) hat dieses Experiment unter der Mitarbeit von *Meylan-Backs* mit Kindern wiederholt. An Stelle verbaler Schätzungen benutzten die Kinder für die Schätzung der Projektionsdauer Stäbe unterschiedlicher Länge. Auch wir haben zusammen mit *N. Zuili* dieses Experiment durchgeführt. Die Kinder hatten die Aufgabe, nacheinander zwei Dauern zu schätzen, die, ohne daß sie es wußten, gleich lang waren. In der einen Situation wurden 4 Stadtansichten von Genf jeweils 6 sec lang gezeigt und in der anderen 8 Ansichten von Paris mit der Dauer von jeweils 3 sec. Aufgrund der Ergebnisse werden drei Antwortkategorien unterschieden, wobei A die Zeitspanne mit wenigen Bildern von langer Darbietungsdauer ist und B diejenige mit vielen Bildern von kurzer Dauer, so daß man folgende drei Antworttypen erhält: A = B, A > B und A < B. Im Verhältnis zum Alter verteilen sich diese wie folgt:

	A = B		A > B		A < B	
	Genf	Paris	Genf	Paris	Genf	Paris
6– 7 Jahre	39%	29%	16%	24%	45%	47%
8– 9 Jahre	20%	13%	60%	30%	20%	57%
10–11 Jahre	10%	15%	65%	27%	25%	58%
Erwachsene	20%	28%	30%	22%	50%	50%

Von den Ergebnissen der Genf-Bilder haben wir ausschließlich die sogenannten spontanen Antworten zurückbehalten, da nur sie vergleichbar sind mit denen der Paris-Bilder. Andererseits ist es schwierig, die Veränderungen ihrer Antworten zu berücksichtigen, nachdem der Versuchsleiter die Kinder veranlaßt hatte, ihre ersten Antworten in Frage zu stellen, und ihre Aufmerksamkeit auf die „Frequenz" jeder Reihe zu richten.

Der grundlegende Unterschied zwischen den beiden Ergebnisreihen ist folgender. Während der Untersuchung der Genf-Bilder trat bei den Kindern zwischen 7 und 8 Jahren plötzlich eine quantitative Veränderung auf. Vor diesem Alter entsprach eine höhere Frequenz noch mehr Zeit, danach weniger Zeit. Wir unsererseits haben diese Umkehrung nicht entdecken können. Die Prozentwerte blieben auf jeder Altersstufe gleich.

Es ist nicht unumgänglich, dieses Experiment in den Begriffen der Geschwindigkeit oder der Frequenz zu interpretieren. Für die Schätzung einer gleichen Dauer müssen zwei Faktoren berücksichtigt werden. Diese können einmal, wie *Piaget* meint, das In-Beziehung-Setzen der Anzahl der Bilder mit deren Darbietungsfrequenz sein, aber auch das der Anzahl mit der Dauer der Bilder, letzteres entspräche einer vielschichtigeren Operation.

Mit anderen Worten meinen wir, daß es zur Zeit nicht möglich ist, alle in Frage kommenden Kriterien für die Zeitschätzung aufzuführen, und daß es verfrüht wäre, zu behaupten, die Operationen der Koordination dieser Kriterien seien alle gleicher Art.

Da die Repräsentation des Kindes von der Dauer immer unabhängiger davon wird, was in ihr geschieht, wollen wir uns langsam (S. 281 ff.) einem abstrakten Zeitbegriff zuwenden. Das Kind, das sich von seinen absoluten Eindrücken löst, wird fähig, die Repräsentationen der Reihenfolge und der Dauer miteinander in Beziehung zu setzen, so daß es einen Zeitbegriff erlangt.

Piagets Konzept für die Bildung anderer Begriffe ist dieser ähnlich, obwohl er meint, daß das Kind zwischen dem Stadium der sensumotorischen Anpassung und dem einer Repräsentation normalerweise erst dann allmählich zu einer Reversibilität fähig wird, wenn es die entsprechenden Operationen vorzunehmen vermag.

Worin besteht nun der Interpretationsunterschied zwischen *Piaget* und uns? Vielleicht ist er mit der Richtung zu erklären, die *Piagets* Arbeiten über die Zeit ursprünglich nahmen. Er berichtet selbst im Vorwort seines Werkes, daß *Einstein* ihm vorgeschlagen hatte, festzustellen, ob die subjektive Anschauung der Zeit „unmittelbar gegeben ist oder sich erst im Laufe der Entwicklung bildet; und hängt sie von vorneherein mit der Geschwindigkeit zusammen oder nicht?" Eine solche Ausrichtung hat *Piaget* sicherlich veranlaßt, das Zeitproblem insbesondere im Hinblick auf die Geschwindigkeit zu analysieren. Man könnte geradezu sagen, daß er vor allem nach den Bedingungen gesucht hat, unter denen die Relation $t = \frac{s}{v}$ erkennbar wird; denn er hat wiederholt angemerkt, daß sich der *Zeitbegriff* erst dann ganz zeige, wenn zuerst eine gegliederte Anschauung und dann das In-Beziehung-Setzen von Geschwindigkeit und Dauer erfolgt.

Piaget (1966) hat übrigens seine Position in diesem Punkt erläutert. Der Raum wie die Geschwindigkeit seien einfache Qualitäten. Man könne nämlich das Vorhandensein eines Abstandes, abstrahiert vom Inhalt, und

ebenso die wahrgenommene Geschwindigkeit während der Verschiebung
direkt feststellen, wogegen die Dauer nur eine Resultante der beiden
Komponenten sei.

Wir dagegen neigen eher zu der Auffassung, daß die Dauer, wie auch der
Abstand, eine einfache Qualität ist. Zeit und Raum sind wahrnehmungsmä-
ßig von deren Inhalten abhängig und verursachen die gleichen Illusionen mit
den gleichen Komponenten wie im „Tau- und Kappa-Effekt" (S. 138).
Sofern die erste Qualität der Dauer entspricht, ist sie auch die des Abstandes, den das Subjekt bezüglich seiner Erinnerungen und Wünsche und erst
dann zwischen zwei Ereignissen erkennt. Zieht man die Phänomenologie
der Sprache heran, so zeigt sich, daß das Kind (wie der Erwachsene), wenn
es von der Dauer spricht, sowohl die Terminologie des Raumes als auch der
Geschwindigkeit verwendet: die Ferien sind *lang*, die Zeit vergeht *schnell*.
Allmählich gelingt es dem Kind, die Dauer so wie den Raum von deren
Inhalten zu abstrahieren. Es gibt zwischen der Zeit und den übrigen
Qualitäten noch zwei Unterschiede, wobei der eine weniger und der andere
sehr bedeutsam ist. Der Unterschied besteht einmal darin, daß die zeitlichen Repräsentationen nicht so deutlich und autonom sind wie die räumlichen. Und da die Repräsentationen aufgrund ihres statischen Charakters
besser an den Raum angepaßt sind als an die Zeit, ist es einfacher, den
Raum im Gegensatz zur Zeit logisch-mathematisch zu bestimmen. Der
Hauptunterschied besteht jedoch in der Messung. Die Messung des Raumes
wird am Raum selbst vorgenommen, das Ganze durch seine Teile, während
man bei der Zeit von einer Bewegung ausgeht und den Isochronismus
zwischen zwei homologen Phasen einer periodischen Bewegung, d. h. die
Gleichförmigkeit der Geschwindigkeit, annimmt. Wenn die Geschwindigkeit sich beschleunigt, wird die Zeit kürzer. Auf dieser Ebene der Konzep-
tualisierung meinen auch wir, daß es in der Tat eine *notwendige* Relation
zwischen Zeit und Geschwindigkeit gibt. Diese Relation ist häufig in
unseren Zeitschätzungen enthalten, nur sind die Koordinationen, aus denen
die begriffliche Zeit konstruiert wird, nicht immer von Beginn an bis zu
diesem Schema auszumachen.

Während der gesamten Diskussion haben wir noch gar nicht den Unterschied zwischen der
physikalischen und der psychologischen Zeit, den auch *Piaget* eingeführt hat, dargestellt.
Wir verstehen diese Unterscheidung nur, wenn man einräumt, daß in der physikalischen
Zeit alle Faktoren durch die äußere Situation gegeben sind, während sie in der psychologischen Zeit durch die Handlung des Subjekts hervorgebracht werden. Diese Unterscheidung scheint uns nicht wesentlich zu sein, da die psychologische Zeit, gleich welchen
Ursprungs, immer bezogen ist auf das Subjekt, das sie nach denselben perzeptiven und
kognitiven Gesetzen wahrnimmt und erkennt. Wenn man so will, ist alles psychologische
Zeit, nur schließt diese Behauptung nicht die *gelebte Zeit* – ein Ausdruck, der an *Bergson*

oder *Husserl* erinnert – mit ein und rekurriert in keiner Weise auf die Introspektion, es sei denn, man ließe gelten, daß sich alle perzeptiven und kognitiven Gesetze auch auf diese Art herstellen. Nun, wenn wir von der Wichtigkeit der Dichte wahrgenommener Veränderungen sprechen, ziehen wir eine hypothetische und intermittierende Variable heran, die selbst nicht erfaßt werden kann. Dennoch kann man einen gewissen Isomorphismus zwischen dieser Variablen und den in der Situation manipulierbaren Stimulationen voraussetzen, und genau auf dieser Voraussetzung beruhen alle Experimente, in denen die Dauer von mehr oder weniger zahlreichen Stimuli, die für das Versetzen von Ringen und Spielmarken erforderliche Zeit, die variierende Anzahl und Dauer von Stadtansichten etc. untersucht werden.

Diese Auseinandersetzung mag insgesamt ein wenig spitzfindig sein, doch handelt es sich um eine wesentliche Frage: Ist eine Anschauung der Dauer an sich überhaupt möglich, oder steht sie immer nur in Relation zum Raum und zur Geschwindigkeit? Genau die zweite Position vertritt *Piaget*, wenn er behauptet, „. . . daß die elementaren Anschauungen die des durchlaufenen Raumes und der Geschwindigkeit sind und die Zeit sich davon immer mehr unterscheidet, aber nur insofern, als die gleichzeitigen Umstellungen (codéplacements) untereinander koordiniert werden . . .“ *(Piaget 1966, 42)*.

Im Gegensatz dazu meinen wir, daß das jüngere Kind nicht nur Anschauungen der Geschwindigkeit und des Raumes hat, sondern auch der Dauer. Diese erfährt es ganz konkret in Form eines Intervalls, das zwischen dem Kind und der Erfüllung seiner Wünsche steht. Dieses Intervall scheint anfangs nur aus der Anzahl der darin auftretenden Veränderungen zu bestehen, doch im Laufe der Entwicklung des Kindes transformiert sich diese Anschauung in eine Repräsentation, die als abstrakter Hintergrund und Ort der Veränderungen von diesen unabhängig ist. Gewiß, das ist nur eine Entwicklungsstufe, denn das Kind kann erst in dem Moment allen Aspekten der Veränderung Rechnung tragen, wo es die Reihenfolge der Ereignisse und die sie trennenden Dauern miteinander in Beziehung zu setzen und von einem gegebenen System zum nächsten überzugehen vermag. In diesem letzten Stadium sind wir uns mit Piaget wieder vollkommen einig darin, daß „die operationale Zeit hergestellt ist, wenn sich die Reihenfolge aus der Einschachtelung der Dauern ableiten läßt und umgekehrt“ *(Piaget 1946 b, 278)*, nur meinen wir, daß die *Repräsentation* der Zeit für sich existiert und vor der operationalen Phase auftritt.

4. Die Entwicklung des Zeitbegriffs bis zur Adoleszenz

Ein Kind im Alter von 7–8 Jahren, das erlebte Veränderungen miteinander in Beziehung setzen und Doppelreihenbildungen vornehmen kann, realisiert noch nicht, daß die Zeit eine von den Veränderungen unabhängige Relation ist. Erst allmählich gelangt es zu diesem Abstraktionsniveau.

Eine Untersuchung von *Michaud* (1949) verdeutlicht diese Entwicklung. Er stellte große Gruppen von Kindern zwischen 10 und 15 Jahren die Frage: Was geschieht mit der Zeit, wenn man im Frühling die Uhr eine Stunde vorstellt und plötzlich von 11 Uhr abends auf Mitternacht springt? (Diese Untersuchung ist vor 1939, also vor der Einführung der Sommerzeit, durchgeführt worden.) Um das Problem zu konkretisieren, wurden die Kinder auch gefragt, ob sie dabei auch plötzlich älter würden. Die Antworten der Kinder auf diese Fragen zeigen, daß sie spontan eine Beziehung hergestellt haben zwischen der Uhrzeit und der Zeit anderer Veränderungen wie die von Tagen, Nächten oder dem Wachstum.

Michaud stellte fest, daß die Kinder, abgesehen von denjenigen, die das Problem nicht verstanden haben, aufgrund ihrer Antworten in vier Hauptkategorien eingeteilt werden konnten:

(1) Diejenigen Kinder, die die Zeit als eine *reale Quantität* verstehen. Beim Vorstellen der Uhr „eskamotiert" oder „hebt man die Zeit auf". Man wirkt also selber auf die Zeit ein, was zum Ausdruck kommt, wenn die Kinder meinen, sie seien älter geworden. „Ja, wenn man von 23 Uhr auf Mitternacht springt, werde ich älter, als ob die ganze Zeit verstrichen sei" (13;2). „Zu unserem Alter ist eine Stunde hinzugekommen, jeder ist älter geworden" (13;11). Obwohl einige meinen, daß sie nicht älter geworden seien, zeigen ihre Äußerungen dennoch, daß sich ihr Zeitkonzept nicht von dem anderer Kinder dieser Gruppe unterscheidet; sie glauben nur nicht, daß man so schnell älter wird: „Das ließ mich nicht älter werden, weil man in einer Stunde nicht älter wird" (13;2) *(Michaud 1949, 75)*.

(2) Die Kinder, für die sich das Vorstellen der Uhr auf ein rein *praktisches* Problem beschränkt. Man kann die Uhrzeiger vorstellen, wodurch wir eine Stunde verlieren, „die für uns hätte nützlich sein können" *(Michaud 1949, 88)*. Aber diese Kinder fragen sich nicht, ob das Vorstellen der Uhr auch mit der abstrakten Zeit zusammenhängt, unabhängig von den Möglichkeiten, die sie der Handlung eröffnet.

(3) Die Kinder, die das Vorstellen der Uhr unter dem Gesichtspunkt einer *mathematischen Operation* betrachten. „Im Winter werden die Uhren zurückgestellt, im Sommer werden sie vorgestellt, das macht $1 - 1 = 0$" (13;1). Dieses Vorgehen zeigt nicht immer an, ob das Kind sich vorzustellen vermag, daß andere Veränderungen dadurch nicht betroffen sind. Die Mehrzahl der Kinder meint, daß „Man nicht älter wurde, da

die *abgezogene Stunde nicht erlebt worden ist*" (14;10), während einige
von ihnen glauben, daß dieser Zeitsprung das Alter beeinflußt habe:
„Ja, plötzlich wurde ich eine Stunde älter, weil man die Uhr um eine
Stunde vorgestellt hat; da diese eine Stunde im Winter aber wieder
eingeholt wird, werde ich wieder eine Stunde jünger . . . also hat sich
mein Alter nicht verändert" (15;0) *(Michaud 1949, 131).*

(4) Schließlich diejenigen Kinder, die erkennen, daß die Zeit der Uhren
eine reine *Konvention* ist, wodurch die in der Natur auftretenden
Veränderungen, insbesondere der Sonnenauf- und untergang und das
wirkliche Alter nicht beeinflußt werden. Das Vorstellen der Uhrzeiger
ist eine einfache *Zeitverschiebung.*

Nur in diesem letzten Antworttypus zeigt sich, daß das Kind die Uhrzeit als
eine Konvention, unabhängig von den auftretenden Veränderungen
begreift. Hier allein manifestiert sich auch, daß die Zeit ein Raster ist, das
der homogenen, von den menschlichen Manipulationen unabhängigen
Natur zugrunde liegt. Die meisten Antworten derjenigen Kinder, die das
Vorstellen der Uhr als eine einfache mathematische Operation betrachteten
– deren Anzahl übrigens mit zunehmendem Alter steigt – tendieren ebenfalls in diese Richtung.

Faßt man die unterschiedlichen, in *Michauds* Untersuchung (1949, 74, 89,
131, 241) erhaltenen Ergebnisse tabellarisch zusammen, dann wird ersichtlich, daß die prozentuale Anzahl derjenigen Kinder (Mädchen und Jungen),
die jeden Antworttyp geben, mit zunehmendem Alter beträchtlich steigt.

Anzahl der Kinder	Alter	Zeit = reale Quantität	Zeit = Aktivität	Zeit = mathematisches Schema	Zeit = Konvention
		(%)	(%)	(%)	(%)
247	10	36,8	36	2	19,8
336	11	32,1	33,3	2	29,7
478	12	22,5	25,7	3,1	39,1
459	13	16,5	22,4	5	47,7
219	14	16,4	11,7	10,3	56,8
59	15	10,1	6,7	23,7	59,3

Es scheint so, daß etwa ¾ der Kinder im Alter von 10 Jahren die Zeit noch
nicht als eine Abstraktion verstehen und daß die Veränderung der Uhrzeit
sich für sie auf das Alter auswirkt. Sie können sich nicht vorstellen, daß die
durch das Alter bedingten Veränderungen unabhängig sind vom Lauf der
Uhr. Erst mit 13 Jahren bezeugen 50% der Kinder, daß sie die Uhrzeit als

eine bloße Konvention ohne Einfluß auf die Veränderungen, die sie mißt, verstanden haben.

Dieses Ergebnis ergänzt unsere vorausgegangene Beweisführung. Am Ende des ersten Entwicklungsstadiums ist ein 8jähriges Kind fähig, die Dauern zweier Veränderungsserien einzuschachteln, nur „verdinglicht" es die Zeit noch, weil diese an die konkreten Repräsentationen gebunden bleibt. Uhren vermitteln den Kindern das Modell eines kontinuierlichen Werdens mit konstanter Geschwindigkeit, dank dessen es gleiche Perioden, die ihm als Zeiteinheiten dienen, erfaßt: Es kann nun die Dauern der Veränderungen im Verhältnis zu einer einzelnen Veränderung bestimmen. Das Kind ist erst in dem von *Piaget* beschriebenen Alter der formalen Operationen, d. h. in der Adoleszenz, fähig, von der konkreten Homogenität der Uhrzeit zur abstrakten Homogenität einer Dauer, gleichsam einem von den Ereignissen unabhängigen Raster, überzugehen.

Die Anpassung an die Zeit ist also von der auf der jeweiligen Altersstufe erreichten Intelligenz und dem entsprechenden operationalen Niveau des Individuums abhängig. Demnach ist es nicht erstaunlich, daß einige Autoren (s. S. 180) sehr hohe Korrelationen gefunden haben zwischen verschiedenen allgemeinen Intelligenztests und den Ergebnissen eines Fragebogens bezüglich der zeitlichen Orientierung, der Zeiteinteilung und der Art, Ereignisse zu datieren; alles Fähigkeiten, die erlernt werden müssen und erst dann erworben werden können, wenn die Prozesse der Zeitmessung für das Kind einen Sinn erhalten.

Die Signifikanz dieser Korrelationen wurde in einer Untersuchung von *Gothberg* (1949) über Fälle von Geistesschwäche präzisiert. Die Korrelation zwischen einem Fragebogen bezüglich verschiedener Zeitauffassungen und dem geistigen Alter beträgt. 84 und nur .31 zwischen diesem Fragebogen und dem chronologischen Alter (bei gleichem geistigem Alter).

III. Repräsentation und Zeitbegriff

Um dieses Kapitel mit den höheren Formen der Anpassung des Menschen an die Zeit abzuschließen, müssen wir noch die letzte Phase dieses schon ausführlich beschriebenen Entwicklungsverlaufes betrachten und die eigentliche Natur dessen, was der Mensch die Zeit nennt, genauer bestimmen. Die Philosophen haben über diese Frage viel diskutiert, ohne die mindeste Übereinstimmung zu erzielen. Offenbar ist die Zeit, wie *Nogué* (1932) anmerkte, keine reine Idee. Schrieb doch schon *Pascal* (De l'esprit géométrique, in: Pensées et opuscules, S. 170), daß alle Menschen wüßten, was die Zeit sei, selbst wenn sie sich über die Natur der Zeit nicht einig seien. Denn aufgrund der verschiedenen Anpassungsmodi an die Veränderungen wird uns zwar eine Vielfalt von Erfahrungen vermittelt, doch solange diese Erfahrungen nicht integriert sind, geben sie uns nur Teilerklärungen; was wir Zeit nennen, ist nämlich jene Integration.

Diese Erfahrungen lassen sich, wie wir schon gesehen haben, auf die zwei wichtigsten zurückführen, wobei jede von ihnen unterschiedliche Formen annehmen kann: die Erfahrung der *Sukzession* und die der *Dauer*. Wie alle Erfahrungen gehören *beide* der erlebten Gegenwart an.

Die Erfahrung der Sukzession bedeutet, zu sehen, wie alle unsere Wahrnehmungen, insbesondere die auditiven, zur Vergangenheit werden. Allgemeiner gesagt, erst wenn ein Alter erreicht ist, in dem zwischen der Wahrnehmung und deren Gegenstand unterschieden werden kann, wird ein steter Wechsel der Empfindungen, Gedanken und Gefühle erfahren. Das Hauptmerkmal jener Erfahrung ist die Irreversibilität, d. h. die Unmöglichkeit der Rückkehr auf die Erfahrungsebene des Gewesenen. Aus dieser Sukzessionserfahrung aber gehen dank des Gedächtnisses die Zeitperspektiven hervor, die sich auf der Basis des bereits Erlebten aus den Erinnerungen der vergangenen und zugleich aus der Antizipation der zukünftigen Gegenwart konstituieren.

Die Erfahrung der Dauer ist die eines Intervalls. Sie existiert schon während der Wahrnehmung der Sukzession, in der das Intervall zwischen den sukzessiven Stimulationen ebenso gegeben ist wie deren Reihenfolge und Anzahl. Wir werden uns der Dauer vor allem durch den Widerstand bewußt, auf den wir bei der Realisierung unserer Wünsche treffen, aber auch dadurch, daß wir das begehrte Objekt nicht willentlich in die Gegenwart holen können. Später dann, im Laufe der Entwicklung, wird die Dauer auch durch die Entfernung unserer Erinnerungen erkennbar. Die Quantität der Erinnerungen zwischen zwei Zeitpunkten ist die eigentliche Wurzel unserer Erfahrung der Dimension Dauer.

Diese beiden Erfahrungsarten sind unterschiedlichen Inhaltes, und keine von ihnen stellt im eigentlichen Sinn die *Zeiterfahrung* dar. Dennoch vermitteln sie uns beide gleichsam ein symbolisches Bild, das entsteht, wenn wir alle jene erlebten Veränderungen betrachten müssen, um sie voneinander unterscheiden und in eine Abfolge bringen zu können. Dieses Bild ist dem eines Raumes vergleichbar, in dem alle Ereignisse in ihrer Vielfalt und zugleich in ihrer unterschiedlichen Nähe lokalisiert sind. Denn die aus der Vielfalt der vergangenen und zukünftigen Erfahrungen entstandenen Zeitperspektiven können nur Gegenstand einer Repräsentation sein, sofern die Ereignisse in gegenseitigem Verhältnis nebeneinander plaziert werden.

Diese Übertragung erfolgt auf eine natürliche Art, da die zeitliche Folge häufig mit der räumlichen übereinstimmt und die Abstände den Dauern der Bewegung entsprechen. Im Gebirge, wo man sich meistens zu Fuß fortbewegt, wird ein Einheimischer auf die Frage: „Ist es noch weit?" entweder antworten: „Eine Stunde" Fußmarsch oder „3 bis 4 km".

Die spontane Transposition des Zeitlichen ins Räumliche wird sofort deutlich, wenn man sich, wie *Wallon*, an die eigentliche Natur der geistigen Repräsentationen erinnert: „Unsere Bewußtseinszustände, unsere Wahrnehmungen, mittels derer die unmittelbare Anpassung an die jeweilige Umwelt erfolgt, bringen nur diejenigen Beziehungen zur Außenwelt hervor, die für unsere Existenz von Nutzen sind. Sie müssen jedoch die feinen Unterschiede des Nutzens klar und deutlich erkennen lassen, u. zw. durch ein System von Eindrücken und Symbolen, die entscheidende Unterschiede und genau definierte Anhaltspunkte vermitteln können ... Die Entstehung des Bewußtseins ist nach diesem Gesetz des maximalen Nutzens ausgerichtet. Diejenigen unserer Bewußtseinszustände, die aus sich heraus keine klaren und deutlichen Repräsentationen hervorbringen können, werden hinter der Symbolik anderer Serien, die anpassungsfähiger und besser definiert sind, zurücktreten" *(Wallon 1930, 326)*. Die genauesten Empfindungen sind die visuellen, welche die räumlichen Vorstellungen vermitteln und sehr schnell in das Bewußtseinsfeld eindringen, da sie für eine nützliche Repräsentation der Welt, in der wir leben, am geeignetsten sind.

Wenn die Verräumlichung von Veränderungen für uns ein praktisches Hilfsmittel ist, uns diese vorzustellen, läßt sich noch in Übereinstimmung mit *Bergson* sagen, daß dieses Bild der verräumlichten Zeit in keiner Weise unseren unmittelbaren Erfahrungen entspricht. Entsteht dieses aber nicht gerade aus dem Bedürfnis, nicht mehr in der erlebten Gegenwart eingeschlossen zu sein, sondern sich die vergangenen und zukünftigen Veränderungen mit ihrer zweifachen Eigenschaft der Reihenfolge und Dauer vorstellen bzw. vergegenwärtigen zu können? Wir lassen hier also den dynamischen Erfahrungsaspekt des Werdens außer acht. Wie könnte es anders sein? Seit Heraklit hat man die erlebte Dauer zu bestimmen versucht und die Zeit mit einem Fuß verglichen. Das Bild ist zwar verführerisch, aber in der Analyse entdeckt man, daß es unsere Erfahrung nicht ganz zum Ausdruck bringt. Es stellt die Vergänglichkeit doch nur für einen Beobachter, der sich am Flußufer, d. h. außerhalb der Zeit, befindet, dar. Es ist noch in anderer Hinsicht unzureichend. Das Wasser fließt in Richtung Zukunft, für den Beobachter aber verschwindet es in dessen Vergangenheit. Zöge man die Erfahrung desjenigen heran, der sich im Fluß befindet, dann ist die Veränderung am Ufer, und der Fluß nicht mehr mit der Zeit vergleichbar

(Merleau-Ponty 1945, 470–471). Zudem erlaubt diese Metapher nicht, sich die unterschiedlichen Zeitpunkte vorzustellen, vor allem, wenn sie mehreren Veränderungsserien entsprechen. Das Werden läßt sich also schwerlich konzeptualisieren.

Doch gerade aufgrund der Fähigkeiten, sich simultan mehrere sukzessive Momente vorzustellen, indem sie nebeneinandergereiht und durch Intervalle oder Dauern getrennt werden, können wir unsere unvollkommenen Bilder des Werdens vervollständigen. Dank dieser Vergegenwärtigung ist die Reihenfolge der Veränderungen allein vom Denken abhängig und entgeht der zwingenden Notwendigkeit der unmittelbaren Erfahrung, so daß die Zeit reversibel wird und von einem weiter zurückliegenden Ereignis zu einem zeitlich späteren, sowie vom Vorher zum Nachher übergegangen werden kann.

Diese Repräsentation löst sich mehr und mehr von den initialen Bildern, die sie konstituiert haben, und tendiert ausschließlich dahin, zu einer Repräsentation eines homogenen und kontinuierlichen Hintergrundes zu werden. Das führt zu einer Konzeption, nach der die Zeit vergleichbar ist mit dem Euklidischen Raum, in dem alles seinem festen Platz zugeordnet ist. *Berger* (1950, 102) hat richtig erkannt, daß eine derartige Repräsentation unseren Wunsch zum Ausdruck bringt, dem Werden, das im Tode endet, zu entkommen. „Die Zeit ist eine Revolte des Menschen gegen den ihn ständig umgebenden Tod, nicht gegen das Verfließen der Zeit, vielmehr dagegen, was sie beinhaltet, gegen die Tatsache, daß alles zwischen den Fingern zerrinnt . . .“

Es gelingt jedoch kaum, uns von dieser Zeitvorstellung, wie der des Raumes gänzlich zu lösen. Wir lokalisieren die Umgebung, die wir erfahren, im Verhältnis zu unserem eigenen Körper, wobei wir uns an unseren Denkgewohnheiten orientieren. Dieses konnte konkret nachgewiesen werden. *Guilford* (1926) stellte seinen Studenten die Aufgabe, eine Zeichnung anzufertigen, die die Vorstellung der Vergangenheit, Gegenwart und Zukunft darstellt. 91% der Zeichnungen bestand aus einer Linie von links nach rechts; diese Richtung ist ohne Zweifel auf den Einfluß des Lesens und Schreibens, wie es in der okzidentalen Welt üblich ist, zurückzuführen. Jeder, der die verschiedenen Stadien einer Entwicklung zeichnerisch darstellen oder eine Geschichte in Bildern, wie in den Comics, erzählen will, verfährt immer von links nach rechts. Neben dieser allgemeinen Richtung hat *Guilford* festgestellt, daß in 58% der Darstellungen die Vergangenheit unter und die Zukunft über der Gegenwart lokalisiert worden war. 22,5% der Studenten setzten die Gegenwart auf die Spitze einer konvexen Welle . . . die übrigen Zeichnungen stellten eine unterbrochene Linie dar. Diese

Verschiedenheit beweist, daß jene räumliche Lokalisierung von Veränderungen nach einem sehr persönlichen Schema vorgenommen wird. Um das Problem der räumlich lokalisierten Repräsentationen noch konkreter darzustellen, haben wir Studenten gebeten, sich als Kind, das sie einmal waren, und als zukünftiger alter Mensch zu lokalisieren: Wir erhielten die gleichen Ergebnisse wie *Guilford*: 31% Studenten lokalisierten das Kind zu ihrer Linken und den alten Menschen zu ihrer Rechten; 11% von ihnen stellten dies auf einer Vorder- und Hinterachse dar, wobei die Vergangenheit hinten und die Zukunft vorne lokalisiert wurden; 10% der Vpn hatten dabei eine Vorstellung von unten (Vergangenheit) und oben (Zukunft), und 13% stellten komplexere Zeichnungen her, in denen zwei der drei räumlichen Dimensionen gleichzeitig vorherrschten. Interessant ist auch, daß in 35% der Fälle keine zeichnerische Lokalisierung vorgenommen wurden mit der Begründung, sie hätten sich auf die sukzessive Visualisierung der Vorstellungen beschränkt, was einem einfacheren Modus der Repräsentation von Veränderungen entspricht, u. zw. dem Aneinanderreihen sukzessiver Bilder. Auf diese Weise wird häufig die Zeit symbolisch dargestellt: sukzessive Porträts desselben Menschen, sukzessive Kalenderblätter etc. Diese Vielfalt von Antworten zeigt einmal aus einem anderen Blickwinkel, was wir in den Untersuchungen über den Entwicklungsverlauf der Repräsentationen entdeckt haben: Unsere Zeitvorstellungen können, je nach dem Inhalt, auf den sie bezogen sind, mehr oder weniger abstrakt sein.

Die Repräsentation der Zeit als ein schematisches, auf eine Dimension gerichtetes Kontinuum* ist noch angemessen, solange wir uns Veränderungen vorstellen, die eine homogene Serie bilden, wie die einzelnen Abschnitte unseres Lebens, aufeinanderfolgende Zustände eines Körpers oder die Folge von Tagen, Monaten und Jahren. Sie wird aber nicht hinreichend sein, wenn heterogene Ereignisreihen miteinander *in Beziehung* gesetzt werden sollen. Denn dann gilt es, die Zeit zu konstruieren und die Ereignisse, die nicht in eine natürliche Reihenfolge fallen, mit den Dauern zwischen den Ereignissen untereinander ins Verhältnis zu setzen. Nehmen wir wieder das Beispiel von *Piaget*: Wenn ich alle zeitlichen Gegebenheiten meines Lebens gleichzeitig betrachte und zum Beispiel die Ereignisse meines familiären Lebens und die politischen Ereignisse meines Landes zeitlich festlegen will, dann gehe ich anhand einer Reihe von

---

* Die Vorstellung von der Zeit als einer geraden Linie ist ein gegenwärtig vorherrschendes Bild, das bekanntlich in einer gewissen Dependenz steht zu der gesellschaftlichen Entwicklung. Von *Aristoteles* wissen wir, daß man zu seiner Zeit „der allgemeinen Auffassung war, die menschlichen Bestrebungen verliefen im Kreis ..." *(Physique, IV, 161)*. Doch ob Linie oder Kreis, die Überlegung bleibt die gleiche.

Konstruktionen vor, wobei Daten und Zeitabschnitte ermittelt werden (der Krieg hat fünf Jahre gedauert, mein zweites Kind wurde drei Jahre nach dem ersten geboren etc.). Ich stütze mich noch auf Repräsentationen, doch da wir uns nicht gleichzeitig mehrere Zeitintervalle, die sich überschneiden, vorstellen können, ist schließlich auch keine Repräsentation mehr möglich. Diese Zeitkonstruktion führt indessen nicht zu einem Konzept, das eine Klasse von Objekten subsumiert, vielmehr gelangen wir am Ende einer Reihe von Operationen zu einem einzigen und umfassenden Schema, welches das zeitliche Universum konstituiert *(Piaget 1946 b, 293)*.

Dieses Zeitschema oder dieser Zeitbegriff, um einen geläufigeren Terminus zu verwenden, resultiert also nicht aus einer einfachen Abstraktion von vielschichtigen Erfahrungen, u. zw. aus dem einfachen Grunde, weil die zeitlichen Erfahrungen untereinander heterogen sind. *Lavelle* drückt es so aus: „Nur eine Relation kann uns die Vorstellung eines Objektes vermitteln, dessen Präsenz nicht gegeben ist" (1945, 192). Und somit ist die Zeit auch nicht eine reine Form unseres Geistes. Die Zeit entsteht aus der Aktivität des Menschen selbst, der die Veränderungen, an denen er teilhat, zu rekonstruieren versucht. Und wie wir wissen, können wir nur das meistern, was wir rekonstruiert haben. Mit dem Zeitbegriff erreichen wir die höchste Form der menschlichen Anpassung an Sukzessionen, die das Raster unserer Umwelt bilden. Der Mensch hat also den Eindruck, daß sein Zeitkonzept das einer absoluten Zeit ist, so wie *Newton* es treffend formuliert hat.

Durch die Fortschritte der Wissenschaft, die zu der speziellen und später allgemeinen Relativitätstheorie geführt haben, mußte man jedoch zu der Erkenntnis gelangen, daß das, was als absolute Zeit angesehen wurde, nichts weiter war als eine „lokale Zeit", wie *Lorentz* sie nannte, oder genauer nach dem Ausdruck von *Langevin*, eine personale, „eigene Zeit". Die Seriation und die homogene Dauer werden nur im Verhältnis zu einem Bezugssystem, dessen einzelne Teile relativ zueinander unbeweglich sind, fixiert. Sobald sich verschiedene Bezugssysteme im Verhältnis zueinander bewegen, gibt es keine gemeinsame Zeit mehr.

Hinsichtlich der Simultaneität hat sich das Problem sogar noch zugespitzt, denn wie wir gesehen haben, ist dies vom Standpunkt der Seriation und der Messung der Dauer aus eine fundamentale Frage. Im ersten Ansatz sagen wir, daß zwei Ereignisse simultan sind, wenn wir sie zusammen wahrnehmen. Aber wir erfahren sehr schnell, daß die Simultaneität zweier Wahrnehmungen nicht unbedingt bedeutet, daß die entsprechenden Ereignisse ebenfalls simultan sind. Es ist alles abhängig vom Ort des Beobachters in Relation zu den Ursachen der Ereignisse und der Geschwindigkeit der

Informationsübermittlung. In einem festen Bezugssystem jedoch kann man, unabhängig vom jeweiligen Ort der Beobachtung, ausgehend von den Abständen, der Übermittlungsgeschwindigkeit und den gemessenen Intervallen zwischen der Aufnahme zweier Informationen, auf die Simultaneität schließen. Wo immer die Beobachter sich befinden, jeder von ihnen wird zu derselben Schlußfolgerung kommen. Anders ist es dagegen, wenn zwei Ereignisse in Systemen auftreten, die sich im Verhältnis zueinander bewegen, wie zwei verschiedene Sterne. Gemäß der absoluten Zeit sagen wir, daß ein im Sonnensystem auftretendes Ereignis simultan mit einem terrestrischen Ereignis stattfinden kann, wobei es sich aber nur um eine Annahme handelt: Das erfahren wir in dem Moment, wo wir uns fragen, wie sich diese Simultaneität überprüfen ließe, da sich das beobachtete Objekt relativ zum Beobachter bewegt. Die Relativitätstheorie hat also gezeigt, daß zwischen zwei Ereignissen lediglich ein *Raum-Zeit-Intervall* meßbar ist, da beide Gegebenheiten nur relativ zueinander gemessen werden können. Das Intervall ist ein raum-zeilicher Faktor.

Das Problem hinsichtlich der Dauer führt zu demselben Ergebnis. Nur unter relativ konstanten physikalischen Bedingungen erhält man eine homogene Dauer und somit eine Zeiteinheit. Der Lauf unserer Uhren ist abhängig vom Gravitationsfeld und dessen Beschleunigung bzw. Verlangsamung. Stellte man in verschiedenen Feldern, wie z. B. in zwei unterschiedlichen Sternsystemen, zwei Uhren auf, so würden sie nicht dieselbe Zeit messen. Und es ist nicht möglich, sie im Verhältnis aufeinander abzustimmen, da es keine absolute Simultaneität gibt.

Die Relativitätstheorie fordert eine neue Konzeption der Zeit sowie des Raumes. Im Unterschied zu dem von uns untersuchten Zeitbegriff entstünde jene Konzeption nicht aus der direkten Wirkung durch den Menschen auf die Dinge, aus der Adaptation an seine Lebensbedingungen, sondern aus seiner wissenschaftlichen Aktivität. Daher der Versuch, einige physikalische Paradoxa zu verstehen, insbesondere das negative Ergebnis von *Michelson*, aus dem *Einstein* schloß, daß es eine jedem Bezugssystem eigene Zeit gibt, so daß er die Hypothese einer absoluten Zeit aufgeben mußte.

Dieser Versuch, auch die raum-zeitlichen Beziehungen des Universums zu berücksichtigen, kann als ein neuer Ansatz für eine bessere Anpassung unseres Bewußtseins an die Realität betrachtet werden, was unser alltägliches psychologisches Leben jedoch nicht ursächlich berührt. Die Zeit nach der Relativitätstheorie führt uns über das psychologische Problem des zeitlich organisierten Verhaltens hinaus, obgleich unser Zeit*begriff* so beschaffen sein müßte, daß die personale „eigene Zeit" nicht nur ein

Einzelfall der nach der Relativitätstheorie verstandenen Zeit ist. Vielleicht wird die Eroberung des kosmischen Raumes die Kosmonauten vor neue zeitliche Probleme stellen, die unser Bewußtseinsfeld erweitern werden!

Schluß: Der Wert der Zeit

„Die Zeit macht mich, und ich mache die Zeit!" Diese Formulierung stammt von *M. Bonaparte* (1939), mit der er den Unterschied zwischen *Bergson* und *Descartes* aufzeigte.

Von der Geburt bis zum Tode entwickelt sich unser Körper unter der fortwährenden Einwirkung der Zeit. Auch verändern sich ständig unsere Lebensbedingungen, was uns in vielfacher Weise formt. Wir leben im Rhythmus der Tage und Nächte. Unsere Nervenzentren registrieren die Dauer zwischen einer Befriedigung und dem entsprechenden Signal, das ihr vorausgeht. Jedes erlebte Ereignis erhält durch die Konkordanz mit irgendeiner Veränderung sozusagen ein temporales Zeichen.

Das soziale Leben ist das Milieu par excellence für unsere Anpassung an den steten Wechsel; es vermittelt gewissermaßen die Transformationen unserer Umwelt. Lernen Kinder im Grunde nicht schon während der Erziehung, den Zyklus ihrer Aktivitäten und ihrer Bedürfnisse dem Rhythmus der Erwachsenen anzupassen? Die Eltern sind die ersten, die die Zeit des Aufstehens, Zubettgehens, des Spiels, der Mahlzeiten und der Aufgaben festlegen. Später kommen durch die Schule, den Beruf und durch die Gemeinschaft entsprechende Verpflichtungen hinzu. Im Zusammenleben mit den anderen erfahren wir, daß wir auf die unmittelbare Erfüllung unserer Wünsche verzichten müssen. Die beiden Anpassungsformen des Wartens und der Hast werden verschärft und vermehrt durch das soziale Leben. Sich der Zeit zu unterwerfen bedeutet praktisch, die Zeit der anderen zu akzeptieren.

Dieser von der Gesellschaft auferlegte Zeitdruck umfaßt eine ganze Reihe von Gradabstufungen *(Stoetzel 1953)*. Normalerweise ist er um so stärker, je mehr wir in ein komplexes Netz sozialer Beziehungen eingebunden sind. Die Unterschiede werden in einem einfachen, aber aussagekräftigen Beispiel deutlich: Der Anteil der Stadtbewohner, die eine Uhr tragen, nimmt mit der wachsenden Population zu. Bauern sind offenbar weniger auf einen genauen Zeitplan angewiesen als Angestellte oder Arbeiter. Jeder von uns unterliegt auf seine Art dem Zeitdruck, der, bedingt durch unsere äußeren Lebensumstände, auf uns lastet; er variiert mit der jeweiligen

Umgebung, in der wir uns gerade befinden, dem Wochentag oder der Jahreszeit. So gibt es eine Zeit des Büros, der Straße und des Hauses *(Halbwachs 1947)*, sowie eine Zeit der Wochen- oder Sonntage und eine Arbeits- und Ferienzeit. Diese Variationen sind von Vorteil, da so Spannung und Entspannung sich abwechseln und der alternierende Wechsel des Drucks und der Erleichterung positiv auf unseren individuellen Lebensrhythmus wirkt. Wir alle kennen die Erholung nach einer Woche Ruhe, nach den Ferien, jenen Unterbrechungen des Tempos im Stadtleben.

Wie kostbar diese Pausen auch sein mögen, es gibt Momente, in denen wir dem Zeitdruck sogar gänzlich zu entkommen versuchen. Der Schlaf ist z. B. eine Grenzsituation, in der wir uns auf unsere biologische Individualität zurückziehen. Auch der Tagtraum befreit uns zu einem geringeren Grad von den Anforderungen der Realität, insbesondere von der sozialen Zeit. Dort realisieren sich unsere Wünsche so, wie sie gerade aufkommen; eine gefährliche Freiheit, sobald die Tagträumerei zur Gewohnheit wird und zur Entfremdung führt oder sogar zum Bruch zwischen Individuum und Gesellschaft. Toxische Einflüsse und – auf einer anderen Ebene – mystische Ekstasen sind ebenfalls Mittel, sich von der Zeit zu lösen: Sie führen uns ein in die Euphorie der Ewigkeit *(M. Bonaparte)*.

Diese außergewöhnlichen Erfahrungen sollten uns nicht täuschen. Die Sicherheit des normalen Menschen besteht nicht darin, sich von der Zeit zu befreien. Der Zeitdruck ist eine Einschränkung, aber auch der Rahmen, in den unsere Persönlichkeit integriert ist. Fehlt uns dieser Rahmen, so verlieren wir gewissermaßen die Orientierung. Die Abfolge unserer Aktivitäten wird durch nichts mehr aufrechterhalten: Wir sind mit uns selbst allein. Aus einer solchen Verstörung geht nicht nur ein Gefühl der Leere hervor, sondern auch eine unbestimmte Angst: Man fürchtet, entwaffnet zu sein gegenüber den Impulsen, die aufgrund der Sozialisation des Verhaltens normalerweise gehemmt oder verdrängt werden. Wenn einige Menschen fieberhaft nach neuen Beschäftigungen suchen und andere äußerst strenge Zeitpläne entwerfen, um sich von ihrer Angst „abzulenken", so liegt die Ursache dieser Handlungen in ein und demselben Bedürfnis. Das menschliche Gleichgewicht ist zu instabil, um sich über feste Positionen im Raum und regelmäßige zeitlich festgelegte Aufgaben hinwegsetzen zu können.

Da die Harmonie der individuellen Zeiten aus vielschichtigen Interaktionen resultiert, führen sie allmählich zu der in der Gesellschaft notwendigen Kooperation. In diesem wechselseitigen Adaptationsgefüge bringt jeder die Dynamik seiner gesamten Persönlichkeit mit ein. Selbst die Art, wie jemand dem Zeitdruck entgeht oder sich ihm unterwirft, zeigt, wer er ist, und wer er sein will.

Sich der Zeit seiner Gruppe zu unterwerfen, bedeutet normalerweise, die Sicherheit zu wählen; sich von ihr zu befreien, um seine Unabhängigkeit zu beweisen, ist eine Form der Aggressivität. Durch Pünktlichkeit z. B. versichert man sich der Achtung derjenigen, von denen der Zeitplan abhängt, oder zumindest vermeidet man Unannehmlichkeiten. Häufig leiden sehr exakte Personen an einer Art Unsicherheitsgefühl. Anderen wiederum dient die Pünktlichkeit als Waffe: Sie geben damit ihresgleichen oder Untergebenen ein Beispiel, um sie bei entsprechender Gelegenheit ins Unrecht zu setzen *(Adler 1948, 292)*. Obwohl dieses etwas neurotische Verhalten von *Halbwachs* (1947) nicht speziell untersucht worden ist, merkte er an, da nicht in allen Gruppen dieselbe Genauigkeit erforderlich ist, daß „man sich in bestimmten Umgebungen entspannt und sich einen Ausgleich schafft für die Genauigkeit, zu der man woanders verpflichtet ist."

Auch der Mangel an Genauigkeit zeichnet sich durch diese Doppeldeutigkeit aus. So kann jemand, der den gesellschaftlichen Verpflichtungen gleichgültig gegenübersteht, aufgrund des etwas aggressiven Wunsches nach Unabhängigkeit zu spät kommen mit der Absicht, diejenigen, die auf ihn warten, zu irritieren, und um Gelegenheit zu haben, sich als Person aufzuwerten, da er sich ja entschuldigt. Auch kann jemand seine Tätigkeit hinauszögern, um eine Spannung zu schaffen, die ihm eine Quelle der Befriedigung sein kann (*Meerloo 1948, Adler 1948*, oder: Über den nervösen Charakter. München: Bergmann 1922, *Fenichel 1953*, oder: Die psychoanalytische Neurosenlehre. Bd. 2, Freiburg: Walter 1980).

Die Bemühungen des Menschen, sich von dieser Dominanz zu befreien, sind nicht als eine Art Flucht zu verstehen. Eine höhere Form der Befreiung besteht weniger in dem Versuch, sich von der Zeit zu lösen, vielmehr darin, sie zu meistern, eine Art Überschreitung, die nur unter der Voraussetzung möglich ist, daß man dem Werden nicht ausweicht. Dieses beinhalten die Versuche des konstruktiven Denkens. *Pierre Janet* wies darauf hin, daß Philosophen einen besonderen Widerwillen gegenüber der Zeit empfänden und sie möglichst zu ignorieren versuchten (1928, 496). So weit wollen wir nicht gehen, sondern uns auf die Beobachtung des menschlichen Verhaltens im Stadium seiner ersten intellektuellen Adaptationen beschränken: Dieses Verhalten zeigt, daß der Mensch von Beginn an über den steten Wechsel zu dominieren versucht.

Um sich gegen die Zeit zur Wehr zu setzen, hat der Mensch in erster Linie sein Gedächtnis: Es hält vergangene Veränderungen gegenwärtig, wobei die Reihenfolge wiederhergestellt und die Bedeutung erkannt wird. Der

Mensch schafft sich die Einheit seiner Persönlichkeit, indem er sich eine Geschichte gibt. Nach diesem Bild nimmt die Menschheit eine Vergangenheit und eine Zukunft in Besitz. Jede Gesellschaft vergrößert ihre Archive, ihre Bibliotheken und Museen und vervielfacht so die Zeugnisse längst vergangener Epochen. Sie selbst verewigt sich Schritt für Schritt in der Geschichtsschreibung.

Der Beweggrund, seine ganze Vergangenheit an sich zu ziehen und den Wechsel zum Stillstand zu bringen, wird noch verstärkt durch einen ebenbürtigen Versuch, die Zukunft zu antizipieren und diese seinen Wünschen im voraus anzupassen. Die Voraussicht des Menschen geht über den Rahmen eines einfachen Zeitplanes hinaus: Durch sie werden Wissenschaftler, Techniker und Politiker veranlaßt, langfristige Ziele zu verfolgen.

Unsere Fähigkeit den steten Wechsel zu organisieren, erschöpft sich nicht in diesem weitreichenden Überschauen der Gegenwart bis hin zu Vergangenheit und Zukunft. Das Denken vervollkommnet die Gedächtnisleistung, indem es alle Ereignissequenzen miteinander in Beziehung setzt. So lernen wir, mühelos von der Reihenfolge zur Dauer, vom Vorher zum Nachher und vom Nachher zum Vorher überzugehen. Sobald dieser Prozeß abgeschlossen ist, befindet sich der Mensch im Besitz der Zeit, und zwar beherrscht er das Gesetz der Veränderung. Diese Gesetzmäßigkeit erfolgt paradoxerweise gleichsam außerhalb der Veränderung. Obwohl die gedachte Zeit aus der Erfahrung der gelebten Zeit hervorgegangen ist, bewahrt sie nicht die für sie charakteristischen Merkmale. Denn sie ist keine Abstraktion des Werdens, vielmehr koordiniert sie vielschichtige Ereignisserien, so daß diese gedanklich faßbar werden.

Die Heterogenität unserer Repräsentationen der Zeit bezüglich der erlebten Realität wird deutlich, wenn wir uns mittels Metaphern im Zentrum des Werdens anzusiedeln versuchen. Wir haben in Übereinstimmung mit *Merleau-Ponty* festgestellt: Wenn wir uns das Fließen der Zeit vorstellen, sind wir immer nur Beobachter, die vom Ufer aus sehen, wie ein Fluß, der uns selbst fremd bleibt, vorüberfließt. Das Werden ist in ein Objekt transformiert.

Diese Transformation ist das eigentliche Symbol, mit dem wir unsere Dominanz über die Zeit zum Ausdruck bringen. Aufschlußreich sind die Wendungen unserer Alltagssprache. Wir sprechen von der Zeit wie von einer uns zur Verfügung stehenden Sache: „Zeit haben"; wir verleihen ihr einen ähnlichen Wert wie dem Geld: „Zeit gewinnen oder verlieren'; sie ist sogar ein Tauschobjekt oder der Ausdruck für unsere Großzügigkeit: „Jemandem Zeit geben."

Wie vollkommen diese Kontrolle über die Zeit auch sein mag und wie losgelöst von der konkreten Realität, sie läßt uns den irreduziblen Charakter der Erfahrung des Wechsel dennoch nicht übersehen. In jedem Augenblick wird uns Zeit gegeben, um uns alsbald wieder entrissen zu werden. Sie ist die treibende Kraft jeder Erneuerung und allen Fortschritts, sie ist es aber auch, die zerstört und vernichtet. Der Mensch wird geboren und stirbt, es gibt progressive und regressive Entwicklungen, Gesellschaftssysteme entstehen und verschwinden wieder: Dies ist die doppelte Seite der Geschichte, welche die Zeit des Individuums wie die der Zivilisationen als im Wesen ambivalent anzeigt *(Marrou 1950)*. Kronos, der griechische Gott der Zeit, gebiert und verschlingt seine Kinder. Janus, dessen Weisheit sowohl die Zukunft als auch die Vergangenheit umfaßt, ist mit einem doppelten Gesicht ausgestattet, einem heiteren und einem ernsten.

Eine solche Ambivalenz erklärt gewisse Entscheidungen, die wir treffen. Geführt von seiner Persönlichkeit, seiner Situation und seiner Geschichte, richtet jeder von uns seinen Blick auf das, was die Zeit gerade bietet, oder darauf, was sie zerstört. Hieraus entstehen Haltungen, die unser tägliches Verhalten bestimmen. Wir haben schon die unterschiedlichen Werte aufgezeigt, die die Individuen den beiden Hauptachsen des Zeithorizontes, der Vergangenheit und der Zukunft, verleihen.

Diese Haltungen steuern nicht nur unsere Handlungen, sie inspirieren auch unsere Weltanschauungen. So hat jedes Denksystem ein eigenes Konzept hinsichtlich der Bedeutung der konträren Kräfte, die die Zeit auf uns ausübt: Das Ich, die Welt und selbst Gott haben, je nach der Wichtigkeit, die der Schöpfung und der Vernichtung im Wechsel zugeschrieben wird, unterschiedliche Bedeutungen. Es gibt ohne Zweifel nur wenige Philosophien, die den Einfluß der Zeit nicht mit einbeziehen, sowie es wenige Menschen gibt, die sich der Zukunft gänzlich verschließen. Für diejenigen, die glauben, daß am Anfang alles schon geschaffen war, ist die Zeit höchstens als eine implizite Realität erklärbar. Für die Evolutionisten ist sie wiederum der Motor allen Fortschritts. Somit wird den unterschiedlichen Aspekten der Zeit der höchste Wert verliehen, wenn eine Philosophie sie ontologisch erklärt.

Obwohl die Philosophien aus unseren Haltungen gegenüber der Zeit hervorgehen, werden letztere wiederum von ihnen begründet und bewertet. Sie definieren mehr oder weniger explizit die einzige authentische Art, die Zeit zu leben, während alle anderen Möglichkeiten verworfen werden. Das Schicksal des Menschen und der Zivilisationen ist geprägt durch den Wert, der der Zeit durch Philosophien und Religionen verliehen wird.

Der Psychologe konstatiert diese Sublimierung der zeitlichen Erfahrung und versucht, Motivationen und Tragweite zu ermessen. Auf der wissenschaftlichen Ebene hütet er sich davor, seine Meinung über den Wert der Zeit auszusprechen, und wenn sie im persönlichen Bereich unumgänglich ist, wird er ihre Determinationen nicht unterschätzen. Die Psychologie enthält sich der direktiven Beeinflussungen, sie klärt lediglich darüber auf, daß mehr Größe darin liegt, bewußt zu wählen.

Nachwort

Über die deutsche Übersetzung meines Buches Psychologie du Temps freue ich mich außerordentlich. Ich habe seit 1967 weitere Arbeiten durchgeführt und zitiere hier einige Aufsätze, die die Aussagekraft des vorliegenden Buches aber in keiner Weise beeinträchtigen sollen:

Elèments de chronopsychologie. Le Travail Humain. 1980, 43, 353–372.
Cognition of time in human activity. In G. D'Ydewalle et W. Lens (Eds). *Cognition in human motivation and learning*, 1981, 233–259. Lawrence Erlbaum Associates, Hillsdale.
The adaptation of child to time. In W. J. Freedman (Ed). The developmental Psychology of Time. 1982, 115–140. Academic Press, New-York.
Perception and Estimation of time. In Annual Review of Psychology, 1984, 35, 1–36.
Le Futur dans les perspectives temporelles. Int. J. Psychology, 1984, in Press.

Paul Fraisse

Literatur

ABBE, M. — The spatial effect upon the perception of time, *Jap. J. exp. Psychol.*, 1936, *3*, 1-52.

ABBE, M. — The temporal effect upon the perception of space, *Jap. J. exp. Psychol.*, 1937, *4*, 83-93.

ABE, S. — An experimental study on influence of pause in paired comparison of time-intervals, *Jap. J. Psychol.*, 1931, *6*, 867-884.

ADLER, A. — *Le tempérament nerveux*, trad. franç. Dr ROUSSEL, Paris, Payot, 1948.

ADRIAN, E. D. — Electrical activity of the nervous system, *Arch. Neurol. Psychiat.*, 1934, *32*, 1125-1136.

ADRIAN, E. D. ; BUYTENDIJK, F. J. J. — Potential changes in the isolated brain stem of the goldfish, *J. Physiol.*, 1931, *71*, 121-135.

AGGAZZOTTI, A. — Sul più piccolo intervallo di tempo percettibile nei processi psichici, *Arch. Fisiol.*, 1911, *9*, 523-574.

AMES, L. A. — The development of the sense of time in the young child, *J. genet. Psychol.*, 1946, *68*, 97-125.

ANDERSON, A. C. — Time discrimination in the white rat, *J. comp. Psychol.*, 1932, *13*, 27-55.

ANDERSON, S. F. — The absolute impression of temporal intervals, *Psychol. Bull.*, 1936, *33*, 794-795.

ARISTOTE, *Physique*, trad. CARTERON, Paris, Les Belles-Lettres, 1926.

ARNDT, W. — Abschliessende Versuche zur Frage des Zählvermögens der Haustaube, *Z. Tierpsychol.*, 1939-40, *3*, 88-142.

ASCHOFF, J. — Aktivitätsperiodik bei Gimpeln unter natürlichen und künstlichen Belichtungsverhältnissen, *Z. vergl. Physiol.*, 1953, *35*, 159-166.

AUGUSTIN (saint). — *Les Confessions*, trad. Paul JANET, Paris, 1919.

AXEL, R. — Estimation of time, *Arch. Psychol.*, 1924, *12*, n° 74.

BACHELARD, G. — *L'intuition de l'instant*, Paris, Stock, 1932.

BACHELARD, G. — *La dialectique de la durée*, Paris, Boivin, 1936.

BACHELARD, G. — La continuité et la multiplicité temporelles, *Bull. Soc. franç. Phil.*, 1937, *37*, 53-81.

BALD, L. ; BERRIEN, F. K. ; PRICE, J. B. ; SPRAGUE, R. O. — Errors in perceiving the temporal order of auditory and visual stimuli. *J. appl. Psychol.*, 1942, *26*, 382-388.

BARACH, A. L. ; KAGAN, J. — Disorders of mental functioning produced by varying the oxygen tension of the atmosphere. *Psychosom. Med.* 1940, *2*, 53-67.

BARD, L. — Les bases physiologiques de la perception du temps, *J. Psychol. norm. path.*, 1922, *19*, 119-146.

BARNDT, R. J. ; JOHNSON, D. M. — Time orientation in delinquents, *J. abnorm. soc. Psychol.*, 1955, *51*, 343-345.

BARUK, H. — *La désorganisation de la personnalité*, Paris, Presses Universitaires de France, 1952.

BEHAR, I. ; BEVAN, W. — The perceived duration of auditory and visual intervals : cross-modal comparison and interaction, *Amer. J. Psychol.*, 1961, *74*, 17-26.

BEKESY, G. von. — Über die Hörsamkeit der Ein — und Ausschwung — vorgänge mit Berücksichtigung der Raumakustik, *Ann. Physik*, 1933, *16*, 844.

BELING, I. — Über das Zeitgedächtnis der Bienen, *Z. vergl. Physiol.*, 1929, *9*, 259-338.

BELL, C. R. ; PROVINS, K. A. — Relation between physiological responses to environmental heat and time judgments, *J. exp. Psychol.*, 1963, *66*, 572-579.

BENDA, P. ; ORSINI, F. — Étude expérimentale de l'estimation du temps sous L. S. D. 25, *Ann. méd. psychol.*, 1959, 1-8.

BENFORD, F. — Apparent time acceleration with age, *Science*, 1944, *99*, 37.

BENUSSI, V. — Zur experimentellen Analyse des Zeitvergleichs, *Arch. ges. Psychol.*, 1907, *9*, 384-385.

BENUSSI, V. — *Psychologie der Zeitauffassung*, Heidelberg, Winter, 1913.

BENUSSI, V. — Versuche zur Analyse taktil erweckter Scheinbewegungen, *Arch. ges. Psychol.*, 1917, *36*, 59-135.

BERGER, G. — Approche phénoménologique du problème du temps, *Bull. Soc. franç. Phil.*, 1950, *44*, 89-132.

BERGLER, E. ; ROHEIM, G. — Psychology of time perception, *Psychoanal. Quart.*, 1946, *15*, 190-206.

BERGSON, H. — *Essai sur les données immédiates de la conscience*, 19e éd., Paris, Alcan, 1920.

BERGSON, H. — *Durée et simultanéité*, Paris, Alcan, 1922.

BERGSON, H. — *La pensée et le mouvant*, Paris, Presses Universitaires de France, 63e éd., 1966.

BERGSTRÖM, J. A. — Effect of changes in time variables in memorizing, *Amer. J. Psychol.*, 1907, *18*, 206-238.

BERMAN, A. — The relation of time estimation to satiation, *J. exp. Psychol.*, 1939, *25*, 281-293.

BERNOT, L. ; BLANCARD, R. — *Nouville, un village français*, Paris, Institut d'Ethnologie, 1953.

BERNSTEIN, A. L. — Temporal factors in the formation of conditioned eyelid reactions in human subjects, *J. gen. Psychol.*, 1934, *10*, 173-197.

BETHE, A. — Die biologischen Rhythmus-Phänomene als selbständige bzw. erzwungene Kippvorgänge betrachtet. *Pflüg. Arch. ges. Physiol.*, 1940, *244*, 1-42.

BIALER, I. — Conceptualization of success and failure in mentally retarded and normal children, *J. Pers.*, 1961, *29*, 303-320.

BIEL, W. C. ; WARRICK, M. J. — Studies in perception of time delay, *Amer. Psychologist*, 1949, *4*, 303.

BIEMEL, W. — *Le concept du monde chez Heidegger*, Paris, Vrin, 1950.

BINET, A. — Note sur l'appréciation du temps, *Arch. de Psychol.*, 1903, *2*, 20-21.

BIRMAN, B. N. — Essai clinico-physiologique de détermination des différents types d'activité nerveuse supérieure. *Cah. Méd. Sov.*, n° 2. 1953, 123-134.

BJÖRKMAN, M. ; HOLMKVIST, O. — The time order error in the construction of a subjective time scale, *Scand. J. Psychol.*, 1960, *1*, 7-13.

BLACK, A. H. — The effects of CS-US interval on avoidance conditioning in the rat, *Canad. J. Psychol.*, 1963, 17, 174-182.

BLAKELY, W. — *The discrimination of short empty temporal interval*, Ph. D. dissertation, Univ. of Illinois Library, 1933.

BLANCHETEAU, M. — Contribution à l'étude des estimations temporelles chez l'animal par la technique du double évitement, *Année psychol.*, 1965, *65*, 325-355.

BONAPARTE, M. — L'inconscient et le temps, *Rev. franç. psychanal.*, 1939, *11*, 61-105.

BONAVENTURA, E. — I problemi attuali della psicologia del tempo, *Arch. ital. Psicol.*, 1928, *6*, 78-114.

BONAVENTURA, E. — *Il problema psicologico del tempo*, Milan, Soc. an. Istituto editoriale scientifico, 1929.

BOND, N. B. — The psychology of waking, *J. abnorm. soc. Psychol.*, 1929-30, *24*, 226-230.

BONNET, C. — Influence de la vitesse du mouvement et de l'espace parcouru sur l'estimation du temps, *Année psychol.*, 1965, *65*, 357-363.

BOREL, E. — *L'espace et le temps*, Paris, Presses Universitaires de France, 1949.

BORING, E. G. — Temporal perception and operationism, *Amer. J. Psychol.*, 1936, *48*, 519-522.

BORING, L. D. ; BORING, E. G. — Temporal judgments after sleep, *Studies in Psychology. Titchener commemorative volume*, Worcester, L. N. Wilson, 1917, p. 255-279.

BOUMAN, L. ; GRÜNBAUM, A. — Eine Störung der Chronognosie und ihre Bedeutung im betreffenden Symptomenbild, *Mschr. Psychiat. Neurol.*, 1929, *73*, 1-40.

BOURDON, B. — La perception du temps, *Rev. phil.*, 1907, 449-491.

BOUVIER, R. — *La pensée d'E. Mach*, Paris, Librairie du Vélin d'Or, 1923.

BRADLEY, N. C. — The growth of the knowledge of time in children of school age, *Brit. J. Psychol.*, 1947, *38*, 67-78.

Braunschmid, M. — Zeitsinn bei Fischen, *Blät. Aquarien Terrarienk.*, 1930, *41*, 232-233.

Brecher, G. A. — Die Momentgrenze im optischen Gebiet, *Z. Biol.*, 1937, *98*, 232-247.

Broadbent, D. E. — *Perception and communication*, Londres, Pergamon, 1958.

Bromberg, W. — Marihuana intoxication, *Amer. J. Insanity*, 1934, *91*, 303-330.

Brower, J. F. ; Brower, D. — The relation between temporal judgment and social competence in the feeble minded, *Amer. J. ment. Def.*, 1947, *51*, 619-623.

Browman, L. G. — Artificial sixteen-hour day activity rhythms in the white rat, *Amer. J. Physiol.*, 1952, *168*, 694-697.

Brown, J. F. — The visual perception of velocity, *Psychol. Forsch*, 1931, *14*, 199-232 *(a)*.

Brown, J. F. — On time perception in visual movement fields, *Psychol. Forsch.*, 1931, *14*, 233-248 *(b)*.

Brown, J. F. — The thresholds for visual movement, *Psychol. Forsch.*, 1931, *14*, 249-268 *(c)*.

Brown, J. S. — A note on a temporal gradient of reinforcement, *J. exp. Psychol.*, 1939, *25*, 221-227.

Brush, E. N. — Observations on the temporal judgment during sleep, *Amer. J. Psychol.*, 1930, 42, 408-411.

Buck, J. N. — The time appreciation test, *J. appl. Psychol.*, 1946, *30*, 388-398.

Bünning, E. — Zur Kenntnis der erblichen Tagesperiodizität bei Phaseolus. *Jahrb. Bot.*, 1935, *81*, 411-418.

Burckard, E. ; Kayser, Ch. — L'inversion du rythme nycthéméral de la température chez l'homme, *C. R. Soc. Biol.*, 1947, *141*, 1265-1268.

Burgelin, P. — *L'homme et le temps*, Paris, Aubier, 1945.

Burton, A. — A further study of the relation of time estimation to monotony, *J. appl. Psychol.*, 1943, *27*, 350-359.

Buytendijk, F. J. J. ; Fischel, W. ; Ter Laag, P. B. — Über den Zeitsinn der Tiere, *Arch. neerl. Physiol.*, 1935, *20*, 123-154.

Buytendijk, F. J. J. ; Meesters, A. — Duration and course of the auditory sensation, *Comm. Pontif. Acad. Sci*, 1942, *6*, 557-576.

Calabresi, R. — *La determinazione del presente psichico*, Florence, R. Bemporad, 1930.

Carrel, A. — Physiological time, *Science*, 1931, *74*, 618-621.

Cattell, J. — Psychometrische Untersuchungen, *Phil. Stud.*, 1885, *3* 305-335.

Chatterjea, R. G. — Temporal duration : ratio scale and category scale, *J. exp. Psychol.*, 1964, *67*, 412-416.

Cheatham, P. G. ; White, C. T. — Temporal numerosity. I. Perceived number as a function of flash number and rate, *J. exp. Psychol*, 1952, *44*, 447-451.

CHU TSI-TSIAO — The switching of short-delay into long-delay conditioned reflexes, *Pavlov. J. high. nerv. Activ.*, 1959, *9*, 512-519.

CLAUSEN, J. — An evaluation of experimental methods of time judgment, *J. exp. Psychol.*, 1950, *40*, 756-761.

CLAUSER, G. — *Die Kopfuhr. Das automatische Erwachen*, Stuttgart, F. Enke, 1954.

CLIFFORD, W. ; SCOTT, M. — Some psycho-dynamic aspects of disturbed perception of time, *Brit. J. med. Psychol.*, 1948, *21*, 11-120.

CLOUDSLEY-THOMPSON, J. L. — *Rhythmic activity in animal physiology and behaviour*, New York et Londres, Academic Press, 1961.

COHEEN, J. — Disturbances in time discrimination in organic brain disease, *J. nerv. ment. Dis.*, 1950, *112*, 121-129.

COHEN, J. — The concept of goal gradients : a review of its present status, *J. gen. Psychol.*, 1953, *49*, 303-308.

COHEN, J. — The experience of time, *Acta Psychol.*, 1954, *10*, 207-219.

COHEN, J. ; HANSEL, C. E. M. ; SYLVESTER, J. D. — A new phenomenon in time judgment, *Nature, Lond.*, 1953, *172*, 901-903.

COHEN, J. ; HANSEL, C. E. M. ; SYLVESTER, J. D.— An experimental study of comparative judgments of time, *Brit. J. Psychol.*, 1954, *45*, 108-114 *(a)*.

COHEN, J. ; HANSEL, C. E. M. ; SYLVESTER, J. D. — Interdependence of temporal and auditory judgments, *Nature, Lond.*, 1954, 174, 642-646 *(b)*.

COHEN, J. ; HANSEL, C. E. M. ; SYLVESTER, J. D. — Interdependence in judgments of space, time and movement, *Acta Psychol.*, 1955, *11*, 360-372.

COHEN, L. H. ; ROCHLIN, G. N. — Loss of temporal localization as a manifestation of disturbed self awareness, *Amer J. Psychiat.*, 1938, *95*, 87-95.

COLEGROVE, F. W. — The time required for recognition, *Amer. J. Psychol.*, 1898, *10*, 286-292.

CONDILLAC, E. B. de. — Traité des sensations, in *Œuvres de Condillac*, t. III, Paris, Impr. C. Houel, 1798.

CONDILLAC, E. B. de. — De l'art de penser, in *Œuvres de Condillac*, t. V, Paris, Impr. C. Houel, 1798.

COOPER, L. F. — Time distorsion in hypnosis, *Bull. Georgetown Univ., Med. Center*, 1948, *1*, 214-221.

COOPER, L. F. — Time distorsion in hypnosis with a semantic interpretation of the mechanism of certain hypnotically induced phenomena, *J. Psychol.*, 1952, *34*, 257-284.

COOPER, L. F. ; ERICKSON, M. H. — *Time distorsion in hypnosis*, Baltimore, 1954.

COOPER, L. F. ; TUTHILL, C. E. — Time distorsion in hypnosis and motor learning, *J. Psychol.*, 1952, *34*, 67-76.

COWLES, J. T. ; FINAN, J. L. — An improved method for establishing temporal discrimination in white rats, *J. Psychol.*, 1941, *11*, 335-342.

CURTIS, J. N. — Duration and the temporal judgment, *Amer. J. Psychol.* 1916, *27*, 1-46.

CZEHURA, W. S. — The generalization of temporal stimulus patterns on the time continuum, *J. comp. Psychol.*, 1943, *36*, 79-90.

CZERMAK, J. N. — Ideen zu einer Lehre vom Zeitsinn, *Wien. akadem. Sitzungsb.*, 1857, Nat. Cl., *24*, 231.

DAVIDSON, G. M. — A syndrome of time agnosia, *J. nerv. ment. Dis.*, 1941, *94*, 336-343.

DAVIS, R. — Time uncertainty and the estimation of time intervals, *Nature*, 1962, *195*, 311-312 *(a)*.

DAVIS, R. — L'estimation d'intervalles temporels en comptant plus ou moins rapidement, *Année psychol.*, 1962, *62*, 29-44 *(b)*.

DECROLY, O. ; DEGAND, J. — Observations relatives au développement de la notion du temps chez une petite fille, *Arch. de Psychol.*, 1913, *13*, 113-161.

DE GREEFF, E. — La personnalité du débile mental, *J. Psychol. norm. path.*, 1927, *24*, 400-454.

DELACROIX, H. — La conscience du temps, *in* DUMAS, G., *Nouveau traité de psychologie*, t. V, p. 305-324, Paris, Alcan, 1936.

DELAY, J. — *Les dissolutions de la mémoire*. Paris, Presses Universitaires de France, 1942.

DELAY, J. ; BRION, S. — Syndrome de Korsakoff et corps mamillaires. *Encéphale*, 1954, *43*, 193-200.

DENNER, B. ; WAPNER, S. ; McFARLAND, J. H. ; WERNER, H. — Rhythmic activity and the perception of time, *Amer. J. Psychol.*, 1963, *76*, 287-292.

DERIABIN, V. S. — *Dal' neishie materialny k fisiologié vremini, kak uslovuogo vozliuditelia sliunnykh zhelez*, Diss. Saint-Pétersbourg, 1916.

DESCARTES, R. — *Œuvres*, éd. V. COUSIN, Paris, F.-G. Levrault, 1825.

DEWOLFE, R. K. S. ; DUNCAN, C. P. — Time estimation as a function of level of behavior of successive tasks, *J. exp. Psychol.*, 1959, *58*, 153-158.

DIETZE, G. — Untersuchungen über den Umfang des Bewusstseins bei regelmässig aufeinander folgenden Schalleindrücken, *Phil. Stud.*, 1885, *2*, 362-393.

DMITRIEV, A. S. ; KUCHIGINA, A. — The importance of time as stimulus of conditioned reflex activity, *Psychol. Bull.*, 1959, *56*, 106-132.

DOBRZANSKI, J. — Badania nad zmyslem czasu u mrówek, *Folia Biologica*, 1956, *4*, 385-397.

DOBSON, W. R. — An investigation of various factors involved in time perception as manifested by different nosological groups, *J. gen. Psychol.* 1954, *50*, 277-298.

DOEHRING, D. G. — Accuracy and consistency of time estimation by four methods of reproduction, *Amer. J. Psychol.*, 1961, *74*, 27-35.

DOEHRING, D. G. ; HELMER, J. E. ; FULLER, E. A. — Physiological responses associated with time estimation in a human operant situation, *Psychol. Rec.*, 1964, *14*, 355-362.

DOOB, L. W. — *Becoming more civilized. A psychological exploration*, New Haven, Yale Univ. Press, 1960.

DOOLEY, L. — The concept of time in defense of ego integrity, *Psychiatry*, 1941, *4*, 13-23.

DOUNAN, E. ; WALKER, A. M. — The sense of effectiveness in public affairs, *Psychol. monogr.*, 1956, *70*, n° 22.

DUDYCHA, G. J. — An objective study of punctuality in relation to personality and achievement, *Arch. Psychol.*, 1936, *29*, n° 204, 53 p.

DUDYCHA, G. J. ; DUDYCHA, M. M. — The estimation of performance time in simple tasks, *J. appl. Psychol.*, 1938, *22*, 79-86.

DUNLAP, K. — The shortest perceptible time interval between two flashes of light, *Psychol. Rev.*, 1915, *22*, 226-250.

DUNLAP, K. — Time and rhythm, *Psychol. Bull.*, 1916, *13*, 206-207.

DUPREEZ, P. D. — Judgment of time and aspects of personality, *J. abnorm. soc. Psychol.*, 1964, *69*, 228-233.

DURUP, G. ; FESSARD, A. — Le seuil de perception de durée dans l'excitation visuelle, *Année psychol.*, 1930, *31*, 52-62.

EDGELL, B. — On time judgements, *Amer. J. Psychol.*, 1903, *14*, 418-438.

EHRENWALD, H. — Versuche zur Zeitauffassung des Unbewussten, *Arch. ges. Psychol.*, 1923, *45*, 144-156.

EHRENWALD, H. — Gibt es einen Zeitsinn ? Ein Beitrag zur Psychologie und Hirnpathologie der Zeitauffassung, *Klun. Wschr.*, 1931, *10*, n° 32. 1481-1484 *(a)*.

EHRENWALD, H. — Störung der Zeitauffassung der räumlichen Orientierung, des Zeichnens und Rechnens bei einem Hirnverletzten, *Z. ges. Neurol. Psychiat.*, 1931, *132*, 518-569 *(b)*.

EHRENWALD, H. — Über den Zeitsinn und die gnostische Störung der Zeitauffassung beim Korsakow, *Z. ges. Neurol. Psychiat.*, 1931, 134, 512-521 *(c)*.

EHRENWALD, H. — Zur Hirnlokalisation von Störungen der Zeitauffassung, *Arch. Psychiat.*, 1932, *97*, 683-684.

EISSLER, K. R. — Time experience and the mechanism of isolation, *Psychoanal. Rev.*, 1952, *39*, 1-22.

EJNER, M. — *Experimentelle Studien über den Zeitsinn*, Dorpat, 1889.

EKMAN, G. ; FRANKENHAEUSER, M. — Subjective time scales, *Rep. Psychol. Lab. Univ. Stockholm*, 1957, n° 49.

ELKINE, D. G. — De l'orientation de l'enfant d'âge scolaire dans les relations temporelles, *J. Psychol. norm. path.*, 1928, *28*, 423-429.

ELKINE, D. G. — Time perception and anticipatory reflection, *Soviet. Psychol. Psychiat.* 1965, *3*, 42-48.

ELLIS, L. M., *et al.* — Time orientation and social class : an experimental supplement, *J. abnorm, soc. Psychol.*, 1955, *51*, 146-147.

ESON, M. E. ; KAFKA, J. S. — Diagnostic implications of a study in time perception, *J. gen. Psychol.*, 1952, *46*, 169-183.

ESTEL, V. — Neue Versuche über den Zeitsinn, *Phil. Stud.*, 1885, *2*, 37-65.

EXNER, S. — Experimentelle Untersuchung der ein faschsten psychischen Processe. *Pflüg. Arch. ges. Physiol.*, 1875, *11*, 403-432.

EYSENCK, H. J. — *Les dimensions de la personnalité*, Paris, Presses Universitaires de France, 1950.

FALK, J. L. ; BINDRA, D. — Judgment of time as a function of serial position and stress, *J. exp. Psychol.*, 1954, *47*, 279-283.

FARBER, M. L. — Suffering and time perspective of the prisoner, in *Authority and frustration*, Univ. Iowa Stud. Child Welfare, 1944, *20*, 153-227.

FARBER, M. L. — Time perspective and feeling tone : a study in the perception of the days, *J. Psychol.*, 1953, *35*, 253-257.

FARRELL, M. — Understanding of time relations of five, six, and seven-year-old children of high I. Q., *J. educ. Res.*, 1953, *46*, 587-594.

FAVILLI, M. — La percezione del tempo nell' ebbrezza mescalinica, *Rass. Stud. Psichiat.*, 1937, *26*, 455-462.

FENICHEL, O. — *La théorie psychanalytique des névroses*, trad. franç. de SCHLUMBERGER, PIDOUX, CAHEN et FAIN, 2 vol., Paris, Presses Universitaires de France, 1953.

FEOKRITOVA, I. P. — *Le temps, excitateur conditionnel de la glande salivaire*, thèse, Saint-Pétersbourg, 1912.

FEOKRITOVA, I. P. — *Vremia kak uslovnyi vozliuditel sliunnoi zhelezy*, thèse, Saint-Pétersbourg, 1912.

FERRARI, G. C. — La psicologia degli scampati al terremoto di Messina, *Riv. Psicol.*, 1909, *5*, 89-106.

FERSTER, C. B. ; SKINNER, B. F. — *Schedules of reinforcements*, New York, Appleton Century Crofts, 1957.

FESSARD, A. — Les rythmes nerveux et les oscillations de relaxation, *Année psychol.*, 1931, *32*, 49-117.

FESSARD, A. — *Recherches sur l'activité rythmique des nerfs isolés*, Paris, Hermann, 1936.

FILER, R. J. ; MEALS, D. W. — The effect of motivating conditions on the estimation of time, *J. exp. Psychol.*, 1949, *39*, 327-337.

FINAN, J. L. — Effects of frontal lobe lesions on temporally organized behavior in monkeys, *J. Neurophysiol.*, 1939, *2*, 208-226.

FINAN, J. L. — Delayed response with pre-delay reinforcement in monkeys after the removal of the frontal lobes, *Amer. J. Psychol.*, 1942, *55*, 202-214.

FISCHER, F. — Zeitstruktur und Schizophrenie, *Z. ges. Neurol. Psychiat.*, 1929, *121*, 544-575.

FISCHER, F. — Raum-Zeit Struktur und Denkstörungen in der Schizophrenie, *Z. ges. Neurol. Psychiat.*, 1930, *124*, 241-256.

FISHER, S.; FISHER, R. L. — Unconscious conception of parental figures as a factor influencing perception of time, *J. Pers.*, 1953, *21*, 496-505.

FOUCAULT, M. — *Le rêve*, Paris, Alcan, 1906.

FRAISSE, P. — Recherches sur les lois de la perception des formes, *J. Psychol. norm. path.*, 1938, *35*, 415-423.

FRAISSE, P. — Étude sur la mémoire immédiate. III : L'influence de la vitesse de présentation et de la place des éléments. La nature du présent psychologique, *Année psychol.*, 1944-45, *45-46*, 29-42.

FRAISSE, P. — De l'assimilation et de la distinction comme processus fondamentaux de la connaissance, in *Miscellanea Psychologica A. Michotte*, Louvain, Paris, Instit. Sup. Philosophie, J. Vrin, 1947, p. 181-195.

FRAISSE, P. — Étude comparée de la perception et de l'estimation de la durée chez les enfants et les adultes, *Enfance*, 1948, *1*, 199-211 *(a)*.

FRAISSE, P. — Rythmes auditifs et rythmes visuels, *Année psychol.*, 1948, *49*, 21-42 *(b)*.

FRAISSE, P. — Les erreurs constantes dans la reproduction de courts intervalles temporels, *Arch. de Psychol.*, 1948, *32*, 161-176 *(c)*.

FRAISSE, P. — La perception de la durée comme organisation du successif. Mise en évidence expérimentale, *Année psychol.*, 1952, *52*, 39-46 *(a)*.

FRAISSE, P. — Les conduites temporelles et leurs dissociations pathologiques, *Encéphale*, 1952, *41*, 122-142 *(b)*.

FRAISSE, P. — La perception comme processus d'adaptation. L'évolution des recherches récentes, *Année psychol.*, 1953, *53*, 443-461.

FRAISSE, P. — *Les structures rythmiques*, Paris, Érasme, 1956.

FRAISSE, P. — La période réfractaire psychologique, *Année psychol.*, 1957, *57*, 315-328.

FRAISSE, P. — Perception de la durée et durée de la perception, *Psychol. franç.*, 1958, *3*, 1-8 *(a)*.

FRAISSE, P. — L'adaptation du travailleur au temps, *Bull. C.E.R.P.*, 1958, *7*, 79-83 *(b)*.

FRAISSE, P. — Of time and the worker, *Harvard Bus. Rev.*, 1959, *37*, 121-125.

FRAISSE, P. — Influence de la durée et de la fréquence des changements sur l'estimation du temps, *Année psychol.*, 1961, *61*, 325-339.

FRAISSE, P. — Influence de la vitesse des mouvements sur l'estimation de leur durée, *Année psychol.*, 1962, *62*, 391-399.

FRAISSE, P. — L'Oppel-Kundt temporel ou l'influence de la fréquence des stimulations sur la perception du temps, *Psychol. franç.*, 1965, *10*, 352-358.

FRAISSE, P.; FLORÈS, C. — Perception et fixation mnémonique, *Année psychol.*, 1956, *56*, 1-11.

FRAISSE, P.; FRAISSE, R. — Études sur la mémoire immédiate, I : L'appréhension des sons, *Année psychol.*, 1937, *38*, 48-85.

FRAISSE, P.; JAMPOLSKY, M. — Premières recherches sur l'induction rythmique des réactions psychogalvaniques et l'estimation de la durée, *Année psychol.*, 1952, *52*, 363-381.

FRAISSE, P.; MONTMOLLIN, G. de — Sur la mémoire des films, *Rev. int. Film.*, 1952, 37-69.

FRAISSE, P.; OLÉRON, G. — La perception de la durée d'un son d'intensité croissante, *Année psychol.*, 1950, *50*, 327-343.

FRAISSE, P.; ORSINI, F. — Étude expérimentale des conduites temporelles. I : L'attente, *Année psychol.*, 1955, *55*, 27-39.

FRAISSE, P.; ORSINI, F. — Étude expérimentale des conduites temporelles. III : Étude génétique de l'estimation de la durée, *Année psychol.*, 1958, *58*, 1-6.

FRAISSE, P.; VAUTREY, P. — La perception de l'espace, de la vitesse et du temps chez l'enfant de cinq ans, *Enfance*, 1952, *5*, 1-20, 102-119.

FRAISSE, P.; EHRLICH, S.; VURPILLOT, E. — Études de la centration perceptive par la méthode tachistoscopique, *Arch. de Psychol.*, 1956, *35*, 193-214.

FRAISSE, P.; BONNET, C.; GELLY, N.; MICHAUT, G. — Vergleich der Zeitschätzungsmethoden, *Z. Psychol.*, 1962, *167*, 268-277.

FRAISSE, P.; ZUILI, N. — L'estimation de la durée, in *Psychologie et épistémologie génétique. Thèmes piagétiens*, Paris, Dunod, 1966, p. 253-269.

FRANÇOIS, M. — Contribution à l'étude du sens du temps. La température interne comme facteur de variation de l'appréciation subjective des durées, *Année psychol.*, 1927, *28*, 186-204.

FRANÇOIS, M. — Influence de la température interne sur notre appréciation du temps, *C. R. Soc. Biol.*, 1928, *108*, 201-203.

FRANKENHAEUSER, M. — *Estimation of time. An experimental study.* Stockholm, Almqvist et Wiksell, 1959.

FRANKENHAEUSER, M. — Subjective time as affected by gravitational stress, *Scand. J. Psychol.*, 1960, *1*, 1-6.

FRIEDMAN, K. C. — Time concepts of junior and senior high school pupils and of adults. *Sch. Rev.*, 1944, *52*, 233-238.

FRISCH, K. von; LINDAUER, M. — Himmel und Erde in Konkurrenz bei der Orientierung der Bienen, *Naturwiss.*, 1954, *41*, 245-253.

FRISCHEISEN-KÖHLER, I. — Über die Empfindlichkeit für Schnelligkeitsunterschiede. *Psychol. Forsch.*, 1933, *18*, 286-290 *(a)*.

FRISCHEISEN-KÖHLER, I. — Feststellung des weder langsamen noch schnellen (mittelmässigen) Tempos, *Psychol. Forsch.*, 1933, *18*, 291-298 *(b)*.

FROBENIUS, K. — Über die zeitliche Orientierung im Schalf und einige Aufwachphänomene, *Z. Psychol.*, 1927, *103*, 100-110.

FRÖBES, J. — *Lehrbuch der experimentellen Psychologie*, 2 vol. Fribourg, Br., Herder, 1935.

FROLOV, J. P. — Differentiation of conditioned trace stimuli and of trace inhibitions, *Arch. Biol. Sci.*, 1924, *24*, 103-114.

FROLOV, J. P. — Physiological analysis of the phenomenon of time registration in the central nervous system in animals and man, XVe Congrès int. Physiol., Moscou, 1935, 102.

FULTON, J. F. — Physiologie du système nerveux, trad. franç. C. CHATAGNON, Paris, Vigot, 1947.

GAMBLE, F. W. ; KEEBLE, F. — The bionomics of convoluta roscoffensis, Quart. J. microsc. sci., 1905, 67, 363.

GAMPER, E. — Zur Frage der Polioencephalitis haemorrhagica der chronischen Alkoholiker. Anatomische Befunde beim alkoholischen Korsakow und ihre Beziehungen zum klinischen Bild, Dtsch. Z. Nervenheilk, 1928, 102, 122-129.

GARDNER, W. A. — Influence of the thyroid gland on the consciousness of time, Amer. J. Psychol., 1935, 47, 698-701.

GASTAUT, H. — L'activité électrique cérébrale en relation avec les grands problèmes psychologiques, Année psychol., 1949, 51, 61-88.

GAVINI, H. — Contribution à l'étude de la perception des durées brèves : comparaison des temps vides et des temps pleins, J. Psychol. norm. path., 1959, 56, 455-468.

GENTRY, E. — Methods of discrimination training in white rats, J. comp. Psychol., 1934, 18, 227-258.

GESELL, A. — L'embryologie du comportement, trad. franç. P. CHAUCHARD, Paris, Presses Universitaires de France, 1953.

GESELL, A. ; ILG, F. L. — Le jeune enfant dans la civilisation moderne, trad. franç. I. LÉZINE, Paris, Presses Universitaires de France, 1949.

GIEHM, G. — Experimentell-psychologische Untersuchungen der Apperzeption des Zeitsinns bei Geisteskrankheiten, Arch. Psychiat., 1931, 95, 330-335.

GILLILAND, A. R. — Some factors in estimating short time intervals, J. exp. Psychol., 1940, 27, 243-255.

GILLILAND, A. R. ; HUMPHREYS, D. W. — Age, sex, method, and interval as variables in time estimation, J. genet. Psychol., 1943, 63, 123-130.

GILLILAND, A. R. ; HOFELD, J. ; ECKSTRAND, G. — Studies in time perception, Psychol. Bull., 1946, 43, 162-173.

GLASS, R. — Kritisches und Experimentelles über den Zeitsinn, Phil. Stud., 1887, 4, 423-456.

GOLDFARB, J. L. ; GOLDSTONE, S. — Proprioceptive involvment, psychophysical method and temporal judgment, Percept. mot. Skills, 1963, 17, 286.

GOLDSTONE, S. — The time sense in normal and psychopathologic states, Unpubl. rep., Baylor Univ. med., 1964.

GOLDSTONE, S. ; GOLDFARB, J. L. — Auditory and visual time judgment, J. gen. Psychol., 1964, 70, 369-387 (a).

GOLDSTONE, S. ; GOLDFARB, J. L. — Direct comparison of auditory and visual durations, J. exp. Psychol., 1964, 67, 483-485 (b).

GOLDSTONE, S.; BOARDMAN, W. K.; LHAMON, W. T. — Intersensory comparisons of temporal judgments, *J. exp. Psychol.*, 1959, *57*, 243-248.

GOLDSTONE, S.; LHAMON, W. T.; BOARDMAN, W. K. — The time sense : anchor effects and apparent duration, *J. Psychol.*, 1957, *44*, 145-153.

GOODFELLOW, L. D. — An empirical comparison of audition, vision and touch in the discrimination of short intervals of time, *Amer. J. Psychol.*, 1934, *46*, 243-258.

GOTHBERG, L. C. — The mentally defective child's understanding of time. *Amer. J. ment. Def.*, 1949, *53*, 441-455.

GRABENSBERGER, W., Untersuchungen über das Zeitgedächtnis der Ameisen und Termiten, *Z. vergl. Physiol.*, 1933, *20*, 1-54.

GRABENSBERGER, W. — Experimentelle Untersuchungen über das Zeitgedächtnis von Bienen und Wespen nach Verfütterung von Euchinin und Iodothyreoglobulin, *Z. vergl. Physiol.*, 1934, *20*, 338-342.

GREGG, L. W. — Fractionation of temporal intervals, *J. exp. Psychol.*, 1951, *42*, 307-312.

GREGOR, A. — Beiträge zur Kenntnis der Gedächtnisstörung bei der Korsakoffschen Psychose, *Mschr. Psychiat. Neurol.*, 1907, *21*, 19-46 ; 148-167.

GRIDLEY, P. F. — The discrimination of short intervals of time by finger tip and by ear, *Amer. J. Psychol.*, 1932, *44*, 18-43.

GRIMM, K. — Der Einfluss der Zeitform auf die Wahrnehmung der Zeitdauer, *Z. Psychol.*, 1934, *132*, 104-132.

GROETHUYSEN, B. — De quelques aspects du temps. Notes pour une phénoménologie du récit, *Rech. phil.*, 1935-36, *5*, 139-195.

GROOS, K. — Zum Problem der unbewussten Zeitschätzung, *Z. Psychol. Physiol. Sinnesorg.*, 1896, *9*, 321-330.

GROSS, A. — Sense of time in dreams, *Psychoanal. Quart.*, 1949, *18*, 466-470.

GROSSMUCK, A. — Mit welcher Sicherheit wird der Zeitwert einer Sekunde erkannt ? *Z. Sinnesphysiol.*, 1934, *65*, 248-273.

GUILFORD, J. P. — Spatial symbols in the apprehension of time, *Amer. J. Psychol.*, 1926, *37*, 420-423.

GUILLAUME, P. — *Introduction à la psychologie*, Paris, Vrin, 3ᵉ éd., 1946.

GUILLAUME, P. — *La formation des habitudes*, Paris, Alcan, 1947.

GUINZBURG, R. L. — E possibile l'appredimento di sensazioni eterogenee come perfettamente simultanee, *Arch. ital. Psicol.*, 1928, *6*, 103-114.

GUITTON, J. — *Le temps et l'éternité chez Plotin et saint Augustin*, Paris, Boivin, 1933.

GUITTON, J. — *Justification du temps*, Paris, Presses Universitaires de France, 1941.

GULLIKSEN, H. — The influence of occupation upon the perception of time, *J. exp. Psychol.*, 1927, *10*, 52-59.

GUNDLACH, R., ROTHSCHILD, D. A.; YOUNG, P. T. — A test and analysis of set, *J. exp. Psychol.*, 1927, *10*, 247-280.

GUYAU, J. M. — *La genèse de l'idée de temps*, 2e éd., Paris, Alcan, 1902.

HADENGUE, A.; REYNAUD, J. D.; REINBERG, A. — *Les incidences psychophysiologiques et les aspects pathologiques de la répartition des horaires de travail*, VIIe Journée nat. méd. travail, Paris, Masson, 1962.

HALBERG, F. — Temporal coordination of physiologic function, *in Cold Spring Harbor Symposia on quantitative biology*, New York, Long Island Biol. Assoc., 1960, p. 289-310.

HALBERG, F.; SIFFRE, M. et al. — Étude en libre cours des rythmes circadiens du pouls, de l'alternance veille-sommeil et de l'estimation du temps pendant les deux mois de séjour souterrain d'un homme adulte jeune, *C. R. Acad. Sci.*, 1965, *260*, 1259-1262.

HALBERSTADT, G. — Notes sur les troubles de l'évaluation du temps chez les aliénés, *J. Psychol. norm. path.*, 1922, *19*, 262-265.

HALBWACHS, M. — La mémoire collective et le temps, *Cah. int. Sociol.*, 1947, *2*, 3-31.

HALL, G. S.; JASTROW, J. — Studies of rhythm, *Mind.*, 1886, *11*, 55-62.

HALL, W. W. — The time sense, *J. ment. Sci.*, 1927, *73*, 421-428.

HALLIDAY, A. M.; MINGAY, R. — On the resolution of small time intervals and the effect of conduction on the judgment of simultaneity, *Quart. J. exp. Psychol.*, 1964, *16*, 35-46.

HARIU, T. — The concept of the past, present and future of the self under the effect of intravenous injection of pentobartical calcium, *Tohoku Psychol. Folia*, 1963, *22*, 51-55.

HARKER, J. E. — *The physiology of diurnal rhythms*, Cambridge, Univ. Press, 1964.

HARTON, J. J. — The influence of the difficulty of activity on the estimation of time, *J. exp. Psychol.*, 1938, *23*, 270-287, 428-433.

HARTON, J. J. — The influence of the degree of unity of organization on the estimation of time, *J. gen. Psychol.*, 1939, *21*, 25-49 *(a)*.

HARTON, J. J. — An investigation of the influence of success and failure on the estimation of time, *J. gen. Psychol.*, 1939, *21*, 51-62 *(b)*.

HARTON, J. J. — The relation of time estimates to the actual time, *J. gen. Psychol.*, 1939, *21*, 219-224 *(c)*.

HARTON, J. J. — Time estimation in relation to goal organization and difficulty of tasks, *J. gen. Psychol.*, 1942, *27*, 63-69.

HAVET, J. — *Kant et le problème du temps*, Paris, Gallimard, 1946.

HAWICKHORST, L. — Mit welcher Sicherheit wird der Zeitwert einer Sekunde erkannt ?. *Z. Sinnesphysiol.*, 1934, *65*, 58-86.

HAWKES, G. R.; WARM, J. S. — ΔT for electrical cutaneous stimulation, *J. Psychol.*, 1961, *51*, 263-271.

HAWKES, G. R.; BAILEY, R. W.; WARM, J. S. — Method and modality in judgments of brief stimulus duration, *J. audit. Res.*, 1961, *1*, 133-144.

HAWKES, G. R. ; JOY, R. J. I. ; EVANS, W. O. — Autonomic effects on estimates of time : Evidence for a physiological correlate of temporal experience. *J. Psychol.*, 1962, *53*, 183-191.

HEAD, H. — *Studies in neurology*, Londres, Frowde, Hodder, Stoughton, 1920.

HEBB, D. O. — *The organization of behavior*, New York, Wiley, 1949.

HEIDEGGER, M. — Sein und Zeit, *Jahrb. Phil. phänomenol. Forsch.*, 1927, *8*, 1-438.

HELM, W. — Die Beeinflussung des Vergleichswertes einer Zeitstrecke durch ihre Verkoppelung mit einer zweiten, teilweise gleichzeitigen Zeitstrecke, *Arch. ges. psychol.*, 1937, *98*, 490-556.

HELSON, H. ; KING, S. M. — The tau effect. An example of psychological relativity, *J. exp. Psychol.*, 1931, *14*, 202-217.

HENRI, V. — Analyse psycholoζique du principe de relativité, *J. Psychol. norm. path.*, 1920, *17*, 743-768.

HENRIKSON, E. H. — A study of stage fright and the judgment of speaking time, *J. appl. Psychol.*, 1948, *32*, 532-536.

HENRY, F. M. — Discrimination of the duration of a sound, *J. exp. Psychol.*, 1948, *38*, 734-743.

HERON, W. T. — Time discrimination in the rat, *J. comp. physiol. Psychol.*, 1949, *42*, 27-31.

HEYMANS, G. ; WIERSMA, E. — Beiträge zur speziellen Psychologie auf Grund einer Massenuntersuchung, *Z. Psychol.*, *Physiol. Sinnesorg.*, 1909, *51*, 1-72.

HIEBEL, G. ; KAYSER, Ch. — Le rythme nycthéméral de l'activité et de la calorification chez l'embryon de poulet et le jeune poulet, *C. R. Soc. Biol.*, 1949, *143*, 864-866.

HILGARD, E. R. ; MARQUIS, D. G. — *Conditioning and learning*, New York, D. Appleton-Century Comp., 1940.

HINDLE, H. M. — Time estimates as a function of distance travelled and relative clarity of a goal, *J. Pers.*, 1951, *19*, 483-501.

HIRSH, I. J. — Auditory perception of temporal order, *J. acoust. Soc. Amer.*, 1959, *31*, 759-767.

HIRSH, I. J. ; FRAISSE, P. — Simultanéité et succession de stimuli hétérogènes, *Année psychol.*, 1964, *64*, 1-19.

HIRSH, I. J. ; SHERRICK, C. E. Jr. — Perceived order in different sense modalities, *J. exp. Psychol.*, 1961, *62*, 423-432.

HIRSH, I. J. ; BILGER, R. C. ; DEATHERAGE, B. H. — The effect of auditory and visual background on apparent duration, *Amer. J. Psychol.*, 1956, *69*, 561-574.

HOAGLAND, H. — The physiological control of judgments of duration : evidence for a chemical clock, *J. gen. Psychol.*, 1933, *9*, 267-287.

HOAGLAND, H. — Temperature characteristics of the Berger rhythm in man, *Science*, 1936, *83*, 84-85 *(a)*.

HOAGLAND, H. — Electrical brain waves and temperature, *Science*, 1936, *84*, 139-140 *(b)*.

HOAGLAND, H. — Pacemakers of human brain waves in normals and general paretics, *Amer. J. Physiol.*, 1936, *116*, 604-615 *(c)*.

HOAGLAND, H. — Some pacemaker aspects of rhythmic activity in the nervous system, *Cold Spring Symposia on quantitative biology*, 1936, *3*, 267-284 *(d)*.

HOAGLAND, H. — The chemistry of time, *Sci. Mon.*, *N. Y.*, 1943, *56*, 56-61.

HOCHE, A. — Langweile, *Psychol. Forsch.*, 1923, *3*, 258-271.

HOFFMANN, K. — Versuche zu der im Richtungsfinden der Vögel enthaltenen Zeitschätzung, *Z. Tierpsychol.*, 1954, *11*, 453-475.

HOFFMANN, K. — Aktivitätsregistrierungen bei frisch geschlüpften Eidechsen, *Z. vergl. Physiol.*, 1955, *37*, 253-262.

HOLLINGWORTH, H. L. — The inaccuracy of movement, *Arch. Psychol.*, 1909, *11*, n° 13.

HORANYI-HECHST, B. — Zeitbewusstsein und Schizophrenia, *Arch. Psychiat.*, 1943, *116*, 287-292.

HÖRING, A. — *Versuche über das Unterscheidungsvermögen des Hörsinnes für Zeitsgrössen*, Tubingue, 1864.

HORNBOSTEL, E. M. ; WERTHEIMER, M. — Ueber die Wahrnehmung der Schallrichtung, Sitzungsber, *Preuss. Akad. der Wissensch.*, 1920, n°s 18-22, p. 388-396.

HORST, L. VAN DER. — Le sens de la temporalisation pour la mémoire et pour l'orientation, *L'évo'ution psychiatr.*, 1956, 189-205.

HUANT, E. — *Connaissance du temps*, Paris, Lethielleux, 1950.

HUBERT, H. ; MAUSS, M. — *Mélanges d'histoire des religions*, Paris, Alcan, 1909.

HULL, C. L. — The goal gradient hypothesis and maze learning, *Psychol. Rev.*, 1932, *39*, 25-43.

HULL, C. L. — The alleged inhibition of delay in trace conditioned reactions, *Psychol. Bull.*, 1934, *31*, 716-717.

HULL, C. L. — The rat's speed of locomotion gradient in the approach to food, *J. comp. Psychol.*, 1934, *17*, 393-422.

HULL, C. L. — *Principles of behavior*, New York, Appleton Century, 1943.

HULL, C. L. — *A behavior system*, New Haven, Yale Univ. Press, 1952.

HULSER, C. — Zeitauffassung und Zeitschätzung verschieden ausgefüllter Intervalle unter besonderer Berücksichtigung der Aufmerksamkeitsablenkung, *Arch. ges. Psychol.*, 1924, *49*, 363-378.

HUME, D. — Traité de la nature humaine, in *Œuvres philosophiques choisies*, trad. Maxime DAVID, Paris, Alcan, 1912.

HUNT, J. McV. ; SCHLOSBERG, H. — General activity in the male white rat, *J. comp. Psychol.*, 1939, *28*, 23-38 *(a)*.

HUNT, J. McV. ; SCHLOSBERG, H. — The influence of illumination upon general activity in normal, blinded and castrated male white rats, *J. comp. Psychol.*, 1939, *28*, 285-298 *(b)*.

HUNTER, W. S. — Delayed reactions in animal and children, *Behav. Monogr.*, 1913, *2*, nᵒ 1.

HUSSERL, E. — Vorlesungen zur Phänomenologie des inneren Zeitbewusstseins, *Jahrb. Phil. phänomenol. Forsch.*, 1928, *9*, 367-496.

IRWIN, F. W. ; ARMITT, F. M. ; SIMON, C. W. — Studies in object preferences. I : The effect of temporal proximity, *J. exp. Psychol.*, 1943, *33*, 64-72.

IRWIN, F. W. ; ORCHINIK, C. W. ; WEISS, J. — Studies in object preferences : the effect of temporal proximity upon adults' preferences, *Amer. J. Psychol.*, 1946, *59*, 458-462.

ISRAELI, N. — Illusions in the perception of short time intervals, *Arch. Psychol.*, 1930, *18*, nᵒ 113.

ISRAELI, N. — The psychopathology of time, *Psychol. Rev.*, 1932, *39*, 486-491.

ISRAELI, N. — *Abnormal personality and time*, New York, Science Printing, 1936.

ISRAELI, N. — Ambiguous sound patterns : time of perception of variable non-visual figure ground and part whole relationships, *J. Psychol.*, 1940, *29*, 449-452.

ISRAELI, N. — The esthetics of time, *J. gen. Psychol.*, 1951, *45*, 259-263.

JACOBSEN, C. F. — Studies of cerebral function in primates, *Comp. Psychol. Monogr.*, 1936, *13*, nᵒ 63, 1-60.

JAENSCH, E. R. — Struktur psychologische Erläuterung zur philosophischen Zeitlehre insbesondere bei Bergson und Proust, *Z. Psychol.*, 1932, *124*, 55-92.

JAENSCH, E. R. ; KRETZ, A. — Experimentell strukturpsychologische Untersuchungen über die Auffassung der Zeit unter Berücksichtigung der Personaltypen, *Z. Psychol.*, 1932, *126*, 312-375.

JAHODA, M. — Some socio-psychological problems of factory life, *Brit. J. Psychol.*, 1941, *31*, 191-206.

JAMES, W. — *The principles of psychology*, 2 vol., Londres, Mac Millan, 1891.

JAMES, W. — *Précis de psychologie*, trad. franç. BAUDIN et BERTIER, Paris, Rivière, 1932.

JAMPOLSKY, P. — Une nouvelle épreuve psychomotrice, *Rev. Psychol. appl.*, 1951, *1*, 103-138.

JANET, P. — Une illusion d'optique interne, *Rev. phil.*, 1877, *1*, 497-502.

JANET, P. — *L'évolution de la mémoire et de la notion de temps*, Paris, Chahine, 1928.

JASPER, H. ; SHAGASS, C. — Conscious time judgments related to conditioned time intervals and voluntary control of the alpha rhythm, *J. exp. Psychol.*, 1941, *28*, 503-508.

JASPERS, K. — *Psychopathologie générale*, trad. franç. KASTLER et MENDOUSSE, Paris, Alcan, 1933.

JENSEN, E. M. ; REESE, E. P. ; REESE, T. W. — The subitizing and counting of visually presented fields of dots, *J. Psychol.*, 1950, *30*, 363-392.

JOHNSON, E. E. — Time concepts as related to sex, intelligence, and academic performance, *J. educ. Res.*, 1964, *57*, 377-379.

JONES, R. E. — Personality changes in psychotics following prefrontal lobotomy, *J. abnorm. soc. Psychol.*, 1949, *44*, 315-328.

KALMUS, H. — Ueber die Natur des Zeitgedächtnisses der Bienen, *Z. vergl. Physiol.*, 1934, *20*, 405-419.

KAMIN, L. J. — Trace conditioning of the conditioned emotional response, *J. comp. physiol. Psychol.*, 1961, *54*, 149-153.

KANT, E. — *Critique de la raison pure*, trad. BARNI, Paris, Flammarion, 1924.

KASTENBAUM, R. — Time and death in adolescence, *in* FIEFEL, H. (ed.), *The meaning of death*, New York, Mac Graw Hill, 1959, p. 99-113.

KASTENBAUM, R. — The dimensions of future time perspective, *J. gen. Psychol.*, 1961, *65*, 203-218.

KASTENBAUM, R. — Cognitive and personal futurity in later life, *J. Indiv. Psychol.*, 1963, *19*, 216-222.

KASTENBAUM, R. — The direction of time perspective : I. The influence of affective set, *J. gen. Psychol.*, 1965, *73*, 189-201.

KASTENHOLZ, J. — Untersuchungen zur Psychologie der Zeitauffassung, *Arch. ges. Psychol.*, 1922, *43*, 171-228.

KATZ, D. — Experimentelle Beiträge zur Psychologie des Vergleichs im Gebiete des Zeitsinns, *Z. Psychol., Physiol. Sinnesorg.*, 1906, *42*, 302-340, 414-450.

KAWASIMA, S. — The influence of time intervals upon the perception of arm motion, *Jap. J. Psychol.*, 1937, *12*, 270-289.

KAYSER, Ch. — Le rythme nycthéméral des mouvements d'énergie, *Rev. scient.*, 1952, *90*, 173-188.

KELLEHER, R. T. ; FRY, W. ; COOK, L. — Inter-response time distribution as a function of differential reinforcement of temporally spaced responses, *J. exp. Anal. Behav.*, 1959, *2*, 91-106.

KIESOW, F. — Ueber die Vergleichung linearer Strecken und ihre Beziehung zum Weberschen Gesetze, *Arch. ges. Psychol.*, 1925, *52*, 61-90 ; *53*, 433-446.

KIMBLE, G. A. — Conditioning as a function of the time between conditioned and unconditioned stimuli, *J. exp. Psychol.*, 1947, *37*, 1-15.

KIRCHER, H. — Die Abhängigkeit der Zeitschätzung von der Intensität des Reizes, *Arch. ges. Psychol.*, 1926, *54*, 85-128.

KLEBER, R. J. ; LHAMON, W. T. ; GOLDSTONE, S. — Hyperthermia, hyperthyroidism and time judgment, *J. comp. physiol. Psychol.*, 1963, *56*, 362-365.

KLEIN. — Beitrag zur Psychopathologie und Psychologie des Zeitsinnes, *Z. Pathopsychol.*, 1917, *3*.

KLEIST, K. — *Gehirnpathologie*, Leipzig, Barth., 1934.

KLEITMAN, N. — *Sleep and wakefulness as alternating phases in the cycle of existence*, Chicago, Univ. Chicago Press, 1939.

KLEITMAN, N. ; TITELBAUM, S. ; HOFFMANN, H. — The establishment of the diurnal temperature cycle, *Amer. J. Physiol.*, 1937, *119*, 48-54.

KLEMM, O.— Über die Wirksamkeit kleinster Zeitunterschiede im Gebiete des Tatsinns, *Arch. ges. Psychol.*, 1925, *50*, 204-220.

KLINEBERG, O. — *Social psychology*, New York, Henry Holt, 1954.

KLINEBERG, S. L. — *L'horizon temporel projectif de l'enfance à l'adolescence*, Recherche inédite, Université de Paris, 1963.

KLINES, K. ; MESZAROS, A. — Der Rhythmus als biologisches Prinzip. Seine Genese und pathologische Bedeutung, *Arch. Psychiat. Nervenkrankh.*, 1942-43, *115*, 90-112.

KLOOS, G. — Störungen des Zeiterlebens in der endogenen Depression, *Nervenarzt*, 1938, *11*, 225-244.

KNAPP, R. H. ; GARBUTT, J. T. — Time imagery and the achievement motive, *J. Pers.*, 1958, *26*, 426-434.

KOEHNLEIN, H. — Über das absolute Zeitgedächtnis, *Z. Sinnesphysiol.*, 1934, *65*, 35-57.

KOFFKA, K., *Principles of Gestalt psychology*, New York, Harcourt, 1935.

KOHLMANN, T. — Das psychologische Problem der Zeitschätzung und der experimentelle Nachweis seiner diagnostischen Anwendbarkeit, *Wien. Z. Nervenheilk.*, 1950, *3*, 241-260.

KOLLERT, J. — Untersuchungen über den Zeitsinn, *Phil. Stud.*, 1883, *1*, 78-89.

KONCZEWSKA, H. — Les métamorphoses de l'espace et du temps dans la mémoire, *J. Psychol. norm. path.*, 1949, *42*, 481-490.

KORNGOLD, S. — Influence du genre de travail sur l'appréciation des grandeurs temporelles, *Travail. hum.*, 1937, *5*, 18-34.

KOTAKE, Y. ; TAGWA, K. — On the delay of the conditioned galvanic skin reflex in man, *Jap. J. Psychol.*, 1951, *22*, 1-6.

KOUPALOV, P. S. — [Oscillations périodiques de l'excitabilité du cortex dans une alternance rythmique de réflexes positifs et inhibiteurs, *Travaux des Laboratoires de Physiologie de l'académicien Pavlov*, t. V, Moscou, 1954, 337-344] (en russe).

KOUPALOV, P. S. ; PAVLOV, N. N. — [The action of the short conditioned stimulus in the case of delayed conditioned reflex], *Fiziol. Zh. S. S. S. R.*, 1935, *18*, 734-738.

KOWALSKI, W. J. — The effect of delay upon the duplication of short temporal intervals, *J. exp. Psychol.*, 1943, *33*, 239-246.

KRAMER, G. — Experiments on bird orientation, *Ibis*, 1952, *94*, 265-285.

KURODA, R. — The properties of time perception reproduced under muscular strain due to different quantities of weight, *Acta Psychol.*, Keijo, 1931, *1*, 83-88.

KURODA, R. — Time estimation of longer intervals in the white rat, *Acta Psychol.*, *Keijo*, 1936, *2*, 155-159.

LADEFOGED, P. ; BROADBENT, D. E. — Perception of sequence in auditory events, *Quart. J. exp. Psychol.*, 1960, *12*, 162-170.

LA GARZA, C. O. de ; WORCHEL, P. — Time and space orientation in schizophrenics, *J. abnorm. soc. Psychol.*, 1956, *52*, 191-194.

LANGER, J. ; WAPNER, S. ; WERNER, H. — The effect of danger upon the experience of time, *Amer. J. Psychol.*, 1961, *74*, 94-97.

LAVELLE, L. — *Du temps et de l'éternité*, Paris, Aubier, 1945.

LE BEAU, J. — *Psycho-chirurgie et fonctions mentales*, Paris, Masson, 1954.

LECOMTE DU NOUY. — *Le temps et la vie*, Paris, Gallimard, 1936.

LE GRAND, A. — Recherches expérimentales sur la durée du rêve au moyen d'ingestions de bromure d'acétylcholine, *J. Physiol.*, *Path. gén.*, 1949, *41*, n° 2, 203.

LEMMON, V. W. — The relation of reaction time to measures of intelligence, memory and learning, *Arch. of Psychol.*, 1927, *15*, n° 94.

LEONOW, W. A. — Über die Bildung von bedingten Spurenreflexen bei Kindern, *Pflüg. Arch. ges. Physiol.*, 1926, *214*, 305-319.

LERIDON, S. ; LE NY, J. F. — Influence de l'inhibition de retard sur le temps de réaction motrice, *Bull. C.E.R.P.*, 1955, *4*, 259-268.

LE SENNE, R. — *Traité de caractérologie*, Paris, Presses Universitaires de France, 1945.

LESHAN, L. L. — Time orientation and social class, *J. abnorm. soc. Psychol.*, 1952, *47*, 589-592.

LEVINE, M. ; SPIVACK, G. — Incentive, time conception and self-control in a group of emotionally disturbed boys, *J. clin. Psychol.*, 1959, *15*, 110-113.

LEVINE, M. ; SPIVACK, G. ; FUSCHILLO, J. ; TAVERNIER, A. — Intelligence and measures of inhibition and time sense, *J. clin. Psychol.*, 1959, *15*, 224-226.

LEWIN, K. — *A dynamic theory of personality*, New York, McGraw Hill, 1935.

LEWIN, K. — Comportement et développement comme fonction de la situation totale, in CARMICHAEL, L., *Manuel de psychologie de l'enfant*, t. III, trad. franç. R. ZAZZO, Paris, Presses Universitaires de France, 1952, p. 1254-1337.

LEWIS, A. — Experience of time in mental disorder, *Proc. Roy. Soc. Med.*, 1932, *25*, 611-620.

LEWIS, M. M. — The beginning of reference to past and future in a child's speech, *Brit. J. educ. Psychol.*, 1937, *7*, 39-56.

LICHTENSTEIN, M. — Phenomenal simultaneity with irregular timing of components of the visual stimulus, *Percept. mot. skills*, 1961, *12*, 47-60.

LICHTENSTEIN, M. ; WHITE, C. T. ; SIEGFRID, J. B. ; HARTER, M. R. — Apparent rate of flicker at various retinal loci and number of perceived flashes per unit time : a paradox, *Percept. mot. Skills*, 1963, *17*, 523-536.

LIPPS, Th. — *Grundtatsachen des Seelenlebens*, Bonn, Cohen, 1883.

LLEWELLYN-THOMAS, E. — Successive time estimation during automatic positive feed-back, *Percept. mot. skills*, 1959, *9*, 219-224.

LOCKE, J. — Essai sur l'entendement humain, in *Œuvres philosophiques de Locke*, trad. COSTE, t. III, Paris, Didot, 1822.

LOEHLIN, J. C. — The influence of different activities on the apparent length of time, *Psychol. Monogr.*, 1959, *73*, n° 474.

LOOMIS, E. A., Jr. — Space and time perception and distorsion in hypnotic states, *Personality*, 1951, *1*, 283-293.

LOSSACK, H. — Experimenteller Beitrag zur Frage des Monotonie-Empfindens, *Industr. Psychotechnik.*, 1930, *7*, 101-107.

LOTZE, H. — *Medicinische Psychologie*, Leipzig, Weidmann, 1852.

MAACK, A. — Untersuchungen über die Anwendbarkeit des Weber-Fechnerschen Gesetzes auf die Variation der Lautdauer, *Z. Phonet.*, 1948, *2*, 1-15.

MACH, E. — Untersuchungen über den Zeitsinn des Ohres, *Sitz. Wien. Akad. Wiss.*, 1865, Kl., *51*.

MAC LEOD, R. B.; ROFF, M. F. — An experiment in temporal disorientation, *Acta psychol.*, 1935, *1*, 381-423.

MALMO, R. B. — Interference in delayed response in monkeys after removal of the frontal lobes, *J. Neurophysiol.*, 1942, *5*, 295-308.

MALRIEU, Ph. — *Les origines de la conscience du temps*, Paris, Presses Universitaires de France, 1953.

MARQUIS, D. P. — Learning in the neonate. The modification of behavior under three feeding schedules, *J. exp. Psychol.*, 1941, *29*, 263-282.

MARROU, H. I. — *L'ambivalence du temps de l'histoire chez saint Augustin*, Paris, Vrin, 1950.

MARTIN, L. — La mémoire chez convoluta, *Thèse de la Faculté des Sciences*, Paris, 1900.

MARX, Ch.; KAYSER, Ch. — Le rythme nycthéméral de l'activité chez le lézard, *C. R. Soc. Biol.*, 1949, *143*, 1375-1377.

MAURY, A. — *Le sommeil et les rêves. Études psychologiques*, Paris, Didier, 1861.

MAYO, R. — Is there a sense of duration ? *Mind*, 1950, *59*, 71-78.

McALLISTER, W. R. — Eyelid conditioning as a function of the CS-US interval, *J. exp. Psychol.*, 1953, *45*, 417-422.

McALLISTER, W. R. — The effect on eyelid conditioning of shifting the CS-US interval, *J. exp. Psychol.*, 1953, *45*, 423-428.

McDOUGALL, R. — Sex differences in the sense of time, *Science*, 1904, *19*, 707-708.

McGILL, V. J. — An analysis of the experience of time, *J. Phil.*, 1930, *27*, 533-544.

MEADE, R. D. — Time perceptions as affected by need tension, *J. Psychol.*, 1960, *49*, 249-253 *(a)*.

MEADE, R. D. — Time estimates as affected by need tension and rate of progress, *J. Psychol.*, 1960, *50*, 173-177.

MEDIONI, J. — L'orientation « astronomique » des arthropodes et des oiseaux, *Ann. Biol.*, 1956, *32*, 37-67.

MEERLOO, A. M. — Father time : an analysis of subjective conceptions of time, *Psychiat. Quart.*, 1948, *22*, 587-608.

MEHNER, M. — Zur Lehre vom Zeitsinn, *Phil. Stud.*, 1885, *2*, 546-602.

MERLEAU-PONTY, M. — *Phénoménologie de la perception*, Paris, Gallimard, 1945.

MERLEAU-PONTY, M. — Time consciousness in Husserl and Heidegger, *Phil. Phenomenol. Res.*, 1947, *8*, 23-54.

METZ, B. et coll. — Le rythme nycthéméral de la température et de la calorification, *J. Physiol., Path. gen.*, 1952, *44*, 135-142.

MEUMANN, E. —Beiträge zur Psychologie des Zeitsinns, *Phil. Stud.*, 1893, *8*, 431-519 ; 1894, *9*, 264-306.

MEUMANN, E. — Untersuchungen zur Psychologie und Aesthetik des Rhythmus, *Phil. Stud.*, 1894, *10*, 249-322, 393-430.

MEUMANN, E. — Beiträge zur Psychologie des Zeitbewusstseins, *Phil. Stud.*, 1895, *12*, 127-254.

MICHAUD, E. — *Essai sur l'organisation de la connaissance entre 10 et 14 ans*, Paris, Vrin, 1949.

MICHON, J. A. — Studies on subjective duration. I : Differential sensitivity in the perception of repeated temporal intervals, *Acta Psychol.*, 1964, *22*, 441-450.

MICHOTTE, A. — La simultanéité apparente, *Ann. Inst. Sup. Phil.*, 1912, *1*, 568-663.

MILLER, G. A. ; LICKLIDER, J. C. R. — The intelligibility of interrupted speech, *J. acoust. Soc. Amer*, 1950, *22*, 167-173.

MILLER, G. A., TAYLOR, W. G. — The perception of repeated bursts of noise, *J. acoust. Soc. Amer.*, 1948, *20*, 171-182.

MILLER, N. E. — Experimental studies of conflict, *in* HUNT J. McV., *Personality and the behavior disorders*, New York, Ronald Press, comp., 1944, t. I, 431-465.

MILLS, J. N. — Circadian rhythms during and after three months in solitude underground, *J. Physiol.*, 1964, *174*, 217-231.

MINKOWSKI, E. — Le problème du temps en psychopathologie, *Rech. phil.*, 1932-33, *2*, 231-256.

MINKOWSKI, E. — *Le temps vécu*, Paris, coll. « Évolution psychiatrique », 1933.

MINKOWSKI, E. — Le problème du temps chez Pierre Janet, *Évol. psychiat.*, 1950, no 3, 451-463.

MISCHEL, W. — Preference for delayed reinforcement and social responsibility, *J. abnorm. soc. Psychol.*, 1961, *62*, 1-7.

MISCHEL, W. ; METZNER, R. — Preference for delayed reward as a function of age, intelligence, and length of delay interval, *J. abnorm. soc. Psychol.*, 1962, *64*, 425-431.

MONASTERIO, R. I. — Tiempo y ritmo en psicologia, *Rev. Psicol. gen. apl.*, Madrid, 1947, *2*, 479-485.

MORAND. — Le problème de l'attente, *Année psychol.*, 1914-19, *21*, 1-78.

MOREAU DE TOURS, J. — *Du haschisch et de l'aliénation mentale*, Paris, Fortin, Masson, 1845.

MORGAN, C. T. ; STELLAR, E. ; JOHNSON, O. — Food-deprivation and hoarding in rats, *J. comp. Psychol.*, 1943, *35*, 275-295.

MORI, T. — Experimental studies of time discrimination in the white rat, *Annu. anim. Psychol.*, 1954, *4*, 7-16.

MOWBRAY, G. H. ; GEBHARD, J. W. — The differential sensitivity of the eye to intermittence, *Amer. Psychologist.*, 1954, *9*, 436.

MOWRER, O. H. — *Learning theory and personality dynamics*, New York, Ronald Press, 1950.

MOWRER, O. H., LAMOREAUX, R. R. — Avoidance conditioning and signal duration — A study of secondary motivation and reward, *Psychol. Monogr.*, 1942, *54*, n° 5.

MUNDLE, C. W. K. — How specious is the « specious present », *Mind*, 1954, *63*, 26-48.

MUNSTERBERG, J. — *Beiträge zur experimentellen Psychologie*, Heft 2, Fribourg-Br., Siebeck, 1889.

MUSATTI, C. L. — *Elementi di psicologia della testimonianza*, Padoue, Cedam, 1931.

MYERS, G. C. — Incidental perception, *J. exp. Psychol.*, 1916, *1*, 339-350

NELSON, M. L. — The effect of sub-divisions on the visual estimate of time, *Psychol. Rev.*, 1902, *9*, 447-459.

NEULAT, G. — *Contribution à l'étude du travail de nuit*, Thèse de la Faculté de Médecine, Lyon, 1950.

NEUMANN, W. — Die Konkurrenz zwischen den Auffassungen der Zeitdauer und deren Ausfüllung bei verschiedener Einstellung der Aufmerksamkeit, *Arch. ges. Psychol.*, 1936, *95*, 200-255.

NICHOLS, H. — The psychology of time, *Amer. J. Psychol.*, 1890, *3*, 453-529.

NITARD, Y. — Apparent time acceleration with age, *Science*, 1943, *98*, n° 2535.

NOGUÉ, J. — Ordre et durée, *Rev. phil.*, 1932, *64*, 45-76.

NOGUÉ, J. — Le système de l'actualité, *J. Psychol. norm. path.*, 1939, *36*, 344-369.

OAKDEN, E. C., STURT, M. — The development of the knowledge of time in children, *Brit. J. Psychol.*, 1922, *12*, 309-336.

OBERNDORF, C. P. — Time. Its relation to reality and purpose, *Psychoanal. Rev.*, 1941, *28*, 139-155.

ODIER, Ch. — Le réveille-matin diencéphalique, *Rev. suisse psychol.*, 1946, 5, 113-117.

OLÉRON, G. — Influence de l'intensité d'un son sur l'estimation de sa durée apparente, *Année psychol.*, 1952, 52, 383-392.

OMBREDANE, A. — *L'aphasie et l'élaboration de la pensée explicite*, Paris, Presses Universitaires de France, 1951.

OMWAKE, K. T. ; LORANZ, M. — Study of ability to wake at a specified time, *J. appl. Psychol.*, 1933, 17, 468-474.

ORME, J. E. — Personality, time estimation, and time experience, *Acta Psychol.*, 1964, 22, 430-440.

ORSINI, F. ; FRAISSE, P. — Étude des conduites temporelles. II : Étude génétique de l'attente, *Année psychol.*, 1957, 57, 359-365.

ORSINI, F. ; FRAISSE, P. — Étude expérimentale des conduites temporelles. IV : La précipitation, *Psychol. franç.*, 1959, 4, 117-126.

OSBORNE, A. — Body temperature and periodicity, *J. Physiol.*, 1907, 36, 39.

PAILLARD, J. — Quelques données psychophysiologiques relatives au déclenchement de la commande motrice, *Année psychol.*, 1947-48, 46-47, 28-47.

PALIARD, J. — Le temps, *Étud. phil.*, 1954, 9, 393-399.

PASCAL, B. — De l'esprit géométrique dans *Pensées et opuscules*, éd. Brunschvicg, Paris, Hachette.

PAULHAN, F. — Le présentisme, *Rev. phil.*, 1924, 48, 190-237.

PAULHAN, F. — L'influence psychologique et les associations du présentisme. I : Les traits de caractère subordonnés du présentisme ; II : Quelques groupes de présentistes, *J. Psychol. norm. path.*, 1925, 22, 193-235 ; 297-325.

PAVLOV, I. P. — *Les réflexes conditionnels. Étude objective de l'activité nerveuse supérieure des animaux*, trad. franç. N. et G. GRICOUROFF, Paris, Alcan, 1927.

PAVLOV, I. P. — *Leçons sur l'activité du cortex cérébral*, trad. franç. TRIFONOFF, Paris, Amédée Legrand, 1929.

PÉRÈS, J. — Sur les causes d'inégalité d'évaluation de la durée, *J. Psychol. norm. pathol.*, 1909, 6, 227-231.

PETERS, R. H. ; ROSVOLD, H. E. ; MIRSKY, A. F. — The effect of thalamic lesions upon delayed response-type tests in the Rhesus monkey, *J. comp. physiol. Psychol.*, 1956, 49, 111-116.

PETRIE, A. — *Personality and the frontal lobes*, Londres, Routledge & Kegan Paul, 1952.

PHILIP, B. R. — The anchoring of absolute judgments of short temporal intervals, *Bull. canad. Psychol. Ass.*, 1944, 4, 25-28.

PHILIP, B. R. — The effect of interpolated and extrapolated stimuli on the time order error in the comparison of temporal intervals, *J. gen. Psychol.*, 1947, 36, 173-187.

PIAGET, J. — *La construction du réel chez l'enfant*, Neuchâtel, Paris, Delachaux & Niestlé, 1937.

PIAGET, J. — *Les notions de mouvement et la vitesse chez l'enfant*, Paris, Presses Universitaires de France, 1946 *(a)*.

PIAGET, J. — *Le développement de la notion de temps chez l'enfant*, Paris. Presses Universitaires de France, 1946 *(b)*.

PIAGET, J. — *Épistémologie génétique*, 3 vol., Paris, Presses Universitaires de France, 1950.

PIAGET, J. — *Les mécanismes perceptifs*, Paris, Presses Universitaires de France, 1961.

PIAGET, J., avec la collaboration de MEYLAN-BACKS, M. — Comparaisons et opérations temporelles en relation avec la vitesse et la fréquence, in *L'Épistémologie des temps*, Paris, Presses Universitaires de France, 1966.

PICHON, E. — Essai d'étude convergente des problèmes du temps, *J. Psychol. norm. path.*, 1931, *28*, 85-118.

PICK, A. — Psychopathologie des Zeitsinns, *Z. Pathopsychol.*, 1919, *3*, 430-441.

PIÉRON, H. — *L'évolution de la mémoire*, Paris, Flammarion, 1910.

PIÉRON, H. — *Le problème physiologique du sommeil*, Paris, éd. 1912.

PIÉRON, H. — Les problèmes psychophysiologiques de la perception du temps, *Année psychol.*, 1923, *24*, 1-25.

PIÉRON, H. — La persistance à l'obscurité du rythme lumineux du lampyre, *Feuille nat.*, 1925, *21*, 186-188.

PIÉRON, H. — L'attention, in DUMAS, G., *Nouveau traité de psychologie*, t. IV, Paris, Alcan, 1934, p. 1-66.

PIÉRON, H. — L'évanouissement de la sensation lumineuse, *Année psychol.*, 1934, *35*, 1-49.

PIÉRON, H. — Quelques réflexions et observations à propos de l'induction des rythmes chez les animaux, *J. Psychol. norm. path.*, 1937, *34*, 397-412.

PIÉRON, H. — Psychologie zoologique, in DUMAS, G., *Nouveau traité de psychologie*, t. VIII, Paris, Presses Universitaires de France, 1941, p. 1-255.

PIÉRON, H. — Le problème du temps au point de vue de la psychophysiologie, *Sciences*, 1945, *72*, 28-41.

PIÉRON, H. — Des aspects réels du temps en psychophysiologie, in *Essays in Psychology dedicated to D. Katz*, Upsala, 1951, 214-222.

PIÉRON, H. — *La sensation guide de vie*, 3e éd., Paris, Gallimard, 1955.

PIÉRON, H. ; VASCHIDE, N. — La valeur séméiologique du rêve, *Rev. scient.*, 1901, *15*, 385-399 ; 427-430.

PINTNER, R. — The standardization of Knox's cube test, *Psychol. Rev.*, 1915, *22*, 377-401.

PISTOR, F. — Measuring the time concepts of children, *J. educ. Res.*, 1939, *33*, 293-300.

PITTENDRIGH, C. S. — On temperature independence in the clock system controlling emergence time in drosophila, *Proc. Nat. Acad. Sci., Wash.*, 1954, *40*, 1018-1029.

POINCARÉ, H. — *La valeur de la science*, éd. définitive, Paris, Flammarion.

POIRIER, R. — Temps spirituel et temps matériel, *Rech. phil.*, 1935-36, *5*, 1-40.

POPOV, N. A. — Le facteur temps dans la théorie des réflexes conditionnés, *C. R. Soc. Biol.*, Paris, 1948, *142*, 156-158.

POPOV, N. A. — Action prolongée sur le cortex général après stimulation rythmique, *J. Physiol. Path. gen.*, 1950, *42*, 51-72 *(a)*.

POPOV, N. A. — *Études de psychophysiologie*, Paris, Les Éditions du Cèdre, 1950 *(b)*.

POROT, M. — La leucotomie préfrontale en psychiatrie, *Ann. méd. psychol.*, 1947, *105*, 121-142.

POSTMAN, L. — Estimates of time during a series of tasks, *Amer. J. Psychol.*, 1944, *57*, 421-424.

POSTMAN, L. ; MILLER, G. A. — Anchoring of temporal judgments, *Amer. J. Psychol.*, 1945, *58*, 42-53.

POULET, G. — *Études sur le temps humain*, Paris, Plon, 1950.

PUCELLE, J. — *Le temps*, Paris, Presses Universitaires de France, 1955.

PUMPIAN-MINDLIN, E. — Ueber die Bestimmung der bewussten Zeitschätzung bei normalen und dementen Epileptikern, *Arch. suiss. Neurol.*, 1935, *36*, 291-305.

QUASEBARTH, K. — Zeitschätzung und Zeitauffassung optisch und akustisch ausgefüllter Intervalle, *Arch. ges. Psychol.*, 1924, *49*, 379-432.

RANSCHBURG, P. — Les bases somatiques de la mémoire, in *Centenaire de Th. Ribot*, Agen, Imprimerie Moderne, p. 513-531, 1939.

REGELSBERGER, H. — Ueber die cerebrale Beeinflussung der vegetativen Nahrungsrythmik, *Z. ges. Neurol. Psychiat.*, 1940, *169*, 532-542.

REGIS, E. — *Précis de Psychiatrie*, 6e éd., Paris, Doin, 1923.

REGNAUD, P. — L'idée de temps, origine des principales expressions qui s'y rapportent dans les langues indo-européennes, *Rev. phil.*, 1885, *19*, 280-287.

REICHLE, F. — Untersuchungen über Frequenzrhythmen bei Ameisen, *Z. vergl. Physiol.*, 1943, *30*, 227-251.

REMLER, O. — Untersuchungen an Blinden über die 24-Stunden Rhythmik, *Klin. Mbl. Augenheilk.*, 1949, *113*, 116-137.

RENNER, M. — Ein Transozeanversuch zum Zeitsinn der Honigbiene, *Naturwiss.*, 1955, *42*, 540-541.

RENSHAW, S. — An experimental comparison of the production, and auditory discrimination by absolute impression, of a constant tempo, *Psychol. Bull.*, 1932, *29*, no 9, 659.

REVAULT D'ALLONNES, G. — Rôle des sensations internes dans les émotions et la perception de la durée, *Rev. phil.*, 1905, *60*, 592-623.

REZENDE, N. M. de. — Uma experiéncia sôbre a percepçâo do tempo, *Arqu. brasil. Psicotécnica*, 1950, *2*, 40-55.

RIBOT, Th. — *La psychologie allemande contemporaine*, Paris, G. Baillière, 1879.

322   Literatur

RICHELLE, M. — Action du chlordiazepoxide sur les régulations temporelles dans un comportement conditionné chez le rat, *Arch. int. Pharmacodyn.*, 1962, *CXL*, 434-449.

RICHELLE, M.; DJAHANGUIRI, B. — Effet d'un traitement prolongé au chlordiazepoxide sur un conditionnement temporel chez le rat, *Psychopharmacologia*, 1964, *5*, 106-114.

RICHET, Ch. — Forme et durée de la vibration nerveuse et l'unité psychologique de temps, *Rev. phil.*, 1898, *45*, 337.

RICKS, D.; UMBARGER, C. — A measure of increased temporal perspective in successfully treated adolescent delinquent boys, *J. abnorm. soc. Psychol.*, 1964, *69*, 685-689.

RIGBY, W. K. — Approach and avoidance gradients and conflict behavior in a predominantly temporal situation, *J. comp. physiol. Psychol.*, 1954, *47*, 83-89.

ROBERTS, W. H. — The effect of delayed feeding on white rats in a problem cage, *J. genet. Psychol.*, 1930, *37*, 35-58.

RODNICK, E. H. — Characteristics of delayed and trace conditioned responses. *J. exp. Psychol.*, 1937, *20*, 409-425 *(a)*.

RODNICK, E. H. — Does the interval of delay of conditioned responses possess inhibitory properties ?, *J. exp. Psychol.*, 1937, *20*, 507-527 *(b)*.

ROELOFS, O., ZEEMAN, W. P. C. — The subjective duration of time intervals, *Acta Psychol.*, 1949, *6*, 126-177, 289-336.

ROKEACH, M. — The effect of perception time upon rigidity and concreteness of thinking, *J. exp. Psychol.*, 1950, *40*, 206-216.

ROSENBAUM, G. — Temporal gradients of response strength with two levels of motivation, *J. exp. Psychol.*, 1951, *41*, 261-267.

ROSENBERG, M. — Ueber Störungen der Zeitschätzung, *Z. ges. Neurol. Psychiat.*, 1919, *51*, 208-223.

ROSENZWEIG, S. — Preferences in the repetition of successful and unsuccessful activities as a function of age and personality, *J. genet. Psychol.*, 1933, *42*, 423-441.

ROSENZWEIG, S.; KOHT, A. G. — The experience of duration as affected by need tension, *J. exp. Psychol.*, 1933, *16*, 745-774.

ROSS, S.; FLETCHER, J. L. — Response time as an indicator of color deficiency, *J. appl. Psychol.*, 1953, *37*, 211-213.

ROSS, S.; KATCHMAR, L. — The construction of a magnitude function for short time intervals, *Amer. J. Psychol.*, 1951, *64*, 397-401.

RUBIN, E. — Geräuschverschiebungsversuche, *Acta Psychol.*, 1939, *4*, 203-236.

RUBIN, E. — Some elementary time experiences, *Acta Psychol.*, 1935, *1*, 206-211.

RUCH, F. L. — L'appréciation du temps chez le rat blanc, *Année psychol.*, 1931, *32*, 118-130.

SAMS, C. F.; TOLMAN, E. C. — Time discrimination in white rats, *J. comp. Psychol.*, 1925, *5*, 255-263.

SAUTER, U. — Versuche zur Frage des « Zähl » Vermögens bei Elstern, *Z. Tierpsychol.*, 1952, *9*, 252-289.

SCHAEFER, V. G. ; GILLILAND, A. R. — The relation of time estimation to certain physiological changes, *J. exp. Psychol.*, 1938, *23*, 545-552.

SCHILDER, P. — Psychopathology of time, *J. nerv. ment. Dis.*, 1936, *83*, 530-546.

SCHMIDT, M. W.; KRISTOFFERSON, A. B. — Discrimination of successiveness : a test of a model of attention, *Science*, 1963, *139*, 112-113.

SCHNEEVOIGT, W. — Die Wahrnehmung der Zeit bei den verschiedenen Menschentypen, *Z. Psychol.*, 1934, *131*, 217-295.

SCHNEIDER, L. ; LYSGAARD, S. — The deferred gratification pattern : a preliminary study, *Amer. sociol. Rev.*, 1953, *18*, 142-149.

SCHULTZE, F. E. O. — Beiträge zur Psychologie des Zeitbewusstseins, *Arch. ges. Psychol.*, 1908, *13*, 275-351.

SCHUMANN, F. — Zur Psychologie der Zeitanschauung, *Z. Psychol. Physiol. Sinnesorg.*, 1898, *17*, 106-148.

SCOTT, W. C. N. — Some psycho-dynamic aspects of disturbed perception of time, *Brit. J. med. Psychol.*, 1948, *21*, 111-120.

SHERRINGTON, C. S. — *The integrative action of the nervous system*, London, Constable, 1906.

SIDMAN, M. — Time discrimination and behavioral interaction in a free operant situation, *J. comp. physiol. Psychol.*, 1956, *49*, 469-473.

SIFFRE, M. — *Hors du temps*, Paris, Julliard, 1963.

SIVADJIAN, J. — *Le temps*, Paris, Hermann, 1938.

SKALET, M. — The significance of delayed reactions in young children, *Comp. Psychol. Monogr.*, 1930-31, *7*, nº 4.

SMALL, A. M. Jr. ; CAMPBELL, R. A. — Temporal differential sensitivity for auditory stimuli, *Amer. J. Psychol.*, 1962, *75*, 401-410.

SMITH, P. C. — The prediction of individual differences in susceptibility to industrial monotony, *J. appl. Psychol.*, 1955, *39*, 322-329.

SMYTHE, E. J.; GOLDSTONE, S. — The time sense : a normative, genetic study of the development of time perception, *Percept. mot. skills*, 1957, *7*, 49-59.

SOURIAU, M. — *Le temps*, Paris, Alcan, 1937.

SPENCER, L. T. — An experiment in time estimation using different interpolations, *Amer. J. Psychol.*, 1921, *32*, 557-562.

SPIEGEL, E. A. ; WYCIS, H. T. ; ORCHINIK, C. W. ; FREED, H. — The thalamus and temporal orientation, *Science*, 1955, *121*, 770-771.

SPOONER, A. ; KELLOGG, W. N. — The backward conditioning curve, *Amer. J. Psychol.*, 1947, *60*, 321-334.

SPRINGER, D. — Development in young children of an understanding of time and the clock, *J. genet. Psychol.*, 1952, *80*, 83-96.

STEIN, H. — Untersuchungen über den Zeitsinn der Vögel, *Z. vergl. Physiol.*, 1951, *33*, 387-403.

STEIN, W. — Tachistoskopische Untersuchungen über das Lesen, *Arch. ges. Psychol.*, 1928, *64*, 301-346.

STEIN-BELING, I. v. — Ueber das Zeitgedächtnis bei Tieren, *Biol. Rev.*, 1935, *10*, 18-41.

STEINBERG, H. — Changes in time perception induced by an anaesthetic drug, *Brit. J. Psychol.*, 1955, *46*, 273-279.

STERN, L. W. — Psychische Präsenzzeit, *Z. Psychol. Physiol. Sinnesorg.*, 1897, *13*, 325-349.

STERN, W. ; STERN, Cl. — *Die Sprache des Kindes*, Leipzig, Barth, 1907.

STERZINGER, O. — Chemopsychologische Untersuchungen über den Zeitsinn, *Z. Psychol.*, 1935, *134*, 100-131.

STERZINGER, O. — Neue chemopsychologische Untersuchungen über den menschlichen Zeitsinn, *Z. Psychol.*, 1938, *143*, 391-406.

STEVENS, S. S. — The psychophysics of sensory function, in ROSENBLITH, W. (ed.), *Sensory communication*, New York, M.I.T. Press and Wiley, 1961, p. 1-33.

STOETZEL, J. — La pression temporelle, *Sondages*, 1953, *15*, 11-23.

STONE, S. A. — Prior entry in the auditory-tactual complication, *Amer. J. Psychol.*, 1926, *37*, 284-287.

STOTT, L. H. — The discrimination of short tonal durations, *Ph. D. dissertation*, Univ. of Illinois Library, 1933.

STOTT, L. H. — Time order errors in the discrimination of short tonal durations, *J. exp. Psychol.*, 1935, *18*, 741-766.

STRAUS, E. — Das Zeiterlebnis in der endogenen Depression und in der psychopathischen Verstimmung, *Mschr. Psychiat. Neurol.*, Quastler, H. (ed.), 1928, *68*, 640-657.

STROUD, J. M. — The fine structure of psychological time, in *Information theory in psychology*, Glencoe, Ill. Free Press, 1956, p. 174-207.

STURT, M. — Experiments on the estimate of duration, *Brit. J. Psychol.*, 1923, *13*, 382-388.

STURT, M. — *The psychology of time*, Londres, Kegan Paul, 1925.

SUDO, Y. — On the effect of the phenomenal distance upon time perception, *Jap. J. Psychol.*, 1941, *16*, 95-115.

SUTO, Y. — The effect of space on time estimation in tactual space, *Jap. J. Psychol.*, 1952, *22*, 189-201.

SUTO, Y. — The effect of space on time estimation (S. effect) in tactual space (II), the role of vision in the S-effect upon the skin, *Jap. J. Psychol.*, 1955, *26*, 135.

SUTO, Y. — Role of apparent distance in time perception, *Research Rep. Tokyo Elect. Engineering Coll.*, 1959, *5*, 73-82.

SWEET, A. L. — Temporal discrimination by the human eye, *Amer. J. Psychol.*, 1953, *66*, 185-198.

SWIFT, E. J. ; McGEOCH, J. A. — An experimental study of the perception of filled and empty time, *J. exp. Psychol.*, 1925, *8*, 240-249.

SWITZER, St. C. A. — Anticipatory and inhibitory characteristics of delayed conditioned reactions, *J. exp. Psychol.*, 1934, *17*, 603-620.

SZYMANSKI, J. S. — Die Haupttiertypen in Bezug auf die Verteilung der Ruhe — und Aktivitäts-perioden im 24 stündigen Zyklus, *Biol. Zbl.*, 1916, *36*, 357.

TAUBMAN, R. E. — Studies in judged number. I : The judgment of auditory number ; II : The judgment of visual number, *J. gen. Psychol.*, 1950, *43*, 167-194 ; 195-219.

TEAHAN, J. E. — Future time perspective, optimism and academic achievement, *J. abnorm. soc. Psychol.*, 1958, *57*, 379-380.

TEUBER, H. L. ; BENDER, M. B. — Alterations in pattern vision following trauma of occipital lobes in man, *J. gen. Psychol.*, 1949, *40*, 37-57.

THOR, D. H. — Diurnal variability in time estimation, *Percept. mot. Skills*, 1962, *15*, 451-454.

THOR, D. H. ; CRAWFORD, M. L. J. — Time perception during a two-week confinement : influence of age, sex, I.Q. and time of day, *Acta Psychol.*, 1964, *22*, 78-84.

THURY, M. — L'appréciation du temps, *Arch. de Psychol.*, 1903, *2*, 182-184.

TINKER, M. A. — Temporal perception, *in* BORING, E. G. ; LANGFELD, H. S. ; WELD, H. P., *Psychology*, New York, Wiley, 1935, p. 246-259.

TITCHENER, E. B. — *Lectures on the elementary psychology of feeling and attention*, New York, Macmillan, 1908.

TOBOLOWSKA, J. — *Étude sur les illusions de temps dans le rêve du sommeil normal*, Thèse de médecine, Paris, 1900.

TOULOUSE, E. ; PIÉRON, H. — Le mécanisme de l'inversion chez l'homme du rythme nycthéméral de la température. *J. Physiol. Path. gen.*, 1907, *3*, 425-440.

TREISMAN, M. — Temporal discrimination and the indifference interval, *Psychol. Monogr.*, 1963, *77*, no 13.

TRIPLETT, D. — The relation between the physical pattern and the reproduction of short temporal intervals : a study in the perception of filled and unfilled time, *Psychol. Monogr.*, 1931, *41*, 4, no 187, 201-265.

VASCHIDE, N. — *Le sommeil et les rêves*, Paris, Flammarion, 1911.

VERLAINE, L. — L'instinct et l'intelligence chez les hyménoptères. IX : La notion du temps, *Ann. Bull. Soc. Entom. Belg.*, 1929, *69*, 115-125.

VERNON, J. A. ; McGILL, T. E. — Time estimations during sensory deprivation, *J. gen. Psychol.*, 1963, *69*, 11-18.

VIERORDT, K. — *Der Zeitsinn nach Versuchen*, Tubingue, 1868.

VINCE, M. A. — The intermittency of control movements and the psychological refractory period, *Brit. J. Psychol.*, 1948, *38*, 149-157.

VINCHON, J. — Quelques exemples d'évaluation du temps chez les schizophrènes, *J. Psychol. norm. pathol.*, 1920, *17*, 415-417.

VINCHON, J. ; MONESTIER. — Nouvel exemple d'évaluation du temps par un schizophrène, *J. Psychol. norm. pathol.*, 1922, *19*, 735-738.

VISHER, A. L. — Psychological problems of the aging personality, *Bull. schweiz. Akad. Wiss.*, 1947, *2*, 280-286.

VITELES, M. S. — Le problème de l'ennui, *Travail hum.*, 1952, *15*, 85-100.

VOLMAT, R. — *L'art psychopathologique*, Paris, Presses Universitaires de France, 1956.

WAALS, H. G. VAN DER, ROELOFS, C. O. — Contenu de la perception et durée apparente de la perception, *Ned. Tijdschr. Psychol.*, 1946, *1*, 45-70 ; *2*, 150-204.

WAHL, O. — Neue Untersuchungen über das Zeitgedächtnis der Bienen, *Z. vergl. Physiol.*, 1932, *16*, 529-590.

WAHL, O. — Beitrag zur Frage der biologischen Bedeutung des Zeitgedächtnis der Bienen, *Z. vergl. Physiol.*, 1933, *18*, 709-718.

WALLACE, M. — Future time perspective in schizophrenia, *J. abnorm. soc. Psychol.*, 1956, *52*, 240-245.

WALLACE, M. ; RABIN, A. I. — Temporal experience, *Psychol. Bull.*, 1960, *57*, 213-236.

WALLON, H. — Le problème biologique de la conscience, *in* DUMAS G., *Nouveau traité de psychologie*, t. I, Paris, Alcan, 1930, p. 293-331.

WALLON, H. — *Les origines de la pensée chez l'enfant*, 2 vol., Paris, Presses Universitaires de France, 1945.

WARM, J. S. ; MORRIS, J. R. ; KEW, J. K. — Temporal judgment as a function of nosological classification and experimental method, *J. Psychol.*, 1963, *55*, 287-297.

WEBER, A. O. — Estimation of time, *Psychol. Bull.*, 1933, *30*, 233-252.

WEBER, C. O. — The properties of space and time in kinaesthetic fields of force, *Amer. J. Psychol.*, 1926, *38*, 597-606.

WECHSLER, D. — A study of retention in Korsakoff psychosis, *Psychiat. Bull.*, 1917, 1-49.

WELFORD, A. T. — The « psychological refractory period » and the timing of high speed performance, a review and a theory, *Brit. J. Psychol.*, 1952, *43*, 2-20.

WERNER, H. ; THUMA, B. D. — A deficiency in the perception of apparent motion in children with brain injury, *Amer. J. Psychol.*, 1942, *55*, 58-67.

WERTHEIMER, M. — Conceptions of chronological age as a function of chronological age, *Psychol. Rep.*, 1960, *7*, 450.

WHIPPLE, G. M. — On nearly simultaneous clicks and flashes, *Amer. J. Psychol.*, 1898, *10*, 280-286.

WHITE, C. T. ; CHEATHAM, P. G. — Temporal numerosity. IV : A comparison of the major senses, *J. exp. Psychol.*, 1959, *58*, 441-444.

WHITE, C. T. ; SCHLOSBERG, H. — Degree of conditioning of the GSR as a function of the period of delay, *J. exp. Psychol.*, 1952, *43*, 357-362.

WHITELY, P. L. ; ANDERSON, J. C. — The influence of two different interpolations upon time estimation, *J. gen. Psychol.*, 1930, *4*, 391-401.

WIELAND, B. A. — The interaction of space and time in cutaneous perception, *Amer. J. Psychol.*, 1960, *73*, 248-255.

WILSON, M. P. ; KELLER, F. S. — On the selective reinforcement of spaced responses, *J. comp. physiol. Psychol.*, 1953, *46*, 190-193.

WIRTH, W. — Die unmittelbare Teilung einer gegebenen Zeitstrecke, *Amer. J. Psychol.*, 1937, *50*, 79-96.

WOLFLE, H. M. — Time factors in conditioning finger-withdrawal, *J. gen. Psychol.*, 1930, *4*, 372-378.

WOLFLE, H. M. — Conditioning as a function of the interval between the conditioned and the original stimulus, *J. gen. Psychol.*, 1932, *7*, 80-103.

WOODROW, H. — Behavior with respect to short temporal stimulus forms, *J. exp. Psychol.*, 1928, *11*, 167-193, 259-280 *(a)*.

WOODROW, H. — Temporal discrimination in the monkey, *J. comp. Psychol.*, 1928, *8*, 395-427 *(b)*.

WOODROW, H. — Discrimination by the monkey of temporal sequences of varying number of stimuli, *J. comp. Psychol.*, 1929, *9*, 123-157.

WOODROW, H. — The reproduction of temporal intervals, *J. exp. Psychol.*, 1930, *13*, 473-499.

WOODROW, H. — Individual differences in the reproduction of temporal intervals, *Amer. J. Psychol.*, 1933, *45*, 271-281.

WOODROW, H. — The temporal indifference interval determined by the method of mean error, *J. exp. Psychol.*, 1934, *17*, 167-188.

WOODROW, H. — The effect of practice upon time order errors in the comparison of temporal intervals, *Psychol. Rev.*, 1935, *72*, 127-152.

WOODROW, H. — Time perception, in STEVENS, S. S., *Handbook of experimental psychology*, New York, Wiley, 1951, p. 1224-1236.

WOODWORTH, R. S. — *Psychologie expérimentale*, trad. franç. I. LÉZINE et A. OMBREDANE, Paris, Presses Universitaires de France, 1949.

WUNDT, W. — *Éléments de psychologie physiologique*, 2 vol., trad. ROUVIER, Paris, Alcan, 1886.

YAGI, B. — The effect of motivating conditions on« the estimation of time » in rats, *Jap. J. Psychol.*, 1962, *33*, 8-24.

YERKES, R. M. ; URBAN, F. M. — Time estimation in its relations to sex, age and physiological rhythms, *Harvard. Psychol. Stud.*, 1906, *2*, 405-430.

Sachverzeichnis

Wilhelm F. Angermeier   Peter Bednorz   Martin Schuster

Lernpsychologie

1984. 252 Seiten. 44 Abbildungen und 11 Tabellen
(UTB 1305) Tb DM 19,80
ISBN 3-497-01069-3

Das Buch gibt einen Gesamtüberblick über den Stand der Lernpsychologie in der Form eines Kompendiums. Die Aussagen werden empirisch und experimentell belegt. Neben der klassischen Methodik wird vor allem die Weiterentwicklung der Lernpsychologie beschrieben. Während in der Vergangenheit das Phänomen Lernen im wesentlichen durch den Tierversuch definiert wurde, gilt heute das Interesse überwiegend der menschlichen Informationsspeicherung. Im Laufe der Entwicklung des Faches Lernpsychologie spielten sich mehrere Veränderungen der grundlegenden Modellvorstellungen ab, vom mechanistischen S-R Modell bis zur Modellannahme einer Programmsteuerung menschlichen Verhaltens. Das Buch zeigt die Kontinuität in der Erforschung des Lernens, ihre Veränderungen, die Anwendungsrelevanz und die weiteren Richtungen wissenschaftlicher Untersuchung.

Caspar Jüttner

Gedächtnis

Grundlagen der psychologischen Gedächnisforschung

1979. 192 Seiten. Kt DM 34,–
ISBN 3-497-00897-4

Das Buch bemüht sich mit Erfolg, die das menschliche Gedächtnis betreffenden Vorgänge, also die Aufnahme, Speicherung und Wiederverfügbarmachung von Informationen, besser verständlich zu machen. Der in den letzten Jahren aus Kommunikationstheorie und Computerwissenschaft entwickelte „Informationsverarbeitungsansatz" ermöglichte der Psychologie neue Erkenntnisse. Die einzelnen Gedächtnismechanismen werden entsprechend dem neuesten Stand der in der Psychologie betriebenen Gedächtnisforschung dargestellt. In der Gesamtschau der verschiedenen Theorien, Modelle und experimentellen Ergebnisse der psychologischen Gedächtnisforschung präsentiert sich das menschliche Gedächtnis als eine Art Informationsverarbeitungs- und Informationsspeicherungsanleitung. Das Buch ist nicht nur für Psychologen, Pädagogen und Psychiater interessant, es kann z. B. auch Informatikern und Arbeitswissenschaftlern wertvolle Hinweise geben.
(Der medizinische Sachverständige)

Ernst Reinhardt Verlag München Basel

John C. Eccles
Das Rätsel Mensch

Die Gifford Lectures an der Universität von Edinburgh 1977–1978
Aus dem Englischen von Karin Ferreira
1982. 240 Seiten. 89 zum Teil farbige Abbildungen. Gb DM 32.–
ISBN 3-497-00974-1

In zehn Vorlesungen zeigt Eccles viele außerordentliche Zufälligkeiten und Zufallsbe-
dingtheiten, die zu uns geführt haben. Dem aufmerksamen Leser eröffnen sich neue Denk-
perspektiven. Vom „Urknall bis zum Homo sapiens mit der transzendenten Gabe des Selbst-
Bewußtseins", bemüht sich der Verfasser, den wissenschaftlichen Stoff mit einem Minimum
an notwendigen Einzelheiten zu präsentieren. Die Vorlesungsreihe zeichnet sich aus mit der
Demut vor der Großartigkeit und Unermeßlichkeit des großen Universums, der schöpferi-
schen Fülle des Lebens in seiner phantastischen Vielfalt einschließlich unser selbst.
(der evangelische erzieher)

Eccles entwickelte den Gedanken des anthropischen Prinzips, demzufolge das Universum
für den Menschen geschaffen wurde. Immer wieder kommen dem Leser, geführt durch den
Autor, Zweifel daran, daß dieser immens lange Evolutionsprozeß, der zum Ursprung des
Menschen führte, allein vom Zufall und der Notwendigkeit bestimmt wurde. Sein Glaube an
die über die materialistischen Geschehnisse hinaus wirksame göttliche Vorsehung, kenn-
zeichnet den Autor als Finalisten. Eine faszinierende Lektüre, die Naturwissenschaftler und
Geisteswissenschaftler gleichermaßen fesselt!
(Die Wachenburg)

John C. Eccles
Die Psyche des Menschen

Die Gifford Lectures an der Universität von Edinburgh 1978-1979
Aus dem Englischen von Jutta Jongejan
1985. ca 340 Seiten mit Abbildungen. Gb DM 39,80
ISBN 3-497-01083-9

Der Autor stellt die materialistischen Hypothesen zur Beziehung zwischen dem selbst-
bewußten Geist und dem Gehirn kritisch zur Diskussion. Er zeigt, wie die Unzulänglich-
keiten dieser Theorien ihn zu einem dualistischen Interaktionismus von Gehirn und Geist
führten. Seine naturwissenschaftlich fundierte Hypothese eröffnet wertvolle Einsichten in
die höheren Ebenen menschlicher Erfahrungen, z. B. den gesamten Bereich der Werte,
Willensfreiheit und moralische Verantwortlichkeit, die Einzigartigkeit der menschlichen
Person, die Suche nach Sinn und Hoffnung angesichts des Todes als Ende unseres Lebens
auf der Erde.

Ernst Reinhardt Verlag München Basel